国家“双一流”建设学科“华中师范大学中国语言文学”资助项目
中文社会科学引文索引（CSSCI）来源集刊
华中师范大学文学院　主办

華中學術

Central China Humanities

第27辑

主编　汤江浩

2019/3
VOL.11 NO.3

華中師範大學出版社

新出图证(鄂)字 10 号
图书在版编目(CIP)数据

华中学术.第 27 辑/汤江浩主编.—武汉:华中师范大学出版社,2019.9
ISBN 978-7-5622-8828-2

Ⅰ.①华… Ⅱ.①汤… Ⅲ.①社会科学—文集 Ⅳ.①C53

中国版本图书馆 CIP 数据核字(2019)第 231021 号

华中学术(第 27 辑)
©汤江浩 主编

责任编辑:王中宝 责任校对:缪 玲 封面设计:罗明波
编 辑 室:学术出版中心 电话:027—67867792
出版发行:华中师范大学出版社
社址:湖北省武汉市洪山区珞喻路 152 号 邮编:430079
电话:027—67863426(发行部) 027—67861321(邮购)
传真:027—67863291
网址:http://press.ccnu.edu.cn 电子邮箱:press@mail.ccnu.edu.cn
印刷:湖北新华印务有限公司 督印:王兴平
字数:354 千字
开本:787mm×1092mm 1/16 印张:15.75
版次:2019 年 9 月第 1 版 印次:2019 年 9 月第 1 次印刷
定价:55.00 元

欢迎上网查询、购书

目　录

【马克思主义文学批评的中国形态研究】

社团传播在中国早期马克思主义文论发展中的局限性

付甜甜

（山东大学马克思主义文艺理论中心，山东威海，264209）

内容摘要：与苏联和日本相比，中国早期马克思主义文论的传播以文学社团为主导。文学社团作为古代文人结社的延伸，在助力马克思主义文论传播的同时，也显现出一定的局限性：社团难以改变的先在立场，使得在提倡某种理论时，有意识地进行选择，甚至误解、扭曲，导致理论的偏狭、偏激；社团作为一种群体组织，其群体行为在思维以及决策上的特点，助长了“左”的倾向，压抑了左翼文学内部多元化观点的发展；中国现代文学社团留有封建宗法组织的痕迹，为了标榜自己的观点而导致门户之见，忙于无谓论争与内耗，未认真进行学理辨析，不利于学术问题的探讨。但是这种局限性随着中共领导下的组织——“左联”的建立而在一定程度上得到了克服。

关键词：社团传播；马克思主义文论；“革命文学”论争；创造社；太阳社

一、社团传播方式及其局限性

马克思主义文论在中国被较为深入地、成规模地介绍与讨论，出现在1920年代中后期开展的“革命文学”论争过程中。然而，与其理论的来源地苏联与日本相比，1930年左联成立之前中国马克思主义文论的传播有着自己的特点。就苏联而言，正如有学者指出的那样，“文学发展中的一个显著特点是苏共文艺政策所起的重大作用”[1]，苏联无产阶级文学理论的生成与传播，也主要以政党为主导。日本早期马克思主义文论受苏联的影响很大，但就传播形式而言，则是以统一战线为主导。早在1921年，综合性杂志《播种人》创刊，日本的无产阶级文艺运动就有了明确的战线，他们“采取的是统一战线的形式”[2]。最初统一战线是由马克思主义者、无政府主义者和资产阶级民主主义者三部分人构成的。此后，该战线一再分裂、改组，先后经历了“日本无产阶级艺术联盟”“劳农艺术家联盟”“前卫艺术家联盟”等阶段，但这些组织也都是统一战线性质的。

如果说日本早期马克思主义文论主要来自苏联的话，那么1920年代进入中国的马克思主义文艺理论则有两个来源：一个是苏联，一个是日本，而且经由日本输入是中国早期马克思主义文论接受的主渠道。但是，中国早期马克思主义文论的接受与传播，既不是像苏联那样在党对文学实行直接领导的情况下进行的，也不是像日本那样以统一战线的方式进行的。虽然在“革命文学”论争过程中，参与论战的太阳社成员基本是中共党员，后期加入创造社中的冯乃超、李初梨、朱镜我等年轻人也在1928年相继成为中共党员，但是这并不表明他们所从事的文艺活动就是受党的领导，贯彻党的文艺政策。事实上，当时国共分裂，共产党中央面临着白色恐怖，政治斗争异常激烈。他们忙于发动群众，进行武装斗争，根本无暇顾及文艺战线，也并没有明确而系统的文艺政策。时任中共中央宣传部秘书的郑超麟对太阳社的定性也印证了这一点，他认为太阳社不属于中共领导的基层组织，其成立与所开展的文学活动“完全是自发的，既不是中央领导的，也不是省委授意的”[3]。

早在1920年代初，文学研究会、创造社就有理论家关注到马克思主义文艺理论以及国外无产阶级文学的开展情况。在“革命文学”论争时期，马克思主义文论在中国的传播达到第一个高潮。“革命文学”论争主要由太阳社、创造社针对鲁迅、茅盾等“五四”作家发起，参与论争的社团主要有太阳社、创造社，以及鲁迅所在的语丝社、茅盾所在的文学研究会等。国外有关“无产阶级革命文学”的理论，主要由创造社和太阳社从国外传播进来，并在社团间的论争中发酵。可以说，1920年代中国马克思主义文论的引进、阐释、组织、生产和传播，文学社团起到了主导的作用。

中国现代文坛上的文学社团实际上是古代文人结社这一传统的延续。以文学社团这一组织方式来进行马克思主义文论的传播，有其积极的一面。首先体现在，“它使得中国的马克思主义文艺理论一开始就与文学实践密切结合，对文学创作实践具有强烈的介入性与切实的影响力”[4]。一个文学社团的成立，通常是以文学创作为主的，但是也少不了来自社团内部的文学批评和文学理论。因为文学作品想要受到一定的关注离不开有分量的文学批评，而社团内部的批评往往是同人间的互相标榜。一个社团的理论观点，往往能够成为一个社团的标签而为人所熟知。由于当时新的文学批评范式尚未建立，因此文学批评更多与传统对接而使得很多理论立场与观点在文学批评中呈现。因此，在论争过程中，各个集批评家、理论家于一身的论者，总是结合具体的文学作品进行讨论，而不是从观念到观念的演绎。这就显示出，马克思主义文论有强大生命力，对文学创作实践具有强烈的介入性与切实的影响力。其次，论争作为社团生存的重要策略，在马克思主义文论的发展中，也发挥了重要的作用。在社团论争的过程中，这种大规模的、激烈的论战，引起了整个文坛的关注。“论争性的文章往往观点尖锐，立场鲜明，具有强烈的问题意识与针对性。”[5]吸引了众多学者投入马克思主义文论的研究，参与到讨论当中。这在客观上加速了马克思主义文论传播，扩大了其社会影响力，也增强了马克思主义文艺理论自身的魅力。

当然我们也应该看到其局限性。在现代文学的早期发展中，一种文学观、文学理论或者是创作方法的提倡，离不开社团内理论家的大力提倡，更离不开社团及其成员的相互号召与标榜。每个文学社团都有自己的文学观以及在创作上所追求的文学风格，如文学研究会的“为人生”、创造社的“为艺术”、语丝社追求的“趣味”等。对左翼文学社团而言，相对明确的文学主张、文学观念成为他们在“革命文学”的倡导中接受马克思主义文论的先在立场，进而影响到他们对马克思主义文论的选择。换句话说，“那些本土理论家所在的文学社团的文学立场与文学实践需要，也是一个应该被考虑到的因素”[6]。他们在对传入中国的各种形态的马克思主义文论进行选择时，会倾向于选择与自己社团的先在立场较为接近的理论观点，因而他们对马克思主义文学理论的理解与阐释，往往是其社团先在立场的延伸。这样就会导致他们在提倡某种理论时，有意识地进行选择性接受，甚至对原来的理论进行误解、扭曲，从而造成理论传播的偏狭、片面。

更为值得注意的是，这种先在的观点、立场一旦形成，就会有相当高的稳定性，很难改变。李初梨、冯乃超等创造社新锐于 1927 年底陆续回国加入创造社，彼时恰逢日本“福本主义”[7]文学观念大行其道，因而他们把“福本主义”的许多文学主张带回了国内。然而，在他们回国几个月后，“福本主义”在日本就遭到批判，继之而起的是藏原惟人的文学理论。当时中日两国消息互通极为迅速、便捷，创造社同人对此不可谓不知。但此时倡导者们具有强烈“福本主义”色彩的理论主张在国内箭已出弦，再难挽回，他们也只能将错就错，一往无前了。

群体观点一旦形成，不仅很难改变，还会被不断强化、放大，这尤其体现在多个群体纠缠和论争的过程中，对极具凝聚力的群体而言，这点更为明显。心理学家谢里夫认为：“在群体中，由于共有的信息被多数人掌握，它们会不断被提及，也最容易被成员记忆。只有这样的信息才能够将群体成员明显地与外群体区分开来。”[8]在这种情况下，群体内每个人的支持都会进一步证明群体意见的正确性，群体通常会变得更加坚定、自信并自觉地拥护最初的观点。而这会让群体信心倍增，进而变得偏激。对文学社团而言，这种偏激主要体现在两个方面：一方面，执着于自身理论的正确性，而难于接受他人的意见；另一方面，他们在标榜自身理论时，所使用的某些方法也过激。而且这一过程并不因为群体是文人集团而有所改变。从古代的文人结社到撑起现代文学的众多文学社团，都不乏这种事例。如明代文人结社纷争频仍，为了宣传社团的理论主张，一些文人社团之间甚至势同水火。明代万历末年，诗文承继归有光等唐宋派遗绪的艾南英，创立豫章文社，该社的八股文选本风行一时。到了师承前后七子复古主张的复社鼎兴时，复社主帅张溥则另选文本。艾南英为此对张溥所选的五经文学等大加诋毁[9]。而现代文坛的流派纷争、社团论争则因报刊等载体的广泛传播更为激烈。尤其是在“革命文学”论争期间，如批评鲁迅的“封建余孽”“不得志的法西斯蒂”乃至人身攻击等，从理论学术论争开始到人身攻击。

在当时的语境下，几个左翼文学社团对“无产阶级革命文学”的理解，恰似盲人摸象。他们在各自的立场上，摸索到自己能力所及的一片区域，便把它作为整体，因此其对马克思主义文论的理解是极其片面的。当他们把这种片面的认识当成真理并加以宣扬，甚至出于社团生存的需要在理论立场上“将错就错”时，就极大地限制了中国早期马克思主义文艺理论的发展。

二、社团作为群体组织的局限性

倡导与捍卫“无产阶级革命文学”的创造社与太阳社成员，是以群体组织一员的身份出现的，而且，在当时的文学社团中，这两个社团是凝聚力较强的群体组织。与个体相比，群体组织的力量体现在，它能够完成个体无法完成的事情。当个体的理论观点仅仅以个人意见的方式呈现时，很难对社会发生大的影响。但是，当许多个体结成群体之后，个体的思想就会得到放大，也很容易从观念转换成行动。正如一些研究者所说的那样：“倘若没有形成社团，创造社和太阳社的任何作家都不可能从文学出发然后走出文学而进入到革命的语境。”[10]然而，与此相应而来的弊端是：当一种不甚合理的观点以群体意见的方式得到广泛的传播后，就会成为指导这个群体行动的理论基石。我国早期马克思主义文论的品格，正是以社团为平台生成的。在这一平台上，某些在文学社团中具有重要影响力的理论家对马克思主义文论片面的乃至于错误的理解，就被放大，影响到许多人对马克思主义文论的接受。

创造社后期的新锐理论家李初梨和冯乃超等都是在日本接触了无产阶级文学运动，接受了日本当时流行的马克思主义文学理论，进而主张中国的新文学运动应该转换方向的。但是，如果没有创造社元老郑伯奇从中穿线，邀请他们加入创造社，他们不可能形成一种团体力量，进而搅动整个1928年到1929年的中国文坛。作为充满革命激情的年轻人，他们对自己的理论水平有着充分的自信。他们只是看到国内大革命的失败，认为共产党迫切需要正确的马列主义的指导，便带着时兴的理论，意气风发地回到国内，想在国内广泛地传播马克思主义文艺理论。然而，冯乃超、李初梨等在日期间，虽然接触过马克思主义的理论，但仅凭兴趣，水平有限，对真假马克思主义还不大能分辨清楚。日本当时的理论界“左”倾思想大行其道，然而他们身处其中，根本没有看到这种局限性，而是将一些问题很大的理论主张搬到国内，使中国的马克思主义文学理论一开始就带上了比较明显的“左”的倾向，不仅影响到“革命文学论争”的正确方向，而且也对马克思主义文论的声誉带来许多负面的影响。

较晚成立的太阳社，其在文学问题上的“左”的倾向，一方面与苏联有关，另一方面也与日本有关。而他们接受日本的马克思主义文论，在很大程度上是通过创造社进行的。对于太阳社的成员而言，他们一方面是革命者，一方面是文学家。因此，他们本来就更倾向于站在革命者的立场上思考文学问题，更看重文学的政治性和宣传鼓动的功能。这种态度使他们能够迅速接受创造社所提倡的“福本主义”，特别是“福本主义”中类似“进军号主义”的内容。而当两个社团在这一文学立场上相互呼应时，中国早期马克思主义文论中的“左倾”倾向就被加倍放大了。

实际上，当我们认真考察创造社后期转向的过程时，发现其实有些早期创造社成员本来对后期加入的新锐理论家过于偏激的理论所存在的问题，是有所察觉的。冯乃超等人首先在日本与创造社的理论家成仿吾达成协议，然后被邀请回到国内，帮助创造社转换方向。然而，回国之后，他们的观点在创造社内部也受到了质疑和指摘。但是，当作为一个群体出现时，创造社内部的纠错机制出现了严重的障碍。在一个群体内部，为了维护群体的和睦，个体的意见常常会被压制，最终的结果是多元化意见不再可能，从而造成决策的偏狭。作为早期创造社的灵魂人物，在对待鲁迅的态度上，郭沫若在开始时与新锐们是存在不同意见的。在《留声机的回音》这篇文章中，郭沫若就认为语丝派的文学家有一部分人是“不自觉”，而另有一部分人（包括鲁迅），“是觉悟而未彻底”，在实践上“倒还没有甚么积极的反革命的行动”[11]。郭沫若此文正是在提醒创造社同人，要分清敌友。而郭沫若的意见是“根据多年来的斗争经验和文艺界的实际情况……是比较切合实际的，因而也是正确的”[12]。可惜的是，这一比较正确的意见被有意忽略了，甚至到后来连郭沫若自己也向新锐理论家表示认同，于是鲁迅遭到了创造社的集体“围剿”，关于“革命文学”的论争完全被推向歧途。

郭沫若这样的老创造社成员，为了社团的利益，放弃正确主张，迁就年轻成员的事情还包括：1927 年底，郭沫若原本商定与鲁迅合作恢复《创造周报》，并已在报纸上发表声明，但由于成仿吾已经赴日邀请冯乃超等回国转换方向，为了创造社的团结，郭沫若不得不做出妥协，终止合作。“我深深地知道，假如我要坚持我的主张，照当时的情形来看，创造社便可能分裂。”[13]为了保持与社团观念的一致，郭沫若化名杜荃撰文《文艺战线上的封建余孽》，加入了批判鲁迅的队列。郭沫若对鲁迅态度前后的转变耐人寻味。而创造社元老为了实现转换方向的群体目标，也欣然接受来自集团内部的批判。至少在理论上，熟悉中国现实的“元老们”是向对中国社会以及文坛隔膜的“新锐们”靠拢的。“新锐们”的理论，显然是比“元老们”更为“左”倾的。这就在客观上就助长了“左”的倾向，压抑了其他观点，本来多元化的观点走向了一元化。

群体思维不仅排斥不同意见，也使群体成员高估群体的力量，使得他们在想法上变得越来越接近，并且还会造成对对手的刻板印象。“陷于群体思维的人们往往认为自己的对手不是太难于协商，就是太弱小愚蠢，以至于难以抵抗他们的计划。”[14]这种状况下，创造社对鲁迅等人的批判显得很有底气，无所顾忌。这使得他们在文坛上表现出强烈的攻击性，这种攻击性加剧了社团间相互对抗的状态，使得矛盾不断激化。

而发生在社团内部的从众现象，也传导到社团外部。正是由于创造社和太阳社所倡导的“无产阶级革命文学”理论炙手可热，“犹如北斗七星一样吸引着其他文人集团”[15]，社会上人们自觉或不自觉地在思想上和行为上追随和效法这一集团。“当时，各式各样的文学刊物风起云涌，纷纷响应革命文学运动”[16]，除了《创造》（月刊）、《太阳》（月刊）和《文化批判》，很多书店争先恐后地刊行新刊物，如《洪荒》《战线》《澎湃》《戈壁》《现代小说》《我们》《流沙》等等。它们都提倡革命文学，和创造社站在一条战线上，将创造社的声音不断复制和放大，形成了不可抗拒的“时代潮流”。这种外部的从众现象，是对“革命文学”的倡导者们的间接认可；这种来自外部的肯定声音，使他们更加坚定自己立场的正确性，而忽视反对意见。

三、社团作为“宗法”组织的局限性

文人社团成员之间的关系多以同乡、师生、亲朋为主。从地缘上看，有“以皖

籍作家为核心的新青年杂志社、未名社；江浙、福建籍作家为主的文学研究会；四川籍作家的浅草沉钟社，山西籍作家的狂飙社等等”[17]。从血缘上看，鲁迅与周作人均在语丝社、沈雁冰与沈泽民先后加入文学研究会、创造社中的成仿吾与成绍宗也是叔侄关系。从学缘关系上看，狂飙社、未名社的青年文人多得鲁迅提携与指导，新月社以欧美留学生为主，创造社成员大都为当时的留日学生[18]。太阳社则以在革命队伍中共事，并有着深厚革命情谊的青年为主。而这些伦理关系，并未逸出“三纲五常”的范围，于是就不免有“明宗法、论渊源的明确意识”[19]，其文化功能，表现为“深入骨髓的宗法特性和党同伐异的宗派纷争”[20]。郭沫若也说过：“那时候的无聊的对立只是在封建社会中培养成的旧式的文人相轻，更具体地说，便是行帮意识的表现而已。”[21]从心理学上来说，当结成一个群体之后，会出现群体助长现象。“一方面，对于整个群体而言，共同的显著倾向会提高其隔离程度，并容易使其走向极端。另一方面，对于个体而言，成员会倾向于‘鼓吹’或坚持本群体的特质，过分夸大这些特质的重要性。”[22]而正是由于外部相异群体的存在，给群体的价值造成了压力。“群体为了维持自身存在的意义，群体特质才会变得更加明显，成员才会变得更加团结一致。”[23]基于宗法关系结合而成的文人社团，为了标榜自己的观点而导致门户之见，不利于左翼文学内部的团结和学术问题的探讨，在文坛上造成了恶劣影响。

“新的时代的开展总是奠基于对过去历史的重新诠释与评价的基础上。”[24]“革命文学”倡导者们是以对“五四”以来的新文学成就和倾向展开大批判为切入点，宣扬自己的文学主张的。创造社和太阳社的年轻人，像当年的《新青年》一样，“想方设法找一些假设敌，找代表人物来作批判的试靶”[25]。于是，鲁迅与茅盾先后被作为“五四”文学和小资产阶级文学的代表遭到批判。“在当时阶级矛盾尖锐，革命形势又不十分明朗的情境中，温和、模糊的声音既无法有效凸显自己的存在，也无法分清敌友、区分阵营。”[26]因此，对于一开始就立意于矫枉过正的无产阶级文学倡导者来说，他们从主观上已经完全把对方划分到自己的对立面，而不承认对方与自己有任何的相似之处；他们几乎不打算接受来自论争另一方的任何批评性质的意见，无论对错。论争发起者为了确立他们的先锋文学立场，通过批判、重估整个“五四”文学界，进而对“五四”新文学近乎彻底的否定，震动了整个文坛。

为了与茅盾、鲁迅等“五四”文学、小资产阶级文学划清界限，他们在引入理论的过程中，有意根据斗争的需要进行取舍与扬弃。太阳社在宣传无产阶级文学的过程中大力提倡藏原惟人的“新写实主义”。而“新写实主义”有两个核心命题：“第一，要用无产阶级先锋队的眼光看世界；第二，要用严正的现实主义者的态度描写世界，这就是无产阶级现实主义的道路。”[27]第二个命题恰恰是茅盾与鲁迅在“五四”时期大力提倡的现实主义创作方法。而为了宣传“新写实主义”，强调其与“旧写实主义”以及旧作家的区别，他们在文章中着力于宣扬第一个命题，即强调新兴作家要获得无产阶级革命意识，却有意忽略第二个命题。而该命题，恰恰是批判“福本主义”中“进军号主义”（标语化、口号化）的一个重要方面。他们的立场在很大程度上改变了“新写实主义”原有的理论锋芒和现实针对性。从主观上来说，太阳社引入“新现实主义”试图进一步深化中国新文学的现实主义，而由于其片面强调第一点而忽略第二点，实际上不仅没有推动中国革命文学的现实主义的出现，反而成为走向现实主义的障碍，畸变为一种机械主义、主观主义、反现实主义的创作理论。

而且，这种大批判造成的左翼内部的撕裂是很难一下子弥合的。“左联”成立以后，论争各方在“集团的文化形式”作用下，集中精力宣传无产阶级文学和理论，各种情绪暂时得到压抑，尤其是鲁迅，表现出真诚团结的愿望。但是此前积累起来的鲁迅对于革命文学内部某些人与现象的反感其实一直都没有冰释与消除。钱杏邨就说过：“我们对鲁迅检讨过，承认在论争中不应该用那种态度对待他，鲁迅也说了些团结的话。谈话时我们对鲁迅是尊重的，但思想上双方并未彻底解决问题。”[28]到了“两个口号”论争时，矛盾就十分清楚地显现出来。而建国后的历次文艺斗争，宗派主义的影子也都若隐若现。

始于1928年的“革命文学”论争，表面上看热闹异常，但理论建树少，茅盾就有一段精辟的总结。他认为创造社“就理论的建立而言，除了零碎的驳难的应付的论文而外，很少有系统的坚实的理论文字。尤其是探究普罗文学的形式论与内容论的文字异常缺乏”[29]。而太阳社的理论“是最失败的”，“除了‘阿Q时代是死灭了’那样的理论而外，没有别的理论；即有之，无非是空洞地铺张‘革命文学’之不能不是宣传与煽动的”[30]。可见，在革命文学论争过程中，热闹是热闹，却少有理论建树。平心而论，论争双方均属于革命文学内部阵营。但为了意气之争，偏要把对方打到敌对阵营，造成严重内耗。“贫弱的理论界长期为一些常识性问题不断地争吵，却缺乏对话的共同基础，致使言路断绝，论争难以真正进行，因而也谈不到深入和结果。”[31]可以说，创造社和太阳社在极短时间内照搬苏联和日本的理论，自身对理论的理解和运用都是成问题的，再加上他们对中国文艺界的隔膜，“便只能采取强词夺理的策略，不是从学理上加以批判和辩论，而主要是对被批判者进行理论宣判，甚至有时包含着人身攻击”[32]。而鲁迅在被激怒之下，其批评也变得相当苛刻，他把成仿吾封为“元帅”“总司令”，指摘成仿吾“爬出日本的温泉，住进巴黎的旅馆”[33]。

即使是太阳社和创造社，作为“革命文学”的发起者，在“混战”中，他们也在争夺“革命文学”的发明权。创造社在《文化批判》第二期中，便将矛头指向了太阳社。李初梨在《怎样地建设革命文学》中，除了继续对语丝社等人的“趣味文学”进行批判外，还认为郭沫若在中国文坛上首先倡导“革命文学”，并指责蒋光慈所说的文学跟不上革命步伐的观点是在“大发牢骚”。半个月后的《太阳》（月刊）上，钱杏邨立刻撰文予以回击。“我们集中战斗力量迎敌，杏邨作批评，光慈作论文，我看准了成仿吾的错误给他一个攻坚的炮轰说他不通。”[34]而太阳社的成立，正是有赖于创造社的攻击。“在杂志创刊号出版的时候还没有成立太阳社的企图，等受创造社的袭击以后，才感觉着非有联合成立太阳社的企图，便标明了旗帜招引同志充实战斗的力量，于是乎成立了太阳社。”[35]创造社由于受“福本主义”的影响，特别强调“理论斗争”。而从实际革命斗争中走出来，又有一定创作实绩的太阳社成员，则特别强调“革命实感”“实际行动”。虽然为了消除成见，联合作战，创造社发起了两社的联席会议试图言归于好，但会议开得并不愉快，杨杏邨大骂创造社“是抄书的主犯”“只会抄书不知行动”[36]，朱镜我则拍案而起，使得当时的空气十分紧张。

忙于争夺“革命文学”的发明权，创造社与太阳社并未发现其各自所倚重的理论本身，就是批判与被批判的关系。创造社强调的是“福本主义”，强调通过“分离结合”进行“理论斗争”，使文学家获得无产阶级的革命意识，这样才能成为无产阶级革命作家。在创作上则要突出文学的宣传、煽动效果，也就是“进军号主义”。太阳社后期大力倡导藏原惟人的“新现实主义”。而在日本，藏原惟人所提出的“新现实主义”正是针对左倾过激的“福本主义”，尤其是其中的“进军号主义”。他们相当于把在日本纵向出现的两个冲突的理论，横向移植到了国内，成了和平共处的两个理论。在这里，为了理论而理论、各取所需的意图就非常明显。而这种不客观性，显然不利于当时的文艺理论家们深入理解马克思主义文艺，甚至可以说，在某种程度上还导致了理论的迷误。

从文学理论建构的角度看，国外的无产阶级文学理论本应作为中国马克思主义文论的一种参考、借鉴，只有实现充分的中国化并与中国的文学实践相结合才能发挥理论应当发挥的作用。但是在论争中，创造社与太阳社自认为站在道德、时代与理论的制高点上，其出发点不是“论争”，而更像是获得唯我独革的“话语霸权”。两个社团为了争夺话语权，互有攻讦，都在不停地强调自己的优势，固执地认为真理在握。“混战”在所难免，理论之争变成意气之争。在这种无谓却十分热闹的争论中，各方实际上都没有潜下心来研究中国的实际问题，这也使得他们所谈论的理论本身显得空洞。而这种状况的出现与以文学社团（这一带有强烈宗法特性的群体组织）的方式进行传播密切相关。

事实上，中共早就开始关注到文艺战线的论争，也试图参与到文化战线的建设中。从将中共党员阳翰笙、李一氓有意安排进创造社，并参与对论争两派的调停，到1929年6月中共六届二中全会制定明确的文化战线的政策，可以看出中共越来越认识到各个社团这种夹杂着宗派情绪的论争的危害性，认识到了思想文化领域的重要性，认识到了建立一个文化统一战线的必要性。而正是在中共的积极调停下，论争结束，“左联”建立。如果没有中共领导组织下成立的“左联”这一平台，中国的无产阶级文学可能仍将处于各自为战的纷乱状态。而正是因为有这样一个平台，才能将鲁迅、茅盾、冯雪峰乃至瞿秋白等重要理论家团结在其周围。这些极具影响力的大家以及团结在他们周围或者受其影响的新人在抵制各种“左”与“右”的倾向中发挥了重要作用。正是因为这一平台使得他们在对外的各种论争（如对“文艺自由论”的斗争，对国民党“三民主义文学”“民族主义文学”的斗争）中，团结有力，有理有据；在对内的清算（如对钱杏邨文艺理论的批判，对《地泉》的批评讨论）中，也张弛有度，恰到好处，进入了实质性的探讨而非意气之争。这一系列的活动，在打击敌人的同时，也一定程度上克服了社团时期存在的某些宗派情绪与“左”的倾向，从而使马克思主义文论经受住了考验，扩大了马克思主义文论的影响力。无产阶级文学从分裂走向联合，从拒绝“五四”到反思“五四”，从批判旧作家到团结进步作家，中共及其主导下成立的“左联”功不可没。

*本文系国家社科基金项目“传统文学观念对中国化马克思主义文论的影响”【16BZW003】阶段性成果。

注释：

[1] 叶水夫:《苏联文学史》第一卷,北京:中国社会科学出版社,1994 年,第 19 页。

[2] 刘柏青:《日本无产阶级文艺运动简史 1921—1934》,长春:时代文艺出版社,1985 年,第 23 页。

[3] 郑超麟:《郑超麟回忆录(下)》,北京:东方出版社,2004 年,第 179 页。

[4] 泓峻:《社团传播对中国早期马克思主义文论品格的影响》,《文史哲》2019 年第 2 期,第 22 页。

[5] 泓峻:《社团传播对中国早期马克思主义文论品格的影响》,《文史哲》2019 年第 2 期,第 22 页。

[6] 泓峻:《社团传播对中国早期马克思主义文论品格的影响》,《文史哲》2019 年第 2 期,第 17 页。

[7]“福本主义”是日共党员福本和夫在与党内主张取消主义的山川均进行斗争的过程中形成的。其核心理论为“理论斗争”与“分离结合”,也即马克思主义政党的纯化,只有通过“理论斗争”,先“分离”一些不符合马克思主义要求的人以后,再将剩余的人进行“结合”的方式才能完成。而且不仅党的建设要这样做,其他一切团体都要如此。日共党员兼文艺理论家青野季吉将“福本主义”系统地运用到文艺领域,展开了文艺领域内无产阶级意识的“理论斗争”与“分离结合”。

[8] 孙科炎、詹燕徽:《群体心理学》,北京:中国电力出版社,2012 年,第 107 页。

[9] 参见郭英德:《中国古代文人集团与文学风貌》,北京:中国人民大学出版社,2012 年。

[10] 朱寿桐:《中国现代社团文学史》,北京:人民文学出版社,2004 年,第 246 页。

[11] 麦克昂:《留声机的回音》,中国社会科学院文学研究所现代文学研究室编:《“革命文学”论争资料选编(上)》,北京:知识产权出版社,2010 年,第 164 页。

[12] 郑伯奇:《创造社后期的革命文学活动》,饶鸿競,等编:《创造社资料(下)》,北京:知识产权出版社,2010 年,第 732 页。

[13] 郭沫若:《沫若自传》,北京:求真出版社,2010 年,第 554 页。

[14] [美]戴维·迈尔斯:《社会心理学》,侯玉波,等译,北京:人民邮电出版社,2016 年,第 288 页。

[15] 郭英德:《中国古代文人集团与文学风貌》,北京:中国人民大学出版社,2012 年,第 212 页。

[16] 郑伯奇:《创造社后期的革命文学活动》,饶鸿競,等编:《创造社资料(下)》,北京:知识产权出版社,2010 年,第 741 页。

[17] 杨洪承:《“人与事”中的文学社群——现代中国文学社团和作家群体文化生态研究》,北京:人民出版社,2014 年,第 51 页。

[18] 创造社前期成员如郭沫若、成仿吾、郑伯奇、穆木天与后期成员如彭康、冯乃超、李初梨、朱镜我、李铁声都属于“大高同学体系”,即他们都曾在东京帝国大学或京都帝国大学读过书,并于在校期间就开始交游。

[19] 郭英德:《中国古代文人集团与文学风貌》,北京:中国人民大学出版社,2012 年,第 154 页。

[20] 郭英德：《中国古代文人集团与文学风貌》，北京：中国人民大学出版社，2012 年，第 152 页。

[21] 郭沫若：《沫若自传》，北京：求真出版社，2010 年，第 261 页。

[22] 孙科炎、詹燕徽：《群体心理学》，北京：中国电力出版社，2012 年，第 110 页。

[23] 孙科炎、詹燕徽：《群体心理学》，北京：中国电力出版社，2012 年，第 51 页。

[24] 旷新年：《1928：革命文学》，北京：人民文学出版社，2017 年，第 40 页。

[25] 朱寿桐：《中国现代社团文学史》，北京：人民文学出版社，2004 年，第 239 页。

[26] 周建华：《革命文学论争之话语革命问题》，《山西师大学报》（社会科学版）2014 年第 3 期，第 69 页。

[27] 刘柏青：《日本无产阶级文艺运动简史 1921—1934》，长春：时代文艺出版社，1985 年，第 82 页。

[28] 吴泰昌：《阿英忆左联》，《新文学史料》1980 年第 1 期，第 14 页。

[29] 茅盾：《关于"创作"》，《茅盾全集》第 19 卷，北京：人民文学出版社，1991 年，第 277 页。

[30] 茅盾：《关于"创作"》，《茅盾全集》第 19 卷，北京：人民文学出版社，1991 年，第 279 页。

[31] 旷新年：《1928：革命文学》，北京：人民文学出版社，2017 年，第 142 页。

[32] 朱寿桐：《中国现代社团文学史》，北京：人民文学出版社，2004 年，第 244 页。

[33] 鲁迅：《"硬译"与"文学的阶级性"》，《鲁迅全集》第 4 卷，北京：同心出版社，2014 年，第 121 页。

[34] 杨邨人：《太阳社与蒋光慈》，方铭编：《蒋光慈研究资料》，北京：知识产权出版社，2010 年，第 74 页。

[35] 杨邨人：《太阳社与蒋光慈》，方铭编：《蒋光慈研究资料》，北京：知识产权出版社，2010 年，第 74 页。

[36] 张资平：《读〈创造社〉》，饶鸿競，等编：《创造社资料（下）》，北京：知识产权出版社，2010 年，第 580 页。

技术的艺术化与艺术的技术化

——数字虚拟环境下重读马尔库塞

袁　诠

（华中师范大学文学院，湖北武汉，430079/陆军工程大学，河北石家庄，050003）

内容摘要：本文从马尔库塞的社会批判理论出发，指出马尔库塞从技术的艺术化与艺术的技术化两个方面设计了以审美和艺术救赎单向度社会的具体方式。这一批判的方法论为当下数字虚拟时代技术与艺术的发展提供了很好的启示：随着数字虚拟的发展，艺术逐渐进入技术设计和发明的观念层面，而技术也已然成为艺术创作的本体论因素。技术与艺术的融合一方面促进了新的审美感性的塑造、想象力的发挥、个体情感和才能的自由展现；另一方面也可能带来主体性的无限膨胀和审美理性的缺失。要解决这些问题，一方面要坚守艺术的独特性并以艺术品格引导科技的发展和应用；另一方面也应该充分重视和利用科技的意识形态功能，从当下的历史语境出发将符合人民幸福和自由解放的历史性谋划注入科技发展当中，以意识形态为桥梁整合科技与艺术的功能，共同推动社会的良性发展。

关键词：技术的艺术化；艺术的技术化；数字虚拟

20世纪60年代以后，西方社会开始从工业化阶段进入电子化阶段，马尔库塞从社会发展的实际状况出发，对发达工业社会中的技术理性进行了极其深刻的批判，指出技术已然成为统治的新形式，具有了生产力和意识形态双重属性，不仅在生产领域，而且在政治、经济、文化各个领域对社会进行一体化，形成了单向度的极权社会。面对这一全面抑制的社会，马尔库塞提出以艺术和审美作为拯救良方，通过技术的艺术化和艺术的技术化打破发达工业社会由工具理性到技术操作再到统治的全面合理化这一封闭的恶性循环，实现对于发达工业社会的真正救赎。

在今天的数字虚拟时代，技术与艺术的形态以及二者的关系都发生了很大的变化，技术的艺术化与艺术的技术化趋势也初露端倪，同时新的悖论也随之产生，数字虚拟下重读马尔库塞，越来越让我们从其深刻的批判中发现建构的潜能。

一、重构技术合理性——马尔库塞的审美救赎论

马尔库塞从历史的和辩证的逻辑出发，指出理性本身的发展是一个历史过程，发达工业社会的技术合理性——工具理性，只是理性历史发展的一个阶段，要想摆脱它

的统治，就需要重新找回理性传统中的价值维度，即“高扬生命之艺术”，“求生存、求好生存、求更好的生存”。具体而言就是：在人与自然的关系上，追求人与自然的和平共存；在社会关系中，尊重个人为了更好地生活而产生的真正的根本的需求，而非由于统治利益而外加于个人身上且已经渗透入内心的虚假需求。他将从这一理性观念出发重构技术理性的责任赋予了艺术和审美，指出要想完成这一建构，需要从技术的艺术化和艺术的技术化两个方面展开。

（一）技术的艺术化

马尔库塞指出，之所以能够通过艺术和审美重构技术理性，原因有二：一是艺术与科学技术之间有着原初的联系，它们同样具有理性，同样是为了追求自由与解放的真理。只不过在发达工业社会中，从可量化的操作性原则出发将艺术与理性对立起来，从而否证了艺术理性。因此，要重建技术理性就必须回归到科学所承载的工具理性与艺术所承载的价值理性相统一的状态。二是艺术是天生与现实相疏离的自律性领域，它是对于现存秩序的异化。虽然这一异化力量在发达工业社会被一再地削弱和同化，但是艺术的否定性和肯定性是辩证统一的。艺术的肯定性在于它是对于现存秩序的反映和再现，同时在这一反映和再现中艺术又暗示了现存秩序中潜在的却又未被言明的其他可能性。

那么，如何实现技术的艺术化呢？

首先是要恢复艺术理性并将其超越性的价值维度重新注入技术过程当中。艺术理性保留了人类历史合理性的追求，是包含了彻底的否定性因素的发展力量，其作用在于在更加严苛的历史统治中保持生命的艺术。因此，要颠覆和变革发达工业社会的技术理性，就需要艺术的加入，让艺术中蕴含的超越性和否定性的精神维度、价值维度重新输入一切技术过程当中，艺术要引导技术从人与自然的和平共存这一终极目的出发，重构一切已有的社会物质资源、智力资源和精神资源，包括分配方式、生产劳动的组织方式、机器设备的构造和设计等等，“理性只有作为后技术理性，即技术在其本身就是与自然和平共处的工具和‘生命的艺术’的工具时，才能完成这个任务”[1]。

其次是要以审美原则替代操作原则。马尔库塞指出操作原则是西方文明进步的最根本原则，它将社会文明的进步理解为对于自然和人的剥削、主宰，因此对于操作原则的拒绝和替代不仅仅是针对发达工业社会的现存秩序而且也是针对任何将生命视为谋生手段而不是目的本身的社会[2]。与操作原则相对的则是审美原则，马尔库塞强调审美的生物学基础，即本能、感官感受和心理学层面，“美作为一个可欲的对象，是与它原初的本能相关，即同爱欲和死欲相关的领域。……美具有那种有用于、有益于、有助于生命的东西所含的生物学价值”[3]，从生命的本能出发对对象的感官感受和体验不同于已经被技术理性所同化的对现存秩序的感性经验，技术理性将统治利益隐蔽地注入社会和个人的需求当中，虽然这些需求是虚假的，但却以舒适、进步的面目呈现，使人们舒舒服服地失去了反抗的力量，这是解放的抑制性因素。审美原则提倡从生命艺术的真实需求出发，技术要达到的是“在不受任何其他利益限制同时又不阻碍社会发展所必需的资本积累的条件下，所有社会成员的根本需求得以满足的最低劳动量及其程度”[4]。学会有意识地使用极限才能使人们从虚假需求中解脱出来。这是一种“审美道德”[5]。

由此，马尔库塞从价值维度、心理本能两个层面提出了对于技术理性进行审美拯救的途径。值得一提的是，马尔库塞并不提倡简单地否定和摒弃技术理性下已经取得的巨大的科技成就，并且认为这些已有成就恰恰就是或者孕育着科技领域革命的可能性，要实现这一可能性则需要在技术的艺术化之后进行艺术的技术化过程。

（二）艺术的技术化

所谓艺术的技术化就是以艺术和审美造就的新感性对已有的科学技术成就进行重新组织，使之具有审美的形式。马尔库塞指出：“艺术应当不仅在文化上，并且在物质上都成为生产力。作为这种生产力，艺术会是塑造事物的‘现象’和性质、塑造现实、塑造生活方式的整合因素。这将意味着艺术的扬弃……艺术将会重新把握住自身的某些更原初的‘技术’内蕴：即作为调制（烹饪）、培植、促进事物生长的‘艺术’，也就是说，给予事物以既不破坏它们的内容，又不破坏它们的感觉的‘形式’。”[6]

技术的艺术化达到的是对于工具理性的反叛和颠覆，是在价值理念和心理本能层面的努力，但是要想真正完成社会革命，还必须将之落实到实实在在的现实社会当中，必须在现实物质和知识层面进行重构。马尔库塞将这一任务赋予了新感性，以艺术和审美的方式改变经验方式和主体的感性结构，通过变革能够变革现实的人们的意识、需求和倾向来达到社会变革的目的，即通过感性革命达到社会革命。“今天的反抗，就是享用一种新的方式去看、去听、去感受事物；就是要把解放与惯常的和机械的感受的消亡联系在一起。”[7]新感性首先就是恢复感性的审美性能，即恢复那种促动生命的力量；继而以想象力为中介和指导，在美的尺度下达到理性与感性的结合。马尔库塞指出，新感性的培养虽然一开始是个人性的，但是量变总会引起质变，只有培养了具有新感性的个人才能够逐渐将新的需求转变为集体的需求，也只有具有新感性的集体才能够完成艺术的技术化的使命。

艺术的技术化其实是对发达工业社会技术理性的反其道而用之。技术理性是以技术的手段将统治阶级的意识形态以隐蔽的方式对全社会进行潜移默化的置换、转化，而艺术的技术化则是要通过具有新感性的主体运用已有的科技成就将新的艺术合理性渗透进社会生产和日常生活，到那时整个现实都会被赋予表现着新目标的形式，这种新形式的基本的美学性质，会使现实变成一件艺术作品。

二、数字虚拟下技术的艺术化与艺术的技术化

如今，我们已经从马尔库塞所说的发达工业社会步入数字虚拟时代，技术形态从工业时代后期和电子时代前期的高度自动化发展到了当下以网络、大数据、人工智能、虚拟现实等为主导的智能化，尤其是随着移动数字终端的发展，人们已经生活在数字虚拟与现实物质世界共同构建的生活空间当中，虚拟生存已然成为生活常态。在数字虚拟的环境下，马尔库塞所提出的技术的艺术化和艺术的技术化趋势初露端倪。

（一）数字虚拟下技术的艺术化

数字虚拟时代，技术更加直接而深入地进入人们的日常生活，甚至直接进入人际交往、情感交流、感官感知等精神生活领域，如微信、微博成为人们日常的交际方式，“微软小冰”成为虚拟聊天对象，情感游戏和模拟生活游戏大量出现，虚拟现实能够让我们产生真实的感官感受等等。技术形态的变化具体体现在以下三个方面。

1. 技术的具身化程度更加深入和全面

所谓技术的具身化，即以技术为中介，实践的经验直接作用于身体的感知习惯，从而影响了人与世界的生存关系，比如“盲人的手杖对盲人来说不再是一件物体，手杖不再为手杖本身而被感知，手杖的尖端已转变成有感觉能力的区域，成了视觉的同功器官”[8]。数字虚拟下技术的具身化程度更加深入和全面：电脑硬盘是记忆的延伸，互联网是思想、情感的延伸，虚拟现实是身体一切感觉器官的延伸，人工智能是智力、思维的延伸……如果说手杖与人的具身化关系还是有形的，或者是可以随时随地挣脱的话，那么数字虚拟下技术的具身化则是无形的，这里的“无形”并不是说技术作为工具不具备物质实体的形态，而是说技术的作用渗入人的情感、感觉、智力、思维等内在方面，以至于人很难意识到技术的存在。比如非强制性虚拟现实技术，将人置于三维立体的洞穴环境中，四周布满传感器，只要人一有所行动，甚至只是眼球的转动，呼吸、体温的变化都可以导致整个环境的改变。虚拟现实追求的理想境界就是“自然”地沉浸，即完全遵循人体生理、心理规律基础上的沉浸，人对虚拟环境的反映与现实世界无异，让人不知不觉地融入虚拟环境中，感觉不到虚拟世界与现实世界的差异。技术的具身化即是这种技术与人融合为一的状态，技术已经从外在物质实体领域进入人的生理、情感、记忆等内在非物质领域，与内在主观意识的关系更加直接。

2. 技术活动的艺术性增强

当下，不少软件程序和硬件设备的开发本身就有着艺术和审美的设计理念，克鲁格的非强制性虚拟现实技术是在美国国家艺术基金会与国家科学基金会的共同资助下进行的。克鲁格明确指出他关于虚拟现实的设想受到20世纪初达达主义以来的后现代艺术的影响，新的艺术观念呼唤新技术的到来，同时新技术的发明也认同新的审美观念的发明。这一技术发明本身就包含着明确的审美和艺术创新的意向，克鲁格在自己的博士论文中将人机互动作为一种艺术形式来描绘，并且提出艺术与科技本身就是无法摆脱地彼此交织在一起的，他坚定地相信虚拟现实最终能在视觉影响、叙事能力和复杂情感表达上与电影、小说和音乐相媲美。因此，克鲁格也被称为计算机艺术家。此外，不少软件程序的开发也受到艺术创作需要的推动，《星球大战》的导演乔治·卢卡斯，为了在电影中达到自己追求的艺术效果，专门设立了技术公司，从科幻影片的艺术追求出发开发数字技术，大大推动了计算机图形技术的发展。

3. 技术开拓了想象空间，促进了感知能力的提升

数字虚拟下的技术往往是通过数字化平台进行操控，运用软件程序进行组织、设计，一切对象都以数字代码形式纳入技术系统中，这就是数字虚拟技术的综合性特征。这一特征使得数字虚拟成为一种“元媒介”，可以通过图像、声音、文字甚至脑电波等多种形式对信息解码，营造出视觉、听觉、触觉乃至大脑的神经反射和生理反

应等多种呈现形式，甚至是多种媒介共同作用的全包裹环境，从而获取全方位的感性经验，全面提升人的感官感受能力。此外，以不同媒介呈现的对象还可以通过数字技术的编码和解码过程进行相互转换：不同颜色反射出来的波长可以被数字技术转换为声波信号，从而让盲人能够“听到”色彩；呼出的气流可以被转换呈现出线条和形状，仿佛呼吸也有了观赏性……技术手段产生的数据能够直接转换为艺术符号，呈现艺术效果。这种类似于艺术中通感的效果可以凭借数字技术轻而易举地实现。

由上述分析可见，较之工业时代的技术，数字虚拟技术具有更加突出的“软”特性，更多地进入思维、认知乃至心理、感知的层面，这意味着技术从作为基础的生产力进入了上层建筑领域，技术与艺术之间的关系更加直接，界限逐渐模糊，艺术中所蕴含的价值维度也更容易进入技术领域当中。

（二）数字虚拟下艺术的技术化

在新的技术形态的推动下，艺术形态本身也发生了巨大变化。数字虚拟时代，技术作为艺术的本体性存在深刻而全面地影响着艺术生产活动。“技术手段、材料、方式在沟通并实现艺术叙事效果的过程中，直接产生出一种与经典艺术话语相区别的新的话语形式，进而带来了艺术活动在整个当代审美文化中的新的合法化形式。”[9]

1. 创作方式的集体化

在创作方式上，越来越多的艺术家掌握了数字技术的使用甚至是开发能力，不少技术设计人员同时也是艺术设计人员，艺术家的身份不再唯一；艺术创作活动的展开也越来越类似于技术操作，不同的环节由不同的作者进行，艺术家与技术人员也常常以团队合作方式进行创作；互联网和数字系统成为艺术创作的平台，艺术创作的门槛降低，大众也成为艺术创作的参与者。技术为人们充分展现情怀和志趣提供了自由空间，有助于促进人的全面发展和解放[10]。

2. 接受活动的交互性和参与性

在数字虚拟艺术活动中，接受者无论是从心理上还是从身体行为、感官感受上都可以进入艺术作品内部，他们通过界面操作、链接选择，甚至具体行为实践参与到作品创作进程当中，这一交互行为直接影响到作品的内容、结构形态以及艺术效果，接受者承担起部分的艺术创作任务，创作者与接受者的界限消失，接受者被赋予更多的主动性。罗伊·阿斯科特指出，在数字虚拟下的艺术活动中，“审美焦点从观察客体转移到参与主体……在远程信息处理系统界面处，内容被创造出来而不是接收到”[11]。接受者在艺术活动中地位的提升一方面有利于提升大众的审美感受力，为个人情感、思想和志趣的抒发表达提供更为自由、广阔的空间；另一方面也对创作者提出了更高的要求，大众的审美能力是需要引导的，如何在给予他们自由和主动性的同时又防止其陷入娱乐化、庸俗化的泥淖，是创作者需要思考的问题。

3. 艺术形象的混杂性

数字虚拟的发展还激发出新的想象力和想象方式，由于数字技术所具有的离散性（即将对象转化为0和1之后进行多渠道传输并可以任意组合呈现）、远程实时在场性、多媒体性等特征，使得人们的想象可以更大程度地脱离时空局限，并且可以进行超乎现实逻辑的奇思异想，数字虚拟下的艺术形象更多地呈现出碎片化、立体化、跨界性的特征，《黑客帝国》中的“子弹时间”就是导演将时间的线性关系颠覆之后，想象出同一时间不同空间角度下子弹的动作，而后借助电脑技术加以呈现，这一对于时间的碎片化、空间化的想象如果失去了技术的支撑根本无法实现；科幻作品中越来越多地出现跨族类结合的形象：蜘蛛侠、绿巨人、阿凡达，不同时空中的人穿越相遇的故事，还越来越多地出现赛博格（人与机器的结合）形象。在艺术结构和形式上，多空间交叉、非线性的叙事方式越来越突出，艺术效果的呈现上也越来越追求 3D 立体效果。数字虚拟下的艺术作品越来越多地呈现出高逼真度、高冲击力和高沉浸性的特点。

由此可见，在数字虚拟时代，在技术手段的支撑下，新的艺术理念和艺术形式大量涌现，更恣意、更瑰丽的想象也有了实现的可能。此外，数字虚拟技术本身的发展离不开高资本的投入，其快速更新升级的特点决定技术研发要加快市场化的速度，因此借助技术创造的艺术作品必须迅速推向大众，通过大规模的使用和接受活动获得资本增值，由此艺术转化为生产力的速度大大提升，与现实的关系更加紧密，一定程度上具备了马尔库塞所说的将艺术的合理性及其“谋划”在现实中得以实现的前提条件。

三、技术与艺术发展的新悖论及其真正融合

如上所述，虽然在数字虚拟时代，技术与艺术的融合初露端倪，但新的悖论和问题也随之产生：首先是主体性的悖论。如前所述，数字虚拟下的技术形态与人们的思维、情感和思想精神的关系更加直接和紧密，因此人作为主体的价值追求和精神理想更容易注入对于技术的使用和操作当中，成为彰显主体性的有力支撑；但另一方面，技术中先天的资本逻辑也能够随着技术的具身化以更加直接、更加隐蔽的方式影响到人们的感知方式、情感方式，从而更加直接地对人性造成异化。其次是审美感性的悖论。数字虚拟技术的使用往往能够营造出全感官高保真、高沉浸的虚拟世界，这些审美对象对于人的感官感觉能力进行了全方位提升，但同时又让人们容易深陷于虚拟形象中无法自拔，从而容易产生审美麻木和审美疲劳，也容易失去审美判断的理性自觉。再次，虚拟世界还存在自由的悖论。虚拟世界中的信息共享似乎解构了等级和权威，但同时又受到隐性的知识资本权力的控制：技术操作系统越来越简化而易为大众所掌握，但其中的机理和程序却越来越复杂，公众被置于高科技发展的边缘，某些貌似与观众产生互动，赋予观众选择权的作品实则被更深层、更隐蔽的技术和资本操控，公众常常成为数字化产品的被动接受者。这些都在提醒我们去思考：数字虚拟下，技术与艺术究竟如何融合，才能够推动人类朝着真正的自由进发？

要解决这些问题，需要发掘数字虚拟下艺术新的独特性和高科技的意识形态功能，当下的历史语境虽然与马尔库塞所在的发达工业社会有所不同，但是他所提出的理论观点和批判的方法论仍然对我们启发颇多。

首先，数字虚拟时代仍然应该以艺术的独特性和否定性不断唤醒人们对于生命本身需求的自觉意识和反思能力。马尔库塞指出艺术既源于现实又是对现实的疏离和异化，“艺术家借助这个异化，使自己逐渐从异化社会中摆脱出来，并创造出只有艺术才能在其中具有和传达其真理的非现实的、幻象的天地”[12]。“然而，正是在这种把

现实变为幻象的转化中，也只有在这个转化中，表现出艺术倾覆性之真理。”[13]

数字虚拟时代，技术创造了一个与物质现实世界相平行的虚拟世界，且这一世界不断地向物质现实世界扩张，世界的虚拟化是不可逆转的趋势。“虚拟”（virtual）意味着“虽然不是实际的现实的存在，但效果上是真实的”，虚拟世界就是一个效果上真实而事实上并不存在的世界。它没有物质形态，而是以数码形式存储和运行于网络或计算机设备当中，存在于由主体借助传感器、显示屏等硬件设备与软件程序交互而产生的感知世界当中。虚拟世界的建构和存在离不开人的感知活动和想象活动，它致力于摆脱物质现实的时空局限和客观规律的限制，到现实中无法触及的领域进行开拓，从这一点上看虚拟世界似乎天生具有艺术潜能。有人说虚拟世界的艺术性就在于它对物质现实的超越，因为现实中有的它可以有，现实中没有的甚至是不可能有的它也可以创造出来。但这种所谓的“超越”只是表面的、浅层的，真正的超越“并不在于达到一个虚构和空幻的王国，而在于抵达一个具体可能性的天地”[14]。数字虚拟下人们的实践方式确实具有艺术化的可能，但是如果仅仅是凭借技术优势追求超乎物质现实之外的奇观和虚幻，那么这些所谓“艺术”就有被沦为麻醉剂和致幻剂的危机。对于现实的真正超越应该是以艺术的独特形式对现实进行转化，不断突破现实的直接性和习惯性，不断唤醒和保持对于生命本真需求的自觉意识和反思能力，在与现实不断交互、同化、对抗的动态过程中实现的。因此我们要充分发展数字虚拟与物质现实的交互性功能。交互性意味着主体需要在物质现实和虚拟现实之间交替活动，从而形成两个生活维度，彼此之间形成对照性存在，这种差异的存在能够激发起主体的思考和不断选择，从而强化自主意识和主体性权力，“当这种反思和反省的能力积淀在工作和快感的方式中，积淀在思想和行为的方式中，积淀在技术以及表达着社会主义审美规律的自然的氛围中，那时，艺术将丧失它对想象力、对美丽、对梦幻的特权的、分隔的控制。……在这个阶段，社会的生产的能力可能将与创造性的艺术能力结为伉俪；而且，艺术世界的建立，将同现实世界的重建携手并行”[15]。

其次，充分发挥想象力对于理性观念和感性经验的中介作用，引导审美感性活动。马尔库塞指出想象力在摆脱了剥削和桎梏的科学技术的支撑下能够将经验转化为生产力，重建现实。想象力在艺术和审美中具有自律性，受制于感觉经验的同时也遵循着代代相传的人类解放的终极理性观念。这就使得想象力在技术理性的统治秩序下虽然受到压抑，但也正是由于这一压抑才更加激发了它对于现实的变形、颠覆和超越。由此想象力能够时刻清除感性活动被技术理性同化的危险，保持来自生命需求的新的感性经验的合理潜能。数字虚拟下的实践活动本身就具有想象性特征，一方面我们要充分利用技术优势，调动和激活感官感受的全面发展，丰富人的感性体验，激发新的想象；另一方面还应该意识到想象不能够由于失去了物质现实的限制而完全没有限度，应该以技术提供的更加自由的想象空间对虚拟和现实两个世界的感性经验进行综合，引导人们在新的想象力的作用下以新的技术手段重构感性经验，如此才能够既防止陷入虚拟世界的虚渺幻景，又能够促使人们以崭新的视角感受由虚拟和现实共同营造的生活世界，刷新审美感性。

最后，在数字虚拟时代，我们要充分重视和利用科技的意识形态性。以马尔库塞为代表的西方马克思主义对于科技的意识形态性大多持批判态度，但是这种批判要从两个层面来看：首先，马尔库塞批判的是以工具理性排斥和取消价值理性而并非简单地否定工具理性，他曾经指出当可量化的操作主义方式用于衡量满足人类生存需求的最低限度的时候，“可量度就是摆脱需求的自由的可行范围”[16]，“是烦恼的可能消除，是恐惧的可能摆脱”[17]。技术理性的根本特征在于“不合理中的合理性”，也就是说技术理性中仍然保留着合理性内核，即通过科技发展提高劳动生产率，增加物质财富，使人们从生存斗争中得以解放而进入自由王国；另外，虽然工具理性背后的主导意识形态是资本逻辑，但是资本本身的发展造就了“以物的依赖性为基础的人的独立性”，从艺术发展的角度来看，商品化也促使艺术活动从私人领域走向大众，从对贵族和宗教的依附中摆脱出来获得自由，恰恰回归到了艺术的本性[18]。因此，不可简单地否定技术理性。其次，马尔库塞的批判理论指出，一切存在都是“谋划”，不存在先天给予的无须质疑和批判的事物，不仅作为工具理性的技术世界是历史的“谋划”，寻求超越现实的替代性选择也是历史的“谋划”。同样，现存社会也面临着一个本质上不同于现存秩序的历史“谋划”的可能性[19]。从这个意义上来说，科技的意识形态就是先验地注入科技发展中的历史性“谋划”。这个历史性“谋划”是根据具体的社会历史语境，从多种“谋划”可能性中选择出来的。因此科技的意识形态性是可建构的，不仅要批判和反抗压抑性的意识形态，更要建立符合“超越性谋划”的变革现实的新的意识形态。

随着自动化、智能化的发展，生产力与意识形态之间的界限已逐渐模糊，“意识形态从上层建筑（在那里它被喧嚣的谎言和废话所取代）退离出来，被人们纳入消费社会的商品和服务中”[20]。它已经随着与技术的合谋进入生产过程本身，意识形态在内容上是精神的，在形式上却不得不是物质的。一旦我们确立了符合“超越性谋划”的新意识形态，它就会随着技术对于生产生活的组织进入社会其他领域当中，建构一个新现实。费恩伯格曾经指出：“对中国而言，问题不是是否技术应该侵扰这个或者那个生活世界领域，而是这些不可避免的侵扰应该如何被设计并被组织，以保护并推进更具有人性的价值观和民主政治。”[21]从发达工业社会到数字虚拟时代，中国作为一个后发现代化国家，一个前现代、现代和后现代并存的社会，我们需要做的就是从符合人民幸福生活和自由解放的历史性“谋划”出发树立我们自己的技术合理性，这种新的技术合理性既要体现现代性的一般要求，比如理性、自由精神的确立，又要避免和克服西方现代化过程中的弊端，比如人的异化、物化；既要体现时代精神，又要继承传统文化的特色；既要在人与自然的关系中确立自己的本质力量，又要在人与人的关系中进行人文关怀、意义追寻；既要实现科技现代化，又要实现人的现代化[22]。在这样的历史“谋划”下，资本不是目的只是手段，技术的终极因和艺术的终极因才能够契合，技术的艺术化和艺术的技术化才能真正实现。

（本文观点受到胡亚敏先生授课内容的极大启发，特此感谢）

* 本文系国家社科基金重大项目“马克思主义文学批评的中国形态研究”【11&ZD078】阶段性成果。

注释：

[1] [美]赫伯特・马尔库塞:《审美之维》,桂林:广西师范大学出版社,2001 年,第 92 页。

[2] M. Herbert,"Toward A Critical Theory of Society",In K. Douglas,*Collected Papers of Herbert Marcuse*,Volume Two,London and New York: Routledge,2001,p197.

[3] [美]赫伯特・马尔库塞:《审美之维》,桂林:广西师范大学出版社,2001 年,第 100～101 页。

[4] [美]赫伯特・马尔库塞:《审美之维》,桂林:广西师范大学出版社,2001 年,第 87 页。

[5] [美]赫伯特・马尔库塞:《审美之维》,桂林:广西师范大学出版社,2001 年,第 87 页。

[6] [美]赫伯特・马尔库塞:《审美之维》,桂林:广西师范大学出版社,2001 年,第 102 页。

[7] [美]赫伯特・马尔库塞:《审美之维》,桂林:广西师范大学出版社,2001 年,第 105 页。

[8] [美]赫伯特・马尔库塞:《审美之维》,桂林:广西师范大学出版社,2001 年,第 109 页。

[9] [法]梅洛・庞蒂:《知觉现象学》,北京:商务印书馆,2001 年,第 190 页。

[10] 王德胜:《扩张与危机》,北京:中国社会科学出版社,1996 年,第 136 页。

[11] 胡亚敏:《再论艺术生产》,《学术月刊》2011 年第 10 期,第 107 页。

[12] [美]赫伯特・马尔库塞:《审美之维》,桂林:广西师范大学出版社,2001 年,第 156 页。

[13] [美]赫伯特・马尔库塞:《审美之维》,桂林:广西师范大学出版社,2001 年,第 157 页。

[14] [美]赫伯特・马尔库塞:《审美之维》,桂林:广西师范大学出版社,2001 年,第 147 页。

[15] [美]赫伯特・马尔库塞:《审美之维》,桂林:广西师范大学出版社,2001 年,第 119 页。

[16] [美]赫伯特・马尔库塞:《审美之维》,桂林:广西师范大学出版社,2001 年,第 87 页。

[17] [美]赫伯特・马尔库塞:《审美之维》,桂林:广西师范大学出版社,2001 年,第 87 页。

[18] 胡亚敏、袁英:《马克思艺术生产理论的当代价值》,《华中师范大学学报》(人文社会科学版)2008 年第 3 期,第 114～118 页。

[19] 汪行福、俞吾金、张秀琴:《意识形态星丛》,北京:人民出版社,2017 年,第 98 页。

[20] [美]赫伯特・马尔库塞:《审美之维》,桂林:广西师范大学出版社,2001 年,第 145 页。

[21] [美]安德鲁・费恩伯格:《哈贝马斯或马尔库塞——两种类型的批判》,《马克思主义与现实》2005 年第 6 期,第 87～96 页。

[22] 刘英杰:《作为意识形态的科学技术》,北京:商务印书馆,2011 年,第 235 页。

【文艺学研究】

当代中国去经典化文学机制的成因与反思

刘　欢

（武汉大学当代思想与文化研究中心，湖北武汉，430072）

内容摘要： 古今中外的文学发展史存在着文学的经典化与去经典化现象，而中国文学的去经典化成了当代重要的潮流与趋势。究其成因，这与大众文化消费的时尚化以及图像文化的强烈冲击有关，形成了后文学经典机制的文化症候。文学研究应该坚持文化阐释的开放性，在审美与社会、文学与政治、经典与流行、精英与大众之间架起一座对话交流的桥梁。文学史书写应该通过梳理文学经典化与经典机制生成关系的基础，探讨去经典化的特质，揭示其背后的文化成因，并且克服文学评价的相对主义，从而为当代中国重构文学经典机制提供理论反思。

关键词： 经典；文学机制；去经典化；成因；反思

随着全球范围内电子技术和网络媒介的迅猛发展，文学的巨大转变对传统文学经典提出了新的挑战。传统文学时代形成的文学经典机制，在经典化的实践过程中处于不断被边缘化的境地，旧的经典机制开始走向衰落，面临着式微的窘境。在后现代的文学生活中，原本处于合法地位的文学经典认定标准不断被解构，文学经典机制不再具有普遍的有效性与合法性，其影响力开始逐渐削弱甚至消失。本文立足于技术化社会下文学经典机制生成的新的特征，从大众消费时尚化趋势、图像文化的迅速崛起这两种文化现象出发，来反思文学机制的去经典化问题，揭示制约与决定去经典化倾向形成的因素。这一研究有利于我们辩证地审视文学经典机制生成的技术媒介基础，树立动态发展的文学经典观，从而为构建当代文学经典机制提供有益的理论参照。

一、文学机制的去经典化

一代有一代的文学，一代有一代的经典。一个时代经典的命运往往能够映射出特定时代本民族的文化态度与政治立场。文学作品经典化的过程漫长而又复杂，是一种系统、延续的文化流脉。不同时代的文学经典化标准各不相同，这就决定了文学机制在经典化的过程中呈现出不同的面相。自孔子以“思无邪”的标准整理先秦时期的诗歌，儒家“诗言志”的诗教传统成了中国传统文化的重要组成部分，“文以载道”的文学观念由此深植文人的心底并被奉为圭臬。重视文学的社会价值的经典机制奠定之后，它成为作家从事文学创作活动的重要准绳，读者阅读经典的重要指向，促进了文学活动的繁荣发展。然而，随着技术化社会的到来，当代中国的文学活动无论是文学创作还是阅读，文学品质日益下降的态势愈发明显，经典所代表的崇高、超越、神圣的价值观念在一般的大众阅读中，不再像过去发挥唯一的导向和示范作用。“文学经典机制的式微，既表现在过去的文学经典的示范作用已大大减弱，还表现在新的文学经典形成过程的滞缓。”[1]在技术化媒介时代，文学经典的价值遭到严重的冲击和挑战。一方面，有些读者不再信奉经典，丧失了对文学经典阅读的热情和兴趣，相反，采取大话、戏谑、恶搞的方式来解构经典；另一方面，作家新创的文学作品在消费语境里还没有来得及被经典化，还没有得到社会的认可和评定，传统的文学经典处于生存的窘境。艾布拉姆斯所谓“文学四要素”（世界、作家、作品、读者）的经典内涵已经被媒介化、网络化、图像化取代。作者成为生产者，文本成为商品，读者成为消费者。文学失去了往日的神圣性和严肃性，经典面临被快餐化消费的命运，越来越多的经典作品被改头换面推向大众市场，成为商人们牟利的工具。可以毫不夸张地说，文学经典在当代中国遭遇了前所未有的危机。

与传统文学时代生产出来的经典相比较，技术化社会中的文学经典极大受制于媒介因素，技术媒介主宰着经典的生产和传播。众所周知，技术是人类赖以生存的基本手段，我们生活在由技术、物品构成的世界。海德格尔曾说：“技术统治之对象事物越来越快、越来越肆无忌惮、越来越全面彻底地推行于全球，取代了昔日可见的世事所约定俗成的一切。技术的统治不仅把一切存在者预设为可以在生产过程中制造出来的东西，而且通过市场把生产的产品提供出来。人之人性和物之物性都在贯彻意图的制造范围内分化为一个可计算的市场价值。这个市场不仅作为世界市场遍布全球，而且作为意志在存在的本质中进行买卖，并因此把一切存在者带入一种计算行为之中，这种计算行为在并不需要数字的地方，统治得最为顽强。”[2]这就意味着，技术并非是单纯实现目的的手段，实则已经成为世界的构成。技术是现代社会的统治术，正如文学是社会的再现，技术成熟的背后所体现的是特定社会时期的价值观念和思维方式，体现的是某种国家意识形态。这也就意味着当代文学经典作为技术媒介意识形态的产物，更多受到非文学因素的影响。文学经典机制所维护的规则和秩序充满着含混性和不确定性，动摇了经典与生俱来的权威性和合法性，瓦解了恒久不变的经典品质。就消费视域中的经典而言，随着大众传媒的迅速发展和视觉化社会的全面建立，电影、电视、广告、网络艺术充斥人们的眼球，否定传统、消解历史、放逐信仰，如此种种的社会乱象动摇了经典赖以存在的文化根基，取而代之的是流行“经典”的泛滥，以及经典的甄别遴选的困难。总的来说，文学机制去经典化的态势不可逆转，一方面技术化社会孕育和催生新的文学经典机制的生成，另一方面新的文学机制因为受媒介的制约和影响也开始呈现出去经典化的症候。与此同时，当代中国去经典化机制也再次印证了文学的经典化是一个动态更替、矛盾博弈的历史过程，并非我们所理解的经典之间自然而然的承继关系。经典因时代风潮、文学观念、审美价值的变迁，相应地处于潮起潮落、相生相克的流变状态。

那么，如何来定义文学机制的去经典化呢？文学作品转化为具有权威性的艺术与文化经典是一个经受淘洗、选择与认定的正典化过程，文学经典下降为普通的、边缘的文本即为去经典化的过程。如同马克斯·韦伯的祛魅理论一样，文学经典也存在着祛魅的情况。与经典化相对应，去经典化并非绝对颠覆和否认经典的存在，而是认识到经典和非经典之间可以轮流坐庄，相互转换。过去被视为经典的作品，后世未必能够流传下去；而先前被忽视不受待见的文学作品，由于契合当下的时代精神、价值观念、文化传统，有可能再次回归到大众的视野之中，重新侧身经典的行列。此外，随着社会环境的变化，虽然新的文学作品以洪水般的速度涌现，但文学经典的生产却未必同步，甚至日趋贫困。作家不再以过往的文学经典作为写作的范本而潜心创作，十年磨一剑。相反，他们为了适应大众化的市场消费需求，制造所谓的快餐式文学，以博取大众的眼球。从文学接受来看，一方面，有的批评家彻底沦为市场的附庸，对读者的阅读不再发挥引导作用；另一方面，读者追求平面化的阅读快感，专注于图像带来的震惊体验。因此，从文学的生产到传播，整个文学活动都无不显示经典的价值引导功能的退化，甚至是消失。洪子诚认为：“文学经典秩序的确立，自然不是某一普通读者，或某一文学研究者的事情。它是在复杂的文化系统中进行的。”[3]以此类推，文学文本的去经典化同样不是处于一个封闭的系统，而是呈现出开放的姿态，剔除作家、文本、接受者等内部因素，诸如时代文化心理、历史传统和主流意识形态、教育机制、传播媒介等外部因素共同影响经典的接受与传播，决定文学文本去经典化的进程。由此可见，文学文本的去经典化与文学机制的去经典化息息相关，作为文学建构自身秩序重要步骤的经典机制，其地位的式微和失落折射出传统文学经典力量的削弱。美国当代社会学家 E. 希尔斯讲到传统在当今的命运时说：“我们与过去的关系之现状是非常复杂的。在过去得到公认的惯例、设制或信仰的规范力量确实大势已去，在学术争论中，肯定这种规范力量的观点几乎已不复存在。与此相应，人们开始论证效率、合理性、便利、‘时兴’，或他们提出的各种替代办法的进步性，而信仰、惯例或设制的传统却无力与这些论点相抗衡。”[4]伴随着现代社会的转型，昔日社会的某些权威机制在当代中国不再完全适用，取而代之的是一种新的文学经典机制，可以称为“后文学经典机制”。这是一种替代性的机制，是对当前经典机制日趋萎缩的补充和填补。文学经典机制不能像以往发挥作用，不能起到临时遴选和评定当代文学作品的优劣等方面的作用，使得文学能够达到有效的沟通和交流，从而维护和保障文学活动的有序开展。“后文学经典机制就是这样一种奇特的东西，它可以不排除文学经典，偶尔也可以推出新的文学经典，但经典已俨然失去了过去照耀文学的光彩，同时它又以非经典的文学来引导创作，起到过去本是由文学经典来起的作用。”[5]传统的文学经典机制对当下文学作品不再具有约束力和强制力，过去所推崇的经典模式受到严重的冲击和挑战，在今天的文学现实中已经不能完全适用，而经典机制的新模式还未建立，理论的建构还处于艰难的探索时期。经典和非经典的界限正在模糊，文学作品要走入经典队列真可谓步履维艰。因此，我们必须多层次、多角度地去剖析和认识经典生成机制的去经典化这种文化现象。

二、文学机制去经典化的成因

通过前面的论述，我们知道文学经典机制已不再如往昔有效地运作，其合法化危机严重威胁到其存在的必要。伴随后现代社会的到来，有学者认为文学经典也进入了后经典时代。顾名思义，“后××”是仿照英语中的造词法来说的，正如文学理论关于现代主义和后现代主义的描述，文学经典也处于后文学经典时代。在后文学经典时代，经典已不再有多少影响当代创作的规范力量，当代经典的生产良莠不齐，所谓的后文学经典机制成了一种事实。“后文学经典机制，它与文学经典机制的不同点就在于，它并不强调经典之作的权威性以绳定其他的创作，也并不意图建立起一个相对稳固、统一的文学秩序，在另一方面，后文学经典机制又可以在文学经典机制失落后起到填充其影响、作用的功能。”[6]由此可见，后文学经典机制的出现起到临时顶替经典机制的作用，但不能证明后文学经典机制的有效性，其合法性的地位受到质疑。正如文学经典化是一个历史建构的过程，后文学经典机制的外在表现形式也处于不断的建构历程中，诸如文学的评奖制、消费的时尚化趋势、图像文化的迅速发展、网络的点击流量等方面，都成为当代后文学经典机制形成的文化症候，这些新的文化表征随时可能被新的形式取代，经典评定的权威性和合法性备受质疑。因此，从当代经典机制的表现形式来探究文学机制的去经典化现象，不失为一种有效的学术研究路径。为了更好地挖掘去经典化文学机制形成背后的深层原因，本文选取其中较为典型的文化现象进行剖析。

（一）大众消费的时尚化趋势

后现代消费社会语境下，欲望消费成为当今时代的主旋律。在消费社会，人们消费的内容、方式、意愿替代了仅仅满足生存需求的物质生产，成为推动经济社会发展的重要力量，欲望化生产支配着群体意志并且有可能导致人的全面异化。消费社会是科技理性发展到极端状态的产物，所赖以发展的信息技术的成熟带来文化传播方式的变革，在以信息科技为支撑的电视、电影、互联网等传播媒介的参与下，普通大众对消费文化的接受变得极其便利，或者说，形成了一种媒介化生存。大众不仅参与了具体的消费行为，同时也参与了消费文化的创造。大众的购买行为促使消费文化渗透到社会的各个角落，消费文化获得合法的生存空间。在消费社会里，文学已然进入精神性的文化市场，成为一种特殊的消费品。文化消费成为文化生产的主要动力，面对日益增长的大众文化需求，消费市场的生产者和经营者在商业利益的驱动下，千方百计地满足市场需求并生产出相应的文化产品，甚至不惜利用商品市场中物质产品的营销手段如花样百出的广告来刺激大众的消费欲望，将各种不切实际的消费观念和方式灌输给大众，从而制造大众文化繁荣的虚假表象。从某种意义上来说，在现代消费文化的形成过程中，现代技术媒体充当了“帮凶”的角色。消费品的特点是感性刺激强、花样翻新快，消费的即时性倾向导致商品的符号化和消费文化的时尚化。大众媒体通过自己特有的传播手段，使得时尚以尽可能迅疾的速度在社会中形成流行风尚，同时又通过时尚潮流的不断更迭制造着经济与文化繁荣的神话。多元化的大众需求都指向被商业的利润法则所引导的潮流和时尚之中，人们的文化消费需求在商业和感性的共谋中渐渐地趋向欲望释放的共性。从某种程度上来说，对某种时尚潮流的追逐，与其说是大众需求个性化欲望的满足，倒不如说是大众在时尚潮流的更迭过程中获得群体关系想象性融通的、替代性的满足感。社会化的潮流趋势，不仅体现在诸如人的衣着、饰物、娱乐方式等物质消费层面，而且还体现在诸如文学经典作品等精神性的消费层面。文学的潮流化作为商业社会整体的重要组成部分，在市场利润规律的制约下，大众追逐的文学风格和类型，很容易对作家创作形成一种非强制性的，但确有强烈影响的引导性作用，这种影响从某种意义上来说继承了文学经典的示范性。在传统文学经典机制式微的境况下，后文学经典机制的生成起到了某种替代性的补偿作用。文学经典为人类提供了诸如认识功能、教育功能、审美功能、娱乐功能等多方面的价值满足，然而，反思消费文化语境中的文学经典，我们会发现大众传媒对文化消费的介入。今日的文学经典大有成为文化快餐的趋势，很难取得稳定的、统一的价值确认。在消费文化语境中，经典已经被纳入整个社会的消费系统，大量涌现的新作品摆在人们面前，文学沦为一次性的快感式消费品。作家与读者忽略对其内在意义的发掘，使得文学遭遇时尚一般转瞬即逝的命运。由此可见，文学中的潮流化、时尚化虽然一定程度上能够引导文学的生产，但作为消费文化语境下的产物，一定时代所形成的文学“经典”也面临着去经典化的危机。

（二）图像文化的迅速崛起

随着全球范围内电子技术和数字技术的成熟，人类的传播媒介获得了前所未有的推动力，网络、电视、电影等现代大众电子传媒在当今世界成为主导性力量。凡是视觉所及，媒体的力量无处不在，媒介为吸引人们的眼球竭尽所能、无所不为。现代技术媒介不仅刺激着大众的视觉需求，而且加剧了大众对图像文化的消费欲望。在技术媒介的社会语境下，图像的重要性被强调到了无以复加的程度。人类与生俱来的感性经验依赖，在视觉文化的刺激下日渐表现为对视觉经验的深层依赖。读图时代的悄然来临，从根本上动摇了文学经典时代纸质阅读的霸主地位。丹尼尔·贝尔曾指出：“我相信，当代文化正在变成一种视觉的文化，而不是一种印刷文化，这是千真万确的事实。”[7]在图像文化消费中，商家通过视觉唯美的画面和文化内生移植来制定商品促销策略，诱惑大众消费的快感走向，刺激大众的消费欲望，从而使可读性、悦读感为核心的“轻阅读”习惯纳入文化生产的资本逻辑链条。文化生产者为了使文学经典摆脱边缘化的历史境遇，于是将目光投向了影视作品，经典与图像的结合使得文学经典实现了跨媒介的多元化传播。经典与图像化技术互相依存，一方面文学经典的影视化使得沉寂许久无人阅读的文学经典名声大噪，许多尘封已久的经典再次进入大众的阅读视野之中，出版发行量剧增；另一方面，文学经典的影视化影响作家的创作方向和创作心理，当代作家要想成功必须投身影视化创作，只有这样才能提高作品和作家的知名度。从某种意义上来说，技术化社会中图像文化的发展，对文学经典的发展起着某种调适的作用，承担着文学评奖和文学潮流化的双重功能。麦克卢汉对媒介的研究加深了人们对媒介时代的认同感。然而，不同于麦克卢汉乐观地认为媒介带来“人的延伸”，诸多现代和后现代思想家们认为媒介带来的是新型的资本主义殖民化，即社会通过技术媒介制造大量图像来实现对人类个体的控制。由图像建构起来的景观社会，虽在一定程度上解放和满足了大众审美文化需求，但不可否认的是，这种审美文化消费带有一定的美学欺骗性和心灵宰制性，主要表现在两个方面：就消费对象而言，这是一个远离客观真实的世界，是虚拟的图像化、符号化的世界；就消费主体来说，商品中植入的特定的文化和美学观念有可能导致媒介对人内在价值的异化。体现在文学领域里，就是本雅明所说的“光韵”完全丧失，大众面对图像的泛滥不知所措，丧失了自身原有的反省和批判意识。文学经典的影视化，从某种意义上来说，也是图像化技术媒介对经典的异化。在图像文化消费的驱动下，一方面，作家卷入名利场中，一味迎合大众消费趣味，创作出来的作品不再具有形而上的品格，也难以发挥以往经典的纯粹性示范作用；另一方面，读者陷入市场化消费规则之中，一味追逐图像符号带来的视觉刺激和快感享受，读者不再自觉反思商家量身定制的消费规则与策略，反而欣然接受并沉浸其中。由此可见，经典的影视化，虽然有利于文学的传播，扩大经典的影响力，但从影视化改编文学作品的生产过程来看，商业利益成了作家的创作动机。出版商和影视制片人在利润的驱动下制造适销对路产品，这在一定程度上解构了文学的经典性，使其呈现出去经典化倾向。

通过上述的分析，我们会发现当代中国文学机制去经典化的出现受制于当代文化环境，技术媒介时代的社会文化语境从根本上动摇了文学经典生成的根基。文学与生活距离的拉近使得经典失去了神圣性的地位，文学创作的欲望化泛滥对文学经典的示范力量造成严重的冲击。可以说，消费时代的文学生态正面临经典生产的低潮期。

三、文学机制去经典化的反思

近 20 年来，国内学界对于文学经典特别是当代文学的经典问题，一直保持着较高的研究热度。不少当代文学研究学者都对经典问题进行过思考，从不同方法、视角探索当代文学经典机制生成的历史与可能。尽管当代中国的文学机制呈现去经典化趋势，但不能否认经典机制依然在文学作品经典化过程中的重要作用。张荣翼总结说：“研究文学经典的重要性可以在多方面体现。首先，文学经典是作为文学创作与批评的范本，以此为基础建构文学评价的秩序。其次，作为经典就有大量的评论，从中就可以发掘出文本若干重要的内容，也可以表达出批评的若干重要见解。再次，是作为文学史的事实，以经典为基础便于梳理文学的历史演变过程的线索。最后，文学经典涉及文学的整个认识、阐释和评价的焦点，以经典作为研究的重点，其实也就是对文学的整个思想基础和学科体制问题的叩问。”[8]文学经典作为本民族历史文化传统和文学审美精神的真实写照，是文学研究重要的组成部分，研究者对经典问题的探讨涉及的是文学史、文学理论与文化研究的核心命题。文学的经典化与去经典化，涉及不同的经典机制、批评范式之间的相互转换，即新的经典机制取代旧有的经典机制，这种取代既有对原有传统的继承，又有对固有标准的反叛。那么，在这两种文学机制相互转换的过程中，应该如何确立文学经典问题的研究原则呢？对此，笔者认为应当从以下两个方面展开思考。

（一）坚持文学文化阐释的开放性

随着后现代主义理论思潮尤其是反学科知识话语、反逻各斯中心主义等解构理论的全面推进，反本质主义思潮在文艺学知识建构中蔓延开来。与本质论的经典观相对立的后经典化理论出场，这种批评理论从经典之为经典的地位如何确立的角度出发，质疑经典的所谓普遍性和永恒性，认为经典形成过程不单纯是一个文学事件，更是一种官方权力、意识形态和文化认同的建构行为。正如爱德华·赛义德认为，西方视野中的东方其实是“被欧洲人凭空创造出来的”[9]。如果以此作为类比的参照的话，那么，同理，文学经典的生成是一个同时在时间和空间中展开的、持续不断地传播和被接受的过程。随着社会政治语境和文学文化环境的变化，经典一直经历着建构、解构与重构。经典不是一个孤立的或独立的文本，而是一组文本或一组话语关系，这种关系可用布尔迪厄的场域理论进行概括。在这个场域中，既有纯文学、纯学术的美学观念贯注其中，又有非文学、非经典的、世俗的社会力量介入其间，各种来自文学和非文学的力量在此互相较量，它们之间相互博弈的结果是推动文学作品走向经典化。在西方学术思想的影响下，当代中国学界对文学经典研究路径，也经历了研究思维方式的转变。从追问“经典是什么”到“谁的经典”“谁来确定经典”，实现了文学经典机制的研究从本质论到建构论的跨越，更加关注社会文化语境在经典建构过程中的生成性作用。文学经典的出现与时代政治文化的语境密不可分，文化权力和政治意识形态影响着文学经典地位的演变与意义的阐释，并由此影响了整个文学史的经典秩序。一言以蔽之，不存在所谓纯粹的经典，而是始终存在“谁建构了经典”的问题。有学者指出：“当代文化研究实际上包括两个层面：一是从传统的文学经典研究转向大众文化研究，二是用新的理论重新评估与阐释旧的文学与文化现象。”[10]这种倾向于建构主义、历史主义的文化研究视角使得经典问题关涉特定时代的权力话语、文学场域和审美趣味，尤其挖掘出经典机制形成中的权力因素和具体的文化语境在经典建构中的外部影响，从而凸显权力编织中的经典序列极其复杂关系。由此可见，文化研究和文学研究不是全然对立的，文化研究对文学经典问题的考察，体现了文化理论的批判性反思功能。然而，文化研究热衷于从政治视角对文学进行剖析，导致一定程度上对文学特定艺术审美形式的忽略。与此同时，文化研究也极其容易为“文化政治学”的批评所操控，从而未能揭示出文学经典问题研究的多义性和复杂性。因此，当代中国的文学经典研究，应当坚持文学文化阐释的开放性，自觉地扩大文学经典问题的研究领域。既不过分地强调文学的文化因素，又不刻意忽视文学的艺术形式，而是采用综合观照的圆融视角，把握文学发展过程中某些艺术与权力机制的复杂建构，这样的话有可能超越现有文学经典问题研究的局限，避免落入将文本细读与社会语境人为割裂的窠臼。“在文学研究与文化研究关系的论争中，文化研究的学者不应促进其学术研究的经典化，并以之排斥和贬低文学研究，相反，应在清醒地认识到自身局限的前提下保持其开放性，并能够承认和尽可能地修正自己的局限。”[11]由此可见，开放性的文学研究坚持文学研究和文化研究二者兼顾，在把握文学艺术创造独特性的基础上，关注经典在文化整体语境中的地位及其与社会历史的关系。也只有如此，对文学机制去经典化的反思才能走出文学研究和文化研究二元对立的死胡同，跳出僵化、偏激思维的怪圈，进而在审美与社会、文学与政治、经典与流行、精英与大众之间架起一座对话交流的桥梁。

（二）走出文学史写作的相对主义

众所周知，文学史书写是对过去文学历史发展过程的梳理和记录，文学史文本并不等于文学作品的客观历史状况，而是这些文学作品在后代读者接受中逐渐经典化的叙述。经典的时代性、流动性以及阐释的多样性，表明文学经典是变动不居的。相应地，文学机制对经典的规约是相对的，并不是绝对的，这也决定文学史的书写时刻面临着重写的境遇。文学经典化使文学史的写作不再流于单纯地罗列作家、作品等文学史实，针对每一时代都有自己时代的经典，经典化的标准也相应作出积极的调整和改变。每一代文学史学者都是从一个新的视角对文学史上的老问题进行新的阐释，写出具有自己时代特征和精神风貌的文学史。因此，文学史重写的热情一直处于高涨，是因为述史者力图在文学的历史分析中贯彻自我的认知与思考。文学的经典化是文学史研究的重要议题，也是文学史写作必须处理的重要问题，一定程度上决定了文学史的叙史模式与话语方式。不同的经典观，会形成不同的文学本质论以及文学发展观。当代学者从不同的维度、层次，对这种影响进行了详细的论述。有人认为传统文本的经典化对于文学史研究具有哲学上的意义，这些意义具体表现为："对于人们所经历的文学史事件和进程可以有一个整合的基本框架。""提供了一个历史衍进关系的理论网络，尤其是文学史发展理论的网络。"[12]还有人认为文学经典化影响着文学史的格局、深度和影响力，"当我们用新的审美眼光和价值标准来反思文学史的时候，自然会得出许多不同于前人的结论。问题的关键在于，这些新结论完全有可能改变我们对原有的文学史格局的认识"。"新的文学史就要充分地描述这些影响和作用，分析其文学史地位与价值，从而可以更好地揭示文学内部的发展规律。"[13]这些论述表明，文学经典为我们叙述和评价文学提供了价值参照系统，可以保持文学研究的稳定性。文学史作为经典化了的文学的历史，它的经典化在形式上是对文学文本的经典化，文学经典既是文学史言说的依据，又是文学史言说的最终结果。"文学史的经典化也就是对历史与文化秩序的安排。"[14]在文学史编撰者的阐释和评价下，一些重要的经典作家退居其次，一些名不见经传的作家被列入经典殿堂等。文学文本正是在这些新标准、新观念的影响下发生变性和转变。由此可见，每一次文学史的重写，是一种新的经典标准的厘定，一种新的经典观念的界定。重写的结果就是经典的作家、作品在文学史上的地位有所改变。

然而，在文学史具体的书写过程中，文学史编写者时常面临着如何处理客观事实与主观意志的关系，如何把握经典永恒性与流动性尺度等两难选择，处理不当很容易滑入相对主义的认识误区。有人指出："重写文学史、经典的流动极容易陷入相对主义误区，把文学的历史性与当代性对立起来，摇摆于'政治化'和'纯文学'的两端，陷入非此即彼的'翻烙饼'思维怪圈。"[15]文学史书写试图真实、客观地还原文学历史是不可能的，毕竟历史是一去不复返的，不可复制，也不可客观重现，编写者只能从历史过程留下的某些踪迹重新建构出它可能的形貌。柯文在《在中国发现历史》一书中曾说："在所有的历史研究中都不可避免地引进大量主观成分。选择什么事实，赋予这些事实什么意义，在很大程度上取决于我们提出的是什么问题和我们进行研究的前提假设是什么，而这些问题与假设又反映了在某一特定时期我们心中最关切的事物是什么。”[16]海登·怀特也指出：“我们的话语总是倾向于从我们的资料滑向我们用以试图把握它们的意识结构。”[17]换句话来说，文学史的书写活动并不是纯粹客观的，对文学经典的重新排序不仅会受到过去文学的影响，而且受到书写者既有知识结构的影响，也就是所谓的“前理解”。“任何新的理解产生之前，已经存在有一种理解，新的理解是由主体也处在的某种已有的理解状态开始，才可能由此扩展开来，形成与先前的理解有所不同的理解。”[18]在“前理解”的作用下，编撰者会根据自身的理解从不同角度对文学文本的经典化进行排序和阐释。“这就正如毛泽东评《红楼梦》一书时，说到它写出了阶级斗争，这一思想是从马克思主义中得出的，是毛泽东评价该书的‘前理解’，但对成书于18世纪的《红楼梦》文本来说，作者是很难有此自觉认识的。因此，对于该小说的创作意图来说，‘阶级斗争’的前理解却不能不是后于它的。”[19]当然，如同文学接受理论带给我们的启示，编撰者对于过去的文学事实并不是全盘接受的，必然夹杂着当下的认知与理解。当代的文学史编撰者在文学面前不是完全无能为力的，相反他们会以当代的文学观念、标准对文学经典进行重新梳理和评价，在文学文本解读的过程中加入一些新的观点，而这不失为文学经典研究摆脱相对主义认识桎梏的重要路径。由此可见，对文学机制去经典化的反思离不开对文学史重写的再研究，文学史作为文学机制影响下文本经典化的重要表现形式，体现了后人对于文学意义的主观创造。

结　语

文学经典随社会发展而历史性地形成，它承载着人们对自然、文化和社会的认识、理解，为现代的社会和个人生活提供了指导和借鉴。文学的经典化离不开一定的生存环境，特定的社会体制制约着文学经典的产生和传播。文学经典机制作为维护和规范经典认定的秩序和规则，也受制于全部的客观社会历史生活。随着传统的经典模式在当代中国消费文化语境中的新变，经典的正当性成了问题。浴火方可重生，文学机制的“去经典化”趋势是否意味着新的文学经典机制正走在重生的路上？文学经典化的每一次转型是否能实现其华丽的转身？对此问题的回答就如同其提出，并不是一个简单的答案就可以回应的。文学活动生生不息，经典模式也不会走向终结。文学经典机制的再研究，对于我们重新认识和建构当代文学经典观提供重要的理论参照，有助于我们辩证地审视这些问题，探索文学经典机制的新模式，从而更好地把握当代文学活动的发展方向。

*本文系武汉大学自主科研项目（人文社会科学）研究成果，得到“中央高校基本科研业务费专项资金”资助。武汉大学中外联合科研平台种子基金支持计划：武大—杜克中西文论的对话互鉴研究联合科研平台（KYPT-PY-1）。

注释：

[1] 张荣翼：《文学经典机制的失落与后文学经典机制的崛起》，《四川大学学报》（哲学社会科学版）1996年第3期，第44～51页。

[2] [德]马丁·海德格尔:《海德格尔存在哲学》,孙周兴,等译,北京:九州出版社,2004 年,第 187 页。

[3] 洪子诚:《中国当代的“文学经典”问题》,《中国比较文学》2003 年第 3 期,第 32～43 页。

[4] [美]E. 希尔斯:《论传统》,傅铿、吕乐译,上海:上海人民出版社,1991 年,第 1～2 页。

[5] 张荣翼:《文学经典机制的失落与后文学经典机制的崛起》,《四川大学学报》(哲学社会科学版)1996 年第 3 期,第 44～51 页。

[6] 张荣翼:《文学经典机制的失落与后文学经典机制的崛起》,《四川大学学报》(哲学社会科学版)1996 年第 3 期,第 44～51 页。

[7] [美]丹尼尔·贝尔:《资本主义文化矛盾》,赵一凡译,北京:生活·读书·新知三联书店,1989 年,第 156 页。

[8] 张荣翼:《文学经典的类型及其意义》,《中南民族大学学报》(人文社会科学版)2010 年第 1 期,第 170～175 页。

[9] [美]爱德华·赛义德:《东方学》,王宇根译,北京:生活·读书·新知三联书店,1999 年,第 1 页。

[10] 陈太胜:《文学经典与文化研究的身份政治》,《文艺研究》2005 年第 10 期,第 49～57 页。

[11] 陈太胜:《文学经典与文化研究的身份政治》,《文艺研究》2005 年第 10 期,第 49～57 页。

[12] 张荣翼:《文学史,文学经典化的历史》,《河北学刊》1997 年第 4 期,第 75～80 页。

[13] 方忠:《论文学的经典化与中国现代文学史的重构》,《江海学刊》2005 年第 3 期,第 189～193 页。

[14] 张荣翼:《文学史,文学经典化的历史》,《河北学刊》1997 年第 4 期,第 75～80 页。

[15] 刘忠:《“文学史”书写的漫长之旅——兼论文学经典的流动性》,《文艺研究》2011 年第 12 期,第 83～89 页。

[16] [美]柯文:《在中国发现历史》,林同奇译,北京:中华书局,2002 年,第 1 页。

[17] [美]海登·怀特:《作为文学虚构的历史文本》,张京媛译,张京媛主编:《新历史主义与文学批评》,北京:北京大学出版社,1993 年,第 179 页。

[18] 殷鼎:《理解的命运》,北京:生活·读书·新知三联书店,1988 年,第 23 页。

[19] 张荣翼:《文学史,文学经典化的历史》,《河北学刊》1997 年第 4 期,第 75～80 页。

论新媒体语境下的文学生产与媒介话语互鉴

苏喜庆

（河南科技学院文法学院，河南新乡，453003）

内容摘要： 近些年来，新媒体强势介入文化生活，促成了新型文学生产与传播样态——媒介语境的产生与快速发展。文学的传播方式由单纯的印刷出版衍生为数码化、声像化的融媒体传播。融媒体制造的视像快感和声觉效应形塑着文学主体的新型文化身份，也诱发了现实主义文学创作的媒体焦虑和生存隐忧。精英作家在文学创作和传播阶段所体现的媒介话语倾向，正是文学话语与媒介话语在博弈与互鉴中呈现出来的文学媒介化征象。总体来看，文学话语对媒介话语的积极吸纳，不仅是对媒体话语的选择性“迁移”“征用”，而且也是一种有意味的文学创生机制。

关键词： 媒介语境；文学题材；新闻事件；话语博弈；历史使命

进入新世纪以来，新媒体强势介入生活，尤其是与人们生活密不可分的便携式电脑、手机等智能设备投入市场之后，媒介与人变得形影不离，新媒体传输设备与互联网整体打通，形塑出了点对点、超链接、对话性的新型传播样态——媒介语境。

传统文学文本在新媒体的武装之下，将文字符号摇身一变，化作数码、声像，在赛博空间的内容生产中生发出强大的生命活力，焕发出新的文化商业契机。值得关注的是，在这一传播链条中，文本创作抑或称之为内容生产，成功跻身于整个文化产业链条的上游与核心位置。在这场文学的文化身份逆袭中，现代媒介的助推作用功不可没。媒体学者卢曼指出：“文学的存在基础是传播媒体，文学文本的存在必须靠物质和技术手段，其传播和接受也只能通过技术手段的中介来实现，因此，文学历史从一开始便被视为一部媒介史。”[1]文学的传播方式由单纯的文字生产（印刷出版）衍生为媒介数码传播，并非是对大众化、娱乐化、市场化的简单臣服，而是文学在走近普罗大众后所进行的有益进化。在这一过程中，文学题材的媒介化倾向也日益明显，其间伴随着文学话语与媒介话语的博弈、融合，其中文学选题对新闻事件的积极征用便是一个值得关注的文学征象。

一、媒介话语的强势介入

诚如加拿大媒体理论家麦克卢汉所言，当代媒介话语构成了对传统诗意的“截除”[2]，但也带来了新的文学话语意蕴衍生机制。点对点的信息直线传输，增强了人们获取现实讯息的能力，由此也导致了文学生产在求真方面的创作偏好，非虚构文学的诞生和被推崇正是这一征象的具体呈现。尽管传统文学的审美性诗意、宏大叙事在媒体的权力性钳制中失去了感染效力，但借助于媒体图像和“声觉空间”[3]的媒介生态，可以孕育出文学再生产的新型空间。媒体事件作为一种氛围的营造，为公众接受媒体事件所诱发的文学生产，提供了必要的接受前提和文化期待，新型文学生产与媒介传播事件形成了潜在的对话关系，从而产生出基于现实思考和媒体公众视野综合发酵的事件想象力。

依托新媒体技术，文学不仅可以建构起内容创作的超链接文本，获得更多的受众（包括电子文本读者，文本改编影视后的观众，跟帖留言、发弹幕、制作短视频的网民），而且更加易于制造出引发关注、激发传播效应的文学事件。文学的影视化、网络文本在线阅读、有声读物等新兴媒介阅听手段，展示出媒介语境下的文学传播的新路径，这也使得文学价值在新媒体空间中得以衍生。

从当前媒体介入来看，数码路径与移动终端传输构成了当下媒体事件和公众话语传播的主导路径，事件文本在移动终端构建的私语场空间中成为大众娱乐化消费的交互性再生产文本。但在信息时代，媒体超载与信息过剩也同时构成了对文学场域的外在压力。创作者如何在文本中自处、自适、自解，这是摆在他们面前的重要命题。麦克卢汉曾用“截除”来揭示各类媒介（包含各类科技发明和黑科技的创造）对人类器官中枢神经系统功能的弱化。从未来人类学意义上来说，这种略带悲观性的预言，其实也在提醒世人对媒介异化的警觉，让人们从无所适从、穷于应付的媒介沉溺状态，转向真正面对个人主体性的存在，并尝试从媒介伦理的宰制中寻找出路。

媒介话语在推送新闻、引发话题热点、制造文学事件等方面呈现出了日益不可小觑的作用。媒体话语的强势介入带来了文学创作的非虚构倾向。非虚构写作注重故事情节对现实生活的忠实描写，而且紧跟生活节奏，侧重模仿新闻事件的写实性特征。作为一种跨界型文体，非虚构写作正是在新闻与文学互动与博弈中发展出来的文学写作新样态[4]。即便是在以虚构性为主的小说创作中，也很难规避现实媒介事件的影响。从近年文学创作情况来看，无论是李佩甫的《平原客》、刘震云的《吃瓜时代的儿女们》，还是贾平凹的《极花》、周梅森的《人民的名义》，其中的事件、情节总能令读者有似曾相识之感。他们对省长杀妻、妓女反腐、人贩囚妻、小官巨贪等众多媒体事件的巧妙化用，建构起了虚构与现实之间的潜在联络，新媒体超文本的潜在参与能力可见一斑。新媒体时代的作家，有时也如同记者一样，主动追踪新闻事件的始末，并且调动丰富的想象，营造出作品与媒体拟态环境的协同关系。其中固然有作家试图在深入生活体验生活方面走捷径的原因，但从另一方面也折射出在媒介语境下，文学创作刻意塑造时代典型和切中时代命题的主观诉求。

早在上个世纪，文学的媒介话语转向已经成为西方学者关注的热门话题。但对于中国当代文学而言，媒介话语的转向则是在进入新世纪后，伴随着国家信息化大发展而产生的倾向。从上个世纪末的文学边缘化，到新世纪的文学在媒介语境下的主动作为，这种嬗变暗含着创作主体以媒介为衍生链，主动接近公众（尤其是日益庞大的新媒体受众）的一种积极姿态。从文学题材的媒介转向中，我们也清晰地感受到作家重回中国本土事件现场的努力。更为重要的是，文学在积极借鉴和吸收媒介化的现实题材的同时，也和媒介话语进行了激烈的博弈。作家有时会有意地在文本中召唤媒介受众的声音，营造出事件的现场感，增强读者的代入感；有时则有意在文本中屏蔽掉媒体声音，让不在场的声音在空中“飞一会儿”，为文学叙事的声音主动介入叙事文本创造契机。

二、媒介语境中的文学主客体建构

文学创作的现实主义冲击波已经过去了近三十年，身处新时代的作家，对于现实的理解也在媒介革命的大背景下几经变化。其中讨论的一个焦点在于——媒体事件的放大，以及公共空间的扩大对个体空间的占领和浸润。事实证明，在媒介超链接的强大功能之下，图像、声音、文字为从立体化、纵深视角挖掘媒体事件的内涵提供了多重可能。在这种趋势下，许多长期致力于现实文学创作的作家，也从自由联想式记忆的缀联转向了对媒介链接事件的积极吸纳，并在社会主流意识和媒介话语意识的博弈下，表现出对媒介语境的认同倾向。于是，作家由自我关注的文学生活转而倾向于对媒体事件的细节追踪。这一趋势本无可厚非，但在作家与作品的关系建构中却是一个不可忽视的新现象。在融媒体的视像快感和混合声音中，作家如何自处、又将何为，已经成为目前关涉到文学主体与客体建构的重要命题。

在媒介语境中，作家在传统印刷媒体与网络新媒体之间游弋，形塑出跨媒介化的作家的新型主体身份，传统文学内容生产同时也在进行着有意的重组和革新。例如当代河南籍作家刘震云，以著名作家、优秀编剧的身份进入媒体场，建构出了一个媒体版作家的新身份。从《一地鸡毛》《手机》《我叫刘跃进》《一九四二》到《我不是潘金莲》和《一句顶一万句》，对影视改编、在线阅读与有声读物均有涉足，其作品经过文本内向改造而走向数码输出，开拓了文本的媒介经典化的新路径。

相较于“文学自觉”时代的文学自娱，再到“为人的文学”“为艺术的文学”的文学社会责任感的确立，新世纪迎来了“融媒体＋文学”的时代，作家拥有更多与公众见面、互动、交流的机会。从另一层面来看，作家也被置于新媒体的声觉空间之中，作家的声音无形之中也受到了媒介话语的钳制。德国学者本雅明曾指出媒介话语的潜在威胁性，“在充分发达的资本主义社会，新闻业是它最主要的工具。它更具威胁，而且它也给小说带来了危机……如果说讲故事的艺术已经变得鲜有人知，那么信息的传播在其中起了决定性作用”[5]。当媒体信息所传递出的“真”与文学虚构出的艺术真实、情感真实发生碰撞时，公众往往容易被有图有真相的新闻事件所吸引，而本质意义上的情理之“真”，以及隐含在信息流中的潜文本，则被时尚消费元素所“催眠”[6]，这是文学传播与接受中的一个危机。

文学创作的客体是指作家创作中所书写的对象，例如题材、形象、事件等。媒体空间存在大量可以成为文学创作客体的潜文本。它们无形之中成为作家创作素材的重要来源。在互联网问世之前，作家的创作是单向度的生产性输出，偶尔的读者反应和社会反馈构不成对作家创作立场的直接干预。但在媒体时代，文学生产退居为产业链的基础层级，几乎所有的文学生产原料——文学题材，都可以在互联网的超文本链接中被激发出新的意义，作家再无视媒介在创作中的作用就几乎等于掩耳盗铃。而在外在文学生产性包装中，传统文学出版业也主动向媒体事件或话题新闻倾斜，甚至给予一定的物质资助和出版优惠，制造出文学传播的媒体广告效应。这种无形的象征资本投资便导致了文学创作选材上的媒体化倾向，这正印证了媒介学家莱文森的看法，文学文本正在加速分享媒介语境中的“活力”[7]。

媒介话语作为社会语境中的核心要素之一，究竟在多大程度上参与了文学话语的整体建构，是媒体时代一个新的文学命题。尽管难以量化为科学性的图、表、线，但在整体的话语逻辑结构中，我们可以大致勾勒出媒介话语涉入生活事件的痕迹。美国新闻评论家沃尔特·李普曼将这种被建构的媒介语境世界称为“拟态环境”，“大众媒介并不能完全还原真实的客观世界，它呈现给公众的只是一个模拟的世界”[8]。首先，拟态环境为文学文本提供了复调性、互文性的媒体声音；其次，媒介话语潜在“出席了”对作品的文化立场，以及社会价值观念的建构；再次，媒介拟态环境也为作家提供了创作的灵感和契机。例如贾平凹的小说《高兴》与曹征路的《赶尸匠的子孙》都曾受到《南方周末》纪实性调查报道——“农民工背尸千里返回家乡”的影响[9]，“背尸还乡”成为他们寄寓悲悯情怀的关键性情节。另如刘庆邦的《神木》、方方的《中北路空无一人》、须一瓜的《淡绿色的月亮》也都曾受到新闻纪实性报道的灵感触发。由此而言，媒介事件和媒介话语已经成为作家潜移默化的创作源泉之一，诚如邱华栋所言：“新闻结束的地方，有时候是文学出发的地方。新闻结束了，作家从那里出发，找到了人文的精神和关怀。”[10]

德国接受美学家伊瑟尔曾指出：“文学与事实，或者文学文本与非虚构文本之间没有明显的界限，文学文本是虚构与现实的混合物。”[11]他认为文学应该包括现实、虚构和想象，这三者是缠绕在一起的。在媒体事件衍生出的文学文本中，文学虚构与新闻事实相互映照。这种有意味的映照，很容易透露出作家的叙事态度。尽管不少作家宣称采取零度写作以逼近真实，但视角的切入、事件的剪裁和情节的构思还是能够显示出作家的创作倾向。不论故事本身如何含混，我们在正视作家创作理路时，还是能够清晰勾勒出作家的正义感和强烈的介入意识，以及对于敏感问题明辨是非的能力。

不容忽视的是，文学的媒介化倾向也带来了文学自身主体性建构的焦虑，甚至带来了抑制作家文学创造能力的忧虑和困惑，尤其是媒介语境在形塑作家主体立场方面，学界产生了媒体观念可能辖制现实文学创作、甚至左右叙事主体立场的隐忧。方延明指出：“文学的媒介化（新闻化）倾向还表现在，比如文学作品的时尚化、消费化，以及以个人表现为特点的商业化炒作。人们更多时候的审美价值标准成了是否‘当下’‘焦点’与‘热点’，是否‘新鲜’‘权威’与‘重点’，是否有社会反响，这些都成了一些作家趋之若鹜的追逐目标。”[12]这种担忧不无道理，其实质是对现实主义作家主体站位的焦虑。其实，问题的关键不在于媒介化倾向是否侵蚀文学的主体性，而在于文学能否在新媒体时代坚守自身的主体立场，承担起应有的社会责任。诚然，媒体时代的事件本身就具有文学性书写的价值，贴近当下、关注焦点的文学书写，本身是对现实主义创作的一种锦上添花。只不过需要警惕的是，文学话语不能完全被媒体话语所钳制，而失掉了文学的人民性站位和人文批判立场。

三、事件的媒介化隐喻

事件是文学题材的重要来源，也是文学叙事中的核心部件，它是由社会酝酿而出的文学题材库。媒体新闻事件在媒介语境中极富有社会对话性和公众互动参与性[13]，事件的权威发布、公众参与、舆论发酵、民间讹传构成了多声部的源文本存在，也成为可供作家采写的一个重要的题材资源库。

进入新世纪以来，新媒体所承载的事件干预能力对于文学题材选择的影响尤为明显。如今，传统精英作家表现出了对媒体新闻事件的近乎一致的强烈关注。例如，贾平凹的《极花》是对一则农村拐卖妇女新闻事件的文学重述，《老生》中的戏生创业悲剧是对周正龙伪造秦岭华南虎案的成功化用，李佩甫的《平原客》是对2005年河南省副省长吕德彬雇凶杀妻案的演绎，刘震云的《吃瓜时代的儿女们》则是对"妓女反腐""钓鱼执法""表哥杨达才""雷政富案"等系列网络事件的收编和整合，周梅森的《人民的名义》是对近年来众多典型贪腐新闻案件的征用。从中不难看出，这些精英作家在题材选取和文学性书写方面凸显出的媒介事件偏向。

刘震云新近创作出版的《吃瓜时代的儿女们》，正是为融媒体时代献上的一部作品。"吃瓜"作为一个从网络语中采撷的大众娱乐化词汇，隐喻着这个时代的媒体语境特征。它不仅指的是不在场的外位看客式公众视角，也潜在地隐喻着媒体时代的话语场逻辑。该作品不同于《手机》对于手机这一新媒体暴露隐私方面的精神恐慌性揭示，也不同于《我叫刘跃进》中对信息存储性装置U盘诱发官商落马的线索性设置。《吃瓜时代的儿女们》完全隐藏了新媒体的技术装置属性，而是把整个时代的新媒体话语场作为一种不言自明的存在。小说故意规避对"吃瓜时代"社会舆情的交代，造成一种事件受众的虚假不在场感。故事从一个"农村高额买妻骗局"说起，农村妇女牛小丽在追债的过程中误入歧途，进入了皮肉骗局，然而牵出了一连串腐败官员的官场现形记。媒介受众（"吃瓜群众"）的围观和事件的发酵过程被有意地遮蔽，只有身处中国媒介语境中的读者才能心领神会。虽然诸如"妓女反腐"等新闻事件的热度逐渐在公众视野中消退，但原型事件在作为热媒介的文学艺术加工中被再次召唤，并再度升温[14]，重新引发人们对事件的更深度思考。

从近年来精英知识分子的创作来看，"吃瓜时代"正是作家对身处的时代文学场与社会场中媒介话语症候的隐喻。"吃瓜时代"至少有三层含义：一是指媒体信息时代，互联网、手机自媒体加速了新闻等信息的传播，焦点式新闻引来了众人围观，并导致了信息的持续发酵，甚至网民舆论形成巨大的社会舆情，并引发对社会事件的持续关注；二是指作家身处的消费时代，"吃瓜"本身作为一种消费意向，是大众娱乐消费时代的表征，公众易于对具有娱乐消费性的新闻事件产生消费动机，并持续追问新闻始末，进而引发事件的娱乐化、大众化和泛社会性特征；三是暗示文本中人物的命运具有"吃瓜落儿"的共通性特征。"吃瓜落儿"本是京津地区的方言俚语，指的是因某事引发另一件事，具有受牵连、受连累的含义。仅就《吃瓜时代的儿女们》来看，上至省厅级干部，下至黎民百姓牛小丽、徐彩霞，他们的共同特征就是都吃了“瓜落儿”。他们在行为放纵后得到了不同层面的惩罚，并成为公众热议的媒介话题。这三个层面构成了作品的独特语境——媒介语境的整体性隐喻。

从上述分析可以看出，“吃瓜时代”指向了一个共同的核心话题——媒体事件或者网络新闻事件。这是“吃瓜时代”众人围观的故事内核，也是文学文本进行故事再创造、文学再生产的源泉之一。在“吃瓜时代”，媒介话语与文学话语进行着交锋、博弈并最终结盟达成和解，形成了最终传导向文学题材的媒介力量，这便是媒介语境下的新的文学生产性隐喻。

四、话语融合中的文学使命

文学的使命毕竟不同于纪实性的新闻报道。它有意将媒体事件中易于被弃置的材料，进行再度挖掘、裁剪或再度审视，并着力发挥文学感性想象的能力，揭示出素材的本质性内涵，挖掘人性深度的信息，并且给予审美性“赋值”[15]，甚至在公众的接受视野中，发掘故事情节背后的被隐藏、遮蔽的那个能够聚合公众共享价值观念的潜文本。于是，文学文本与这个媒介语境中生成的潜文本形成了一种有效的互文。

媒体事件与文学创作的互文关系，其本质就在于现实题材作品在选材和构思时，如何兼顾真实性、社会性与艺术性，其实也就是文学话语与媒介话语进行博弈与融合的过程。从近年来的现实题材的小说创作来看，那些有意规避宏大叙事话语、注重挖掘现实题材丰富性的作品，日益受到读者和学者的青睐。所谓现实题材的丰富性，不仅是指事件本身与社会的广泛关联性，同时也是指审美意识的多元化倾向，这就要求作家要在多元化的媒介舆论中找准正确的创作方向，透过事件本身的矛盾性、事件的关联性，映射出时代症候、精神旨趣，乃至人文关怀和社会正义感。河南籍作家李佩甫的新作《平原客》成功化用了媒体事件，不仅写出了一个主抓农业的副省长李德林的宦海浮沉史、心灵蜕变史，而且也揭示出在一个出身农村的高官背后复杂的关系网与潜规则，乃至批判了知识分子在权力与欲望控制之下的内在劣根性，从而使一个副省长的传记式小说带有了知识分子心灵史的特征。现实题材应该具有直面媒体事件内部矛盾的勇气。从近年来贾平凹、李佩甫、周梅森、刘震云、邱华栋等作家的现实书写中不难看出，文学切入现实事件的角度，不是在于对舆论事件的盲目跟风，而是在于对事件更为深沉的反思，对细节敏锐的洞察和捕捉。改革不惧逆流和险滩，文学同样需要在媒体信息流裹挟的纷繁事件中保持足够的勇气和定力。当代作家从社会公平、正义的价值观念出发，让事件在逼真的再现和细节的刻画中暴露出自身的滑稽和荒诞。这不仅展现出艺术家对现实把握的力度和深度，而且也显示出反思与匡正社会固有观念、时尚流行价值的主题命意。

关于文学题材和媒体事件的密切关联及其内在机理，我们或许能够从结构、语言、文体特征、内容倾向等方面分析出一系列异同点[16]，其实质还是“生活真实与艺术真实”“必然律与可然律”[17]话题在新媒体时代的呈现。新媒体的介入模糊了新闻真实与文学现实题材之间的边界。一方面，媒体介入生活异化了新闻的纯然纪实本质，诸如商业化的逻辑、娱乐化的倾向、公众阅知的兴趣等都参与到事件传递中来，加速弥合了生活真实与艺术加工之间的鸿沟；另一方面，这种导向也迎合了文学尤其是现实主义文学寻求生活素材，探寻现实话题点，反映人民呼声和意识形态属性的主观欲求。由此可见，作家青睐于对媒体事件的内向挖掘，进而开展艺术想象的创作趋向也就不言而喻了。作家须一瓜曾经明确指出："新闻是外向的，文学作品是内向的，新闻用眼睛写作，文学用心写作。新闻的好稿可能只是'新现象'，小说的好稿却要体现本质，发现内核。"[18]她的小说《太阳黑子》融合了诸多媒体新闻公布的刑侦案件，但又对事件进行了重构。故事从一则"宿安水库强奸灭门大案"开篇，层层展示出三名逃犯自我救赎的心路历程，从而超越了原新闻事件，达到了对人性和精神的深度追问。

尽管在融媒体时代，文学取材具有泛娱乐化的倾向，但文学并未失却应有的社会功能，文学借助于媒体事件的发酵——或可称之为"让子弹飞一会儿"式的沉寂与延留效果后，拓展出更为广阔的传播空间——一种以公众关注度为基点的共同体命运的探寻。正如法国文艺理论家托多洛夫所言："作家在形象地表达一个对象、一个事件、一个特点时，并不强迫人们接受一个论点，而是激发读者去形成这个论点……通过调动词汇的使用，求助于故事、例证和具体景况，作品产生意义的震颤，开动我们的象征阐发机制……诗人的真实和世上其他表达的真实并不企求具有与科学真实同样的魅力，实际上，唯有公众的认同能使'我爱这部作品'与'这部作品讲的是真的'之间的通道合法化。"[19]由此，托氏对文学重构现实事件提供了三点启示：一是作家要通过对总体社会情势的描绘激发读者观念的生成；二是文学想象要努力超越现实事件真实性的显性描述，达到艺术真实的高度；三是相对于带有"宰制性意识形态"或社会成见的媒体新闻事件，文学要成为凝聚人文思想的有价值文本。

媒体话语与文学话语的交锋是一个不可避免的现象，两者无疑都承载着人民性的某种文化欲求和权力表达。比较而言，媒介更加善于运用隐喻的方式传递出不同媒介语境下的多元意义，世界著名媒体文化研究者波兹曼宣称媒介是一种具有知识穿透性的传播载体，"任何一种媒介都有共鸣，因为共鸣就是扩大的隐喻。不管一种媒介原来的语境是怎样的，它都有能力越过这个语境，并延伸到新的未知的语境中"[20]。文学话语对媒介话语的吸纳，既是媒体话语的选择性迁移，又是一种有意味的文学创生。文学题材对媒体事件和媒介话语的征用，无疑会在文学场域和媒介语境之间构造出另一种共鸣的空间——第三空间，它所面对的读者将会是有别于媒介受众，且拥有强烈思想意识和接受文本隐喻能力的人，而优秀作家的责任不仅在于要掌握运用传统修辞讲述故事的能力，而且还要有揭示真理的能力。虽然在时限性上文学话语滞后于媒体话语，但从审美意蕴层面看来，文学话语显然要更加优于媒介话语的即时性、娱乐性、公众性。仅从艺术的接受角度来看，"梅须逊雪三分白，雪却输梅一段香"，这是文学的审美属性与新闻事件的纪实属性差异使然。

结　语

身处新媒体语境，新媒介的强势介入与文学自身的积极进化，促成了文学中鲜明的媒介话语偏向。以文字为主要载体的文学文本生成为题材可优选、构思趋向多元、文本生产与接受可逆的新型文本样态。媒介新闻事件成为媒介话语与文学话语博弈和互鉴的一个重要焦点。鉴于此，在新时代的文本批评中，就不宜隔断文本与媒介语境的互文联系；在文本阐释尤其是在追溯文本生成的路径和方法时，文学文本的媒介属性更是一个不可忽视的方面。

进入新世纪以来，从国家主流意识形态来看，现实主义文学创作是亟待召唤的文学创作主潮。媒介话语的多元传播路径带来了文学题材的媒介化倾向，媒体事件具有激发“卡里斯玛”情怀和社会参与意识倾向的强力作用。在媒介话语征用和文学话语艺术加工的综合作用下，现实主义文学创作可以更加凸显出“质实”的审美倾向。媒介事件如何与“直接经验”接通，形成真正的具有体验生活意义的文本存在，这是目前对文学如何化用媒体事件的直接考验。当然，文学对事件的合理化虚构往往蕴含着作家对时代的深沉的思考，寓教于乐之中往往传达着文化信仰、人生感悟和共同体命运的复合式感怀。在融媒体语境中，作家能否具有建构自身独立批判意识的勇气和策略，公众视野中的话题与热点如何升级为高级的文学题材，如何在媒介时代持守现实主义的定力，并持守艺术的原创性，仍然是值得我们进一步探讨的新时代文学命题。

*本文系国家社会科学基金重大项目“中国当代文艺审美共同体研究”【18ZDA277】、河南省哲学社会科学规划项目“融媒体视域下的当代河南文学传播研究”【2017CWX026】、河南省高校科技重点项目“融媒体视域下河南文学创意产业发展研究”【19A870001】阶段性成果。

注释：

[1] B. Luman, *Media of Art*, Frankfurt: Frankfurt Publishing, 1986, p. 113.

[2] [加]马歇尔·麦克卢汉：《理解媒介——论人的延伸》，何道宽译，南京：译林出版社，2000年，第78页。

[3] [加]马歇尔·麦克卢汉：《指向未来的麦克卢汉媒介论集》，何道宽译，北京：机械工业出版社，2016年，第51页。

[4] 王佳莹：《李海鹏：职业操作规范下的非虚构写作》，《北京青年报》2014年9月9日，第3版。

[5] [德]瓦尔特·本雅明：《本雅明文选》，陈永国译，北京：中国社会科学出版社，1996年，第296页。

[6] 麦克卢汉将信息对人的知性、灵感的钝化作用称为“催眠”。

[7] 参见[法]保罗·莱文森：《数字麦克卢汉》，何道宽译，北京：社会科学文献出版社，2001年，第205页。

[8] [美]沃尔特·李普曼：《公众舆论》，阎克文译，上海：世纪出版集团，2006年，第25页。

[9] 成功：《一个打工农民的死亡样本》，《南方周末》2005年1月13日，第5版。

[10] 邱华栋：《城市文学的变革——邱华栋对话金宇澄》，《思南读书会通讯》2015年10月20日，第1版。

[11] [德]沃尔夫冈·伊瑟尔：《虚构与想象：文学人类学疆界》，陈定家、汪正龙译，长春：吉林人

民出版社，2003年，第16页。

[12] 方延明：《新闻文学化与文学新闻化的异化现象研究》，《山东大学学报》2009年第4期，第137页。

[13] 贡少辉：《文本媒介性与对"对话"的思考》，《济宁学院学报》2010年第5期，第19页。

[14] 麦克卢汉对"媒介冷热"的分析，实际上采取了辩证的维度，正如文字本身不具有冷热，而在于表述人（写作者）所采取的语言召唤策略一样，"热性"的文字媒介如果施以"抽象的、高度偏重文字形式"，便会是"冷"的。参见马歇尔·麦克卢汉：《理解媒介——论人的延伸》，何道宽译，南京：译林出版社，2000年，第51页。

[15] 在数码科技中，将某一数值赋给某个变量的过程，称为赋值。在文学中，指的是对事件的历时和共时过程的艺术价值的添加和衍生。

[16] 参见方毅华：《新闻叙事与文学叙事的多重审视》，《现代传播》2010年第5期，第60～63页；方延明：《新闻文学化与文学新闻化的异化现象研究》，《山东大学学报》2009年第4期，第136～141页。

[17] [古希腊]亚里士多德：《诗学》，罗念生译，北京：人民文学出版社，1982年，第29页。

[18] 刘炜茗、须一瓜：《我希望小说像把手术刀》，《南方都市报》2004年4月18日，第4版。

[19] [法]托多洛夫：《濒危的文学》，栾栋译，上海：华东师范大学出版社，2012年，第112页。

[20] [美]尼尔·波兹曼：《娱乐至死》，章艳译，桂林：广西师范大学出版社，2010年，第18页。

试论“艺术终结”之后的美学与艺术走向

曹砚黛

（中国石油大学文学院，山东青岛，266580）

内容摘要：亚瑟·丹托通过考察西方现当代艺术，提出了“艺术终结”论，认为艺术因对自身的意识和反思，终结于其关于自身的哲学。由于现当代艺术对审美这一美学原则的背离，“艺术终结”之后的美学将日渐没落。艺术批评则由于缺少一个本质主义的标准而无法取代美学。尽管丹托认为“艺术终结”之后的艺术，在艺术史上不再具有意义，现当代艺术仍通过自觉地与生活融合，努力寻找自身的救赎之地。

关键词：“艺术终结”论；美学；艺术批评；艺术

一、问题的由来

1984年，著名美学家亚瑟·丹托提出了他美学思想中最为浓墨重彩的部分——“艺术终结”论。他认为现代艺术通过对自身的意识和反思，终于迈向了哲学，于是他宣布艺术已经终结。丹托早期的“艺术界”理论是对艺术本质问题的关注和思考；“哲学对艺术的剥夺”理论以及后期的“艺术终结”论是对艺术史及艺术走向的分析和研究。由于与艺术作品紧密相关，又引入了历史维度，他的美学理论令人耳目一新。“艺术终结”论提出之后，旋即引发美学界的震动。一时之间，艺术何去何从的问题引起了广泛的关注和讨论，也出现了不少对“艺术终结”论的误读和诘难。对此，丹托解释道：“‘艺术之死’这个标题并不是我给出的，我只是说特定的叙事走向了终结，我想这已在艺术史中被客观证实。不再有艺术，这并不是我的观点。”[1]由此可见，丹托认为虽然艺术作品还可能被继续创造出来，但是艺术、或者说伟大的艺术、作为处于最辉煌灿烂时刻的艺术，作为一个历史阶段已经结束了。那个艺术最辉煌伟大的时期，是艺术与历史重合的时期。彼时，艺术是推动历史发展的动力。然而此时，“历史与艺术坚定地朝着不同的方向走去，虽然艺术或许可能以我称之为‘后历史’的样式继续存在下去，但它的存在已不再具有任何历史意义”[2]。换句话说，丹托认为艺术虽然还会继续存在，但无论再怎么翻新花样，最多可以称其为变化，称不上发展。“从这种意义上说，艺术的时代已经从内部瓦解了。”[3]不管艺术家们将艺术的种种形式怎样打乱重组，这些艺术都已不再具有历史意义。

了解了丹托“艺术终结”论的深刻内涵及其艺术史观，我们就会明白虽然艺术已经“终结”于艺术哲学，但并不意味着艺术这种人类文化的形式将不复存在，也不意味着艺术的创作将会停止。艺术日渐转化为关于其自身的哲学，那么它与传统美学的区别在哪里？“艺术终结”之后的艺术会呈现怎样的面貌？它与之前的艺术有着怎样的不同之处？本文将尝试对这几个问题做出解答。

二、美学的没落与艺术批评的兴起

关于美，德国哲学家康德曾经说过：“鉴赏是通过不带任何利害的愉悦或不悦而对一个对象或一个表象方式作评判的能力。一个这样的愉悦的对象就叫作美。”[4]康德认为，只有不涉及利害关系的满足的客体，才可以判定是美的。因为“关于美的判断只要混杂有丝毫的利害在内，就会是很有偏心的，而不是纯粹的鉴赏判断了”[5]。因此，美必须是与功能和实用性无涉的，而美的评判标准也应当是亘古不变的。至于艺术，则必然与美相关，否则就不是艺术，或者至少不是好的艺术。这是将美与实用性，或者说将艺术与生活截然分开而必然造成的后果。康德关于美的判断不仅在哲学和美学领域产生了巨大的影响力，甚至成为艺术批评实践领域的法则。

直到现代，才有人对这一法则的合理性提出质疑，他就是法国艺术家马塞尔·杜尚。在1917年的一次巴黎独立艺术家沙龙展上，杜尚提交了一个签了名的男用小便器作为艺术品参展，并命名为《泉》。杜尚采用了一个与现成物相比在美学上并不更高明、更具有价值的物品大胆挑战了人们的传统观念。小便器成为艺术品，这使我们意识到艺术品并不必须是美的，它与审美之间的联系可能只是历史的偶然。这样一来，美就不再是评判艺术品价值的唯一标准，而传统美学在现代艺术面前也就变得束手无策。美学无为，这一点在现代艺术诞生之初并不容易被人们接受。人们已经习惯了以美作为标准来评定艺术品，但是当面对杜尚的《泉》时，他们感到无能为力。否定这件作品是艺术品是最直接和简单的做法，但这样做却是逆艺术发展的潮流而为。在杜尚之前，未必没有艺术家曾经这样大胆地挑战过传统的艺术观念，然而却并未能够进入公众的视域，产生如此大的影响。这说明只有到了杜尚时代，艺术才发展到这样一个阶段：原有的艺术范式需要被突破，人们已经做好了迎接新的艺术的准备。著名野兽派画家马蒂斯对于艺术家在艺术史中的坐标有着清醒而自觉的认识。他曾经说道：“艺术的发展不只来自个人，还来自一股累积的力量，也就是我们先前的文明。人不可能无所不能。才华洋溢的艺术家也无法仅凭喜好创作，仅靠运用天赋和才能，他将无法在艺术史上立足。我们不是自己作品的主宰，而是历史将作品加诸在我们身上。”[6]《泉》在展出伊始受到了大量质疑，也有些艺术批评家试图从原有的美学传统和美学理论来解释这件作品。他们依旧从艺术品的外观入手，详细讨论小便器作为一件艺术品的光洁度、颜色等等。他们一厢情愿地认为杜尚之所以提交这件作品，是想呼唤人们抛弃实用的想法，重新从审美的角度来审视一件日常生活物品，这样小便器就可以是艺术品了。对于这种阐释，杜尚啼笑皆非，认为这并非他的本意。他曾经不无嘲讽地这样说道：“当我发现‘现成品’时，我的目的是想泄美学的气，……我把瓶架与小便器当成一种挑衅抛到观众眼前，没想到他们还是从它们美学上美的角度来推崇它们。”[7]杜尚的本意显然并不是让人们沿袭传统美学的惯例来看待他的艺术，因为仅仅根据美学价值来判断，他的艺术作品显然并不应该在艺术史上享有如此崇高的地位。然而，随着时间的推移，人们慢慢觉悟到杜尚的作品是艺术对审美的自觉背离。因此，《泉》在艺术史上应当具有划时代的意义。《泉》作为艺术品的身份被广泛接受，恰恰说明历史已经发展到这样一个阶段，即我们已经为接受现代艺术做好了准备，既然接受了《泉》是艺术品这样一个事实，我们也就不得不对过去千百年来艺术领域的美学传统重新进行反思。

从以杜尚为代表人物的现代艺术发展到如今纷繁庞杂的当代艺术，古典美学理论在面对这些艺术现实时显得捉襟见肘。艺术自顾自地向前走着，将美学之维抛至一旁。丹托所说的“艺术的终结”，其潜在含义是“审美，或者说美学在艺术领域的终结”，而艺术本身当然依旧存在并不断被创造出来。于是美学面临着两个选择：一是继续沿袭旧有的美学传统，坚持拒绝承认非美学的或者反美学的任何艺术作品具有艺术地位；二是反思自身，对旧的理论进行修正以使之适应新的艺术现实。目前西方美学界依旧拒绝承认现当代艺术的地位也不乏其人。以色列学者亚菲塔的《艺术与非艺术》[8]就是一本明确否定现当代艺术的著作。他认为现代西方艺术是一场彻头彻尾的骗局。他承认传统的再现艺术的创造潜力已经耗尽，现代科学技术的发展和现代哲学对旧有思想观念的洗礼已经使人们的世界观发生了一些改变。比如摄影技术的发明，就使得传统再现艺术追求的最大可能的真实变得毫无意义。比起客观再现外部世界，人们越来越倾向于用艺术作品来表达内心世界，这就需要创造出一种新的艺术范式。然而亚菲塔认为现代艺术显然是一个坏的榜样。“现代艺术的始作俑者不具备必要的知识，他们试图建立的艺术新范式，只是把传统的形象艺术还原或者分解为其构成的因素，如颜色和线条，或者还原为真实的物件。这种实践，不曾建立新的艺术范式，却抹煞了艺术与非艺术的界限，艺术批评因此失去了评价标准。”[9]应当说，亚菲塔关于艺术批评标准混乱的看法是中肯的，但混乱的原因却并非由于现代艺术只是传统艺术的分解和还原，这样的理解是对现代艺术的极大贬低。在笔者看来，艺术批评标准的混乱是由于旧的传统艺术范式已经在很大程度上失效，而新的艺术范式尚未完全确立。在此过渡期间，艺术领域会有大量建立艺术新范式的尝试。而此时还没有形成一个已经过时间考验的新的艺术批评标准，因此短暂的混乱是不可避免的。尽管有像亚菲塔这样对现代艺术完全不屑一顾的美学家，然而大多数西方美学家对现代艺术还是保持友好态度的。他们认为需要反省和修正的不是艺术，而是美学本身。

在现代艺术之前，也就是美学统治艺术的时代，艺术批评事实上就是美学批评。康德在《判断力批判》中为美学批评奠定了坚实的理论基础。他通过独创的“无目的的合目的性”划清了美与实践的界限，因为实践必然是牵涉利害的；又通过“无概念的普遍性”划清了美与知性的界限，因为知识必然牵扯到概念。这样审美就既是主观的，同时又是普遍的；既无关利益又合乎目的。在很长一段时间内，这也就是艺术批评的准则，具体到艺术领域就是共通的审美品位。然而，既然现代艺术已经摒弃了审美诉求，那么艺术批评就不能从传统的美学批评的角度入手。当代艺术已经进入“后历史”时代，关于艺术的宏大叙事已经消解，各种艺术风格可以同时并存，因此再也没有一个唯一、恒常的美学标准。在这种情况下，在艺术领域可以有所作为的就不再是美学，而是关于各种艺术门类或者艺术风格的具体的艺术批评了。

关于艺术的宏大叙事的消解使我们意识到我们曾经在理解艺术上所犯的错误，那就是认为艺术史是一个不断进步的历史进程，但事实并非如此。原始艺术，尽管当初创作它们的人们还未必有艺术这个概念，显然并不是落后的艺术，而今天的艺术也不是更高级的艺术。艺术，或许有优劣之分，但并没有落后与先进之别。事实上，仅从外观面貌上，并不容易将现当代艺术与原始艺术作区分。因此，艺术批评的主旨是告诉我们什么是好的艺术，什么是不好的艺术，而并非灌输给我们什么是艺术。然而，失去了美学原则指导的艺术批评，虽然得以更直接地面对对象而作出更为具体和详细的阐释与批评，但也更容易走入一些误区。比如，与传统艺术不同，现当代艺术与非艺术的区别并非那么明显，艺术批评常常需要借助对艺术品所处的历史文化背景的研究才能够完成。因此，艺术批评也就难免与文化批评混淆，或者干脆沦为文化批评的一部分。而艺术批评要想真正获得独立的学科地位与学术价值，则必须求助于美学的干预。“此时若能靠着作为一门学科的美学引导我们走出这一团混乱，似乎最好不过了。如果美学真能描绘清楚批评的境况，其实践性的地位就能确立。”[10] 由此我们看出，由于缺少一个质的标准，艺术批评常常容易陷入混乱和自说自话中。

艺术进入了“后历史”时期，美学似乎变得可有可无，然而理论阙如下的艺术批评却又显得混乱不堪。这两方面的龃龉显示出艺术批评对美学既排斥又需求的内在悖谬，就如同现当代艺术不断地花样翻新，既挑战着任何一个试图囊括所有艺术的本质主义的定义，却又呼唤用这样的定义来证实自己的合法身份。在哲学上，丹托认为自己是一个不折不扣的本质主义者。“身为哲学的本质主义论者，我坚信艺术是恒常不变的，也就是说无论在任何时空之下，某样东西要成为艺术品就必须符合某些充分且必要的条件。”[11] 同样的，丹托认为艺术批评也需要一个质的标准存在，尽管这个标准不必与审美相关。

作为一名具有深刻历史观念的美学家，丹托这样说道：“在某个时代是艺术作品的东西，在另一个时代就不是了，此外我更相信，有一部历史贯穿了艺术史的整个时期，在这部历史里，艺术的本质——那些充分和必要条件——历经千辛万苦终于成为人们的意识。”[12] 这是丹托的一个深刻创见，遗憾的是他并没有详细展开论述，可能由于这里牵扯到某些人类学的知识。丹托认为即便一个时期有自己的艺术批评的原则和标准，但在那背后总存在着一个与艺术本质相关的普遍标准。这个标准不必与美学有关，却很有可能存在于人类的基因里，成为集体无意识的一部分。

三、艺术走向生活：伤害还是救赎？

“艺术终结”之后，艺术依旧存在，关于艺术问题的争论也并未停止。由于打破了美学的牢笼，“后历史”的艺术越发随心所欲。艺术与生活的界限从未像今天这般模糊。一方面是艺术一改往日高高在上的贵族面貌，变得平易近人起来，越来越有生活化的痕迹；另一方面，随着物质生活的极大丰富，普罗大众对艺术也越来越渴求，艺术正大量介入日常生活，使生活越来越艺术化。艺术与生活在某种程度上的融合究竟对艺术是伤害还是救赎？

一战后，一股拿现成物直接当艺术品的风潮开始在西方艺术界兴起，这就是现代艺术中的达达主义（Dadaism），上文中提到的《泉》就是其代表作之一。此后，将日常生活变为艺术就成了现代艺术的一个主旨。达达运动旗帜鲜明地喊出“反艺术”的口号，以极其强烈的反叛精神冲击着自康德以来在艺术领域建立的美学传统，因为后者强调审美的无功利性，就必然意味着艺术与生活的割裂。而历史上哲学对艺术的剥夺就体现在以审美之名为艺术单独划定了疆域，强行将艺术与生活分开。这种艺术与生活的疏离状态使得审美长期以来成为艺术的唯一价值取向，艺术也渐渐失去生气和活力。直到现代艺术通过对自身的反省，自觉规避审美的统治，努力向生活靠拢，这一状况才得以改变。

达达主义是现代艺术的先驱，却并非是唯一试图抹杀艺术与生活界限的现代艺术流派。事实上，与他们“融入生活”的初衷恰恰相反，达达主义艺术由于过于前卫，在当时依然是小众的、精英的，这的确有一点反讽的意味。在努力消解艺术与生活界限这一点上表现最为突出的是波普艺术（Pop Art）。波普艺术兴起于上世纪50年代，并很快在50和60年代席卷整个西方艺术界。顾名思义，波普就是“流行”的意思，取自英文的“pop”一词。的确，波普艺术在社会文化中的影响力超出以往任何一种艺术流派，成为真正意义上流行的“大众”（popular）艺术。波普艺术完全颠覆了以往的美学传统，通过大量的复制、剪接和拼贴等手段，广泛使用和参与流行文化的各种形式和门类，如广告、漫画、流行音乐、商业电影等等，在很大程度上影响了西方社会的文化，也极大地改变了人们日常生活的面貌，同时促进了艺术的商业化和艺术市场的繁荣。波普艺术以艺术史上前所未有的通俗性、商业性和快速便捷性收获了很多赞誉和批评。不管怎样，波普艺术都是艺术、特别是精英艺术向大众文化靠近的一大步，也是现代艺术努力弥合与生活的界限的表现，因此在艺术史上留下了浓墨重彩的一笔。

尽管许多艺术批评家对于波普艺术与商业的结合颇有微词，但无可否认的是波普艺术是丹托艺术哲学思想的灵感源泉。其中波普艺术家安迪·沃霍尔的名作《布里洛盒子》作为“艺术终结”论的最直接来源，多次被丹托提及。正是由于这件作品，丹托思考了视觉上不可区分的一对事物何以一个是艺术品而另一个不是的问题，并且由此阐发了“艺术界”理论，将理论研究的重点由艺术作品本身转移到艺术作品的某些非显明特质，即艺术作品的外在环境上。在此基础上，丹托更进一步提出了“艺术终结”的理论，并且将《布里洛盒子》首次展出的1964年，定为艺术终结的年份。

现代艺术绝非止于达达主义和波普艺术，其流派众多，例如：超现实主义艺术、激浪派艺术、极少艺术、观念艺术、行为艺术等等。这些艺术流派尽管形式风格各有不同，却有一个共同诉求：那就是打破艺术与生活之间的森严壁垒，从日常生活中汲取灵感，积极推动艺术革命，努力促使艺术走下高高在上的神坛，与生活融合在一起。

这里需要特别留意观念艺术。如果说波普艺术因其与大众日常生活的密切联系而最具有通俗性的话，观念艺术也许就是所有艺术流派中最具抽象性的艺术。观念艺术将艺术外观极端弱化，艺术品几乎就是观念本身。当然，现代艺术的很多其他流派的作品也完全可以被视为观念艺术，比如一个与日常物外观没有差别的盒子、一段没有声音的音乐等等。这些艺术作品的共性就是重要的并非是艺术品本身，而是它所要传达的观念。从某种意义上说，所有的现代艺术都是观念艺术，因为现代艺术的特点就是将艺术从审美中解放出来。观念艺术，或者说现代艺术，观念被极大地凸显，而审美却被极端弱化。这样的“艺术”，还是艺术吗？笔者认为它们是艺术，只是它已不再是我们所熟悉的通常意义上的艺术：曾经的艺术“和审美的联系被认为具有先验的必然性的威力”[13]，而现代艺术越来越具有哲学意味，艺术已经转变成关于它自身的哲学，“审美的艺术”已经终结。

目前有不少针对当代艺术的批评，最常见的几种意见是：当代艺术的热闹完全是商业炒作的结果，艺术作品本身并没有多少审美价值；当代并不存在什么真正的艺术，当代艺术只是一场挂着“艺术”招牌的闹剧等等。然而，笔者在此要为当代艺术辩白几句。首先，每个时代都有属于它自己的艺术。不能因为当代艺术尚未经过时间检验就否认它是艺术，而且其中必然有好的、可以反映我们时代精神的艺术。其次，当代艺术的现状令人不满也许与它所处的历史时刻有关。在旧的艺术范式失去效用而新的艺术范式尚未完全建立起来之前，艺术的面貌有些混杂是完全正常和可以理解的，毕竟新的艺术范式的建立需要很多次尝试。即便新的艺术范式建立起来了，人们一时间也难以抛弃传统。要适应新的艺术范式，需要时间，更需要审美教育，或者用更恰当的表述——艺术教育。

而造成当代艺术混乱局面的外部原因也不能忽视。当代艺术中那些为人所诟病的商业化、急功近利、浮躁、粗糙都并不为当代艺术所专有，而是当代商业社会下人们精神状态在艺术上的表现而已。正是因为艺术从未像今天这样与日常生活如此接近，当代人几乎所有的生活状态都能在艺术领域找到对应物。当代艺术的混乱，只不过是人们当下光怪陆离的生活的反映。那么，究竟艺术这种低姿态地与生活的融合，对艺术而言是伤害还是救赎？是艺术自甘堕落还是自寻出路？这样走下去，艺术最终将堕落于生活之中，泯灭不见？还是找到新的范式，重新焕发出活力？从达达主义到波普艺术，现当代艺术发起的这场旷日持久的回归生活运动在今天并没有任何停止的迹象，反而在当下的文化语境下成为多数人认可的艺术的归属。审美与艺术之间的天然联系已经被否定，此时，艺术急需寻找一个新的能够代替审美来统摄所有艺术的本质所在；在艺术自律自为被现代艺术的实践破坏殆尽之时，艺术也急需重新寻找和划定自己的疆域；在艺术失去传统美学原则作为批评标准的时候，艺术必须寻找一个新的范式来作为艺术批评的标准。此时，艺术主动向生活靠近，不失为解决上述问题的一种尝试。艺术回归到生活本身，重新建立艺术作品与其所在的外部环境——艺术史与艺术理论的联系；建立艺术与其所在的时代背景和社会文化背景的联系，也许才有可能找到解决目前艺术困境的途径和方法。

结　语

“艺术终结”之后的西方传统美学，面对艺术界层出不穷的新流派、新现象，面对现代艺术对审美这一长期以来美学最高原则的自觉规避，处于无能和失语的状态。

当理论家们试图干脆以艺术批评取代美学原则时，却发现没有美学指导的艺术批评又将陷于混乱和肤浅。“当代艺术以‘反美学’的姿态走向观念、走向行为、走向环境，也就是走向了‘审美日常生活化’。”[14]艺术即生活，生活也即是艺术。艺术面向生活的自觉回归不仅能够使艺术本身寻求到重新复兴的可能，对大众日常生活的审美化也将起到巨大的推动作用，而大众生活的审美化反过来又将使艺术本身受惠。总而言之，艺术生活化不失为未来艺术发展的一条可行之路。生活，也许才是艺术光明未来的归属之地。

*本文系青岛市社会科学规划项目“青岛市艺术场馆与文明城市建设关系研究”【QDSKL1701046】阶段性成果。

注释：

[1] A. C. Danto, *After the End of Art: Contemporary Art and the Pale of History*, Princeton: Princeton University Press, 1997, p. 4.

[2] A. C. Danto, *The Philosophical Disenfranchisement of Art*, New York: Colombia University Press, 1986, p. 84.

[3] A. C. Danto, *The Philosophical Disenfranchisement of Art*, New York: Colombia University Press, 1986, p. 84.

[4] [德] 康德:《判断力批判》,邓晓芒译,北京:人民出版社,2002 年,第 48 页。

[5] [德] 康德:《判断力批判》,邓晓芒译,北京:人民出版社,2002 年,第 41 页。

[6] H. Mattisse, “Statements to Teriade, 1929-1930”, In *Mattisse on Art*, Trans. Jack Flam, London: Phaidon, 1973, p. 58.

[7] M. Duchamp, “Letter to Hans Richter, 1962”, In *Hans Richter, Dada: Art and Anti-Art*, London: Thames and Hudson, 1996, pp. 313-314.

[8] [以]齐安·亚菲塔:《艺术与非艺术》,王祖哲译,北京:商务印书馆,2008 年。

[9] 参见陈炎、王祖哲:《西方现代艺术“革命”还是“骗局”?》,《中国社会科学报》2009 年 8 月 4 日,第 6 版。文中王祖哲对亚菲塔的美学思想进行了总结和阐释。

[10] A. C. Danto, *After the End of Art: Contemporary Art and the Pale of History*, Princeton: Princeton University Press, 1997, p. 94.

[11] A. C. Danto, *After the End of Art: Contemporary Art and the Pale of History*, Princeton: Princeton University Press, 1997, p. 95.

[12] A. C. Danto, *After the End of Art: Contemporary Art and the Pale of History*, Princeton: Princeton University Press, 1997, p. 95.

[13] A. C. Danto, *The Abuse of Beauty: Aesthetics and the Concept of Art*, Chicago: Open Court Chicago and La Salle, 2003, p. 30.

[14] 刘悦笛:《生活美学》,合肥:安徽教育出版社,2005 年,第 406 页。

【古代文学文献研究】

现代散文史观与古代散文史撰述

阮 忠

（海南师范大学文学院，海南海口，581158）

内容摘要：现代散文史观因撰史者的不同，表达各有差异。而古代散文史撰述者对散文文本的审美解读，使散文史的非实证有无限的可能；散文文本作为史料的选择也是一种解读，这一解读体现了撰史者的主观意志，使散文史有自我化的倾向；散文史的因源及流，往往依朝代划分散文的发展时期，从而形成散文史演化的轨迹。但散文的演化是复杂的，撰述者当力求表达得恰如其分。

关键词：散文史观；古代散文史；撰述实践

二十世纪初，古代散文的研究一直与文学史撰述相系，或作家论、或作品论、或流派论、或风格论，都处于文学史中。直到1937年陈柱的《中国散文史》问世，古代散文史的撰述才开始自立门户，并在二十世纪九十年代后，渐掀热潮。于是有了散文通史、断代史和分体史的涌现。随之现代散文史观与散文史的写作进入人们的视野，值得审视和思考。之所以提出这个问题，是因为我曾在《古代散文史撰述调查报告》[1]里，以陈柱的《中国散文史》等16部中国散文通史为例，对古代散文史的篇章划分、内容安排、论述的主要作家、引用的主要作品、作品艺术特色的评价等作了一些考量。其后，我专门对稍晚出版而在调查报告中没有提及的郭预衡、郭英德主编的十二卷本《中国散文通史》运用“以时分卷、按类结构、依人展开”的方法与原则作了探究，深感散文史撰述自由写作的个性及不平衡，觉得还是有必要对二十世纪以来学人关于撰述古代散文史的基本理念集中起来再说几句话。不过先要说明的是，这里针对的是大散文或泛散文观念下的古代散文史。

一、叙说模式与散文作为史料的运用

远的不说，二十世纪古代散文史写作模式深受中国文学史撰述模式的影响：这一模式由作家、作品、前人评述、写作者评述构成，最早问世的陈柱《中国散文史》就是如此。这部书收入商务印书馆1937年编辑出版的《中国文化史丛书》。陈柱从文体和时代的角度来把握古代散文史，按时代把古代散文文体分成四类：秦以前为骈散夹杂的散文，两汉三国为骈散渐成的散文，晋及南北朝时期为骈文极盛的散文，唐宋为古文极盛的散文，明清则是八股文。他这种划分方法顺应了古代散文发展的历程，令人耳目一新。不过，陈柱对每一个时期散文流派和风格的划分没有统一的标准，或按思想流派分，如战国时期儒、墨、道、法、名、阴阳、纵横诸家的散文；或按所从事的工作分，如两汉辞赋家、经世家、史学家、经学家、训诂派、碑文家的散文；或按照古代散文的风格分，如唐宋的矫枉派、艰涩派、浅易派散文等。

这可以称为古代散文史的前期结构模式，这一模式影响深远。一是依历史时期展现古代散文发展的基本脉络与演变，成为诸多古代散文史把握散文发展历程的方法。这一方法因朝代而立，有承前继后的深刻烙印，少有散文史撰述者可以超越。二是文体的变异，陈柱说的骈散夹杂的散文、骈文、古文和八股文固然彰显了古代散文文体的演变，但在古代散文的发展中，除了骈散夹杂的散文时代之外，骈文兴起时仍然存在非骈文，古文兴起时也存在着非古文，一个时期多种文体的并举是常态，因此用一种文体标举一个时期散文的发展状态，易于看到文体及文风的变易，但还是很有局限的。这种情况也广为人注意，最突出的是郭预衡、郭英德主编的《中国散文通史》，其总序明确从文体的角度提出“类从”的编撰原则，力图从议论、记叙、抒情三大文体的类别特征及结构方式看它们发生了怎样的历史演变，其艺术特色与审美风貌有一条如何变迁的线索。遗憾的是这一指导思想未能在这套书中得到彻底贯通。而其他古代散文史虽不像他们这样做，但在具体的叙说中，往往分文体而论，如论述苏轼散文，刘振东等《中国古代散文发展史》分议论文、记叙文、杂说文，张梦新等《中国散文发展史》分史论政论、记叙文、小品文，陈玉刚《中国古代散文史》分议论文、抒情记叙文、传记碑铭文，刘墨《中国散文源流史》分策论文、游记、杂记、随笔等。这可说明依体论文是散文史撰述的通则，尽管它本身有称谓和分法不同的问题。

不仅如此，古代散文史“知人论世”，叙史得有时间、空间、人物、事件等，只是撰史者求其详还是求其略。陈柱是求其略者，对作家作品的论述涉及时代和作家自身的情况往往是寥寥数语。其后，古代散文史的时代背景、作家生平、散文文本内容、艺术特色、社会影响也就成了不二的选择。相沿而下，形成了古代散文史的撰述模式，这一模式让二十世纪最早的散文史因晚出而显得比最早的文学史成熟，如最早的林传甲《中国文学史》，1904 年作为京师大学堂的讲义印行，1910 年出版，谈音韵、训诂、文章、文体等，与后来的文学史只谈文学，散文史只谈散文大有不同。

近三十年来，学界论文一度好谈作家的主体地位、文本的主体作用，因此有的撰史者在古代散文史中淡化时代背景、作家生平和思想，而重在对文本所表现的作家情感、人格进行分析。这一做法是否可以构成新的撰述模式还可以再研究。这里要说的是散文作家及作品作为史料出现在散文史中，与一般历史著作的史料是不一样的。其作品是创作的结果，文中固然有史，但文中之史经作家再创作之后，必然会渗透他们丰富的想象和浓厚的主观情感，撰史者的评述自觉或不自觉地会有较多的主观推论和分析，因此撰史者需要尽可能多地回到当时的时空和作家立场，以求评述更接近历史真实。这是散文史自身的要求和撰史者写作的必然，只看撰史者用怎样的散文史观指导散文史的撰述，怎样使用可以构成散文史的诸多作品。

陈柱在《中国散文史》的序言里说书中“所论各家之文，贵有例证，而例证尤忌割截，古之美文一经割截，则其美全失，如割截美人之口鼻以论其美也。故本书除篇幅太长不得不节录者外，所录皆全篇文字”[2]。他认为对例证即作为史料被采用的散文文本不宜“割截”。他打了个比方，说割截的美文“如割截美人之口鼻”，自然是“其美全失”。我很认同这种说法，因为任何美文都需要作整体观，局部的美终究只是美的局部，很难以偏概全。但任何一个散文家或说作家，其作品的思想倾向、文法以及风格总有最突出之处，引例时的求全篇而用之，难免会淡化所欲论述问题的针对性，使其特征得不到彰显。况且，古代散文史无论有多大篇幅，相较于先秦至清代浩如烟海的散文文本来说，也是非常有限的，不可能将散文文本全盘搬入散文史中。这样必然会对散文文本作些处理，如郭英德主持编纂《中国散文通史》时，就想到“如何合理地为数量庞大、面貌繁杂的古代散文分体归类”[3]。所以他依体撰史，依体说文，但对散文文本依然不能照收不误。于是，散文史中引为例证的散文文本，是全篇也罢，非全篇也罢，撰史者的选择或此或彼，可以体现撰史者的思想倾向及作家作品在撰史者心目中的地位，因此散文史也就各有不同的面貌。

郭预衡曾在自著的《中国散文史》序言的开篇说：“写这部散文史，曾有三点奢望：一是不从‘文学概论’的定义而从汉语文章的实际出发，写出中国散文的传统。二是不从‘作品评论’或‘作品赏析’的角度，而从史的发展论述中国散文的特征。三是不要写成‘文学史资料长编’，但也避免脱离作品实例而发令人不知所云的长篇大论。”[4]郭先生这里说的前两点后面再说，这里要说的是第三点“文学史资料长编”问题。他曾在该书的序言里说过鲁迅先生关于郑振铎《中国文学史》的看法。鲁迅先生认为它是文学史资料长编，并不是真正的文学史，可供具史识者撰文学史之用。鲁迅先生的肯定与批评，一方面表明史的资料性不可或缺，另一方面应以史识统领史料，有史识方为史，这是史也是撰史者的境界。其实以史料的罗列、贯通亦可成史，编年史往往是史料的陈述而不加评论，何况史料的选择也会体现撰史者的见识。古代散文史多不用编年体，但没有撰史者不把握散文文本且引以为例证的，没有撰史者不通过对散文文本的评述表现对散文史的看法，而后者正是所谓的史识。

二十世纪以来，民国时期的文学史，往往史料或史证的罗列多于史识的表达，如鲁迅先生的《汉文学史纲要》《中国小说史略》、刘师培的《中国中古文学史》等，陈柱的《中国散文史》也是这一路数。而当代撰写的散文史呈现出史料与史识平分秋色或史识多于史料的状态，这是不同时期的学风所致，自然不能说前者少识而后者多识。其中最为关键的是，史识是否精当，是否能够切合史的原色且激发读者的共同认知，这实在是值得注意的。鲁迅先生曾评价《史记》是“史家之绝唱，无韵之《离骚》”[5]，为后人乐道。这样的史学评价和文学评价偏于审美，于是我想到王齐洲在谈到文学史编写时提出的双重方法，既历史的实证方法和文学的审美方法。他说：“在文学形式和文体发展的描述中，应该尽量采用历史的方法，而在文学内容和作家作品的分析中，应该注意采用文学的方法。”[6]这也可用来审视古代散文史的撰述。当然尺度的把握很重要，偏于实证少了审美会导致疏离文学，而偏于审美少了实证又易让散文史沦于虚浮。

进而言之，历史的实证方法用于散文史的撰述，考据、求证都以史料为本，以促成散文史走向真实，而以史料求真是散文史作为“史”的必然要求，但散文文本作为史料，其文学性的一面不是用历史的实证方法可以完全呈现。而撰史者对散文文本的审美解读，使散文史的非实证有无限的可能，其面貌因之复杂而丰富，也因之模糊而难识，不是用不虚美、不隐恶的史学原则可以权衡。当下撰述散文史者依然是各行其是，因此叙说古代任何时期、任何作家的散文发展，都会产生史料运用的差异以及历史见识的不同。对于古代散文史或古代散文作家作品来说，这也许是一件幸事。

二、文本的选择与解读的自我化

对于散文史的撰史者或好研习散文者而言，注意史料之间的关联并因其关联性或非关联性，生成关于古代散文作家作品、流派思潮、语言风格的认知是重要的，它涉及散文史撰述者的立场。我曾在《古代散文史研究的相关问题》一文中说到古代散文史撰述的三大立场：实录立场、评论立场和描述立场，警醒实录之下的散文文本在撰史者的笔下，其“选择符合历史的真实吗？如果不符合，这走形的散文史存在的意义又是什么呢？”[7]再说当下古代散文史撰述的评论与描述，一直存在重论轻述的现象，史当论还是当述，向来有不同的意见。我是主张修史当重述的，因为以论形成的散文史会加重史的非客观性。但作为史料的散文文本怎样选择呢？

其实，我们回答不了撰述者选择散文文本是否最贴近散文史的真实。依从一代有一代之文学的理念，可以看到清桐城之文不同于明三袁之文，明三袁之文不同于宋欧苏之文，宋欧苏之文不同于唐韩柳之文，唐韩柳之文不同于晋嵇阮之文，如此还可以往上推。再说同一时代，能够说谁的散文最能入散文史？如战国时期的散文，贴近散文史的是孟子散文？墨子散文？庄子散文？还是荀子、韩非子散文？姑且不论这些，因为古代散文史的构建，是不同散文家、不同散文风格的作品共同作用的结果。再说同一个作家的作品，以其散文文本入史，如果他的散文文本风格一致则无须赘言，如果风格不一致呢？孰重孰轻？重的就真该重，轻的就真当轻吗？还有作家的创作，可能后期不同于前期，叙实不同于虚构，是不是以一句风格多重带过就行了？况且不同的散文史对同一个作家作品选择的出入很大，如论述柳宗元散文，漆绪邦等《中国散文通史》选择的是《答韦中立论师道书》《始得西山宴游记》《钴鉧潭西小丘记》《至小丘西小石潭记》《送从弟谋归江陵序》《送李渭赴京师序》《天说》《封建论》《段太尉逸事状》《黔之驴》，张梦新等《中国散文发展史》选择的是《至小丘西小石潭记》《小石城山记》《种树郭橐驼传》《宋清传》《段太尉逸事状》《临江之麋》《黔之驴》《永某氏之鼠》《憎王孙文并序》《蝜蝂传》《捕蛇者说》，如是导致散文史的差异不言而喻。那么哪些篇章最能代表柳宗元散文创作的面貌？还有，我对16部散文通史的调查发现苏轼的《记承天寺夜游》被引用得最多，居然达到了10次，这篇短小而有韵味的散文写在他被贬黄州时期，当时苦闷的他在这篇散文里表现出与月夜清新景致相融的情感，洒脱自然。但它是否足以代表苏轼散文的最高成就？苏轼当时最为人称道的策论呢？

文本的选择也是一种解读，这种解读中呈现出撰史者的主观意志较之于具体的评论或描述抽象得多，但也是自我化的一种体现。进一步说，我们也无法回避评论或描述所导致的散文史的非客观性，撰史者的立场与历史的真实由于时空的距离，不可能处在历史的当下而彼此吻合。这当然是可以理解的。但我们怎样面对撰史者对同一个作家散文创作风格的不同评价。如韩愈议论文的风格，或说经世致用，意正气直；或说气势盛大，气盛言宜；或说理足词充，沛然莫御，雄壮奔放。还有，欧阳修记叙文的评价，或说简洁流畅，平易自然，舒展圆润；或说记叙为主，兼有描写、抒情、议论；或说以记游记事为线索，重抒情议论，或有理趣，或近时事，以明心志；或说语言精练，工于描状，构思巧妙，情文并茂。这些评说之间存在的差异都是撰史者叙史自我化的结果，读者应该怎样理解或遵从？不同的撰史者对古代散文作家及其散文有不同的解读，每一解读都会有存在的合理性，要追寻学人或读者的共鸣，即当下能共鸣，进入历史后仍能共鸣。

在这一点上，我们可以回到郭预衡说的另两点：即“不从‘文学概论’的定义而从汉语文章的实际出发，写出中国散文的传统”和“不从‘作品评论’或‘作品赏析’的角度，而从史的发展论述中国散文的特征”[8]。他说的“从汉语文章的实际出发”“从史的发展论述”都是意欲回到散文史的路径。可以肯定地说，依傍“文学概论”定义写的古代散文史，会是概念化的，与散文史本色相隔膜；从评论或赏析出发也不是散文史，因为文本的评论、赏析不应成为散文史撰述的基本出发点。如果是这样的话，极有可能使散文史因论析淡化了史的意味。尽管散文文本的论析是散文史史料与史识的载体。郭预衡还主张编写文学史应该把作家作品放在文学史的发展中，与前代的作品相比较，看后来者具有怎样的特点和成就。这一理念很好，但少有人真正能够这样践行。同时，他不主张把文学史的作品分析写成文学评论或者是作品赏析，不主张像鲁迅批评的那样把文学史写成资料长编。但在撰述时他注重例证，以纠正前人重论轻证的倾向，以致这部散文史还是有“资料长编”的味道。

散文史构成的这种状况，难怪刘跃进说：“任何一家散文史似乎都难以提供一种公认的结论，甚至不过是每一个研究者心目中的散文史而已。如果历史成了一个人人都可以打扮的对象，那么，我们撰写历史的目的又是什么呢？”[9]这话在理论上无疑是正确的，历史不应该成为“人人都可以打扮的对象”。因为历史的真相往往具有唯一性，一旦人人都依傍己意叙说历史，那历史也就不成其为历史了。但另一方面，历史又不可能不让撰史者叙说，不能避免历史的自我化或说个性化。在这样的过程中，历史真相的唯一性并没有完全转化为历史撰述的唯一性，也不可能让诸多的撰史者对历史只有一种解读和再现。于是，本不应该人人打扮的历史，实际上在让人人打扮。这样，古代散文文本的解读无论是微观还是宏观，要想贴近历史就成为一个看似容易、实则甚难的问题。

谭家健撰述《中国古代散文史稿》时谈到自己的写作理念，除了提到要厘清古代散文概念、扩大古代散文研究范围、补充新的内容以及通过传统与现代的结合、探索古典散文的研究方法之外，还说了当“以作家作品评论为主，力求宏观微观互补”。他对此作了下面的阐述：“20世纪80年代以来，古典文学界提倡宏观研究，无疑是必要的，也取得了一些成果。古典文学研究范围很广，可以有不同角度不同层次的写法。我以为，文学史不同于文学通论和文学史论，应以评介作家作品为主，宏观地把握应体现在具体分析之中。基于此，本书坚持按时代讲述作家作品，对各个时代散文的特征和重要的文学运动、文学流派，皆有历史的考察比较和概括性评论。”[10] 谭先生把自己的古代散文史与文学通论、文学史论区别开来，表明自己不以论代史，而以作家作品评介为主，这类似于我前面提到的散文评论与描述。他加重了评介的分量，减少其中的论说元素，较之于重史的论说更接近散文史的真实，与郭先生在实际写作中把作家作品与评述（含介绍）结合起来又是一致的。同时，谭家健先生提到散文史撰述“宏观与微观”相结合的问题，宏观的高屋建瓴与微观的体察入微，后者的散文文本解读是前者的基础，否则就极易陷于郭预衡先生批评的“脱离作品实例而发令人不知所云的长篇大论”。

关于古代散文史研究的“宏观与微观”，撰有《中国散文史纲》《中国古代散文史》等著作的刘衍说他们撰写《中国散文史纲》时：“宏观上从系统论的角度考察散文本体产生、发展、演变的历史，勾勒出散文发展的基本轮廓”；“立足于用现代观点衡量和评判各阶段的散文家和散文文本。”[11] 刘先生的“宏观”理念在我看来比谭先生说的“宏观”要大得多，散文本体的产生、发展、演变的审视与研究，需要宏观的视野和襟怀，不妨看他对《中国古代散文史》撰述理念较全面的表述：“该书突破传统的按朝代更替分期，按社会性质立题等框架，而以散文本体的萌芽、成型、发展、演变以及理论建构为经线，既对纵向历时性的文体发展规律进行概括，又对横向共时性的散文现象、作家作品进行定位和排序。这对当前流行的文学史体系是一个突破，在学术上也具有创新性。如用‘本体论’‘系统论’‘阶段论’论文论史，用这些理论给文体发展分阶段，给文本作阐述，为作家定地位；全书共分八篇二十章，‘篇’以分阶段，‘章’主要作横向探讨，但也兼及时代和发展阶段，而在每章中立节，则是作品、作家和文体系统中的子系统。”[12] 纵向横向、本体论、系统论、阶段论，都是宏观理念的表达。而宏观与散文作家解读的微观构成一个统一体。前者的“系统论”是将散文视为“庞大的文体系统”，其前行后继的演变是一个有机的过程。这样做的目的有二，即还散文的历史面目和探寻散文的创作规律。后者的“现代观点”体现了刘衍以今观古的意识，但所谓的“历史面目”也只可能是相对的。

谭先生虽然没有这样直接表达，其撰述散文史的实践也是这样在体现。而微观的当下立场所产生的现代观点受制于撰史者的生活与思想，马积高先生曾在《赋史》里说他力图用历史唯物主义的观点从内容（题材、主题和思想等）和形式（体制和表现艺术等）两方面，阐明赋的发展及与其他文学样式的交互影响；同时，对于与赋有关的一些文学现象，也提出了自己的看法。其历史唯物主义的观点对《赋史》撰述的指导与他自己的看法结合在一起，都是谭家健先生所说的“现代观点”，均要通过撰史者的推介或评述来体现。

古代散文史中作家作品的解读是古代散文史撰述的必然，探讨其源流与作家作品的解读分不开，但这微观与宏观的解读怎样才能达到理想的境界，使微观的解读最接近作家作品的本色，使宏观的解读最接近古代散文发展的历史规律，而不是解读的自我化，也是撰史者面临的重要课题。

三、因源及流的脉络与散文演变

现在回到本文开头提到的陈柱散文史撰述的第二个理念："文学史最重阐明源流，本书有因源以及流者，亦有因流而溯源者。"[13]散文史是文学史之下的分支，他因循文学史的原则说自著的散文史因源及流，因流溯源。可以说是古代散文史撰述极其重要的路径，并贯穿在其散文时代说、骈散两体说和散文流派说中，以之形成古代散文史有序的系统。而这一点是诸多散文史撰述者都力图把握的。郭预衡想依托历史的发展论述散文的特征，依托社会的变迁看散文的变迁，其理论依据是刘勰曾说过的"文变染乎世情，兴废系乎时序"[14]。这是文学社会批评最为普遍的原则，文学因社会的变化而变化，所以孟子论诗的"知人论世"说能为广大学人所接受。

与陈柱之说有点相似的是刘振东说的："我们写的是古代'散文'发展史，因而把阐述的重点放在了'散文'本体的发展演变上，至于历代散文文本中所包含的哲学、政治、道德、伦理观点，一般既不加以介绍，也不加以评论，因为我们认为那是属于相应学科的范围。第二，我们写的是古代'散文'发展史，目的在于勾画出古代散文发展演变的轨迹，因而重点放在了考察、分析、说明每个时代的散文比起前代有哪些进展、突破和变化上，一般既不对作家的生平、思想作过多的介绍，也尽量避免对作品作面面俱到的罗列。这是我们写作的宗旨。"[15]这段话表明他意欲通过散文本体探讨古代散文发展演变的轨迹，因此不重陈述作家生平，论说作家思想，尽管它注意到散文的演变轨迹不是封闭的自律性运动，而是受着种种外部因素诸如社会物质、生活、变革、思潮、习俗、人群等的支配和影响，并在这些支配和影响下发生变化。

我很赞赏这里说的"演变"，因为它一定会注意到后起者对前行者的弘扬，注意到散文文本产生之际与其他人、其他事的关联，看散文及散文史在发生着怎样的变化。刘振东的"演变轨迹"说，在郭预衡那里是"发展规律"说。郭先生的话是这样的："我们写的文学史，不是政治史、经济史、哲学史、思想史，因此，必须写出文学自身的发展变化的规律。这是毫无疑义的。不过，我又觉得，有些文学自身发展变化的根源，如果不涉及政治、哲学诸方面，也就说不清楚。"[16]他的意见与刘振东的意见有些相左，刘先生觉得谈散文可以不顾哲学、政治、道德、伦理观点，郭先生说谈散文一定得涉及政治、经济、哲学、思想，否则散文谈不清楚。我更赞同郭先生的看法，散文或说文学与社会政治、哲学的关联性是存在的，回避这些关联性，单纯就散文说散文，是不容易说得透彻的。

同时，刘振东说古代散文有自己的运行机制和规律，外在的社会诸因素会促进散文内部的发展演变，而所谓的内部发展变化又是由作家、作品、思潮、创作倾向、流派等的发展演化构成的，互补又对立。而"在散文的整体演进中，如果对其中每一要素作纵向的历史性考察，就会看到它们都有自己的演进过程和相当明确的演变线索"[17]。刘振东的这些理念符合古代散文史撰述的要求，他看到古代散文的发展变化是在内部因素与外部因素的作用下发生的，他说要以"具体的解析"去探究这些变化，这不及陈柱说的因源及流，因流溯源更具方法的魅力。马积高注意到这一方法，他说自己的《赋史》："本书则力图将赋体文学置于中国古代文学思潮、文学创作的演变发展过程中，以历史的眼光，从源探流上做较为全面系统的总结。"[18]只是他的"从源探流"亦不及陈柱先生的因源及流、因流溯源说全面。

话说回来，撰述者对散文史的把握，以时代或朝代为序是基本的原则，这是史的本能需求，为一些散文史撰史者习用。如漆绪邦等的《中国散文通史》、郭预衡的《中国散文史》、刘一沾的《中国散文史》、张梦新的《中国散文发展史》等都是如此。然而，这一划分法曾受到许结的批评。许结说："我认为《赋史》以朝分期法影响了这部著作的完美，如果采用'时代演进划分'结合赋体'文学基本特征'来写这部书，或能更接近赋艺本质，更具艺术性和科学性。任何一种文体史的撰写，似均应着眼于此。"[19]这种思想深刻影响了他与郭维森1996年出版的《中国辞赋发展史》的写作宗旨，他们在对时下的文体史的批评中表明："目前一些文体史存在某种缺陷，即单纯依附传统文学史朝代划分，过多交代政治文化背景，使之成为文学史之文体抽样扩充。由此，本书意欲着眼于'辞赋'之流变，绾合'时代演进'和'文体特征'，对自战国迄晚清历时二千余年的中国辞赋艺术发展史作全面的铺展与系统的探讨。"[20]

许结是从辞赋的角度说，赋史当将"时代演进"和"文体特征"绾合起来。在这一观念之下，该书各章的正题是辞赋的历史演进及辞赋的基本特征，而副题的朝代标识是历史的时序，有依朝代划分辞赋发展历程的痕迹。如肇始化时期——先秦至汉初辞赋，光大鼎盛期——西汉中至东汉末辞赋等。刘振东的《中国古代散文发展史》也是如此。如为实用追求审美时期——先秦两汉的散文，自觉追求形式美的时期——魏晋南北朝的散文，实用和审美并重时期——唐宋散文，总结探寻创作规范时期——明清散文，只是他没有提出"绾合'时代演进'和'文体特征'"的概念。

与他们相仿的则有刘衍的《中国散文史》。他以古代散文的萌芽与成型（春秋前）、古代散文发展的高潮（战国）、古代散文演变和发展的高峰（两汉）、古代散文的革新与骈化（魏晋南北朝）、古代散文的鼎盛（上，唐代）、古代散文的鼎盛（下，宋代）、古代散文的因袭与迁变（辽金元）、古代散文的探索与理论建构（明清）逐一展开。这些可简化为古代散文的萌芽、成型、高潮、高峰、鼎盛、迁变以及尾声，较之于陈柱从骈散二体论述散文的流变要复杂得多，但他们探究古代散文发展源流和陈柱先生的思想是一致的。在本质上仍然以朝代划分，不过是化显为隐，以标题突出了散文演化过程及其特征。

依朝代划分散文发展阶段仍然有撰史者这样做。2013年安徽教育出版社出版郭预衡、郭英德二先生任总主编的《中国散文通史》采用"以时分卷"的基本体例，郭英德说："'以时分卷'指的是全书依据中国散文的历史发展过程，参照传统的文学分期习惯，按时代顺序依次分为12卷，包括先秦卷、两汉卷、魏晋南北朝卷、隋唐五代卷、宋金元卷、明代卷、清代卷、近代卷、现代卷、当代卷等，从而构成眉目清晰的散文史发展线索。"[21]一个朝代在散文发展史上可以算作一个独立的时期，朝代"眉目清晰"正是这一散文发展阶段划分的优长所在。而且，依历史朝代划分也更客观。在他们看来，二位先生也许注意到“以时分卷”的不足，故在《中国散文通史》还有“按类结构”和“依人展开”的双重体例。郭英德还说：“‘按类结构’指的是在每一卷中，大致以论说文、记叙文、抒情文等若干文类为序，按文体依次分为若干章，如‘论说文’类包括论辩文、奏议文、书序文、赠序文、杂论文等章。”而“‘依人展开’，指的是在每一章中，大略按时代先后分为若干时期，依次评述这一时期该文体的代表作家和代表作品，具体而生动地展现该时期每一种文体的基本特征和嬗变轨迹”[22]。在这二者中，后者的“展现该时期每一种文体的基本特征和嬗变轨迹”，既与“以时分卷”切合，又与“按类结构”切合。而时序之下的文体与作家作品探讨，显然是因源及流的方法，从而与文体史也有相类的地方，也实现撰史者力图实现的“真正在散文文体学的意义上贯通古今”。这种贯通如果真正体现了散文的演化，也许散文的发展规律就自然呈现了。

所有这些，大体都是因源及流的方法，而陈柱先生说的因流溯源，通常不体现在散文史的大结构中，而是在论及某体、某作家、某作品内容风格等问题时有所体现。像他论曹植的《籍田说》：“此寓言之文，上承庄、列，而秦汉已少见之；后世古文家，韩、柳亦尝为之，柳宗元所为，尤与子建为近。”[23]这在散文史中也是常见的。应该说，依朝代划分散文的发展时期，影响到不同文体发展阶段的划分，成为散文史演变的基本轨迹。当然，散文的演化是相当复杂的，不同文体、不同表现方法、不同风格等的相互渗透总在发生，让散文史的撰述者不能不慎言，力求表达得恰如其分。

上述主要是从二十世纪以来古代散文史撰述者的理念或说散文史观进行探讨，兼及其他学人的文学史观或散文史观，以期较全面地审视古代散文史撰史者所想所为。人们就散文流变、散文发展规律研究说了较多的话，尽管其中蕴含了作家与作家、作品与作品、作家作品与社会现象等之间的关联，但很少有人把“关联”研究上升到高度自觉的层面。而我一直认为，只有重视散文流变的“关联”研究，才能真正彰显古代散文发展史的规律。为此，我们这些学人还需要继续努力。

注释：

[1] 阮忠：《中国散文史撰述研究》，北京：中国社会科学出版社，2012年，第180～255页。

[2] 陈柱：《中国散文史》，上海：上海书店，1984年，第3页。

[3] 郭预衡、郭英德主编：《中国散文通史·总序》，合肥：安徽教育出版社，2013年，第4页。

[4] 郭预衡：《中国散文史》上册，上海：上海古籍出版社，1986年，第1页。

[5] 鲁迅：《汉文学史纲要》，《鲁迅全集》第九卷，北京：人民文学出版社，2005年，第435页。

[6] 王齐洲：《中国文学史简明教程》，武汉：华中师范大学出版社，2006年，第9～10页。

[7] 单小曦主编：《东方论丛》第1期，桂林：广西师范大学出版社，2012年，第283～305页。

[8] 郭预衡：《中国散文史》上册，上海：上海古籍出版社，1986年，第1页。

[9] 刘跃进：《散文史研究中几个有待解决的问题》，董乃斌，等主编：《中国文学史学史》，石家庄：河北人民出版社，2001年，第161页。

[10] 谭家健：《中国古代散文史稿·后记》，重庆：重庆出版社，2006年，第656页。

[11] 刘衍，等：《中国散文史纲·绪论》，长沙：湖南教育出版社，1994年，第7页。

[12] 刘衍:《刘衍论著集》第 3 卷,长沙:湖南文艺出版社,2008 年,第 5 页。

[13] 陈柱:《中国散文史》,上海:上海书店,1984 年,第 3 页。

[14] 范文澜:《文心雕龙注 · 时序》,北京:人民文学出版社,1958 年,第 675 页。

[15] 刘振东,等:《中国古代散文发展史 · 后记》,郑州:中州古籍出版社,1991 年,第 521 页。

[16] 郭预衡:《关于文学史研究的一些想法》,《社会科学战线》1980 年第 4 期。

[17] 刘振新,等:《中国古代散文发展史》,郑州:中州古籍出版社,1991 年,第 521 页。

[18] 马积高:《历代辞赋研究史料概述》,北京:中华书局,2001 年,第 271 页。

[19] 许结:《〈赋史〉异议》,《读书》1988 年第 3 期,第 152 页。

[20] 郭维森、许结:《中国辞赋发展史》,南京:江苏教育出版社,1996 年,第 3~4 页。

[21] 郭预衡、郭英德主编:《中国散文通史 · 总序》,合肥:安徽教育出版社,2013 年,第 4 页。

[22] 郭预衡、郭英德主编:《中国散文通史 · 总序》,合肥:安徽教育出版社,2013 年,第 4 页。

[23] 陈柱:《中国散文史》,上海:上海书店,1984 年,第 152 页。

宋代特殊情境下的杜诗书写与杜诗接受

张家壮

（福建师范大学文学院，福建福州，350007）

内容摘要：在"诗可以怨"的传统理论框架内，通过对宋代某些书杜者书杜样态的分析，探询杜诗接受史中的一个特殊支脉是如何在一些特定的历史情境中展开、他们的"托杜以怨"具有怎样的历史特征，进而把握其中易为人忽略然而同样耐人寻味的那一部分文化蕴涵。

关键词：杜诗书写；托"杜"以怨；杜诗接受

一、小引

钱锺书《诗可以怨》说："尼采曾把母鸡下蛋的啼叫和诗人的歌唱相提并论，说都是'痛苦使然'。这个家常而生动的比拟也恰恰符合中国文艺传统里一个流行的意见：苦痛比快乐更能产生诗歌，好诗主要是不愉快、烦恼或'穷愁'的表现和发泄。"[1]此"意见"之所以流行，固然不能排除一些视之为"写作实践套板"的人"不病而呻"的推波助澜，但究其根本，仍缘于在我华夏民族深广的忧患意识作用下，文学传统中确乎有着压倒多数的实实在在的愁苦之音、发愤之作。如"生命不谐，声颓身丧"的李陵，钟嵘谓"使陵不遭辛苦，其文亦何能至此"[2]；又如"以贤而辱"、羁幽惨怆的柳宗元，韩愈认为若"子厚斥不久，穷不极，虽有出于人，其文学辞章，必不能自力以致必传于后，如今，无疑也"[3]，诸如此类，无不是真"愤"然后作、真"穷"而后工的表现。钱文将"诗可以怨"作为中国古代诗文评与写作实践中一个重要论题提示出来，详梳细绎，可谓独具慧眼。

然而，"诗可以怨"不但是写作实践里的常态，它还是阅读实践中的重要传统。众所周知，"诗可以怨"其初并非说的"作"诗以怨。《论语·阳货》曰："小子何莫学夫诗？诗可以兴，可以观，可以群，可以怨。"[4]孔子鼓励门弟子学《诗》，大抵与春秋时代社交场合"赋诗言志"的普遍流行有关[5]。因此，"诗可以怨"，在最初的语境里，正不妨说乃通过学《诗》之所怨进而赋诗以怨。在这里，既是诗人之"怨"，也是赋者之"怨"，"诗可以怨"这一命题原本就勾连着作者与读者两端，甚至毋宁更倾向从读诗者一面言说。也正因为此，钱氏所谓"苦痛比快乐更能产生好诗"的基本规律里，其实还关联着另一同样惯见熟闻然而也不太让人着意的基本规律：苦痛比快乐更能领会那些因苦痛而产生的好诗。可以说，这正是赋诗以怨的前提与基础。诚如杜甫《咏怀古迹五首》其二所感叹："摇落深知宋玉悲，风流儒雅亦吾师。怅望千秋一洒泪，萧条异代不同时。"[6]同样的"萧条"让老杜深深地领受到宋玉"文藻"里的悲戚。诗虽说是因宋玉故宅而怀其人，实则在念其文采风流中而以其与自己"身世相类的一面引起共振"。继中师认为，诗的重点不在古迹与古人，而在指向诗人自己的身世之感[7]。

是的，指向自己的身世之感，而这也几乎是所有赋诗以怨者的本心所蕴，于杜尤然："平时读之（杜诗），未见其工；迨亲更兵火丧乱之后，诵其诗如出乎其时，犁然有当于人心。"[8]"余坐幽燕狱中，无所为，诵杜诗稍习……但觉为吾诗，忘其为子美诗也……子美于吾隔数百年，而其言语为吾用，非情性同哉。"[9]李纲、文天祥的自诉明白无疑地告诉我们：在兵火丧乱中淬砺而出的杜诗，只待在亲更兵火丧乱之后读，方能真见其工；杜诗"犁然有当于人心"、读者与之"情性同"，虽"隔数百年"而言语仍能"为吾用"。"为吾用"三字，尤能道出杜诗在特定历史时期里最足资以为"怨"的强大功能，因而也正如继中师所揭示的那样，"每当民族灾难降临之际，志士仁人总是要手书口吟杜诗，自抗金到反清，从深山隐士到海外游子，莫不如是，莫不如是"[10]。此寥寥数语虽不能涵括所有读杜诗的情境与人群，但却精准地提挈了杜诗接受传统里的一个要害所在，直指杜诗文化的根本。继中师在大家熟知的"口吟"杜诗之外还一并举出了"手书"杜诗。也就是说，"托杜以怨"的表现手段，与"口吟"相伴的往往还有"手书"。尽管杜诗书写作为后世呈现杜诗的一种方式，过去已经获得一些关注：例如《杜甫研究学刊》自创刊起，或以插页形式或是在封二、封三刊登历代杜诗书法作品，并偶有一些专注于书家艺术风格的杜诗书法赏析文章刊于其中；此外杜甫草堂还出版《杜甫草堂墨迹选》[11]；又如胡可先教授《杜甫诗学引论》专门谈到杜诗书法，是一次对历代书杜状貌的概览[12]。但如此明召大号地将之与书写者的道德情怀、政治关切之间的某种必然关联勾掘而出，仍不能不说是一种洞见。本文愿意尝试进一步解释这一洞见，我们将在"诗可以怨"的传统理论框架内，通过对宋代某些书杜者书杜样态的分析，探询杜诗接受史中的一个特殊支脉是怎样在一些特定的历史情境中展开，他们的"托杜以怨"有着怎样的历史特征，进而把握其中易为人忽略然而同样耐人寻味的那一部分文化蕴涵。

二、以陈瓘书杜诗为例看杜诗书写与杜诗之间的沟通

以杜诗为题材入书，在唐就已有之，入宋以来更代不乏人。但此间的书写往往多凭一时兴致，如苏轼《书子美屏迹诗》《堂成》、米芾《书杜少陵画山水歌并绝句》，等等。苏轼在自书杜甫《屏迹》诗后题曰："子瞻云：'此东坡居士之诗也。'或者曰：'此杜子美《屏迹》诗也，居士安得窃之？'居士曰：'夫禾麻谷麦，起于神农、后稷，今家有仓廪。不予而取辄为盗，被盗者为失主。若必从其初，则农、稷之物也。今考其诗，字字皆居士实录，是则居士诗也，子美安得禁吾有哉！'"[13]言语中的戏谑欣悦，生动地传达了杜诗给予他的"亲切"乃至"亲身"感。正是在提供了先在经验的杜诗中欣喜地发现"自己"并希图藉以自我揭示的兴致，促使苏轼将杜诗形诸笔墨

的。随着时势的迁变，两宋之际，上文所谓关联着道德情怀与政治关切一类的杜诗书写才开始出现于世。大约当李纲“沉痛迫衷肠”地吟诵着杜诗的时候，谏议陈瓘正以同样的心绪书写着杜诗。胡寅（1098—1156）《斐然集》有跋文记录其事，跋云：“谏议陈公所书（杜少陵哀江头诗）。公外亲临江萧君建功得而藏之，云：公之绝笔也。公学行文章，皆居第一流，而尤显白耸动于天下后世者，则以知蔡京奸慝祸国于未用之前也。此书信其绝笔，是乃忧思至痛之情，言不见用，身且窜逐，视国家将危而无可奈何！后之览者，犹欲痛哭流涕，而况其身亲之者乎？呜呼！悲乎！”[14]于至德二年在长安沦陷区所作的《哀江头》诗，是杜甫借曲江之盛衰与杨贵妃的生死皇遽之变而兴破国心伤之情，其中还包含对统治集团骄奢招祸的历史反思。陈谏议在杜诗上“照见”了“言不见用，身且窜逐，视国家将危而无可奈何”的自己，他的临绝书杜不但和李纲、文天祥诵读杜诗一样，实实在在呈现了他们当着国家（包括个人）命运日渐落入深重灾难时的“忧思至痛”，而且还心电图式地刻录下那一时的悲剧性体验（当然，每一个书者，只要不是茫无所感的“书抄”，就首先是一个读者。但反之则不然，此所以又必须分而言之）。可见，陈氏的书杜既非为保存杜诗而作的机械誊录，也不是那类无所用心的漫写，从性质上讲，正属于借助笔与墨、线与形“将表现自身内在生命作为本质”[15]的书法的范畴。

那么，从书法的角度来观察，杜诗书写与杜诗之间究竟有着怎样的关系？换言之，二者是如何互涵互动从而完成一件具有表现“自身内在生命”意义的书作的？回答上面的问题之前，请容先就中国书法本身的特色与诗的传统在最基本的层次有什么可能的关系，以及书法创作的题材与笔墨形成之间的关联稍事分析。

从表面上看，书诗之间并没有什么必然的内在关联。它不比绘画，在摹景状物上与诗有着显而易见的一致。因此，总是有人说“诗中有画”“画中有诗”，却少有人说“诗中有书”“书中有诗”；总是有人说“诗即是画”，却少有人说“诗即是书”。但书画向来被认为同源，视作一体，如果我们并不否认诗画可以沟通交融，自然也应该肯定与画“异名而同体”[16]的书与诗之间交融沟通的可能性。盖古人恒言书画同源、书画一体，这不但是对二者起源的一种探求与认知，更是为“书画用笔同法”[17]、画法即书法所在的实践层面提供学理上的铺垫与支撑。建基于此，古人乃进一步说“书画一体，为其有笔气也”[18]，“笔墨间神与趣会，书画妙境也”[19]，这些又可谓是经由形质的层级进入到神采的层级，由表及里，从气象境趣上把握书画的通同。可见，书画的同并不止于“源”上，更在所欲达至的抒情境界上。这后一层的同岂不与诗画的“异迹而同趣”[20]“皆士人陶写性情之事”[21]是一揆的吗？宗白华认为诗书画乃同属一个境层，真是一点不虚。他还说：“中国乐教失传，诗人不能弦歌，乃将心灵的情韵表现于书法、画法。”[22]由此可见，书画与诗同样可贵的是其中所包蕴着的抒情主体的心灵情韵，二者所以能与诗歌沟通对话也端在于此。

但位列一起的书画，它们与诗沟通对话的方式并不一致。诗与画在摹景状物上的显而易见的一致，这是二者得以结合的前提。诗画之间的沟通，无论在哪一个层级上，都必须以此为基础，舍此无他。因此，那些本无风景物态或不以此为主的诗（句），其为画所无能为力则是毋庸置疑的。试看明人张尔唯应友人之命为杜甫《秋兴》谱图后的自跋所云："丁丑春日长安邸中，小有社兄命予以少陵《秋兴》谱图，无论拙腕不能仿佛万一，且其情事种种原非景物所能状。小有以为画取形似，邻于儿童，老坡已言之矣。强余卒业，然少陵有诗中画，正不必求予画中诗，观者暗中摸索可也。因并书八诗于左。"[23]这正是以画来与诗沟通的实例。但画家清楚地认识到，诗里的"情事种种"让他难以措手。将原诗书于画后，既便于观者画诗参观，更是对画所未逮处的点醒补充。唐人张彦远曰："无以传其意，故有书；无以见其形，故有画。"[24]北宋韩拙曰："存形莫善于画，载言莫善于书。"[25]并皆着眼于书画的不同表现功能，二者各有胜场。明人宋濂干脆就说："书者所以济画之不足者也。使画可尽，则无事乎书矣。"[26]张尔唯氏说的"非景物所能状"的"情事种种"，庶几就是可以由书来传其意或济其不足的地方。陈谏议书杜诗《哀江头》之所以使得"后之览者，犹欲痛哭流涕"，正是基于他在书迹中传递而出的"忧思至痛之情"。因此，如果说诗画的联结点在"景物"，那么诗书的联结点即在情境。我们若将以景物为纽带的诗画关系称为"象应"的话，以情境为纽带的诗书关系则可谓之"感应"，即对来自诗之所感的一种应和。书之于诗正可以补画之于诗的一些不能之处：虽然书法和绘画所使用的符号同是诉诸视觉的，但不同于绘画的是，书法所表现的却不是视觉的对象，而是感觉的对象，如前所谓"非景物所能状"的"情事种种"——这当然不是说写景诗（句）就不能成为书法表现的对象，只是其所表现的仍然只能是书家"触"景而生的情。诚如徐复观《从艺术的变看人生的态度》所谓："艺术作品，固然是诉之于人的感官，但感官对作者而言，只是第二义的。第一义的却是作者未表现出来以前的生命的跃动。"[27]在这里，书法的内容表面上看起来是诗的文字，但事实上却更是书家由此文字所引发的内心情感活动，"这种内心活动根据其内在的振幅性和柔软性而生成富于变化的无限的律动性，这种律动性以线条的形式表现在纸上，其结果表现为书法"[28]。书法就其基本特性而言，通常其中笔的运行轨迹就是书家心迹的自然流露，书法艺术之根源即"在于形与线的内层深处闪烁着作者的内心活动"[29]。韩愈《送高闲上人序》说张旭"窘穷忧悲、愉佚怨恨、思慕酣醉、无聊喜怒，不平有动于心，必于草书焉发之"[30]，直截了当地指出了书法具有的抒情功能。就其构成状态而言，一件作品的笔墨形成里，虽然包含了以往习得的书写技巧、个性涵养，但不容忽视的是还融合着书家创作时的现时心境，毋宁说，书法创作正是在现时心境对以往潜存的全部教养的激活中展开的。王羲之《兰亭序》、颜真卿《祭侄文稿》、苏轼《黄州寒食诗帖》，从文字内容到笔墨表现，无不是在情来兴感中完成，书笔的抑扬一一呼应着文辞的节律，作为"心画"的"书"与作为"心声"的"言"的顺应契合，使每一个书写过程都不可重复（赵构《翰墨志》引唐何延年赞王羲之"择毫制序""如有神助""他日更书数百千本，终不及此"[31]；黄庭坚也认为《黄州寒食诗帖》，即令"试使东坡复为之，未必及此"[32]），从而真正地成为书写者其时心境与整体人格的真实映现。孙过庭评王羲之"写《乐毅》则情多怫郁，书《画赞》则意涉瑰奇，《黄庭经》则怡怿虚无，《太师箴》则纵横争折"[33]，也是道出了王羲之书法的笔墨形成随书写内容的不同变化着。由此我们得以明白，所谓书法表现人的内在生命，乃是书者随心境的动止，将笔墨的律动自觉与体现书者现时心境的文字载体——这既可能是书者自出胸臆的文辞，也可能是引发书者现时心境情感共鸣的内容——应和，构成一种相依相生珠联璧合的状态，进而实现书法艺术的生命表现功能。

我们要讨论的杜诗书写与杜诗之间的关联正是建立在这情感共鸣的基础上。它们不同于一般意义的因喜爱而书写，也不是基于理性判断性质的理解后的选择，而是特定时间特定人群将个人生命体验投射其中彼此交流共感的产物。如前所言陈谏议之书《哀江头》，正是因其自身艰困处境的触发而在同其艰困的杜诗中激起强烈认同的一种现实反应。这种关系中，书写者对杜诗的体认、他那一时的生命经验都从中得到镜子般的反映，涵具着其自身最深沉的存在。石涛论诗画之关联尝有“真识相触，如镜写影”[34]一说，在现实境遇中（此可谓“真”）将对杜诗的领受（此可谓“识”）抒情化地加以表现的杜诗书写，不也就“如镜写影”吗？当然这“影”，并非“按实肖象”，而毋宁是“凭虚构象”（刘熙载《赋概》有云“赋以象物，按实肖象易，凭虚构象难”[35]，这里也仅是用其语词）——“一方面是艺术家抒情的意念，另一方面在表现上却以抽象的形式来体现，那么这个意与形的关系是什么呢？这正是抒情主义的最基本的精神，即是象征（或‘象意’）。”[36]而“所谓象征，即是确有意义而又可以感觉到的印记；质言之，即是确定意义的直指本心的、不可分割的，尤其是一瞬即逝的印象。一个象征，便是一个现实存在的外观，在那些感觉敏锐而犀利的人眼中，它实具有直接的、内在的重要意味，这是不能经由推理的过程而获得的”[37]。正是书写之于杜诗有类似这种直接内在的象征作用才使书写的价值（实现诗书的沟通）有可能产生。

三、手笔常诉面目活：宋代特殊情境中的杜诗书写与杜诗接受

当然，将书杜作为一种舒愤懑的手段并不出自书法艺术的要求，而是源于陷于困境之中的人的需要，是杜诗接受中的特殊形态。即如李纲，他就曾在金兵再度侵入汴京的当口书杜诗《魏将军歌》以砥砺士气：

> 余趣宁江谪所，取道湘潭，王周士出高丽纸求书。时金寇再犯阙，将半年未解。余闻诏命，将纠义旅以援王室，万一不捷，当遂以死报国矣。周士未果行，而许为之继。因书杜子美此篇遗之，以激其气云。[38]

正可见特殊情态中杜诗的特殊功能。杜诗特具的情感力量、文化意涵非但可以诱发书者的书写冲动，同时也陶染、导引着他的创作意态，甚至塑造着作品的风貌。王世贞《弇州山人题跋》卷六记南宋后期著名书法家张即之（1186—1263）书杜诗三则，其一曰：

> 张温甫书如苏家木假山，秃节挺秀，槎牙四出，此卷更勃郁有生气。其所托旨于杜歌四章，盖愤羯胡之滔天，冀恢复之有日，然未久而黍离继之，良可慨也。[39]

又曰：

> 张温甫虽以世胄起家，然其痛中原之板荡，忧宗国之黍离，往往于翰墨发之，故特好书《孔明老柏行》，而所谓“根若青铜”、“霜皮溜雨”者，老笔槎牙，亦自相类。[40]

如果我们对张即之书法创作的整体情态作一番了解，就知道其书并不一贯“槎牙四出”。且不论其所作尺牍小行书的流利畅达（如《与殿元学士书》《台慈帖》）、中楷佛经的温润秀颖（如《度人经册》《佛遗教经卷》），即以与其书杜同属大字行楷的《书王禹偁待漏院记卷》而言，虽也宽博雄健，但绝不像其书《古柏行》的“峭骨成削，如画枯木丑石”（王世贞跋《张即之老柏行》的又一评语）[41]。所以，王氏所谓“托旨于杜歌四章”“特好书《孔明老柏行》”云云，其实就在道出了张即之的“愤”“痛”“忧”与杜诗在道德情感上的同构性，唯有书杜，而不再是他一贯偏嗜的佛经，方能使其积久的悲慨得以释放，因而所书自然“更勃郁有生气”，并且“老笔槎牙，亦自相类”。可见，是题材内容的性格在陶染、导引着张即之的创作意态，塑造了随其精神脉络与情感节奏之抑扬流溢而出的由形态、线条、墨气等形成的作品风貌。因而可以说，正是作为题材内容的杜诗给予作为书者内在生命外化的笔墨形态以骨骼支撑的。这“艺术的杜诗”，既是张即之的杰构，又何尝不是杜诗自身的玉成！而此类“艺术的杜诗”也如其他类型的杜诗文本，丰富了那一时期的杜诗学，成为这“学”中的一部分，吸引、感染着后来的阅读者。刘基《题鲜于伯机书杜工部书后》曰：

> 少陵昔避乱，买屋西枝村。卜邻得赞公，聊可与晤言。四郭斗豺虎，烟尘塞乾坤。中宵望北辰，惨戚衰老魂。我今亦漂泊，不得归本根。感此一太息，欲语声复吞。[42]

这里关于时世人生的沉重太息，不正由包含着书杜者精神选择与精神创造的“艺术的杜诗”所触发么？这是“古今人”的“相及”，当然也是杜诗生命意涵的化新，而书杜者也正好像是杜诗为自己寻得的理想托命人。

能遇到这理想托命人的杜诗是幸运的，书法史上的杜诗书作并不都能同此幸运。是的，在杜诗被书写的诸多瞬间，书者理想与否于后人眼中确乎曾是一个问题。以宋高宗赵构的书杜为例。

赵构在书法上所得颇深，也爱书杜诗。《徐氏笔精》卷六载明人王泽《题宋高宗所书杜诗》，诗中有句曰：

> 江头宫殿日迟迟，朝退千官默坐时。春尽龙沙无雁度，素缣只写少陵诗。[43]

又据《徐氏笔精》卷七“扇书杜诗”条所载，宋高宗绍兴元年赐经筵宫扇皆亲书杜甫诗句与之：“赐学士王绹曰：‘霖雨思贤佐，丹青忆老臣。’赐尚书胡直孺曰：‘文物多师古，朝廷半老儒。’赐舍人胡交曰：‘相门韦氏在，经术汉臣须。’”[44]然而，由“春尽龙沙无雁度，素缣只写少陵诗”一句，正可见醉心笔墨的高宗与朝退默坐的众官一样，于中兴谋略全无用心。虽然赵构常写的是杜甫的诗，但由内容看来，或与其光宠儒臣相关，或为一申其山林之想，如《书杜甫即事诗页》《书杜少陵山水障歌》[45]，终不是一个处艰之主在河山破碎时所宜选。无怪乎四库馆臣有訾议：“高宗当卧薪尝胆之时，不能以修炼戎韬为自强之计。尚耽心笔札，效太平治世之风，可谓舍本而营末。”[46]因而，即令这位皇帝所书为杜诗，甚至也是杜诗中寄慨遥深者，后世也不见得领情。元代吴师道跋《宋高宗书杜陵骢马行》曰：

> 江沱燕息共恬熙，无复中原壮志驰。眼见麒麟死刀下，不须更写杜陵诗。[47]

杜甫的《骢马行》不独写马的雄姿逸态，而且还“别有寄感”，用浦起龙的话说，是“眼光四射，一以激邓公乘时奋起之思，一以表此马有即日见功之会”[48]。而并不思奋起的宋高宗书写这样一首诗，岂不是徒尔作之吗？这当然不免要引人愤愤。可以说在吴师道的“不须”二字里，即包含着对其人书杜合宜性的质疑或者简直就是否定，吴氏深厚的儒者情怀使他难以潜心其书内单纯而无所挂碍地欣赏赵构在书艺上的表现。

杜诗书写者与杜诗的如上种种遇合，生动地表明了书杜并不只是单纯的书艺行为，那是杜诗以其丰厚的历史文化含蕴对与之同命运共呼吸的异代知音的强力召唤，是一个敏于感应的心灵越乎数百载之上对“诗圣”灵魂的虔敬探寻。尽管并非每一个书者在书写杜诗时都有像陈谏议、张即之那么深厚的寄托（书法史上由兴之所至率尔而作的杜诗书法亦自不乏），尽管也并没有一个先定的规约要求书者不得以书杜娱情悦性，但因着杜甫的“诗圣”地位、杜诗的“诗史”特质，如果钞诗之人其用意与为诗之人不能“伯仲埙篪”，那么其人的书杜在很多时候很多人看来便不足观矣——或许，只有杜诗的书写者与杜诗之间，才会具有、也才会被不自觉地期以这样一种深层次的呈现与被呈现的关系。于是乎，“手笔常诉面目活，老杜原来未作鬼”[49]，就在书者笔下的“活面目”中，杜甫及其一部杜诗也由此获得了最为充分的形象展现与文化读解。

注释：

[1] 钱锺书：《诗可以怨》，《七缀集》，上海：上海古籍出版社，1996 年，第 120 页。

[2] （梁）钟嵘撰，曹旭集注：《诗品集注》，上海：上海古籍出版社，1994 年，第 88 页。

[3] （唐）韩愈著，马通伯校注：《韩昌黎文集校注》，上海：古典文学出版社，1957 年，第 296 页。

[4] 钱穆：《论语新解》，北京：生活·读书·新知三联书店，2002 年，第 451 页。

[5] 关于“赋诗言志”，参见张伯伟：《中国古代文学批评方法研究》，北京：中华书局，2002 年，第 15～16 页。

[6] 谢思炜：《杜甫集校注》卷十五，上海：上海古籍出版社，2015 年，第 2394 页。

[7] 林继中：《新译杜诗菁华》（下），台北：三民书局，2015 年，第 816 页。

[8] 王瑞明点校：《李纲全集》卷一三八，长沙：岳麓书社，2004 年，第 1320 页。

[9] 熊飞、漆身起、黄顺强校点:《文天祥全集》卷十六,南昌:江西人民出版社,1987年,第621页。

[10] 林继中:《杜诗选评前言》,《杜诗选评》,西安:三秦出版社,2004年,第5页。

[11] 上海书画出版社编:《杜甫草堂墨迹选》,上海:上海书画出版社,1982年。

[12] 胡可先:《杜甫诗学引论》,合肥:安徽大学出版社,2003年,第102~111页。

[13] (宋)苏轼:《苏轼文集》卷六七,北京:中华书局,2004年,第2103页。

[14] (宋)胡寅:《斐然集》卷二八,华文轩:《古典文学研究资料汇编·杜甫卷》上编,北京:中华书局,1964年,第304~305页。

[15] [日]平山观月:《书法艺术学》,喻建十译,成都:四川人民出版社,2008年,第129页。

[16] (唐)张彦远:《历代名画记》卷一,杭州:浙江人民美术出版社,2012年,第2页。

[17] (唐)张彦远:《历代名画记》卷二,杭州:浙江人民美术出版社,2012年,第26页。

[18] (清)蒋骥:《读画纪闻》,周积寅:《中国画论辑要》,南京:江苏美术出版社,1993年,第587页。

[19] (清)邵梅臣:《画耕偶录》,周积寅:《中国画论辑要》,南京:江苏美术出版社,1993年,第588页。

[20] (宋)孔武仲:《东坡居士画怪石赋》,周积寅:《中国画论辑要》,南京:江苏美术出版社,1993年,第542页。

[21] (清)沈宗骞:《芥舟学画编》,周积寅:《中国画论辑要》,南京:江苏美术出版社,1993年,第548页。

[22] 宗白华:《论中西画法的渊源与基础》,《艺境》,北京:北京大学出版社,1989年,第113页。

[23] 转引自饶宗颐:《澄心论萃·明人以杜诗入画》,上海:上海文艺出版社,1996年,第354页。

[24] (唐)张彦远:《历代名画记》卷一,杭州:浙江人民美术出版社,2012年,第1页。

[25] (宋)韩拙:《山水纯全集序》,周积寅:《中国画论辑要》,南京:江苏美术出版社,1993年,第568页。

[26] (明)宋濂:《画原》,周积寅:《中国画论辑要》,南京:江苏美术出版社,1993年,第567页。

[27] 萧欣义编:《徐复观文录选粹》,台北:学生书局,1980年,第246页。

[28] [日]平山观月:《书法艺术学》,喻建十译,成都:四川人民出版社,2008年,第69页。

[29] [日]平山观月:《书法艺术学》,喻建十译,成都:四川人民出版社,2008年,第40页。

[30] 刘真伦、岳珍校注:《韩愈文集汇校笺注》卷十一,北京:中华书局,2010年,第1154页。

[31] 上海书画出版社编选:《历代书法论文选》,上海:上海书画出版社,1996年,第370页。

[32] (宋)黄庭坚:《黄州寒食诗跋》,《中国法书全集》第6卷,北京:文物出版社,2011年,第243页。

[33] 朱剑心:《孙过庭书谱笺证》,杭州:浙江人民出版社,2016年,第67页。

[34] (清)原济:《大涤子题画诗跋》,周积寅:《中国画论辑要》,南京:江苏美术出版社,1993年,第546~547页。

[35] (清)刘熙载:《赋概》,《艺概》,上海:上海古籍出版社,1978年,第99页。

[36] 高友工:《海外中国艺术家的抒情精神》,《美典:中国文学研究论集》,北京:生活·读书·新知三联书店,2008年,第177页。

[37] [德] 施本格勒:《历史 文化 艺术》,李小兵译,刘小枫主编:《人类困境中的审美精神——哲人诗人论美文选》,上海:东方出版中心,1996年,第400页。

[38] (宋)李纲:《书杜子美魏将军歌赠王周士》,《李纲全集》,长沙:岳麓书社,2004年,第1492页。

[39] (明)王世贞:《弇州山人题跋》,杭州,浙江人民美术出版社,2012年,第168~169页。

[40]（明）王世贞:《弇州山人题跋》,杭州,浙江人民美术出版社,2012 年,第 168～169 页。

[41]（明）王世贞:《弇州山人题跋》,杭州,浙江人民美术出版社,2012 年,第 168 页。

[42]（明）刘基:《太师诚意伯文成公集》卷十三,冀勤编著:《金元明人论杜甫》,北京:商务印书馆,2014 年,第 132 页。

[43]（明）徐火勃:《笔精》卷六,福州:福建人民出版社,1997 年,第 201 页。

[44]（明）徐火勃:《笔精》卷七,福州:福建人民出版社,1997 年,第 246 页。

[45] 张家壮:《历代杜诗书法辑目》(上),《杜甫研究学刊》2016 年第 3 期,第 61 页。

[46]（清）永瑢,等:《四库全书总目》卷一一二,北京:中华书局,1965 年,第 955 页。

[47]（元）吴师道:《吴礼部文集》卷九,冀勤编著:《金元明人论杜甫》,北京:商务印书馆,2014 年,第 93 页。

[48]（清）浦起龙:《读杜心解》卷二之一,北京:中华书局,1961 年,第 243 页。

[49]（明）李行志:《杜诗胥钞》卷末《赠言》,冀勤编著:《金元明人论杜甫》,北京:商务印书馆,2014 年,第 659 页。

《诗人主客图》的“主客”形式及其渊源流变考察

赵目珍

（深圳职业技术学院人文学院，广东深圳，518055）

内容摘要： 从文本形式上看，张为的《诗人主客图》主要有两大理论形式结构，一是“摘句为图”，一是以“主客”的等级形式论诗。此前的学者，多将其“主客”形式追溯到早期兵家的以“主客”论兵，以及早期文学作品如《庄子》、汉赋中的“主客问答”形式，本文认为以上观点都值得商榷。张为的“主客”思想主要源于中国人自古以来的等级差别观念和主从意识，同时与当时社会盛行的“主客风气”有一定关系。

关键词：《诗人主客图》；文本形式；主客；等级秩序；主从意识

从理论文本的形式上看，张为的《诗人主客图》主要具备两大形式结构，一是“摘句为图”，一是以“主客”的等级形式论诗。正如某学人所言：“任何一个文学评论家在评论文学作品时，总想找到一种恰当的形式来表达他的文学理念。一个成熟的有理论建树的评论家，他的批评观点不仅要新颖独到，他所采用的形式也往往令人耳目一新。”[1]从后世的诗歌批评和诗派理论发展看，张为的这一理论形式确实有着积极的意义，并对后世产生了重大影响。本文主要从溯源的方式入手，探讨张为这一理论文本中的“主客”形式及其流变问题。

一、“主”与“客”的原始流别

张为作“图”所采用的“主客”形式，断非出自个人的创造。以前研究张为《诗人主客图》者，多将其“主客”形式追溯到早期兵家的以“主客”论兵，以及早期文学作品如《庄子》、汉赋等中的“主客问答”形式。这样的观点令人难以苟同。笔者以为，张为的“主客”思想主要源于中国人自古以来的等级差别观念和主从意识，同时受到当时社会“主客风气”的影响。

陈才智《元白诗派研究》中说：“张为《主客图》主客之说，或有鉴于兵家之谈，借兵家之主客喻诗家之派别渊源。”[2]文中还引了《老子》中的言论：“用兵有言：‘吾不敢为主，而为客’”[3]以及《孙膑兵法》中所言“兵有客之分，有主人之分。客之分众，主人之分少。客倍，主人半，然可敌也”[4]来佐证自己的观点。在此征引之前，还曾以朱彝尊《沈明府〈不羁集〉序》中的观点引出话题：“唐以赋诗取士，作者期见于有司，若射之志于彀。故于诗有格、有式、有例、有秘旨、有秘术、有主客之图，无异揣摩捭阖之学。”[5]朱彝尊的这种观点非常新颖，他认为唐代诗格、诗式、密旨、主客图等诗学理论形式的出现，与唐代以诗赋取士有关，认为是作者以期见于有司而揣摩出来的，符合当时的社会现实，但是对于《诗人主客图》而言，可能有一些主观臆断的色彩。因为从与诗格、诗式、密旨之类作品的对比看，《诗人主客图》在编纂目的上与它们存在较大差异。

有唐之时，的确有许多用“主客”形式来代指兵术或者以之来论兵的，如李华的古文名篇《吊古战场文》：“主客相搏，山川震眩。”[6]又如唐僖宗《委使臣征访兵术贤才诏》：“时属多虞，非拔奇而不振。或有材优将略，业洞兵钤，辨胜负于风云，计长短于主客，……当期致用。”[7]又如杨炎《云麾将军李府君神道碑》：“戎狄变心，惧我为患。乘主客之势，合豺狼之凶，甲兴于门，车结其外。”[8]再如权德舆的《山东行管事宜状》：“自去年十月兴师讨罪，今已半岁，未见成功。时渐入夏，水潦疾病，众心不一，主客相悬，若更因循，必虑溃挠。”[9]这些案例都表明在唐代以“主客”论兵是一种常见现象。尽管如此，笔者仍然不认为张为的“主客”观念来源于此。兵家只是借“主”“客”来论用兵的主动与被动，其中“主”为“主动进犯”“采取攻势”之意，“客”为“被动”“采取守势，不得已而应敌”[10]。这里对于“主客”的等级差别、从属意义丝毫没有涉及。

有的研究者还将“主客”源头追溯到《庄子》中的“主客问答”，并将这种形式进一步推移到汉大赋、魏晋人物的品评和唐宋时期以“主客问答”形式出现的赋作当中[11]。其实，“主客问答”形式并不仅仅影响到辞赋的创作，曹植作《魏德》亦曾采用“主客”形式，刘勰在《文心雕龙·封禅》中就提道：“陈思《魏德》，假论客主，问答迂缓，且已千言，劳深绩寡，飙焰缺焉。”[12]据《梁书·范缜传》所录之《神灭论》，范氏作此论时也采用了“主客问答”的形式[13]。但是，这里的“主客问答”，其中的“客”多是虚拟的，《史记·老子韩非列传》载庄子“著书十余万言，大抵率寓言也”，唐司马贞《索隐》说：“其书十余万言，率皆立主客，使之相对语，故云‘偶言’。又音寓，寓，寄也。故别录云‘作人姓名，使相与语，是寄辞于其人，故庄子有寓言篇’。”[14]其意正如赵子抄所指出的，“大都是假托一个所谓的‘客’与作者的直接对话来表达主题思想，这里的‘客’只是一个配角人物。《诗人主客图》是以‘主客’命名的一部重要文献，这里的‘主’是指一个风格流派的宗主，如‘广大教化主’白居易，‘高古奥逸主’孟云卿等，其余皆为‘客’，‘主’与‘客’之间，是派主与成员的关系，是实实在在的人物，‘主’处于主要地位，他与‘客’一同构成一个派别，‘客’因此也不是可有可无的虚设”[15]。由此可见，将张为《诗人主客图》中的“主客”概念追溯到早期文学作品中的“主客问答”难免有些牵强。

笔者认为，张为以“主客”论诗的思想来源于中国古代社会固有的等级差别观念。中国自古是一个礼仪之邦，长期以来形成的等级差别观念——这一强大的“集体无意识”无可辩驳地浸透在了作为知识分子的张为身上，反映到文学理论上来，以至于有了这种以“主客”别等级、分高下的诗学理论形式。

从“主客”来论中国早期固有的等级观念，起源也很早。《礼记》中有大量关于主、客之间讲求礼仪的记载，如《礼记·曲礼上》云：“凡与客入者，每门让于客。

客至于寝门，则主人请入为席，然后出迎客；客固辞，主人肃客而入；主人入门而右，客入门而左；主人就东阶，客就西阶，客若降等，则就主人之阶；主人固辞，然后客复就西阶。主人与客让登，主人先登；客从之。拾级聚足，连步以上。上于东阶，则先右足；上于西阶，则先左足。”[16]虽然这里谈的只是主、客之间的一种从属礼仪，但是可以肯定的是，这里的“主客”都不是虚拟的。如果说这里的“主客”还没有体现出很明显的“主从意识”的话，那么《礼记·檀弓下》的一个小故事则很明显地体现出了这一点：

> 国昭子之母死。问于子张曰：“葬及墓，男子妇人安位？”子张曰：“司徒敬子之丧，夫子相，男子西乡，妇人东乡。”曰：“噫！毋！”曰：“我丧也斯沾，尔专之：宾为宾焉，主为主焉，妇人从男子皆西乡。”[17]

在古代礼仪中，男女的地位是不一样的，宾主的地位也不一样。但是女主与男宾的地位如何排列呢？这个故事就涉及对这一问题的认知。审视这一叙述我们可以看出，在孔子的思想意识中，以男女之分为主，而国昭子则认为主人家的妇人也是“主”，不能与“宾”同一个地位。这就对主、宾的等级地位有了明确的辨别意识。不过这里的“宾主”与张为所说的“主客”还有文字上的异同，不过其实质已经凸显出来了。

“主”与“客”二字合起来作为一个词使用，可能最早出现在汉代应劭的《风俗通义》中，该书在论“阡陌”时曾引用这样的里语：“越陌度阡，更为客主。”[18]后来南朝时的刘勰在《文心雕龙·诠赋》中用“述主客以首引”来总结赋的形式特征。这两处使用都不具有张为所谓“主客”的意义。此后《陈书·马枢列传》中有一段记载，尤其接近张为的“主客”之意，兹录之如下：

> 梁邵陵王纶为南徐州刺史，素闻其名，引为学士。纶时自讲《大品经》，令枢讲《维摩》、《老子》、《周易》，同日发题，道俗听者二千人。王欲极观优劣，乃谓众曰：“与马学士论义，必使屈伏，不得空立主客。”于是数家学者各起问端，枢乃依次剖判，开其宗旨，然后枝分流别，转变无穷，论者拱默听受而已。[19]

此处所云“必使屈伏，不得空立主客”，已然包含了分出高下之意，而且是从品评经义（学问）的角度出发，这已经与张为论列“主客”有高下之分的内涵比较一致了。

二、“主客”的行政职能及所隐含的等级、主从观念

“主客”地位不同的等级观念还体现在汉民族国家与少数民族建立的“国家（番邦）”的关系上。我国最迟自汉朝起就设立了专门管理对外事务的职官，隶属尚书省，在各个朝代名称不一，常见者如“主客尚书”“主客郎中”“主客员外郎”“客曹尚书”

等，等级上可能存在差别。这一职官名词，可能最早见于《史记·匈奴列传》中：

> 是时天子巡边，至朔方，勒兵十八万骑以见武节，而使郭吉风告单于。郭吉既至匈奴，匈奴主客问所使，郭吉礼卑言好，曰：“吾见单于而口言。”单于见吉，吉曰：“南越王头已悬于汉北阙。今单于（能）即［能］前与汉战，天子自将兵待边；单于即不能，即南面而臣于汉。何徒远走，亡匿于幕北寒苦无水草之地，毋为也。”语卒而单于大怒，立斩主客见者，而留郭吉不归，迁之北海上。而单于终不肯为寇于汉边，休养息士马，习射猎，数使使于汉，好辞甘言求请和亲。

关于此一段文字中的“主客”，《集解》引韦昭云：“主使来客官也。”《正义》云：“官名，若鸿胪卿。”[20]唐杜佑《通典》卷二十六释“鸿胪卿”云：“周官大行人掌大宾客之礼，秦官有典客掌诸侯及归义蛮夷，汉改为鸿胪。”[21]可见其职能因袭周秦礼制，主要是“掌诸侯及归义蛮夷”。而“主客”的职能与其相类。从后世诸多史料看，“主客”这一性质的职官不仅在汉民族国家有设立，在少数民族建立的“国家”也多有设置，如《周书》卷五十《异域下》中对高昌国的记载亦可证明这一点：“国内总有城一十六。官有令尹一人，……次有八长史，曰吏部、祠部、库部、仓部、主客、礼部、民部、兵部等长史也。”[22]

东汉时的应劭曾对负责“主客”的主要职官作过解说：“主客尚书，主外国四夷事。”[23]《后汉书·百官志》中有涉及“主客曹”的职官：“尚书六人，六百石。本注曰：成帝初署尚书四人，分为四曹：常侍曹尚书主公卿事，二千石曹尚书主郡国二千石事，民曹尚书主凡吏上书事，客曹尚书主外国夷狄事。世祖承遵，后分二千石曹，又分客曹为南主客曹、北主客曹，凡六曹。”[24]由此可见，“客曹”起于汉成帝时，后来南朝宋时又分为“南主客曹、北主客曹”，其职责正如应劭所言，“主外国夷狄事”。以后各朝与此类似，只是职官名称有所更改。南朝齐时的王融[25]、丘巨源[26]，北魏时的裴让之[27]等，就做过“主客郎”；北魏时的温子昇在建义初时也曾为“南主客郎中”[28]。

隋唐时期，国家的官制系统中继续保留了这一职官，尽管名称时有改变，但一直存在这个职位。《隋书·百官志》“祠部”下有“主客：掌诸蕃杂客等事”[29]。《旧唐书·职官志》中谓：“礼部尚书一员，侍郎一员。尚书、侍郎之职，掌天下礼仪、祭享、贡举之政令。其属有四：一曰礼部，二曰祠部，三曰膳部，四曰主客。”又“主客郎中一员”，注云：“从五品上。隋曰司蕃郎，武德改主客郎中，龙朔为司蕃大夫，咸亨复。”又谓：“郎中、员外郎之职，掌二王后及诸蕃朝聘之事。……其朝贡之仪，享宴之数，高下之等，往来之命，皆载于鸿胪之职焉。”[30]后来郑樵在《通志》中对“主客郎中”这一职官的设置及演变做了一个非常详尽的总结：“主客郎中，员一人。汉成帝初置五尚书，有客曹，主外国夷狄。后汉光武分改为南主客、北主客二曹。魏亦有南主客。晋氏分为左、右、南、北四主客，或单为客曹。宋、齐、梁、陈单有主客。后魏吏部管南主客，祠部管左主客。北齐改左主客为主爵，南主客为主客。隋初为侍郎。炀帝除侍字，寻又改为司籍郎。唐武德初改为主客郎中。龙朔二年又改主客为司藩。咸亨元年复旧，掌二王后及诸藩朝聘。”[31]不过，有一些“主客郎中”的职能郑樵没有指出。然而，细读《旧唐书》中的相关部分可见，史家在论述“主客郎中”时明确指出了这一职官有辨“高下之等”的职责。唐武宗会昌时曾发生所谓的“灭佛事件”，有会昌五年八月制为证：“朕闻三代已前，未尝言佛，汉魏之后，像教浸兴。是由季时，传此异俗，因缘染习，蔓衍滋多。以至于蠹耗国风而渐不觉。……其天下所拆寺四千六百余所，还俗僧尼二十六万五百人，……隶僧尼属主客，显明外国之教。勒大秦穆护、祆三千余人还俗，不杂中华之风。”[32]僧尼原隶属祠部，今改隶主客，目的主要是要体现华夷不一、主客不等的政治观念。《唐会要》卷四十九所录会昌五年七月中书门下所奏《僧尼所隶》很好地诠释了这一点：“会昌五年七月，中书门下奏。奉宣，僧尼不隶祠部，合系属主客，与复合令鸿胪寺收管，宜分析奏来者。天下僧尼，国朝已来，并隶鸿胪寺，至天宝二年隶祠部。臣等据《大唐六典》，祠部掌天下宗庙大祭，与僧事殊不相及，当务根本，不合归尚书省，属鸿胪寺亦未允。当又据《六典》，主客掌朝贡之国七十余番，五天竺国并在数内。释氏出自天竺国，今陛下以其非中国之教，已有厘革。僧、尼名籍，便令系主客，不隶祠部及鸿胪寺，至为允当。”[33]

由于这一常设而又必设的国家职官涉及华夷的“主客”从属问题，又由于唐代的不少文人名士都担任过这一职务，故而这一点可能对张为以“主客”作图产生重要影响。唐代很多有名的宰相、名士都担任过“主客郎中”“主客员外郎”这样的职务。比如唐代曾做过宰相的房琯，于“天宝元年，拜主客员外郎。三年，迁试主客郎中”[34]。杜佑也曾“累官至检校主客员外郎”[35]。元和时期的宰相李绛，“元和二年，以本官充翰林学士。未几，改尚书主客员外郎”[36]。白居易“元和十四年……冬，召还京师，拜司门员外郎。明年，转主客郎中、知制诰，加朝散大夫，始著绯”[37]。刘禹锡“太和二年，自和州刺史征还，拜主客郎中”[38]。白居易的弟弟白行简，也曾“迁司门员外郎、主客郎中”[39]。如果说像房琯、杜佑、李绛这样的政客、学问家担任这个职务对张为还没有直接影响的话，那么白居易和刘禹锡担任这个职务，必然对张为产生重要影响。因为白、刘二人都被选入了他的《诗人主客图》。

三、“主客”的其他含义及张为的秩序建构

在唐代的诗文中，“主客”一词经常出现，略举几例：

> 屈折之状，如铜铁为钩；牵掣之踪，若劲直针下。主客胜负，皆须姑息，先作者主也，后为者客也。既构筋力，然后装束。（蔡希综《法书论》）[40]
>
> 大获素尚，即赫赫巍巍之称，当在寰宇之内，不在主客也。（符载《上襄阳楚大夫书》）[41]
>
> 已于荆聂，备讲恩仇。岂向春陵，徒陈主客。（罗衮《至襄州寄江陵启》）[42]
>
> 听子话此邦，令我心悦怿。其俗则纯朴，不知有主客。（杜甫《郑典设自施州归》）[43]

阴阳相主客，时序递回斡。（杜甫《七月三日亭午已后校热退晚加小凉稳睡有诗因论壮年乐事戏呈元二十一曹长》）[44]

邑中九万家，高栋照通衢。舟车半天下，主客多欢娱。（杜甫《遣怀》）[45]

肉食哂菜色，少壮欺老翁。况乃主客间，古来逼侧同。（杜甫《赠苏四徯》）[46]

酒酣耳热忘头白，感君意气无所惜，一为歌行歌主客。（杜甫《醉歌行，赠公安颜少府请顾八题壁》）[47]

一咏清两耳，一酣畅四肢。主客忘贵贱，不知俱是谁。客有诗魔者，吟哦不知疲。乞公残纸墨，一扫狂歌词。（白居易《裴侍中晋公以集贤林亭即事诗三十六韵见赠猥蒙征和才拙词繁辄广为五百言以伸酬献》）[48]

由以上举例可以看出，“主客”在唐代诗文中也是一个常见词，或用“主客”本意，或用其他引申义。尽管在使用的过程中，其用法不一，但它们的大量出现，也可能在潜意识中对张为作图冠名“主客”产生影响。

另外，龚鹏程先生在张为对“主客的比拟上”曾提到一个观点。他认为：“唐代科举，干谒之风极盛，游士复兴，刺史且可自辟掾属，因此文人奔走，往往以战国诸公子和门客关系为喻。……以致形成‘诸侯争取誉于文士’的现象。”[49]由此，他指出张为对“主客”的划分可能来源于“唐代盛行的主客风气”。如李观《与房武支使书》云：“足下诚肯彻重味于膳夫，抽月俸于公府，实数子之囊，备二京之粮，则公之德声日播千里，卫之客争趋其门。”[50]又任华《告辞京尹贾大夫书》说：“平原君大惊悔过，即日斩美人头，造躄者门谢焉，宾客由是复来。今君犹惜马蹄不顾我，况有请美人头者，岂复得哉！仆亦恐君之门客由是乎解体。”[51]因此，他认为张为乃是根据当时社会的这一普遍现象将诗人群体虚拟成了一个集团，并进而指出张为“直接将诗人风格关系类拟成人事社会结构。然而，诗社会的阶序地位及诗人权威关系，却显得更为严密了”[52]。此观点比较通达，所言“主客风气”中隐含了一种主从意识，与笔者所论是一致的。上文所引白居易诗，似就有这种“主客风气”流露出来。但无论如何，张为也只能是一种比拟，因为《诗人主客图》中的“六主”与“客”大都不存在实质意义上的“门主—门客”关系。

在《诗人主客图》中，张为所谓“客”是指其图中的“上入室”“入室”“升堂”“及门”四个等级。“升堂”“入室”也本非张为原创。《论语》中已有“由也升堂矣，未入于室也”[53]这样的记载，《礼记·檀弓下》中也用到“升堂”和“入室”：“反哭升堂，反诸其所作也。主妇入于室，反诸其所养也。”[54]汉代扬雄的《法言·吾子》借此语来对贾谊和司马相如的赋作高下之分：“如孔氏之门用赋也，则贾谊升堂，相如入室矣。”[55]其实，在唐人的文学品评中也多有类似的表达，如高仲武在《中兴间气集》中评孟云卿云：“虽效于陈、沈，才能升堂，犹未入室。”[56]皮日休称杜甫：“既作风雅主，遂司歌咏权。”[57]齐己《送僧游龙门香山寺》：“且寻风雅主，细看乐天真。”[58]可见，在张为生活的晚唐时代，以“主客”形式论高下已经成为士林中的普遍风尚。唐人的这些论述都有可能影响到张为作图，尤其是皮日休和齐己，他们与张为生活的年代相仿，他们在诗中称杜甫、白居易为“风雅主”，很可能对张为以白居易为“广大教化主”有直接的影响。或者反过来，他们二人受到了张为《诗人主客图》的影响。

从张为作图五层来看，似乎“上入室”和“及门”为其首创，但“上入室”当是借鉴了上文中言及的“入室”。而在张为之前也有过与“及门”类似的表达，如南朝梁时的理论家钟嵘在其《诗品》中说：“故孔氏之门如用诗，则公干升堂，思王入室，景阳、潘、陆，自可坐于廊庑之间矣。”[59]钟氏此处“坐于廊庑之间”似可以看作张为“及门”的另一种表达，或者可将其看作张为“及门”的雏形。其实在唐之前，也早已有关于“及门”一词的使用，比如《论语》中即有“从我于陈、蔡者，皆不及门也”[60]这样的表述。不过，孔子这里所说的“及门”是“在门下”或“在这里”之意。三国时曹丕于延康元年所作《又与吴质书》：“南皮之游，存者三人，烈祖龙飞，或将或侯。今惟吾子，栖迟下仕，从我游处，独不及门。”[61]“及门”之意又与孔子所言不同，谓“封爵之事不到门”。又任昉《吊刘文范文》：“余与先生，虽年世相接，而荆吴数千，未尝膝行下风，禀承余论，……终于对面，万古莫能及门，故以此弭千载之恨。”[62]此处“及门”谓“到门下”并有“相从、从游”之意。此三例皆与张为等级秩序建构中的“及门”之意大有参差，而钟嵘“坐于廊庑之间”的表达更贴近张为原意。

但无论是原创还是借鉴，张为创设“主客”五层以等级秩序论诗或建构诗歌流派，都开了后世文学理论形式上的先河，在中国诗歌流派形成和发展史上具有极其重要的意义。张为稍后，以此种方式评论诗人的表达屡见于文章中，如五代时人张洎在《项斯诗集序》中评价张籍对后人的影响时说：“吴中张水部为律格诗，尤工于匠物，字清意远，不涉旧体，天下莫能窥其奥，唯朱庆馀一人亲授其旨。沿流而下，则有任蕃、陈标、章孝标、倪胜、司空图等，咸及门焉。”[63]另一五代时人王赞在其《元英先生诗集·序》论诗人方干时也说：“吴越故多诗人，未有新定方干擅名于杭越，流声于京洛。……先是丹阳有南阳张祜，差前于生。其诗发言横肆，皆吴越之遗逸。予尝较之，张祜升杜甫之堂，方干入钱起之室矣。”[64]前人已多次言及张为的《诗人主客图》风靡晚唐，在当时曾代表了一时风会，由此一论述形式的普遍流行看，这种看法并非虚言。

* 本文系深圳职业技术学院2017年度青年创新项目“《诗人主客图》版本校勘及研究”【601722S32022】、广东省哲学社会科学“十二五”规划项目“《主客图》与中国诗歌流派的发生学研究”【GD13YZW02】阶段性成果。

注释：

[1] 胡玉兰：《张为〈诗人主客图〉的诗学理想及其意义》，《西安电子科技大学学报》（社会科学版）2004年第2期，第109页。

[2] 陈才智：《元白诗派研究》，北京：社会科学文献出版社，2007年，第81页。

[3] 陈鼓应：《老子今注今译》，北京：商务印书馆，2008年，第315页。

[4] 银雀山汉墓竹简整理小组：《孙膑兵法》，北京：文物出版社，1975年，第67页。

[5]（清）朱彝尊：《沈明府〈不羁集〉序》，《曝书亭集》卷三十八，影印文渊阁四库全书本。

[6]（清）董诰，等：《全唐文》卷三二一，北京：中华书局，1983 年，第 3256 页。

[7]（清）董诰，等：《全唐文》卷八八，北京：中华书局，1983 年，第 917 页。

[8]（清）董诰，等：《全唐文》卷四二二，北京：中华书局，1983 年，第 4309 页。

[9]（清）董诰，等：《全唐文》卷四八八，北京：中华书局，1983 年，第 4983 页。

[10] 陈鼓应：《老子今注今译》，北京：商务印书馆，2008 年，第 315 页。

[11] 赵子抄：《〈诗人主客图〉研究》，广西大学硕士学位论文，2010 年。

[12] 刘勰：《文心雕龙》，上海：上海古籍出版社，2015 年，第 139 页。

[13]（唐）姚思廉：《梁书》卷四十八《范缜列传》，北京：中华书局，1973 年，第 665～670 页。

[14]（汉）司马迁：《史记》卷六十三《老子韩非列传》，北京：中华书局，1975 年，第 2143～2144 页。

[15] 赵子抄：《〈诗人主客图〉研究》，广西大学硕士学位论文，2010 年，第 15 页。

[16] 杨天宇：《礼记译注》上，上海：上海古籍出版社，2004 年，第 9 页。

[17] 杨天宇：《礼记译注》上，上海：上海古籍出版社，2004 年，第 113 页。

[18]（汉）应劭、王利器校注：《风俗通义校注・佚文》，北京：中华书局，2010 年，第 579 页。

[19]（唐）姚思廉：《陈书》卷十九《马枢列传》，北京：中华书局，1972 年，第 264 页。

[20]（汉）司马迁：《史记》卷一百十《匈奴列传》，北京：中华书局，1975 年，第 2912 页。

[21]（唐）杜佑：《通典》"职官八"，北京：中华书局，1984 年，第 153 页。

[22]（唐）令狐德棻：《周书》卷五十《异域下》，北京：中华书局，1971 年，第 914 页。

[23]（汉）应劭：《汉官仪》卷上，《汉官仪及其他二种》丛书集成初编本，上海：商务印书馆，1939 年，第 21 页。

[24]（南朝宋）范晔：《后汉书》志第二十六，北京：中华书局，1965 年，第 3597 页。

[25]（清）严可均：《全上古三代秦汉三国六朝文》第五册，上海：上海古籍出版社，2009 年，第 31 页。

[26]（清）严可均：《全上古三代秦汉三国六朝文》第五册，上海：上海古籍出版社，2009 年，第 60 页。

[27]（清）逯钦立：《先秦汉魏晋南北朝诗》下，北京：中华书局，1983 年，第 2261 页。

[28]（清）逯钦立：《先秦汉魏晋南北朝诗》下，北京：中华书局，1983 年，第 2220 页。

[29]（唐）魏征，等：《隋书》卷二十七，北京：中华书局，1973 年，第 753 页。

[30]（后晋）刘昫，等：《旧唐书》卷四十三，北京：中华书局，1975 年，第 1828～1832 页。

[31]（宋）郑樵：《通志》卷五十三，北京：中华书局，1987 年，第 664 页。

[32]（后晋）刘昫，等：《旧唐书》卷十八上《武宗本纪》，北京：中华书局，1975 年，第 605～606 页。

[33]（宋）王溥：《唐会要》卷四十九，北京：中华书局，1955 年，第 859 页。

[34]（后晋）刘昫，等：《旧唐书》卷一百一十一《房琯列传》，北京：中华书局，1975 年，第 3320 页。

[35]（后晋）刘昫，等：《旧唐书》卷一百四十七《杜佑列传》，北京：中华书局，1975 年，第 3978 页。

[36]（后晋）刘昫，等：《旧唐书》卷一百六十四《李绛列传》，北京：中华书局，1975 年，第 4285 页。

[37]（后晋）刘昫，等：《旧唐书》卷一百六十六《白居易列传》，北京：中华书局，1975 年，第 4353 页。

[38]（后晋）刘昫，等：《旧唐书》卷一百六十《刘禹锡列传》，北京：中华书局，1975 年，第 4211 页。

[39]（后晋）刘昫，等：《旧唐书》卷一百六十六《白行简列传》，北京：中华书局，1975 年，第 4358 页。

[40]（清）董诰，等：《全唐文》卷三六五，北京：中华书局，1983 年，第 3717 页。

[41]（清）董诰，等：《全唐文》卷六八八，北京：中华书局，1983 年，第 7048～7049 页。

[42]（清）董诰，等：《全唐文》卷八二八，北京：中华书局，1983 年，第 8727 页。

[43]（清）彭定求，等：《全唐诗》（增订本）卷二二一，北京：中华书局，1999 年，第 2340 页。

[44]（清）彭定求，等：《全唐诗》（增订本）卷二二一，北京：中华书局，1999 年，第 2342 页。

[45]（清）彭定求，等：《全唐诗》（增订本）卷二二二，北京：中华书局，1999 年，第 2364 页。

[46]（清）彭定求，等：《全唐诗》（增订本）卷二二二，北京：中华书局，1999 年，第 2373 页。

[47]（清）彭定求，等：《全唐诗》（增订本）卷二二二，北京：中华书局，1999 年，第 2378 页。

[48]（清）彭定求，等：《全唐诗》（增订本）卷四五二，北京：中华书局，1999 年，第 5139 页。

[49] 龚鹏程：《中国文学批评史论》，北京：北京大学出版社，2007 年，第 141 页。又见其《文化、文学与美学》，台北：时报文化出版公司，1988 年，第 102 页。

[50]（清）董诰，等：《全唐文》卷五三三，北京：中华书局，1983 年，第 5408 页。

[51]（清）董诰，等：《全唐文》卷三七六，北京：中华书局，1983 年，第 5818 页。

[52] 龚鹏程：《中国文学批评史论》，北京：北京大学出版社，2007 年，第 141～142 页。又见其《文化、文学与美学》，台北：时报文化出版公司，1988 年，第 102 页。

[53] 杨伯峻：《论语译注》，北京：中华书局，1980 年，第 114 页。

[54] 杨天宇：《礼记译注》，上海：上海古籍出版社，2004 年，第 108 页。

[55] 汪荣宝义疏：《法言义疏》，北京：中华书局，1987 年，第 50 页。

[56]（唐）元结、殷璠，等：《唐人选唐诗》十种，上海：上海古籍出版社，1978 年，第 314 页。

[57]（清）彭定求，等：《全唐诗》（增订本）卷六〇九，北京：中华书局，1999 年，第 7080 页。

[58]（清）彭定求，等：《全唐诗》（增订本）卷八四〇，北京：中华书局，1999 年，第 9556 页。

[59] 陈延杰：《诗品注》，北京：人民文学出版社，1980 年，第 17 页。

[60] 杨伯峻：《论语译注》，北京：中华书局，1980 年，第 109 页。

[61]（清）严可均：《全上古三代秦汉三国六朝文》第 2 册，上海：上海古籍出版社，2009 年，第 378 页。

[62]（清）严可均：《全上古三代秦汉三国六朝文》第 5 册，上海：上海古籍出版社，2009 年，第 368 页。

[63]（清）董诰，等：《全唐文・唐文拾遗》卷四十七，北京：中华书局，1983 年，第 10906 页。

[64]（清）董诰，等：《全唐文》卷八六五，北京：中华书局，1983 年，第 9070 页。

《国史经籍志》“簿录类”对《通志》“艺文略”的承袭与改补

苏小露

（华中师范大学文学院，湖北武汉，430079）

内容摘要：明焦竑所撰《国史经籍志》从体例到内容都借鉴了宋郑樵《通志》中的“艺文略”部分已是学界共识。《通志》“艺文略”中的九十四部目录书籍，只有十一部未被焦竑采用，他们共有的目录书，书名、作者、卷帙、排列顺序都惊人一致。但是部分共有目录书的书名、作者也存在差异，体现出一定的史料和校勘价值。焦竑还调整了《通志》“艺文略”中书目不合理的排列顺序。作为后出目录书，《国史经籍志》较为有限地补充了成书在郑樵之前的八部和郑樵之后新出的三十七部目录书。

关键词：《国史经籍志》；《通志》“艺文略”；目录；承袭；改补

明神宗万历二十二年（1594 年），大学士陈于陛（1543—1596）奏请纂修《国史》，并推荐焦竑（1540—1620）专领其事，焦竑先完成《国史》中《经籍志》部分的初稿。万历二十五年（1597 年）史馆被废，焦竑也因主持乡试被弹劾罢免归乡。《国史》虽然没有完成，但焦竑凭一己之力撰写的《经籍志》却最终得以定稿，并于万历三十年（1602 年），由其门人陈汝元刊行。焦竑的《国史经籍志》作为明代比较重要的目录书，后世褒贬不一。《四库全书总目》几乎将其全盘否定：“顾其书丛抄旧目，无所考核。不论存亡，率尔滥载。古来目录，惟是书最不足凭。世以竑负博物之名，莫之敢诘，往往贻误后生。其谲词炫世，又甚于杨慎之《丹铅录》矣。”[1]金门诏在《补三史艺文志》的序文中指出：“近者，焦太史竑，窃取郑樵《通志》之例，仍依《隋书》名以《经籍》，上下数千年，繁芜充栋，类聚群分，灿然明备，厥功伟矣。独惜其于辽金元三朝之书，缺略为多，统览今古，于兹未备，不无遗憾焉。”[2]金氏肯定《国史经籍志》“类聚群分，灿然明备”的同时，又指出它缺略辽金元三代很多图书之不足，但他还是坚持《明史》“经籍志”的编撰要以《国史经籍志》为参照，“兹准竑《志》，详加参考，并取竑以后所出之书悉增之”[3]。无论清人对其书评价如何，焦竑编撰《国史经籍志》过程中参照了宋代郑樵《通志》“艺文略”是不争的事实。王国强先生指出：“《国史志》的著录，宋代以前的图书主要以《通志》‘艺文略’为基础，同时参考了另外一些书目；元代以后的图书则参考了《文献通考》和明代前中期的诸家书目；撰写草稿和定稿时，又分别利用了政府藏书和家藏丰富的图书。”[4]王氏不仅指出《国史经籍志》在类例和宋代以前图书的著录两方面都主要依据《通志》“艺文略”，而且从分类体系不同、子目的增删、著录内容和图书归类不同等方面论述《国史经籍志》的变通。本文在王国强先生研究的基础上，摘选《国史经籍志》中史部“簿录”类所收列书籍与《通志》“艺文略”相关部分进行比勘[5]，分析焦竑编撰《国史经籍志》的方法和过程，进一步探究他“丛抄旧目”的程度、损益旧目的范围。希望在厘清了这些基本事实之后，追溯《国史经籍志》的文献来源和编撰方法，对《国史经籍志》的价值和作者的功绩做出公允评价。

一、整体承继《通志》“艺文略”体例和内容

《国史经籍志》史部“簿录”类对应《通志》“艺文略”中的“目录”类，虽然焦竑改郑樵的“目录”为“簿录”，但二者名异而实同。不同之处在于，《通志》“艺文略”在道家和释家类中单独列有专门的目录小类，而《国史经籍志》将这两部分的目录书全部移入“簿录”类中。焦书“簿录”类细分为“总目”“家藏总目”“文章目”和“经史目”四小类，这与《通志》“艺文略”“目录”类中小类的分类数量、顺序和名称完全相同。

除了框架上的承袭，《国史经籍志》著录条目大多也是抄录《通志》“艺文略”而成。《通志》“艺文略”“目录”类下的四小类，再加上道家和释家目录部分所收目录书，共计九十四部，《国史经籍志》“簿录”类著录目录书合计一百二十部。两书中共有八十三部目录书重合，重合的八十三部目录的书名、卷帙、作者以及排列顺序也惊人相似。

二书“文章目”部分收录的七部目录书，除了“《文枢秘要目》七卷”的作者，郑樵写作“唐尹植”，而焦竑写成“唐尹桓”以外，其他内容完全一样。而“桓”很可能也只是文本传抄过程中出现的讹误。“植”和“桓”二字在字形上相近，《文枢秘要目》见于《新唐书》“艺文志”、《湖北通志》，两见于《玉海》[6]，作者均题为“尹植”，《宋史》“艺文志”记作“田镐、尹植《文枢密要目》七卷”[7]，据《浙江通志》，孔端友还著有《续尹植文枢纪要》[8]。“尹桓”之名仅见于《国史经籍志》，“尹桓”当为“尹植”之误，《国史经籍志》中的“尹桓”最初也应该写作“尹植”。“经史目”部分也极为相同，二书均收录相同的十九部目录书，其中只有殷仲茂《十三代史目》的排列位置和《河南东斋史目》的作者两处存在差异[9]。“家藏总目”部分，焦竑共收录三十二部目录书，《通志》“艺文略”中的十五部全部见于《国史经籍志》，而这十五部书中，只有“《荆南田氏书目》，六卷，田镐”，郑樵记作“《荆州田氏书目》，六卷，田玮”。《通志》“艺文略”“总目”所收的三十六部目录书，有三十三部被焦竑取资（三十三部中，《国子监书目》一卷，名同而实异，详后文），只有《求书目录》《禁书目录》和《川本书籍目录》不见于《国史经籍志》。

总而言之，《通志》“艺文略”中的九十四部目录书籍，只有十一部未被焦竑采用。他们共有的书籍中，不仅书名、作者、卷帙大多没有差别，而且很多书的排列顺序都惊人一致。《国史经籍志》“簿录”类的著录信息是参照郑樵《通志》“艺文略”“目录”类已经毋庸讳言，产生这种现象最直接原因是二书有着相同的著录体例，《通志》“艺文略”是《国史经籍志》最好的范本和资料库。郑樵《通志》“艺文略”不同于一般的目录，它不纪一代之著述，也不纪一代之藏书，而是广古今而无遗，纪百代之有无，收录西汉至南宋期间的所有藏书。焦竑书前的自序虽然称：“今之所录，亦准勗例，以当代见存之书统于四部，而御制诸书则冠其首焉。”焦竑弟子陈汝元在刊刻《国史经籍志》时写的序言中提到焦竑对他说：“顾其间所载，仅予经目者，恐贻挂漏讥。”[10]通过焦竑的自序和他与陈汝元的谈话可知焦竑编撰《国史经籍志》的原则应该是著录“当代见存之书”，但是只要翻检书中具体的著录内容就会发现，作者其实是遵照郑樵的方式，汇总明代以前所有的书籍，而根本不是只载“经目”之书。

二、局部调整、删减和修改《通志》“艺文略”中的条目

焦竑照录郑樵《通志》“艺文略”和“目录”类大部分条目的同时，也在郑书的基础上做了局部调整和删改。

首先，焦竑没有把《通志》“艺文略”中九十四部目录书全部抄进《国史经籍志》，而是阙录了其中的十一部目录书，包括：《求书目录》一卷、《禁书目录》一卷、《川本书籍目录》三卷、《洞元部道经目录》一卷、《太真部道经目录》二卷、《洞神部道经目录》一卷、《道藏经目》七卷、《开元道经目》一卷、《大唐内典录》十卷、《开元内外经录》十卷、《唐众经目录》五卷。焦竑将这些目录书籍弃而不载的具体原因很难考察，但起码说明他在编书过程中，并非照搬郑书，而是有所取舍与剪裁。

其次，《国史经籍志》行文较郑樵更加简省，焦竑将《通志》“艺文略”和“目录”类作者名后的“撰”字全部略去，如“《七略别录》，二十卷，刘向撰”，《国史经籍志》写作“《七略别录》，二十卷，刘向”，《通志》“艺文略”“目录”类和道释目录中的四十个“撰”字被焦竑统一删掉。并非由一个作者独立完成的目录书，郑樵会在作者名后加“等”字，但焦竑将“《唐群书四录》二百卷，殷践猷等撰”“《崇文总目》六十六卷，王尧臣等撰”“《十九代史目》二卷，宋朝舒雅等撰”“《三洞四辅部经目录》七卷，王钦若等撰”中的“等”字一律删去。很多书名也做了简化处理，《晋义熙已来新集目录》改为《晋义熙新集目录》，删“已来”二字；《宋元徽元年四部书目录》改为《宋元徽四部书目录》，删“元年”二字；《梁天监六年四部书目》改为《梁天监四部书目》，删“六年”二字；《陈天嘉六年寿安殿四部目录》改为《陈寿安殿四部目录》，删“天嘉六年”四字；《陈承香殿五经史记目录》改为《陈承香殿经史目录》，将“五经史记”省作“经史”；《唐朝道藏音义目录》和《宋朝明道宫道藏目录》，均删“朝”字；《大唐贞观内典录》，删“大”字。这七部目录书名，特别是前五部，除了见于《通志》“艺文略”之外，大都还见于《隋书》“经籍志”、《新唐书》“艺文志”、《玉海》“艺文”、《册府元龟》《少室山房笔丛》等典籍，书名都与《通志》“艺文略”相同。焦竑改省并没有旧例可循，完全是他私自妄加变动。另外，“《唐书叙

例目录》一卷，见《唐志》”中的“见《唐志》”三字被删除，“《隋朝道书总目》四卷。经戒三百一部九百八卷，饵服四十六部一百六十七卷，房中十三部三十八卷，符箓十七部百三卷”只保留书名和卷数，且书名改为《隋道藏总目》。如果说把“见《唐志》”和“《隋朝道书总目》四卷”条下的注文删除，可能是为了让全书著录的体例完整统一；那么，把作者名后的“等”字删除，则有失严谨，擅自删削书名中的有用信息则削弱了该书的目录学价值。

复次，《国史经籍志》与《通志》“艺文略”共有的八十三部目录书中，有几部目录书的关键信息，如书名、作者存在差异，具有一定的史料和校勘价值。“《荆州田氏书目》六卷，田玮”，《国史经籍志》记作“《荆南田氏书目》六卷，田镐”，书名和作者都不同[11]。“《河南东斋史目》三卷，唐人撰”，《国史经籍志》记作“《河南东斋史目》三卷，杜信”，将《河南东斋史目》的作者确定为“杜信”。《新唐书》“艺文志”史部目录类有“《河南东斋史目》三卷”，不著撰人，又有“杜信《东斋籍》二十卷”，下注“字立言，元和国子司业”[12]。二书之间尚隔着“蒋彧《新集书目》一卷”，可见《新唐书》并未将《河南东斋史目》的作者视作杜信。《崇文总目》有“《河南东斋史目录》三卷”[13]，也不著撰人，只有《通志》“艺文略”记“唐人撰”，焦竑将其作者定为杜信，不知何据[14]。

最后，书目排列顺序也有局部调整，《通志》“艺文略”道家的目录小类十一部书籍排列混乱，南朝刘宋陆修静的《灵宝经目序》夹陈在赵宋目录之间，而唐代《开元道经目》却置于最后。焦竑将道释两家的目录移入总目之后，进一步把《灵宝经目序》冠于《隋道藏总目》之前。又，《通志》“艺文略”的“经史目”有宗谏《十三代史目》十卷和殷仲茂《十三代史目》三卷，宗谏和殷仲茂均为唐人[15]，郑樵将前者列于唐代段，却将后者列于后蜀杨九龄《经史目录》和北宋宋敏求《唐余录目》之间。焦竑将殷仲茂的《十三代史目》三卷移至宗谏的《十三代史目》十卷之下，记作“又三卷，殷仲茂”。焦竑的这两次改动，都非常合理，纠正了《通志》“艺文略”编排中的错乱。

焦竑对《通志》“艺文略”改动的地方其实并不算少，只是我们已经无法考见他很多地方修改的初衷和依据。就已知的而论，他对陆修静《灵宝经目序》和殷仲茂的《十三代史目》二书顺序的调整是合理的，但擅自改省书目名称和作者名却不值得提倡。所有调整和改动反映出焦竑自己有过考证和梳理，而不是一味地承袭郑樵《通志》“艺文略”。书后《纠谬》一卷中针对《通志》“艺文略”的二十一条异议更是直接说明焦竑并非盲目承袭郑书，而是有自己的判断和取舍。

三、增补《通志》“艺文略”的“目录”类

作为后出的目录，焦竑在继承《通志》“艺文略”时，也进行了必要的补充。一是增加小序；二是补充郑樵在《通志》“艺文略”的“目录类”没有收入的宋及宋代以前目录书八部；三是补充郑樵之后新出现的目录书三十七部。

《通志》“艺文略”共分十二类八十二小类，没有大小序。《国史经籍志》分为五部五十二类，制书部前有一篇大序，经、史、子、集四部的四十八类之后又有四十七

篇小序（集部的“诗文评”类因为属于附类，无小序）来概括每一类的内容特征、分类宗旨和历史源流，真正体现出该书作为目录学著作“辨章学术，考镜源流”的独特价值。“簿录”类小序记曰：

> 《记》有之，进退有度，出入有局，各司其局。书之有类例，亦犹是也。故部分不明则兵乱，类例不立则书亡。向、歆剖判百家，条纲粗立，自是以往，书名徒具，而流别莫分，官縢私楮，丧脱几尽，无足怪者。尝观老、释二氏，虽历废兴，而篇籍具在，岂尽其人之力哉？二家类例既明，世守弥笃，虽亡而不能亡也。古今簿录胜劣不同，郑樵弹射不遗余力，而伦类溷殽，或自蹈之。目论之讥，谁能独免。今备列之，而别为《纠谬》一卷，以附末篇。

焦竑“簿录”类序文篇幅不长，几乎全是围绕“类例”（即图籍分类和归部）二字展开，特别强调“类例”的重要性。焦氏认为释道二家典籍保存相对完好，关键在于他们“类例既明，世守弥笃”。在焦竑看来，郑樵不遗余力地批评总结前代目录的分类，但也仍有缺失。所以《国史经籍志》书后有《纠谬》一卷，专门纠正《汉书》“艺文志”、《隋书》“经籍志”、《新唐书》“艺文志”、《唐四库书目》《宋史》“艺文志”、《通志》“艺文略”、《郡斋读书志》《文献通考》“经籍考”等书中分类和归部不合理的条目。

成书在郑樵之前，又不被其著录的目录书，焦竑共增补八部：《宋秘阁书目》，四十卷，殷淳；《古今四部书目》，五卷；《陈秘阁图书法书目录》，一卷；《景德太清楼书目》，二卷；《乾德新定书目》，四卷；《开元释教录》，二十五卷；《历代三宝记》，十五卷；《大藏法宝标目》，十卷。八部目录书中，《宋秘阁书目》为重出，当删。有三部是释道目录，其余的四部目录书均见于宋王应麟的《玉海》“艺文”。我们推测，除了郑樵的《通志》“艺文略”外，焦竑取资最多的便是《玉海》“艺文”。试分述之：

《宋秘阁书目》。《通志》“艺文略”“总目”类有“《四部书目序录》三十九卷，殷淳撰”，《国史经籍志》业已抄录，排列位置相同，均位于“《隋大业正御书目录》九卷”和“《唐群书四录》二百卷”之间。但是焦竑新增的“《宋秘阁书目》四十卷，殷淳”条目，应该是“《四部书目序录》三十九卷，殷淳”的重出。《宋书》“殷淳传”云：“在秘书阁撰《四部书目》凡四十卷，行于世。”《南史》“殷淳传”云：“在秘书阁撰《四部书大目》，凡四十卷，行于世。”梁阮孝绪《七录序》云：“宋秘书殷淳撰《大四部目》。”[16]虽然三书所记录殷淳所撰目录书的名称不尽相同，但应该是指同一本书。至《新唐书》“艺文志”则曰：“殷淳《四部书目序录》，三十九卷。”[17]书名增加“序录”二字，且只剩下三十九卷。刘宋时期的殷淳曾任秘书郎、秘书丞等职，又在秘书阁编修书目，且焦竑还在“《宋秘阁书目》四十卷”下署作者为“殷淳”，则应与《四部书目序录》为同一本书。值得注意的是，《通志》“艺文略”将殷淳的《四部书目序录》列于《隋大业正御书目录》之下，殷淳是南朝刘宋时人，却位于隋代书目之后。郑樵应该是沿袭《新唐书》“艺文志”之误，焦竑虽然将添加的《宋秘阁书目》置于刘宋段，却对《四部书目序录》的序列未做调整。

《古今四部书目》。《南史》“刘杳传”和《梁书》“刘杳传”均记刘杳撰有《古今四部书目》五卷，《玉海》“艺文”也有著录[18]。郑樵在《通志》的“艺文略”没有著录刘杳的《古今四部书目》五卷，但在列传部分的《刘杳传》末记录他作有“《古今四部书目》五卷”[19]。

《陈秘阁图书法书目录》，始见于《隋书》“经籍志”，《玉海》“艺文”也有著录[20]。

《景德太清楼书目》。《玉海》“艺文”有“《景德太清楼四部书目》”条，记曰：“景德四年三月乙巳，召辅臣对于苑中，登太清楼观太宗圣制御书及新写四部群书。上亲执《目录》，令黄门举其书示之。总太宗圣制诗及故事墨迹三百七十五卷，文章九十二卷，经库二千九百一十五卷，史库七千三百四十五卷，子库八千五百七十一卷，集库五千三百六十一卷，四部书共二万五千一百九十二卷。”[21]《宋史》“艺文志”著录有：“《太清楼书目》四卷。”[22]《国史艺文志》著录只有二卷，不知是卷帙分合差异还是记录错误。

《乾德新定书目》，又称作《乾德六年史馆新定书目》《史馆新定书目》。《玉海》“艺文”引《国史志》：“《乾德六年史馆新定书目》四卷。”[23]又引《中兴书目》：“《史馆新定书目》四卷。分四部，总一万四千四百九卷。不知作者。”[24]《宋史》“艺文志”著录有：“《史馆书新定书目录》四卷。”[25]

《开元释教录》今有传本，为唐僧智昇所撰，但只有二十卷，且为全本，与焦竑所记的二十五卷不同。《国史经籍志》“《续内典录》一卷”，下署“僧智昇”，但焦竑却不录《开元释教录》的作者。

《历代三宝记》今有传本，隋费长房撰，又称作《隋开皇三宝录》。唐释智升《开元释教录》：“《隋开皇三宝录》一十五卷。内题云：《历代三宝记》，开皇十七年兴善寺翻经学士成都费长房撰。”[26]《隋书》“经籍志”：“《历代三宝记》三卷，费长房撰。”[27]《通志》“艺文略”目录类虽然没有著录该书，但是释类的传记类有“《历代三宝记》三卷，费长房撰”。《宋史》“艺文志”：“费长房《开皇历代三宝记》十四卷。又《开皇三宝录总目》一卷。”[28]

《大藏法宝标目》今有传本，宋王古撰，又称作《大藏圣教法宝标目》《法宝标目》。陈振孙《直斋书录解题》有《法宝标目》十卷：“户部尚书三槐王右[29]敏仲撰。以释藏诸函随其次第为之目录，而释其因缘。凡佛会之先后，华译之异同，皆具著之。右，旦之曾孙，入元祐党籍。”[30]

焦竑增补郑樵《通志》“艺文略”之后新出的目录书共计三十七部，其中“总目”部分增补十二部，分别是：《绍兴求书阙记》，七卷；《绍兴群玉会记》，三十六卷；《中兴馆阁书目》，七十卷；《内府经厂书目》，二卷；《秘阁书目》，二卷，马愉；《文渊阁书目》，十四卷，杨士奇；《南雍总目》，一卷；《古今书刻目》，四卷；《行人司书目》，一卷；《大明道藏目录》，四卷；《至元法宝总目》，十卷；《大明三藏圣教目录》，三卷。前三部是宋人所作，《至元法宝总目》是元代僧人释庆吉祥等撰，其余八部都是明代的目录。另外，《通志》“艺文略”中的《国子监书目》一卷，焦竑列于明杨士奇的《文渊阁书目》十四卷之下，则焦书中的《国子监书目》是指明代的国子监所作的书目，已经不同于宋代的国子监书目。“家藏总目”部分增补十七部，分别是：《广川藏书志》二十六卷、《晁公武读书志》四卷、《续读书志》四卷、《西亭万卷楼书目》十六卷、《晁氏宝文堂书目》三卷、《李蒲汀书目》二卷、《临颍贾氏书目》二卷、《王文庄书目》二卷、《百川书志》二十卷、《金陵罗氏书目》四卷、《顾尚书书目》六卷、《四明范氏书目》二卷、《存石草堂书目》十卷、《韩氏寄傲堂书目》四卷、《陈氏书目》一卷、《忻赏斋书目》六卷和《忻赏斋金石刻目》二卷。前三部是宋代的目录，其余全属明代[31]。

从数量上看，焦竑在《通志》“艺文略”的基础上，增添了不少新出书目，同时还补充了郑樵之前未收录的书籍。但是焦氏的扩充极其有限，单以明朝的目录为例，焦竑著录二十二种。黄虞稷的《千顷堂书目》是专门记录明代创作书籍的目录，该书的“簿录”类共收入明代的目录书八十多部，虽然黄书晚出，但我们仍然能看出焦竑在搜集书籍方面，远未令人满意。

《国史经籍志》共分五部五十二小类，囿于精力和篇幅，我们只选择了其中的“簿录”类与《通志》“艺文略”进行对比，虽然不能完整反映《国史经籍志》的特征，但通过逐一细致分析，可以看出四库馆臣所讥“顾其书丛抄旧目，无所考核。不论存亡，率尔滥载”，虽然指出了《国史经籍志》的弊病，但又过于绝对地抹杀了焦竑功绩。《国史经籍志》“簿录”类的主体部分脱胎于郑樵的《通志》“艺文略”，但焦竑并非一字不易照录郑书。《通志》“艺文略”“目录”类的十一部书籍没有被引入，焦竑还在某些字词上做了删减，有些书的排序顺序也做了适当调整，同时也存在同一部目录书籍的书名或作者在两书中记载不尽相同的情况，这些都足以说明《国史经籍志》不是未加思索、盲目地传抄《通志》“艺文略”。另外，《国史经籍志》还对《通志》“艺文略”中阙载和后出的目录书做了增补，纵然增补目录书籍的数量有限，但我们不能无视焦竑所做的工作以及他在明代目录学史上的价值与贡献。

＊本文系中央高校基本科研业务费专项资金项目“《宋史·艺文志》著录目录书考”【CCNU17A03045】、中国博士后科学基金第 62 批面上资助项目“朱熹《家礼》版本研究”【2017M622481】阶段性成果。

注释：

[1]（清）永瑢，等：《四库全书总目》，北京：中华书局，1965 年，第 744 页。

[2]（清）金门诏：《补三史艺文志》，《二十五史补编》，上海：开明书店，1937 年，第 8521 页。

[3]（清）金门诏：《金东山文集》，清乾隆年间刻本。按：有关后世对焦竑《国史经籍志》的评价，可参见刘开军：《焦竑〈国史经籍志〉的传播及其影响》，《廊坊师范学院学报》2009 年第 3 期。

[4] 王国强：《论〈国史经籍志〉》，《郑州大学学报》1998 年第 6 期。

[5] 本文有关焦竑《国史经籍志》的引用全部出自（明）焦竑：《国史经籍志》，《丛书集成初编》本，上海：商务印书馆，1939 年。有关郑樵《通志》的引用全部出自（宋）郑樵撰，王树民点校：《通志二十略》，北京：中华书局，1995 年。

[6]（宋）欧阳修：《新唐书》，北京：中华书局，1975 年，第 1498 页；湖北通志局编：《湖北艺文志》，武汉：湖北教育出版社，2002 年，第 283 页；（宋）王应麟撰，武秀成、赵庶洋校证：《玉海艺文校证》，南京：凤凰出版社，2017 年，第 853～854、962 页。

[7] (元)脱脱,等:《宋史》,北京:中华书局,1977 年,第 5146 页。

[8] (清)嵇曾筠,等:《浙江通志》,影印文渊阁《四库全书》第 524 册,台北:台湾商务印书馆,1983 年,第 333～334 页。

[9] 排列位置和作者的差异详见下文。

[10] (明)焦竑:《国史经籍志》,《续修四库全书》第 277 册,济南:齐鲁书社,1996 年,第 295 页。

[11] 田玮、田镐二人为父子关系。有关《荆州田氏书目》的考证,可参见苏小露:《北宋藏书家田伟、田镐父子及〈荆州田氏书目〉》,《图书馆杂志》2017 年第 7 期。

[12] (宋)欧阳修:《新唐书》,北京:中华书局,1975 年,第 1498～1499 页。

[13] (宋)王尧臣:《崇文总目》,《中国历代书目丛刊》,北京:现代出版社,1987 年,第 77 页。

[14] 二书尚有其他一些异同,如:“《晋义熙已来新集目录》三卷,邱深之撰”,焦竑将“邱”写作“丘”。“《伪蜀王建书目》一卷”和“《群书丽藻目录》五十卷,伪唐朱遵度撰”,焦竑将“伪”均删去。“《李邯郸书目》三卷,李淑”,焦竑写作“《李氏邯郸书目》三十卷,李淑”。

[15] 殷仲茂,生平无考。据宋晁公武《郡斋读书志》著录“《十三代史目》三卷”的作者为“唐殷仲茂”,可知其为唐人。参见(宋)晁公武撰,孙猛校证:《郡斋读书志校证》,上海:上海古籍出版社,1990 年,第 402 页。

[16] (梁)沈约:《宋书》,北京:中华书局,1974 年,第 1597 页;(唐)李延寿:《南史》,北京:中华书局,1975 年,第 740 页;(唐)释道宣《广弘明集》,《四部丛刊》,上海:上海书店,1989 年。

[17] (宋)欧阳修:《新唐书》,北京:中华书局,1975 年,第 1498 页。

[18] (唐)李延寿:《南史》,北京:中华书局,1975 年,第 1224 页;(唐)姚思廉:《梁书》,北京:中华书局,1973 年,第 717 页;(宋)王应麟撰,武秀成、赵庶洋校证:《玉海艺文校证》,南京:凤凰出版社,2017 年,第 850 页。

[19] (宋)郑樵:《通志》,北京:中华书局,1987 年,第 2223 页。

[20] 分别见(唐)魏征,等:《隋书》,北京:中华书局,1973 年,第 991 页;(宋)王应麟撰,武秀成、赵庶洋校证:《玉海艺文校证》,南京:凤凰出版社,2017 年,第 850 页。

[21] (宋)王应麟撰,武秀成、赵庶洋校证:《玉海艺文校证》,南京:凤凰出版社,2017 年,第 869 页。

[22] (元)脱脱,等:《宋史》,北京:中华书局,1977 年,第 5146 页。

[23] (宋)王应麟撰,武秀成、赵庶洋校证:《玉海艺文校证》,南京:凤凰出版社,2017 年,第 877 页。

[24] (宋)王应麟撰,武秀成、赵庶洋校证:《玉海艺文校证》,南京:凤凰出版社,2017 年,第 880 页。

[25] (元)脱脱,等:《宋史》,北京:中华书局,1977 年,第 5147 页。

[26] (唐)智升撰,富世平点校:《开元释教录》,北京:中华书局,2018 年,第 598 页。

[27] (唐)魏徵,等:《隋书》,北京:中华书局,1973 年,第 1009 页。

[28] (元)脱脱,等:《宋史》,北京:中华书局,1977 年,第 5185 页。

[29] “右”字当为“古”之讹,下同。

[30] (宋)陈振孙撰,徐小蛮、顾美华点校:《直斋书录解题》,上海:上海古籍出版社,1987 年,第 236 页。

[31] 所补明代目录书中,《陈氏书目》一卷,不可考,但据焦竑排列的位置,应该也是明人所作。

清王符曾《古文小品咀华》甲、乙本考辨

刘　卓

（江汉大学武汉语言文化研究中心，湖北武汉，430056）

内容摘要：清王符曾所编《古文小品咀华》是一部特色独具的古文选本，共有甲、乙两种版本系统。本文首先对此书编者进行考辨，认为甲种本编者王符曾和唐锡周实为一人，乙种本编者极有可能是《嘉庆庚辰七月求雨文》的作者；其次，对该书的成书情况进行考索，认为甲种本成书于雍正二年（1724 年）至雍正七年（1729 年）间，而乙种本当编成于嘉庆二十五年（1820 年）七月后不久；然后，对该书的版本源流进行了梳理；最后，对该书中的评注进行了考察，认为甲种本中的夹评和总评均出自王符曾之手。

关键词：王符曾；《古文小品咀华》；甲、乙本；成书；版本；评注

《古文小品咀华》是清人王符曾所编的一部古文选集，收录先秦至明末的散文。该集所选不仅多为精短之作，而且多收他人所未收，在古文选本中独具特色。然该书长期流传未广，直至 1982 年和 1983 年由书目文献出版社先后出版乙、甲两种版本后，方才引起一些研究者的注意，出现几种译注本。但对于该书两种版本的编选者、评注者、编选过程、成书时间、版本源流等问题，却一直鲜有人问津，故笔者且对诸类问题做一考辨。

一、《古文小品咀华》甲、乙本编者考

《古文小品咀华》之编者，今甲种本书前载有《原序》和《赘言》各一篇，分别署名为“吴门王符曾序”[1]和“吴门后学王符曾述”[2]。又该本各卷卷目之下均注称“吴门王符曾锡周评次”[3]，选文之后所附评语绝大多数亦署名“锡周”。据此可知，此书之编选者当为王符曾，锡周乃其字。

然而，该本卷四《古砚铭》后评语却署名为“唐锡周”[4]。又清张星徽《国策评林》亦多“引唐锡周语”，如《齐人谏靖郭君城薛》处引“游戏之文，乃尔恢奇”；《苏秦止孟尝君人秦》处引“大苏强人说鬼，未必有此情趣”；《苏代止赵惠王伐燕》处引“即韩卢东郭之说，而此更曲畅有味，诞谩有情”[5]。今考此数处引文，均出自《古文小品咀华》甲种本，分别为《谏城薛》《鲁连论逐客》《苏代止赵王伐燕》三文后所附“锡周”评。由此可证，“锡周”即为“唐锡周”。此外，甲种本的标校者杨扬于《古

砚铭》"唐锡周"下注云："原文如此。……另外，原序末尾署名为'吴门王符曾序'，所加盖印章二枚篆文却分别为'唐符曾印''锡周'。"[6]由此可知，该本《原序》后本有"唐符曾印"和"锡周"两篆印。其中"唐符曾印"尤为难解，且由此导致王符曾身负"王""唐"二姓。于此困惑之处，杨扬解释道："署名上有此歧异，初步推断，可能锡周本姓'唐'，后承继于'王'家，一般正式署名取王姓，但不忘情故姓，时有流露。但这仅备一解，有待查证。"[7]对于"过继说"，诚难确考，确实只能"仅备一解"。然而，可以确证的是：王符曾和唐锡周实为一人。

首先，古人署名时习惯名字连署，如多处引用《古文小品咀华》评语的《国策评林》即署"温陵张星徽北拱评点"[8]。甲种本各卷目下注称"吴门王符曾锡周评次"，正合此种惯例。

其次，文中多处署名为"锡周"的评语可与王符曾所撰《赘言》互证。如评《医谏》云："读之当满饮一斗。"[9]正与《赘言》中自述"性极嗜酒"[10]相合；评《鲁连论逐客》曰："有意通作历落奥古之调，盖深以四六对偶为可丑也。"[11]恰合《赘言》中"至于四六对偶，尤为可陋"[12]之议；评《游赤壁赋》言："集中不录骚赋，而独登先生三作者，喜其豪迈不羁，不规抚司马、班、扬也。"[13]亦与《赘言》中"并骚、赋、歌词，概不敢登"[14]之言呼应。

再者，据署名为"锡周"的评语可知许多篇章的选定修改正出自其手。如评《汉景帝论》语："今披其集中诸论，可谓谈言微中，而纡徐卓荦，兼而有之者矣。恨限于卷帙，不能备载耳"；评《冯谖市义》称："搜其选胜，尽态极妍。末赘'凿窟'一段，翻嫌蛇足。余乙亥岁在荆溪刘丈家，见架上有古本《慎子》四卷亦载《国策》此篇，但记冯谖收责一事，致为明净，喜而从之。"评《重答夫秦嘉书》云："钗、镜、琴、香，安放熨帖，是闺阁中极细心文字。前书言情，故旖旎，此书言志，故洁清。嫌前书语无伦次，作法稍欠老成，竟汰之。"评《与弟书》说："引虞氏家法，的系翻作，假借不得。一本刻山涛，疑误。"评《重游赤壁赋》谓："确是第二次游赤壁文，其设色之工，觉潘、鲍、江、庾有其才情，逊其神韵也。自来坊本，颜曰前《赤壁赋》、《后赤壁赋》。予览之，辄欲笑来，妄以鄙意较正之。"评《东方智士说》道："吾友朱子昆发语予云：鸿文以斩关夺隘为难，小品以不落言诠为高。有味哉！予爱古文，丹黄甲乙，乐不为疲，然清夜自思，殊觉无谓。"[15]均可证唐锡周即为编者。

此外，王符曾与唐锡周均治《左传》之学，似可当作二者实为一人之辅证。《赘言》自称："予自戊子初夏，既辑《左传》问世，复采《公》、《谷》、《檀弓》、《国策》、《史记》、两汉、三国、六朝及唐、宋诸名家鸿文巨篇，合为一编，句栉字比，选胜搜奇，一依《左传咀华》例。"[16]由此可知，其非但善治《左传》之学，而且有专著问世。而据冯李骅《春秋左绣》和李绍崧《左传快读》等书所引，可知唐锡周治《左传》亦甚知名，如《春秋左绣》卷一引唐锡周批："来春城濮之战，是开书以来第一件惊天动地事。左氏于一年前预作一衬托，如奇葩未放，先见满庭绿影，如明月未来，先见一天珠斗，令人游目骋怀也。"[17]《左传快读》卷一三亦曰："唐锡周谓篇法与重耳历诸国仿佛相似，信然。"[18]

依上所考，虽"王""唐"二姓之疑难解，但王符曾和唐锡周实为一人已明。据其自题“吴门王符曾锡周评次”之言，谓之姓王，名符曾，字锡周，当不致有误。

甲种本编者存在争议，乙种本亦不知出自何人之手。然察乙种本末尾有《嘉庆庚辰七月求雨文》一文，据题可知此文作于嘉庆二十五年（1820年）七月，乃全书选文作年之最迟者。又该文未署撰者，且为甲种本所未收，故疑此文之作者即乙种本之编者。同时，乙种本在甲种本的基础之上又新增许多评语，如《答人约观状元》一文新增总评曰：“罗念庵云：用二十年苦功，方磨去状元二字。……读锡周之评，又进一境。”[19]由此可见，新增评注者显然为甲种本之读者，极有可能即乙种本之编者，与《嘉庆庚辰七月求雨文》之作者当为同一人。

二、《古文小品咀华》甲、乙本成书考

《古文小品咀华》甲、乙本的成书过程和成书时间略有不同，甲种本在前而乙种本在后。甲种本成书之时间，据《冯谖市义》一文后评语云：

> 余乙亥岁在荆溪刘丈家，见架上有古本《慎子》四卷亦载《国策》此篇，但记冯谖收责一事，致为明净，喜而从之。[20]

荆溪，本为苏南水名，此处以籍贯称之，当指清常州府荆溪县，据《嘉庆重修大清一统志》载：荆溪县“本宜兴县地。本朝雍正二年，析置荆溪县”[21]。由此可知，王符曾在荆溪刘丈家和编选《古文小品咀华》似都在雍正二年（1724年）之后。雍正二年，岁在甲辰，则王符曾“在荆溪刘丈家”之“乙亥岁”当为乾隆二十年（1755年）。然而，此种推论又有不合史实之处。清张星徽《国策评林》多引《古文小品咀华》中“唐锡周”评语，则《古文小品咀华》必定先于《国策评林》而成书。而考今存《国策评林》，有渔古山房雍正七年（1729年）刻本[22]，则《古文小品咀华》必定成书于雍正七年（1729年）之前。又王符曾既然称“余乙亥岁在荆溪刘丈家”，则作此评语时荆溪县当已建立，亦即“雍正二年，析置荆溪县”之后。故《古文小品咀华》必定成书于雍正二年（1724年）至雍正七年（1729年）之间。

既然《古文小品咀华》成书于雍正二年（1724年）至雍正七年（1729年）之间，则王符曾于《冯谖市义》评语中自称“在荆溪刘丈家”之“乙亥岁”当为康熙三十四年（1695年）。然而，雍正二年（1724年）始置荆溪县，康熙三十四年（1695年）之荆溪县又何以得称？笔者以为，盖因此评为王符曾之追述，“乙亥岁”乃就其彼时在刘丈家之实时而录，“荆溪”乃就评选《古文小品咀华》时之实名而称。

此外，据甲种本中所附《原序》《赘言》和评语，王符曾编选《古文小品咀华》之机缘、体例及态度，亦可略窥。如《赘言》开篇即称：

> 予自戊子初夏，既辑《左传》问世，复采《公》、《谷》、《檀弓》、《国策》、《史记》、两汉、三国、六朝及唐、宋诸名家鸿文巨篇，合为一编，句栉字比，选胜搜奇，一依《左传咀华》例。成帙之后，久束高阁。兹因坊客敦请，乃汇聚古文短幅若干首付之梓，草草评点，不嫌简陋，盖藉是为乘韦焉。[23]

由此可知，于《古文小品咀华》之前，王符曾尚“依《左传咀华》例”而编有繁本文选一部[24]。至于时间，既然甲种本成书于雍正二年（1724 年）至雍正七年（1729 年）之间，则“戊子初夏”即为康熙四十七年（1708 年）五六月，繁本文选之成书当在此后不久。且以“咀华”书名观之，繁本文选与《古文小品咀华》之体例当多有相似之处。然繁本文选“成帙之后，久束高阁”，并未及时流传于世。后因“坊客敦请，乃汇聚古文短幅若干首付之梓，草草评点”。故《古文小品咀华》当为王符曾应坊客敦请之后据繁本文选删节而成，王符曾编选《古文小品咀华》之机缘，实归于繁本文选和“坊客敦请”之合力。

虽称“草草评点，不嫌简陋”，但王符曾在编选《古文小品咀华》之前，于此书编选体例之确定，却颇为精心。除怀揣“雅意搜奇，拂落俗尘”之心外，他还秉持着“择焉精者，语焉必详，至约之中，至博存焉”的信念而提出“以简贵胜”的理念[25]。此书重要编选方法之一为剔除法，据王符曾《赘言》之自述，可归结为十三“不录”或略录：一、“交结要津，通款深闺”类干投谄媚之文不录；二、“浸淫于佛、老二氏之言者”不录；三、“连珠、七体”不录；四、闺媛之文略录；五、“淫词艳曲”及风花雪月之文不录；六、诗辞歌赋不录；七、志怪及戏曲之文不录；八、四六之文不录；九、“史传之文”略录；十、诸子之文略录；十一、骈俪之文不录；十二、诏令之文略录；十三、优俳习气之文不录[26]。王符曾编选《古文小品咀华》态度之不苟，于此可见一斑。至于其自称“是编之成，不过应坊客之请，非有心于求工也。见闻寡陋，心气粗浮，必见嗤于识者”[27]。显然为自谦之言。其审订之严慎，除体现在编选体例外，尚见诸版本之选择，如《箕子碑》《李贺小传》题下分别注曰：“从叠山先生订本”“从须溪先生订本”[28]，《冯谖市义》文后所附锡周评语亦云：“余乙亥岁在荆溪刘丈家，见架上有古本《慎子》四卷亦载《国策》此篇，但记冯谖收责一事，致为明净，喜而从之。”[29]皆可见其编选之精审。

乙种本是在甲种本的基础上增删而成。与甲种本相比，乙种本的成书时间和过程更是隐晦难明。据前文所考，疑《古文小品咀华》乙种本之编者即书末《嘉庆庚辰七月求雨文》之作者，并由此推得该本当编成于嘉庆二十五年（1820 年）七月后不久，至于其成书之详情，今已不得而知。

三、《古文小品咀华》版本考

现存《古文小品咀华》主要有四卷和不分卷两种版本系统，即甲种本系统和乙种本系统。

据前引甲种本《赘言》可知，于“既辑《左传》问世”至“因坊客敦请”而编《古文小品咀华》之间，王符曾尚编有一部繁本文选，且此文选与《古文小品咀华》关系匪浅。首先，王符曾自称繁本文选之编纂，“一依《左传咀华》例”[30]，而《古文小品咀华》亦以“咀华”为名，故二者编选体例当较类似，均为评点历代古文之作；其次，二者取材来源和编选内容大致相同，皆为历代古文，只不过繁本文选编选范围为先秦至宋，而《古文小品咀华》则延至元、明；再者，王符曾自称编选繁本文选时“句栉字比，选胜搜奇”[31]，而《古文小品咀华》之编选同样如此，不仅多选胜搜奇之作，而且《箕子碑》与《李贺小传》题下分别注明“从叠山先生订本”“从须溪先生订本”[32]，亦堪称句栉字比；并且，《赘言》乃特述《古文小品咀华》编选境况及体例之文，而王符曾开篇却先言及繁本文选，其中当有心深意蕴焉；此外，王符曾又称繁本文选“成帙之后，久束高阁。兹因坊客敦请，乃汇聚古文短幅若干首付之梓”[33]，味其言，繁本文选与《古文小品咀华》之间显然存在承接关系。故王符曾《古文小品咀华》之编选，当应“坊客敦请”而自先前所编繁本文选中筛选篇幅短小者以付梓。既然《古文小品咀华》脱胎于繁本文选，则其版本源流自当追溯至此本。至于繁本文选成书之时间，据前所考，当在康熙四十七年（1708 年）五六月后不久。

王符曾删节繁本文选而成《古文小品咀华》后，其“挚友周隆吉”曾得寓目，且评曰：“读书要放开眼界。若惯用皮相之法，则四卷中所胪列者，大半不得谓之小品矣，何独汉诏耶。”[34]由此可知，《古文小品咀华》成书之时即有四卷，与今存甲种本卷数相同。又王符曾称：“因坊客敦请，乃汇聚古文短幅若干首付之梓，草草评点，不嫌简陋，盖藉是为乘韦焉。”[35]则知《古文小品咀华》成书后即交坊客付梓。故约在王符曾编选完毕后不久，即雍正二年（1724 年）至雍正七年（1729 年）间，《古文小品咀华》当有一个四卷坊刻本流传于世。然此坊刻本未见于任何书目，坊客之为何人，刻坊之为哪家，以及流传之境况，今并难以详考。清张星徽《国策评林》多“引唐锡周语”，今考其所出，皆源自《古文小品咀华》，《国策评林》有渔古山房雍正七年（1729 年）刻本[36]，距《古文小品咀华》成书时间特近，故疑张星徽引文所据，即为坊刻本。

今存《古文小品咀华》最为通行者，乃杨扬标校之新排标点本，由书目文献出版社 1983 年出版，简体竖排，为《古籍选读丛刊》之一种。杨扬于《标校前言》中称：

> 耕读轩刊本。原刊标明“吴门王符曾锡周评次”，共收文二百九十一篇。将此本新排标点，夹批和文后评语原样排出，……这一新刊本称甲种本。[37]

由此可知，甲种本所据底本乃“耕读轩刊本”。此本为“东方既白同志提供”[38]。故在甲种本之前，尚有一耕读轩刊本流传于世，1982 年时东方既白尚藏有此本[39]，但后不知所终。

《古文小品咀华》诸版本中，清耕读轩刊本当最为接近坊刻本，不仅与之同为四卷，而且卷目系统完整，自先秦至元明均有选文，各卷篇目数量亦较均衡，书前有署“吴门王符曾序”之《原序》和署“吴门后学王符曾述”之《赘言》，每卷卷目下题“吴门王符曾锡周评次”，文中有夹批，文后附有集评和“锡周”评语。

在甲种本出版之前，书目文献出版社尚于 1982 年影印出版一清抄本《古文小品咀华》，且书前亦有东方既白《介绍一本古人编的短文集》（代序）和杨扬《新刊〈古文小品咀华〉标校前言》。杨扬于《标校前言》中称：

> 鲁迅、周建人及周作人的祖父周介孚先生收藏的清人抄本，现藏北京图书馆。此本收文八十一篇，其中两篇与刊本异，其余与刊本同，文中夹批、文后评

> 语也与刊本大同小异，但只在个别评语后署了“锡周”。周作人在抄本前的小记中说“此抄本末尾有祖父题记”，“书面有先君署书名”，经核对，均完好。抄本中篇次的年代顺序有不合理之处，为保持原貌，不予改动。将此抄本影印，前面加上目录，以便翻检，称乙种本。[40]

故除甲种本外，今又有《古文小品咀华》乙种本通行于世。其形貌略如杨扬所言，且封面装帧及书名与甲种本全同，亦列为《古籍选读丛刊》之一种。

据杨扬《标校前言》可知，乙种本影印时所据底本乃清抄本，1982 年时藏于北京图书馆，且首篇《邹忌讽齐王纳谏》题下和书末周介孚题识页均有“北京图书馆藏”印[41]，而之前此本为周作人家所藏。周氏收藏此本之情状，可据乙种本作一窥探。此本书前有周作人手书小记，云：“此抄本末尾有祖父题记，四五十年前从旧书堆中检得，订为一册，书面有先君署书名，计其时当在清光绪甲午乙未年间也，民国甲申立夏节作人记。”[42]由此可知，清抄本乃光绪甲午乙未年间（1894 年—1895 年）为周作人祖父周介孚自旧书堆中购得，后在民国三十三年（1944 年）立夏时，传藏至周作人之手。

周介孚既于光绪甲午乙未年间（1894 年—1895 年）购得《古文小品咀华》手抄本，则此本必定成书于此前，至于究竟在何时成书于何人之手，惜无明载。察抄本末篇为《嘉庆庚辰七月求雨文》，据题可知此文作于嘉庆二十五年（1820 年）七月，乃全书选文作年之最迟者，故抄本最早成书于此时。又《嘉庆庚辰七月求雨文》不注撰者，且此文甲种本未见，盖为抄者后加，故疑抄者即此文之作者，冀附己文于书后，以求不朽，若是，则此本当成书于嘉庆二十五年（1820 年）七月后不久。

综上所考，兹列《古文小品咀华》版本源流图如下：

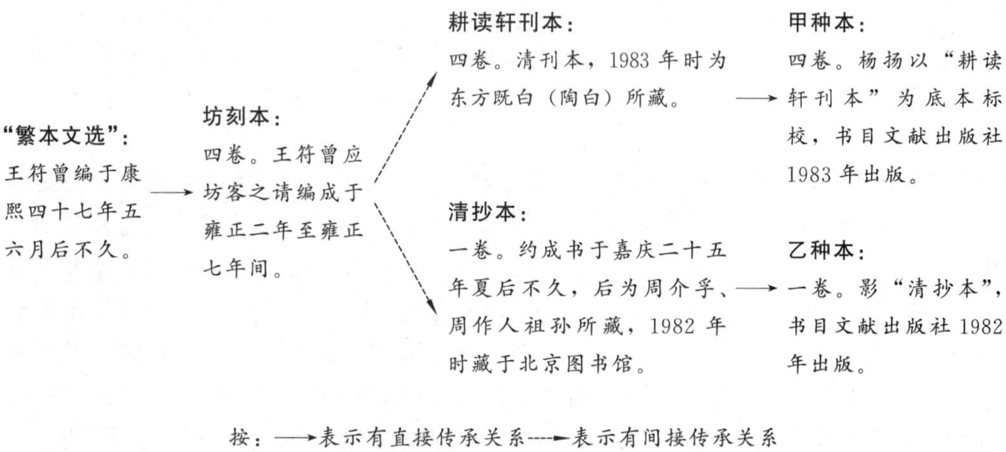

按：——→表示有直接传承关系----→表示有间接传承关系

在《古文小品咀华》版本体系中，以四卷本系统，即今传甲种本为最佳。该本篇幅完整，按时间序次全书，体例统一，最为接近原本，而且在《原序》和《赘言》中对编选思想、缘由、体例等问题均有交代，文中夹评夹注和文后所附评语亦较完整，最为接近王符曾评选本意。虽然如此，但乙种本在文本校勘、丰富评注和促进传播等方面仍具有不可忽视的价值。

四、《古文小品咀华》评注考

《古文小品咀华》中的评注主要分文中夹评和文后总评两类，其中，文中夹评又有引用前人评语、不署名评两种，文后总评亦分集评和“锡周”评。诸种评注，熠熠生辉，诚为此书增色不少。然而，夹评者为何人？总评中集评为何人所辑？夹评和总评是否出自同一人之手？诸种问题，皆有待辨明。

据前文所考，“锡周”即王符曾，故甲种本文后“锡周”总评即出自其手。然于甲种本“锡周”总评之前又多集有他人评语，据笔者统计，共辑自孙月峰、茅鹿门、张宾王、张子登、顾宋梅、李长吉、唐荆川、陈明卿、钟伯敬、汤玉茗、杨维斗、刘越石、金圣叹、顾瑞屏、陈大樽、杨升庵、王淑士、韩愈、方胥城等十九人。笔者以为，各文集评亦为王符曾所辑，其证有三。首先，所有集评均列于王符曾评语之前，以排列次序观之，集评当为王符曾所辑，此乃证一；其次，集评所辑十九家，自最早之韩愈至最晚之金圣叹，均为王符曾前世之人，以集评所辑范围观之，亦当出自王符曾之手，此乃证二；再者，王符曾于《赘言》中称：“孙月峰先生不喜古文中连用四字句，最与鄙趣合。”[43]而《秦割河东》《与官属》《送瀰序》三文后正辑有孙月峰评语[44]，前后选评思想、体例一致，此乃证三。故知甲种本文后“锡周”评出自王符曾之手，集评亦为其所辑。

笔者又疑甲种本文中夹评，包括引评和不署名评，均为王符曾所批，其证有五。首先，夹评中共引孙月峰、杨维斗、蒋新、钟伯敬、茅鹿门、林西仲六家，均为王符曾前世之人，依引文时间范围来看，当为王符曾所批，此乃证一；其次，王符曾于《赘言》中称“孙月峰先生不喜古文中连用四字句，最与鄙趣合”[45]，《秦割河东》《与官属》《送瀰序》三文后亦辑有孙月峰评语[46]，而《论治道疏》一文“夫使邪吏行弊政”句旁夹注曰：“孙云：总得紧切。”[47]此“孙”者即当为孙月峰，以王符曾选注趣味和体例观之，文中引评当为其所加，此乃证二；再者，杨维斗、钟伯敬、茅鹿门三人均见于甲种本文后集评，而《与朱邑荐士书》《苏涣访江浦序》《宝文阁待制常公墓表》三文夹评亦分别引有三人评语[48]，文后集评既然为王符曾所辑，则文中引评亦当出自其手，此乃证三；同时，王符曾选注此书时颇为注重版本之选择，如其于《冯谖市义》文后称：“余乙亥岁在荆溪刘丈家，见架上有古本《慎子》四卷亦载《国策》此篇，但记冯谖收责一事，致为明净，喜而从之。”[49]此种编选态度亦显露于夹评中，如《箕子碑》和《李贺小传》题下分别注云：“从叠山先生订本”“从须溪先生订本”[50]，此乃证四；此外，某些文中夹评与文后总评亦多有关联呼应，如《触龙说赵太后》文中有“映长安君如花影暗横窗”“又影长安君如花影暗横窗”“逼人，如素月移花影”“再逼人，如素月移花影”“暗香浮动”等夹注，而文后锡周评云：“月影映花，花影浸月，更得微风摇动，而月魄花魂更觉淡雅宜人，文致似之。”[51]二者于词汇、修辞、批评趣味等均较一致，显然出自同一人之手，且此种情形亦见于《黄冈竹楼记》一文。文后既为锡周所评，则夹评亦当同出其手，此乃证五。综上所考，文中夹评显然也为王符曾所批。

据上所考，甲种本文中夹注和文后总评均出自王符曾之手。这些评注简明扼要，不仅便于读者理解、欣赏选文，而且极大地促进了此书的传播。

于评注方面，乙种本与甲种本也多有不同：一乃删改原评，二为新增评注。其中最典型者，莫若《黄冈竹楼记》一文。乙种本将此文原附王符曾评注大幅删减，唯剩夹评"四字着眼""此亦世虑之一，说得高旷，雅与通幅相称"数语和总评"竹楼，韵事，竹楼记，韵文也，必极力摆脱俗想方佳。此作妙在用消遣世虑四字摆脱一切，纸上亦觉幽阒辽夐，不可具状"半截，而又新增"二语中包括下面多少景致""楼中陪衬""楼外掩映"等夹评，且总评亦添"通篇不呆贴竹楼，善用衬笔，或写楼中之趣，或引楼外之景，或指他人之乐，或摅自己之情，极摆脱，极有韵，真与竹楼相称也"之言[52]。此外，甲种本于选文题下只标作者姓名，而乙种本则一一注明作者所属之朝代。至于乙种本中评注之增删为何人所为，今已难以确考。

秉持"至约之中，至博存焉"之心，怀揣"雅意搜奇，拂落俗尘"之志，更辅以精审之态度，王符曾将一部异彩纷呈的《古文小品咀华》贡献于世人面前。该书在文献保存和文本校勘方面独具价值，还有妙语连珠的评注，时时展露出异于常人的文论思想和编选眼光，确为一部富有特色的选本，不仅在成书后不久即为当时学者所称赏引用，即便是在今天亦不失为一部阅读或学习古文小品的优秀范本。

注释：

[1]（清）王符曾编，杨扬点校：《原序》，《古文小品咀华》甲种本，北京：书目文献出版社，1983年，第2页。

[2]（清）王符曾编，杨扬点校：《赘言》，《古文小品咀华》甲种本，北京：书目文献出版社，1983年。

[3]（清）王符曾编，杨扬点校：《古文小品咀华》甲种本，北京：书目文献出版社，1983年，第1、78、151、238页。

[4]（清）王符曾编，杨扬点校：《古文小品咀华》甲种本，北京：书目文献出版社，1983年，第30页。

[5]（清）张星徽：《国策评林》，雍正七年渔古山房刻本。

[6]（清）王符曾编，杨扬点校：《古文小品咀华》甲种本，北京：书目文献出版社，1983年，第305页。

[7]（清）王符曾编，杨扬点校：《古文小品咀华》甲种本，北京：书目文献出版社，1983年，第305页。

[8]（清）张星徽：《国策评林》，雍正七年渔古山房刻本。

[9]（清）王符曾编，杨扬点校：《古文小品咀华》甲种本，北京：书目文献出版社，1983年，第5页。

[10]（清）王符曾编，杨扬点校：《赘言》，《古文小品咀华》甲种本，北京：书目文献出版社，1983年。

[11]（清）王符曾编，杨扬点校：《古文小品咀华》甲种本，北京：书目文献出版社，1983年，第26页。

[12]（清）王符曾编，杨扬点校：《赘言》，《古文小品咀华》甲种本，北京：书目文献出版社，1983年。

[13]（清）王符曾编，杨扬点校：《古文小品咀华》甲种本，北京：书目文献出版社，1983年，第281页。

[14]（清）王符曾编，杨扬点校：《赘言》，《古文小品咀华》甲种本，北京：书目文献出版社，1983年。

[15]（清）王符曾编，杨扬点校：《古文小品咀华》甲种本，北京：书目文献出版社，1983年，第30、67、134、148、283、312页。

[16]（清）王符曾编，杨扬点校：《赘言》，《古文小品咀华》甲种本，北京：书目文献出版社，1983年。

[17]（清）冯李骅、陆浩：《春秋左绣》卷一，光绪二十五年潍阳成文信刻本。

[18]（清）李绍崧：《左传快读》卷一三，光绪二十五年扫叶山房刻本。

[19]（清）王符曾编，杨扬点校：《古文小品咀华》乙种本，北京：书目文献出版社，1982年，第97页。

[20]（清）王符曾编，杨扬点校：《古文小品咀华》甲种本，北京：书目文献出版社，1983年，第67页。

[21]《嘉庆重修一统志》卷八六，四部丛刊续编本。

[22]（清）张星徽：《国策评林》，雍正七年渔古山房刻本。

[23]（清）王符曾编，杨扬点校：《赘言》，《古文小品咀华》甲种本，北京：书目文献出版社，1983年。

[24] 此古文选所录乃"鸿文巨篇"，与《古文小品咀华》之"短幅"相比，堪称繁富，故称。

[25]（清）王符曾编，杨扬点校：《原序》，《古文小品咀华》甲种本，北京：书目文献出版社，1983年，第2页。

[26]（清）王符曾编，杨扬点校：《赘言》，《古文小品咀华》甲种本，北京：书目文献出版社，1983年。

[27]（清）王符曾编，杨扬点校：《赘言》，《古文小品咀华》甲种本，北京：书目文献出版社，1983年。

[28]（清）王符曾编，杨扬点校：《古文小品咀华》甲种本，北京：书目文献出版社，1983年，第214、225页。

[29]（清）王符曾编，杨扬点校：《古文小品咀华》甲种本，北京：书目文献出版社，1983年，第67页。

[30]（清）王符曾编，杨扬点校：《赘言》，《古文小品咀华》甲种本，北京：书目文献出版社，1983年。

[31]（清）王符曾编，杨扬点校：《赘言》，《古文小品咀华》甲种本，北京：书目文献出版社，1983年。

[32]（清）王符曾编，杨扬点校：《古文小品咀华》甲种本，北京：书目文献出版社，1983年，第214、225页。

[33]（清）王符曾编，杨扬点校：《赘言》，《古文小品咀华》甲种本，北京：书目文献出版社，1983年。

[34]（清）王符曾编，杨扬点校：《赘言》，《古文小品咀华》甲种本，北京：书目文献出版社，1983年。

[35]（清）王符曾编，杨扬点校：《赘言》，《古文小品咀华》甲种本，北京：书目文献出版社，1983年。

[36]（清）张星徽：《国策评林》，雍正七年渔古山房刻本。

[37]（清）王符曾编，杨扬点校：《标校前言》，《古文小品咀华》甲种本，北京：书目文献出版社，1983年。

[38]（清）王符曾编，杨扬点校：《标校前言》，《古文小品咀华》甲种本，北京：书目文献出版社，1983年。

[39] 东方既白，即陶白（1909—1993），本名谢祖安，又名谢客，笔名东方既白，江阴璜土人。

[40]（清）王符曾编，杨扬点校：《标校前言》，《古文小品咀华》乙种本，北京：书目文献出版社，1982年，第2页。

[41]（清）王符曾编，杨扬点校：《古文小品咀华》乙种本，北京：书目文献出版社，1982年，第1页和末页。

[42]（清）王符曾编，杨扬点校：《古文小品咀华》乙种本，北京：书目文献出版社，1982年，目录后一页。

[43]（清）王符曾编，杨扬点校：《赘言》，《古文小品咀华》甲种本，北京：书目文献出版社，1983年。

[44]（清）王符曾编，杨扬点校：《古文小品咀华》甲种本，北京：书目文献出版社，1983年，第7、125、204页。

[45]（清）王符曾编，杨扬点校：《赘言》，《古文小品咀华》甲种本，北京：书目文献出版社，1983年。

[46]（清）王符曾编，杨扬点校：《古文小品咀华》甲种本，北京：书目文献出版社，1983 年，第 7、125、204 页。

[47]（清）王符曾编，杨扬点校：《古文小品咀华》甲种本，北京：书目文献出版社，1983 年，第 92 页。

[48]（清）王符曾编，杨扬点校：《古文小品咀华》甲种本，北京：书目文献出版社，1983 年，第 103、173、271 页。

[49]（清）王符曾编，杨扬点校：《古文小品咀华》甲种本，北京：书目文献出版社，1983 年，第 67 页。

[50]（清）王符曾编，杨扬点校：《古文小品咀华》甲种本，北京：书目文献出版社，1983 年，第 214、225 页。

[51]（清）王符曾编，杨扬点校：《古文小品咀华》甲种本，北京：书目文献出版社，1983 年，第 37～40 页。

[52]（清）王符曾编，杨扬点校：《古文小品咀华》乙种本，北京：书目文献出版社，1982 年，第 65～66 页。

文学输入的流官契机与古代云南汉文学的局域异态发展

——以晚清云南景东府文学活动为例

张若兰

（大理大学文学院，云南大理，671003）

内容摘要：晚清，岭南文人黄炳堃三任景东府官，并引领景东府形成学缘结构下本土外籍相融合的文人群体，开辟了府课、社课及酬赠并重的多元文学场域，使当地汉文学得以异态发展。这并非个案，而是云南局域汉文学异态发展的典型映现。在古代至近代云南，部分汉文学传统不够深厚的区域，其文学活动易受影响于偶然性因素和个人化契机，从而呈现出超乎文学自身发展规律的异态发展。其中，伴随流官主政一方而获致的文学输入往往对某地文学的异态发展起关键作用。

关键词：流官；文学输入；汉文学；异态发展；云南景东府

自汉代，滇云内外的文学交流便见诸典籍记载。至唐宋，政权虽分，交流却不绝如缕。云南古代文学对外交流的形式，既有文人的出入流动，亦有作品的酬唱赠答及典籍的传播流布等。在云南各地汉文学发展的历程中，某一地域在某一时期的汉文学发展有时会呈现出与当地的地理位置、文学积淀、文化传承等并不相称而使人喟叹道奇的图景，这便是与常态相对的异态发展。常态发展植根于文学传统及文学发展自身的规律，而异态发展则常诱发于特殊的契机与动力——文学输入便是其中的重要原因之一。

在滇云汉文学发展的历程中，外来且具影响力的文人，其引领之力和典范效应极强。最为学界熟知的，是明代学者杨慎因大礼议获罪谪戍保山，并与滇中文人广泛交流，撰写大量著作，从而显著地刺激和拉动了滇云汉文学的发展。杨慎入滇所带来的文学输入，促生滇云汉文学创作的第一个高峰，这也可视为文学输入刺激下的一种非常态、非惯性的异态发展。不过，当滇云大地的昆明、大理、蒙自等汉文化习染深厚、汉文学风气早开之地的文学创作传承日久、基础渐厚后，文学传承和发展的自身规律成为主导力量，个人因素、偶然契机的影响也就相应淡化。与之有别的是，在滇云汉文学基础较薄弱的局域，偶然化契机带来的异态发展却依然突出。比如，清初滇云词坛，楚雄府词人词作涌现，便与郎棣为官此地相关，惜乎有关材料并不丰富[1]。晚清景东府文学活动的异常繁荣则幸而有《景东县志稿》保存了丰富的文献，便以之为例，探入流官契机、文学输入对局域汉文学发展的影响。

一、人物·地点·生态：当黄炳堃邂逅景东府

黄炳堃（1832—1904），广东新会人，字笛楼，别号迂道人。光绪十五年、十八年、二十四年，黄炳堃三任景东府郡职。兼岭南古琴名家及文学家于一身的黄炳堃，存世至今的著作有《希古堂诗存》《希古堂词存》《希古堂尺牍》《希古堂文存》及《黄炳堃先生遗稿》等，堪称可观。

当在岭南蔚然生秀的文风中浸染日久的黄炳堃以流官之身至景东担任一方郡职时，景东府对他而言，许是一个远超其想象的蛮荒之地。景东府，“古徼外荒服”[2]，位于云南西南经济和文化并不发达的普洱地区，距京畿要地约一万一千六百里，距省城昆明约一千二百八十里[3]，距岭南也是山川间隔，道阻且长。景东府自古以来就是傣族、彝族、回族、哈尼族、瑶族及汉族的多民族杂居地区[4]，民族渊源复杂，民族风气浓郁，民族传统较强。这便是黄炳堃到来之际景东府的地情与文化生态。虽然，此前景东府的汉文化传播及汉文学创作已初开风气，但是，其落后与蒙昧之甚或许仍是黄炳堃所难以想象的。与岭南文学的琳琅大观、云蒸霞蔚相比，景东府的汉文学创作在当时处于一种半荒漠的状态。面对如此情状，力倡文风，培植文气，是黄炳堃的选择。幸而，这样的选择是有一定基础的。

（一）基础：变夷熏儒风，开化沐文教——景东府世代累积的文教之风与文化一体的渐进

《景东县志稿》卷二《地理志·风俗》记录，明初，景东“原□多僰夷，山居多猓猡，是为土著”，而“自设卫后”，卫所之官兵及川陕两湖各省“贸是地者多家焉”，逐渐“士敦礼让，家习诗书，风气俗情，日蒸月化矣”[5]。景东之黌宫始建于明正统七年（1442 年），官方教育在其后逐渐步入正轨，历变而不废。景东之私学亦盛，据《景东县志稿》所录计有十八所，其中又以清代为多。

景东府文教之风的渐开，得力于学校、书院的兴建，正如《明清云南人才的地理分布》所言：“清代，随着学校教育深入到边疆山区，云南文化的边缘区，如滇东北的东川、昭通、镇雄、永善（明代属四川布政司），滇南滇东南的思茅、镇沅、景东、顺宁（今凤庆）、元江、文山等不同程度发生了‘文野’变迁。以上区域的很多学子均考中进士、举人。”[6]仅就景东而言，其地明代有举人九人，进士无。至清代，则有举人六十八人，进士三人[7]。显然，清代景东文教之风与科举之发展、儒家之习养较明代又有显著进步。不过，这里的“很多”与进步只是相对于本地纵向比较而言的，实则景东府清代出现的进士仅占清代云南总进士数的 0.44%，相较于云南府占 33.4%，临安府占 21%，大理府占 15.4%[8]而言，是微不足道的。不过，无论如何，文教之风确随学校的开设而渐开。此外，清代以来地方循吏的培植也对此有重要影响，比如谢颖元“创建书院，培植文风”[9]、曾毓璜“培植文风，增设义学四十余

馆，复择俊秀者入署课读，供其食用，如师父之训弟子”[10]、黄叔琪“能以文学为吏治，俗习为之一变”[11]，等等。《景东县志稿》卷二《种夷》后有按语云：“县属种夷在前清末季颇读书学礼，捐职衔，应试入文武庠序。近日亦有入学校毕业者。一切房屋衣食冠婚丧祭多与汉人同，盖进化已久矣。”[12]可见，至晚清黄炳堃任职景东府时，由于长期的文教濡染，汉文化已得到相当认同，成为经久习染后的自觉与自然的日常习惯，并逐渐形成了文化一体化的大格局。因此，清末的景东府虽仍然处于云南文化与文学发展的边缘地带，却已为黄炳堃促兴文坛的努力提供了尚算坚实的文化平台和思想基础。

（二）先声：山水清绝地，雅音晚方开——清代景东府汉文学风气的初开

景东府的落后僻远，加之民族众多的地情与文化生态，使得景东府的汉文学积淀远较昆明、大理、蒙自等局域落后。不过，到清中期，随着文教之风的开辟与文化的渐次一体化，景东府文学也得到一定发展。自乾嘉以来，戴家政、程（罗）含章、曹鹤鸣等景东府文人有行世的诗文集，并产生一定影响。他们多是科场中的佼佼者，汉文化的习染与文教的熏沐使他们有学力和意愿从事汉文学创作。在此期间曾至景东为官或教学，并曾留下与景东有关的诗词作品的，还有刘大绅及吴贻洋等。

然而，自现存资料看，此期的景东府汉文学创作仅仅风气初开。诸人间虽有零星酬唱，然而并没有形成规模，也少群体性。同时，诸人流动在外居多，景东府并非其文学活动的主要地点，文学活动的交互性并不突出，在景东一地并无活跃而鲜明的文人群体。当然，诸人筚路蓝缕之功终不可没，且由他们所代表的景东文人形象和文学活动正成为晚清景东府文学异态发展的有效参照。

如果没有黄炳堃的到来，按照景东府汉文学创作的惯性轨迹前行，晚清景东府较为可能的文学图景应该是有零星三五作者，存世数首或数十首汉文学作品，其中或许有一二佼佼者，却未必足以激起较大波澜或引来关注，也不足以成为一种现象。也正因为如此，有了黄炳堃之后的景东府文学活动[13]，才会被冠以异态发展的名目并值得观照。

二、成员、结构与群体：晚清景东府汉文学创作团队的构建

文学创作的力行者及其身份、文学群体的结构和核心等，既是晚清景东府汉文学创作图景的内在组成，更对图景最终状貌的形成起关键作用。

（一）成员：活跃或边缘的存在

《景东县志稿》之编撰者侯应中本是晚清景东文人的重要成员，因而对景东文人的作品搜集也相对全面。兹据《景东县志稿》之《艺文志》《遗粹》将参与晚清景东府汉文学创作的人物及可考生平、存作情况梳列如下：

黄炳堃：1832—1904，广东新会人，字笛楼，别号迂道人，广东新会县人，光绪十五、十八、二十四年三任郡职。有《希古堂诗存》《希古堂词存》及《黄炳堃先生遗稿》等著作传世。《景东县志稿》存文十二篇，诗八十九首，词六首。

张寅旦：字屏山，宣威州进士，品端学粹，郡守黄炳堃聘掌开南书院，造就者甚多。《景东县志稿》存文二篇，赋一篇，诗十三首。

汤增美：字子懿，曲靖举人，品学兼优，郡守黄炳堃聘主讲开南书院，造就者亦多。《景东县志稿》存诗十四首。

吴承鑫：字西山，景东郡岁贡，余不详。《景东县志稿》存文四篇，赋七篇，诗三十二首，词二首。

侯应中：字谏亭，景东郡拔贡，《景东县志稿》纂者。《景东县志稿》存文十七篇，赋一篇，诗七十二首，词二首。

黄汝钦：字明斋，郡拔贡，北区普雅村人，性孝友，事亲则和颜悦色，待弟则相爱相亲，又家学渊源，品端学粹，一时名士，多出门下。《景东县志稿》存文五篇，赋五篇，诗五首。

侯应举：字宝臣，郡增生，参与过多次府课。《景东县志稿》存文八篇，赋二篇。

梁必仁：字乐山，郡拔贡，余不详。诗词多见于稻香吟社等社课。《景东县志稿》存文一篇，赋二篇，诗二首。

梁必恒：字春圃，郡廪生，余不详，曾参与文社及府课活动。《景东县志稿》存文一篇，赋一篇，诗二首。

陈炳章：字虎溪，郡廪生，余不详。曾参与绾翠画舸等雅集活动。《景东县志稿》存诗二十二首。

陆寿图：永昌人，余不详。曾参与绾翠画舸雅集。《景东县志稿》存诗二首。

陈时：不详。曾参与绾翠画舸雅集。《景东县志稿》存诗一首。

黄肇永：不详。曾参与梁必恒同时之雅集唱和。《景东县志稿》存词三首。

周绍舆：字学曾，郡廪生，余不详。黄炳堃有诗曾提及，当为同时相交之人。《景东县志稿》存诗七首。

以上为存诗文于《景东县志稿》并与黄炳堃文人群体有交集的诗人的基本情况[14]。其中存作较多的是黄炳堃、侯应中、吴承鑫三人，分别达一百零七作、九十二作、四十五作。这一群体共存三百三十九作，几近晚清景东府汉文学创作之全璧，其群体活动也基本构筑了晚清景东府文学活动的全貌。

（二）结构：官长的纽带与聚力

晚清景东府黄炳堃文人群体基本形成了以黄炳堃为塔尖的三层金字塔结构。

这一塔式结构[15]内含总体的师生结构与次级的主宾结构。黄炳堃、张寅旦、汤增美共构师的层面，为塔尖及第二层。师的层面内部有明确的主宾关系，即黄炳堃为主，汤张为受聘而来承担教职之客，此处的主宾关系实是官方与私人结合的人事聘用关系。吴承鑫、侯应中等诸生构成了金字塔底座的生的层面。从地域来看，师皆为景东之域外人，生则皆景东府人，总体构成超越地域限制的学缘结构。

不难看出，黄炳堃是结构的制高点和群体的关键点，晚清景东府在事实上形成了以黄炳堃为领袖、以学缘和宾主为纽带的文人群体。这一群体，是晚清景东府文学活动的践行和创造者，也是景东府文学图景构建的人物要素。

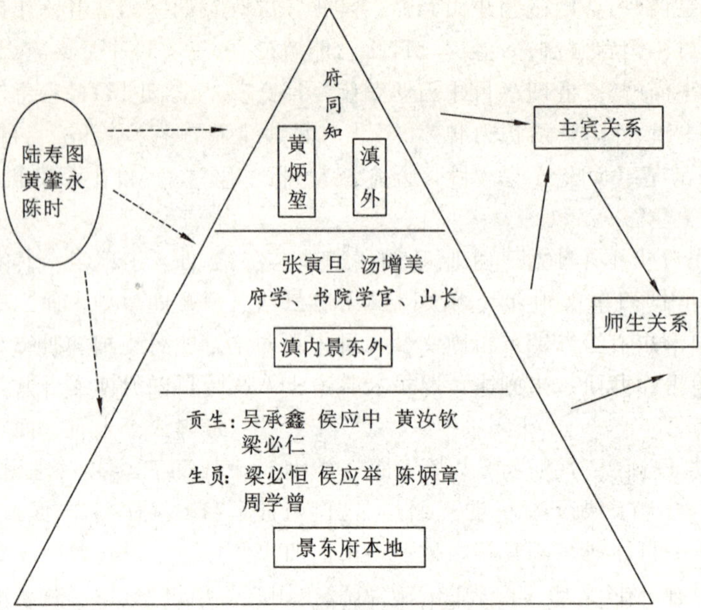

图一 晚清景东府文人群体结构示意图

三、府学、文社、酬唱：黄炳堃的全方位文风培植

以黄炳堃为核心的景东文人群体，文学活动频繁。其活动包括府课的文学训练、文社的社课实践及酬唱赠答。这是一种全方位、多元化、有意识的训练与培植。黄炳堃正是这一全方位培植的设计者和引领者。

（一）府学及府课：官方的科考教坛与实训场地

在《景东县志稿》中，府学活动因府课作品的留存而具有鲜明的生命感。现存府课共三十三作[16]，含文二十三、赋四、诗六。文，广涉八股、解、考、义、论、议、策七种文体，具有系统化、全面化的指向。四书是府课作文最重要的题材，其次是历史和政治题材。这样的题材训练显然是应科举考试之需。赋的题材较为轻松，涉及时令景物等。试帖诗则是“赋得”诗作的天下，亦多关注时令景物。赋及试帖诗皆限韵，显示出因难见巧的文学训练与竞技旨归。从上述题材的选择可见，府课的设计安排者对题材有全面考量，既关注经史和经世之题，也不排斥对诸生文学情怀和感物之力的培养。

据《景东县志稿》记载，黄炳堃“培植文风，购置书籍，延聘品学兼优先达主讲书院，增给膏火。公暇，辄赴院召集士子讲解经史文艺，亲为改正课卷，故郡属文学蒸蒸日上”[17]。亲自批改之外，黄炳堃等师长的教学手段尚有拟府课之文，现存于《景东县志稿》者有黄炳堃五篇、张寅旦一篇自出其题又自拟作其题的府课之作。黄炳堃所拟府课数量远多于彼时的教授山长，正可见其培植之苦心力行。诸师长拟府课之缘由则可参观黄炳堃《南讹解（府课题并记）》之题记所云：“诸生于此题均能博引证据，惜不能独抒己见，故拟此稿。”[18]可见黄炳堃等人之拟稿带有范文性质。府课完成的情景很可能是：由郡守黄炳堃或教授出题，诸生自行完成其题，待诸生完成后，郡守黄炳堃等会加以点评讨论，并以自己之拟作为范文，供诸生揣摩探讨。如此，则自然地会在不同文体、不同题材的练习中，逐渐掌握撰写文章（包括科举八股文字）的方法。可见，黄炳堃对府课的设计安排及教学实训皆用心良苦，参与度极高，对培养士风、鞠育后学极为慎勉用心。这样的精心作养是有效果的：诸生除侯应举和梁必恒未获得科举进阶中更高阶的身份外，余人皆入拔贡或岁贡之列。

（二）文社及活动：雅士的歌吟之地与文学景观

自清以来，景东有玉屏社、风来社等文社，至光绪年间，诸社凋零不振，黄炳堃遂新建稻香吟社等。稻香吟社，“在治东门外先农坛左。清光绪年，郡守黄炳堃立，公暇召集近城士子课正文词诗赋，每月三次不等”[19]。列岫小屋，“在治南二里，亦郡守黄炳堃立，公暇召集士子课以文艺”[20]。此外，尚有绾翠画舸，“在爱莲舫下，郡守黄炳堃建，□□常召门下士□□诵文”[21]。不户轩，也是黄炳堃的组织文学活动的场域，《景东县志稿》记载黄炳堃曾“于此课士”[22]。龙泉社，虽为研究经学之社[23]，却亦在此期有文学活动。以上，即为晚清景东府文社之概况。兹据《景东县志稿》中之记载及存作情况将光绪间景东文社情况归集如下表。

表一　晚清景东府文社概况

社名	建立者	人数	社课存作作者	存作数量
稻香吟社	黄炳堃	六	黄炳堃、吴承鑫、侯应中、陈炳章、黄汝钦、汤增美	六十六
绾翠画舸	黄炳堃	八	吴承鑫、侯应中、张寅旦、陈炳章、陆寿图、陈时、梁必仁、黄肇永	四十二
列岫小屋	黄炳堃	三	黄炳堃、吴承鑫、黄汝钦	十一
龙泉社	不详	二	吴承鑫、侯应中	二
不户轩	黄炳堃	不详	不详	无

就现存史料看，诸社在光绪年间并存于景东府，其中稻香吟社、绾翠画舸、列岫小屋、不户轩皆由黄炳堃新建。旧社如龙泉社也与诸新社同存，且活动时间、人物多有交叠。自存作观，吴承鑫参加四社。黄炳堃的社课作品虽仅见于稻香吟社和列岫小屋，却也应参与四社活动。《景东县志稿》载，绾翠画舸为黄炳堃所建，黄炳堃参与其中为应有之义，而其参与龙泉社的活动则可证于侯应中《集龙泉社分得夏日与迂道人（笛楼太守别号）龙泉寺避暑用白乐天夏日与闲禅师林下避暑韵》。又次，侯应中参与三社活动，陈炳章及黄汝钦参与两社活动。综观可见，稻香吟社与列岫小屋参与者的重叠度最高，列岫小屋三位参与者，皆稻香吟社成员。龙泉社两位参与者，则同时皆是稻香吟社与绾翠画舸的参与者。五社虽并存，却形成了以稻香吟社和绾翠画舸为双龙头的局面，二社存作多且社员众。

从存作看，诸社间题材、体裁、竞题方式等极近似：题材近雅，以限定性的赋得和咏物为多，自我情怀的书写较少；体裁较广，以分题为主，同题者罕见；限韵普遍。可见，晚清景东府各社的互补性不足，雷同化突出。雷同化显然与创立者黄炳堃以诸社为文学训练之场域的思路有一定关系，因而其训练的方式与社课的形式，便难有殊别。当然，这也可以从一个侧面显示出黄炳堃对晚清景东府文社活动的绝对影响力和驱动性。

（三）酬唱与应答：江山登临之感与道德砥砺

晚清景东府文坛的重要场域还包括府学和文社之外的规模化酬唱及私人化酬赠和韵。规模化酬唱，一般参与者在三人以上[24]，涵盖分韵和步韵两大类型。

规模化唱酬的主要参与者与府课社课重合度很高，其作品的性质实与文社社课相近。只是，诸作并未冠以文社活动之名，应为在诸文社的固定活动之外，由某人召集或主盟而开展的社外活动。黄炳堃在其中依然有绝对的个人魅力和影响，如其《李锦堂游戎招游南城外东岳庙感赋二律柬同游诸子兼赠锦堂》便引发了汤增美、侯应中等人的递相酬唱。

私人化酬唱，或为两人交相酬答应和，或为有明确指向的赠诗、柬诗。这类作品数量颇为可观，且能见情着意。这类酬唱仍然多以黄炳堃为核心，并辐射到学官和诸生，形成了师生或主宾一对一的多首赠酬。这些唱和之作既有私人化情感的书写，如黄炳堃对世事和人生的一些感悟，“君年轻万事，世道有千盘”“壮怀渐销灭，老境见精神”[25]等，也不无对诸生功名的期许，更突出的却是黄炳堃对诸生道德和立志的谆谆砥砺，如“习染文章薄，凌夷道义孤”“况值时危日，何堪壁上观”“坠地斯文劫，横流吾道孤。功名原嚇鼠，志岂在区区”等，见敦勉之忱。

府课、文社与酬唱，涵盖了官方的正规教学传授、群体的文学竞技共习以及私人的交往赠酬三种文学交流模式。在晚清景东府，三种文学模式的引领者和参与者重合度极高，因而，参与者能得到互补性的综合培植和锻炼。府学，以自上而下的传授为旨归，师生上下的结构为纽带，以儒家经典著作为研习和论议的主要课题，以经义策论八股为实操的主要文体。其中，主观情志的抒发并非要务，技艺的操练和习得更受关切。总体而言，府课的训练以有针对性的应试教育为主，其目标显而易见，即提升诸生科举考试的应试能力以帮助诸生最终取得更高阶的功名。文社，以核心人物与追陪者的共同集会为主要形式，其正统性、严肃性和规范性较之制度化的府学有所消减，更注重文人间心灵与情感的交通共鸣，当然，也有竞技和技艺习得的成分。从存作看，文退居边缘，诗词的分题、赋得、分韵的练习与竞技上升至绝对的统领地位。显然，晚清景东的文社活动不仅仅是文人情感交流的场域，更是诗词写作能力训练的重要载体。酬唱，虽有私人和群体之别，但比文社的活动更随意而具更丰富的山水感悟、情感元素和自我形象。私人酬唱中，官方色彩弱化，因而，读者能自其间品读黄炳堃等对诸生的情意，体悟他对人事的观感，感知他对诸生的期许与砥砺，原来并不仅仅在于功名，更在于人格的力量与对社会责任的担当。

府课的官方应试教育模式、文社的集群化文学训练及酬唱的道德心性熏染，共构了晚清景东府文学训练的多元场域与立体图景。三者有鲜明的互补性，共同为晚清景东府文学活动聚力，并最终耦合为多元而立体的文学活动图景。不得不再次强调的是，府课、文社以及酬唱的实际引领者和关键组织者皆是黄炳堃，这使黄炳堃对晚清景东府文学图景之形成起了决定性的作用，使得景东府文坛几乎成为一人能量的辐射场域。这极大地刺激了景东府文坛活动的兴盛，促发了晚清景东汉文学创作的异态繁荣，却也潜藏了晚清景东府文坛生态的脆弱性与可持续性的缺失。

四、契机、偶然与脆弱：晚清景东府汉文学图景的促发机制及其他

僻处滇隅的景东，在晚清时所呈现的完整而活跃的文学图景远甚于当地之前的任何时期，也超拔于同时滇云诸多局域，因而以其异常态化的图景而引人瞩目。显然，在文学发展自身的惯性之外，特殊有力的偶然契机对此起了关键作用。不难看出，这一偶然而关键的因素便是流官黄炳堃对当地文学的强势介入。换言之，假如没有黄炳堃，晚清景东府汉文学创作虽不会中断，却也必然不会如此异态发展（当然，如果有另一位与黄炳堃同样具有文学功底并大力培植文风的流官任职景东，或许亦会有兴盛之景，然而兴盛之图景必自有别）。

因黄炳堃一人主政景东而获致的文学输入，于景东的汉文学创作而言自然是幸事。然而，这一幸事的侥幸与偶然所内含的脆弱性也难以忽略。一人之力如巨大到使得一地之文学发展有赖于其人，那么因人而废兴的局面也就很难避免了。黄炳堃三任景东府父母官期间，皆力兴文教、倡导诗风、培植文气，这些皆是晚清景东府文学大盛的直接动力。确实，如果没有黄炳堃，景东府的文学活动难以有如此的异态发展与图景。然而，在黄炳堃离开景东赴腾越任职时，继任官长刘云章同样以一己之力，逆黄炳堃之途而行，再一次带来了景东府文学活动的异态变化，即之前发展态势的断崖式终结。据《景东县志稿》记载，黄炳堃"三任下车，皆以查禁赌博烟馆、严禁差役书吏、驱逐会匪、缉捕盗贼为先务。……或闻年幼子弟有好戏博吸烟者，于二堂侧设惩戒室以教之，逐日三四次，亲口劝勉，如父师之训子弟，必至悔悟而后送归"[26]。然而，黄炳堃离开景东后，继任者却是入《景东县志稿·墨吏》的刘云章。刘云章其人，"性情乖戾，举止猖獗"[27]，"信用门房李子仪系哥老会首。到任之初，李引类呼朋，满城赌博，署内抽彩。绅民呈请禁革，留中不发"[28]。更有甚者，在其主政期间，"稻香吟社、绾翠画舸、不户轩房屋匾额尽数毁坏，且停办书院，私吞山长修金并课士膏火"[29]。其所行，与黄炳堃完全背道而驰，而使得黄炳堃苦心经营和培植的士风文风近乎一朝毁之。受黄炳堃之聘请而在景东任教的汤增美对此深有感触，这从其《兴复稻香吟社》一诗之"玉屏山下金碧堆，文采往日曾徘徊。良朋聚散亦天定，匪特使君能爱才。何乃东西异劳燕，平泉吟社生尘埃"可见其然。其后黄炳堃再主景东，于是"柳絮如萍复相合，似春有脚还重来"，众人为兴复吟社而"再结蜗庐事土木"。然而，汤增美也明显感觉到聚散如萍的偶然与脆弱，直陈"始知笔墨虽游戏，风会亦属因人开"[30]。既然风会可超越文学自身发展规律而因人开，那么因人而敝也是可能的。黄炳堃对此也有深切体会，再回到景东，他感慨淋漓地写下《兴复稻香吟社》一文：

社创于壬辰之岁，裙屐琴尊，不以时集。越一年，余移腾越，每念社中诸子

不置。戊戌冬，还开南，则社废，茂草鞠焉。亟兴复。嗟乎！区区社耳，乃必视予之去来为兴废。其事之适然，抑数之必然耶？以知天下适然之事，罔非必然之数。栖栖者可以返矣。[31]

此文读来令人伤感，适然乎？必然欤？其实，看似的偶然因素（继任官长的无理悖狂），其实又有着必然的危机（一人之力超越文学发展的惯性）。这既是黄炳堃的无奈，又何尝不凸显了官长作为关键人物举足轻重的作用呢？在景东，文教和文学的发展皆赖于当政者的支持和培植，风气的兴废，与掌一方之事的官长有直接联系。成败皆萧何的依赖性，构成了景东府文学生态中最具偶然性与脆弱性的环节：官长之力。当然，文学生态循良性发展的时间越长，文学规律和传统的作用越大，关键人物的决定性和影响力便越小，文学生态的稳定性和持续性也越强。遗憾的是，晚清本是风雨飘摇之季，留给景东一地习得文学传统、培植文学精英、固化文学生态的时间和空间实属有限。这或许是晚清景东府文学创作及活动虽频仍，文学成就却难称斐然的原因。

结　语

在清代改土归流后，滇云各府的父母官及学官教官基本由流官担任，因而，流官对文教的重视程度及其自身对汉文学的习染热衷与否等个人化因素，便对当地汉文学的发展起到关键性的作用。得一文学根底深厚而有志于文风培植的官长，对一地的汉文学发展而言无疑是幸运的。景东府之有黄炳堃便是如此。从团队的组建到文学活动的倡导参与，再到私下道德文风的砥砺，流官黄炳堃近乎不遗余力地以心血浇灌景东府的汉文学之花。然而，即便如此，这朵花依然难以持续的盛放，在他离开景东府之后，其余官员的逆行，使得他的心血几乎付诸东流。这正显示出了人为因素超越文学自身规律与积淀所带来的脆弱，使得异态化发展与异态化崩塌皆有可能。由黄炳堃强力输入而带来景东汉文学创作的兴盛，我们可以感知外来文学输入对滇云文学发展的影响，也可以窥知一人之力超越文学规律的价值与局限。

在滇云偏殊之地，汉文学传承积淀不够丰厚，传统不够稳固，因而文学承传的惯性力量与自身规律的作用往往会受到一定偶然因素或契机的影响。在这些偶然的因素中，官长之作用极为突出。晚清景东府便因流官契机的文学输入，成就了短期而近乎兴奋的异态发展，然而偶然的契机随着流官的迁流离任，往往戛然而止，难以延续。这也是楚雄府在清初滇云词坛崭露头角，其后却近乎销声匿迹的内在原因吧。因此，类似现象并非个案，而具有相当的普遍性。不过，无论如何，在汉文学传统不够深厚的滇云局域，流官所带来的文学输入和引领效应，依然是滇云汉文学发展重要的契机和刺激性力量。尽管就某一局域而言，流官的文学输入是偶然的脆弱的，然而就滇云汉文学创作的发展总体而言，这又是必然的持续的。

*本文系云南省哲学社会科学规划项目“云南古代文学对外交流史研究”【YB2017064】阶段性成果。

注释：

[1] 郎棣，辽东人。光绪《永昌府志》卷三十六《秩官题名》中“永昌府·同知·本朝”云：“郎棣，辽东人，监生。”又康熙《黑盐井志》卷之八词录郎棣词作，于郎棣之名前有“永昌府同知署黑井事”，名后有“韩公，沈阳”，知郎棣字韩公，为沈阳人，为清初顺康间镶黄旗汉军世家中人，康熙三十一年曾任夔州府知府。郎棣之词散见于云南府县志中，在光绪《永昌府志》卷六十六《艺文志·诗余》存词一首，《康熙楚雄府志》卷之十《艺文志下·诗余》存词二首，康熙《黑盐井志》卷之八“词”存词十二首。彼时，有王孝标、王允恭、杨璿、李禹鳞诸人共十余首词作收录于康熙《黑盐井志》，其中王孝标有《集颐椿轩和壁间郎郡丞水调歌头一阕呈玉老年翁暨诸同人教政》，略见郎棣词在当地的影响。参见(清)沈懋价修，杨璿纂康熙《黑盐井志》卷八《艺文·词》，《中国地方志集成云南府县志辑》第 68 册，南京：凤凰出版社，2009 年，第 537～547 页。

[2]《景东县志稿》卷 3《沿革志》，《中国地方志集成云南府县志辑》第 32 册，南京：凤凰出版社，2009 年，第 667 页。《景东县志稿》二十二首一卷，周汝钊修，侯应中纂。《云南府县志辑》据民国十二年石印本影印，收入 32、33、34 册。

[3]《景东县志稿》卷 2《地理志·疆域》，《中国地方志集成云南府县志辑》第 32 册，南京：凤凰出版社，2009 年，第 588 页。另，(清)师范《滇系》之《疆域系》云其“至省一千一百八十里”，《大清一统志》卷 389 云其“在云南省治西南一千一百八十里”，诸说与《景东县志稿》有小异。

[4]《景东县志稿》卷 2《地理志·种夷》，《中国地方志集成云南府县志辑》第 32 册，南京：凤凰出版社，2009 年，记载有景东府少数民族包括棘彝(摆夷)、罗婺、窝泥、大猡猡、小猡猡、白猡猡、小古猔、喇乌、獛蛮等。

[5]《景东县志稿》卷 2《地理志·风俗》，《中国地方志集成云南府县志辑》第 32 册，南京：凤凰出版社，2009 年，第 640～641 页。

[6] 侯峰、罗朝新：《明清云南人才的地理分布》，《学术探索》2002 年第 1 期，第 89 页。

[7] 古永继：《明清时期云南文人的地理分布及其思考》之表三《滇西、滇西南地区文人分布表》，《云南学术探索》1993 年第 2 期，第 38 页。

[8] 侯峰、罗朝新：《明清云南人才的地理分布》之《清代云南各府州进士人数统计》表，《学术探索》2002 年第 1 期，第 88 页。

[9]《景东县志稿》卷 3《秩官志·循吏》，《中国地方志集成云南府县志辑》第 33 册，南京：凤凰出版社，2009 年，第 40 页。

[10]《景东县志稿》卷 3《秩官志·循吏》，《中国地方志集成云南府县志辑》第 32 册，南京：凤凰出版社，2009 年，第 41 页。

[11] 江燕、文明元、王珏点校：《新纂云南通志》卷 185《名宦传八》第 8 册，昆明：云南人民出版社，2007 年版，第 143 页。

[12]《景东县志稿》卷 2《地理志·种夷》，《中国地方志集成云南府县志辑》第 32 册，南京：凤凰出版社，2009 年，第 662 页。

[13] 此处的文学活动，主要指有一定群体性和规模化的文学活动，个人独抒怀抱等的作品便不纳入考察范围。

[14] 此外尚有可考为晚清时人且有存诗，然而并无材料显示与黄炳堃文人群体有交集的作者数人，如王履桓、纪长清、刘式懋、李大体、杨子惠、罗大任等，然诸人存诗总数不过十一首，显得边缘和零散，也缺少群体活动，便不具列。

[15] 这一群体中，有陆寿图、黄肇永、陈时三人身份不明，其中，陆寿图为永昌人，黄肇永、陈时之身份籍贯俱不详。三人在群体活动中也比较边缘化，仅参与了一或二次群体活动，如陆寿图为永昌人，自现存史料未见其与景东府的长期关联。因何至景东并零星参与到某一文社的活动，似有偶然

性，因此，不列入塔层结构。

[16]《景东县志稿》尚存极少数晚清的赋得之诗赋或八股经义类文章，因未明著为府课，便不纳入此表的统计和后文的分析。

[17]《景东县志稿》卷 5《秩官志・循吏》，《中国地方志集成云南府县志辑》第 33 册，南京：凤凰出版社，2009 年，第 42 页。

[18]《景东县志稿》卷 16《经学・史学》，《中国地方志集成云南府县志辑》第 34 册，南京：凤凰出版社，2009 年，第 208 页。

[19]《景东县志稿》卷 4《建设志・文社》，《中国地方志集成云南府县志辑》第 32 册，南京：凤凰出版社，2009 年，第 689 页。按“每月三月次”句，“三月”疑有误。

[20]《景东县志稿》卷 4《建设志・文社》，《中国地方志集成云南府县志辑》第 32 册，南京：凤凰出版社，2009 年，第 690 页。

[21]《景东县志稿》卷 4《建设志・文社》，《中国地方志集成云南府县志辑》第 32 册，南京：凤凰出版社，2009 年，第 693 页。原文多有漫衍不清处，以□补之。

[22]《景东县志稿》卷 4《建设志・文社》，《中国地方志集成云南府县志辑》第 32 册，南京：凤凰出版社，2009 年，第 693 页。

[23]《景东县志稿》卷 4《建设志・文社》，《中国地方志集成云南府县志辑》第 32 册，南京：凤凰出版社，2009 年，第 693 页。有云：“龙泉社，在治南龙泉寺内，群贤毕至，各举十三经疑难以相质，是社为研究经学而设。”

[24] 亦有参与者数量虽不详，而诗题中有“分得”“分韵”等字，显示出参与者应有一定数量。此类作品亦视为规模化唱酬而加以统计。

[25]《景东县志稿》卷 17《艺文志》，《中国地方志集成云南府县志辑》第 34 册，南京：凤凰出版社，2009 年，第 275 页。

[26]《景东县志稿》卷 5《秩官志・循吏》，《中国地方志集成云南府县志辑》第 33 册，南京：凤凰出版社，2009 年，第 42 页。

[27]《景东县志稿》卷 5《秩官志・墨吏》，《中国地方志集成云南府县志辑》第 33 册，南京：凤凰出版社，2009 年，第 45 页。

[28]《景东县志稿》卷 5《秩官志・墨吏》，《中国地方志集成云南府县志辑》第 33 册，南京：凤凰出版社，2009 年，第 45 页。

[29]《景东县志稿》卷 5《秩官志・墨吏》，《中国地方志集成云南府县志辑》第 33 册，南京：凤凰出版社，2009 年，第 45 页。

[30]《景东县志稿》卷 17《艺文志》，《中国地方志集成云南府县志辑》第 34 册，南京：凤凰出版社，2009 年，第 663 页。

[31]《景东县志稿》卷 14《艺文志》，《中国地方志集成云南府县志辑》第 34 册，南京：凤凰出版社，2009 年，第 52～53 页。

【当代文学研究】

失言的懊悔：吴宓何以不无言而止默

王本朝

（西南大学文学院，重庆，400715）

内容摘要：《吴宓日记续编》多次记录了吴宓在各种场合说话及表态的失言或懊悔。他因说话不当而懊悔，虽懊悔但仍常常发言，总在表态与懊悔之间来回折腾。谨言慎行是儒家传统，讲究讷言敏行，言行一致，吴宓虽想慎言却不可能，失言也自不可免，这就给他带来了不少苦恼和麻烦，使他时常陷入懊悔无助之境。他若不言而止默，也有不安和恐慌。对吴宓而言，说与不说都不好受，他的人生具有某种荒诞意味。

关键词：吴宓；失言的懊悔；荒诞感

翻看《吴宓日记续编》会发现一些有趣的事情，吴宓常常主动或被动发言，但又因失言而后悔。他既然从一开始就知道说话会出问题，为何还要说呢？似乎一切都是他个人没有办法完全掌控的事。说了有可能失言，不说也是失责，由失言而懊悔，由懊悔而无助，但因外在情势的迫使和个人性格的冲动，他不得不说话，不得不在真实与伪饰之间作选择，不得不在言说与懊悔之间来回折腾，乃至最终掉入说与不说都有苦恼的两难困境里。他无法慎言也无法沉默，在自我与环境、真实与虚伪、慎言与巧言世界里，吴宓言为心声，言行一致，有言而有德，即使因失言而带给他不小精神心理压力，但却坚守了真知和真实的底线。或许他因失言而生懊悔，虽懊悔还失言，犹如西西弗斯的推石头上山和下山，虽劳而无功，但仍一直坚持着。慎言虽美好但却不可能，失言很痛苦但却不可免，懊悔虽无助，但却逃不掉。在说与不说的问题上，吴宓的生存处境及言说行为显然拥有某种荒诞性。

一

1949 年以前的吴宓日记，它的内容简洁，多为交友、读书、教学活动，“体例一取简赅，以期能不中断，如电铃之扣码、书库之目录。凡藏诸脑海者，他日就此记之关键，一按即得，故惟示纲目，而不细叙，藉免费时而旋中辍云”[1]。而 1949 年以后的日记内容则要繁杂丰富得多，也更有研究的价值。它更多记录了社会历史的变迁和个人命运的沉浮，还有不少历史现场和个人的独到感受，特别是他在各种场合的学习表态和发言及其感受，往事并不如烟，它是吴宓及当代知识分子的一份独特而丰富的人生档案。

按理说，在学校所开展的各种政治学习运动以及教学活动中，吴宓不应该属于必须在场的人物，但历史阴差阳错地却将他推至各种运动及活动之中，还成了时常发言和表态的典型人物。这就有些奇了怪了。这样的情形一直延续到他晚年。1951 年 4 月 25 日，吴宓从学校到市里参加宣传工作会议，他在会上批评当时的用人方式，"不行分工，不用专才，而使一切人遍作各种事，劳忙已极而效果未睹，可谓不经济之甚矣"，他感到 1949 年后的高校教学科研工作忙乱，"遍作各种事"，各个部门、上上下下，似乎都在安排老师做事。的确，吴宓所说是实情，就在今天的高校这样的情形也还普遍存在着，但他在会后却"颇自悔责"，觉得自己"太真率而动感情"，虽"说出心中之善言正理"，但却"违背'随众假意敷衍，但求全生免祸'之旨矣！况今何时何地而可进忠言乎？"可见，他怕得有理，还发现了自己的毛病，"患在不能忍，后当更戒之"[2]。吴宓真切感受到了社会时代的巨大变化，它已是一个"随众假意敷衍，但求全生免祸"的时代，即使想"进忠言"，也要注意分寸，注意"何时何地"。应该说，吴宓是敏感的，自我提醒和告诫也及时而恰当，但对他却没有什么效果。为什么？因为他忍不住。就在该年的 10 月 24 日，他受邀参加重庆市文联第三次执委会，会议由沙汀主持，任白戈作报告，在报告里提出文学创作应积极描写新社会之功绩，弘扬爱国主义精神。吴宓在讨论时即兴发了言，对重庆市文联常委提出建议，说如有调离者可以再作补充，特别是对那些不常出席会议者可准予他们请辞另选，"补入各协会之接近群众，真知实情之士"。不知吴宓说话的意图是为自己离开找理由呢，还是真正想充分发挥文联常委的作用？他的发言"虽简短"，却"不合开会集议之本旨"，人们自然就"毫无反响"，吴宓自己也"甚悔之"，还特别作诗一首："多此一行犹自可，发言无当悔难追。集思广益原虚样，默处深居最我益。"[3]在诗里，他既否定了自己来参会的价值，也质疑了会议讨论的走过场，最终留下的却是自己难追之悔恨。事实上，吴宓所提意见确实是与会议中心关系不紧密，属于细枝末节问题。在他看来，他的发言确是真切感受，但与会议既定的目标有很大的差距，没有得到任何反馈也是情理之中的事。他似乎也长了一智，提醒自己应"默处深居"，不作"无当"之发言。谁知在一年以后的 1952 年 3 月 4 日，他又对用人失当的问题发表个人意见，说："今之为国者，方大事清洗，必于经济、思想各方面将全国上下之人完全涤清之后，而分别泾渭，但择其完全同我者而用之，否则见遗或遭毁，不问才与不才、德与不德也。"[4]这哪里是在提意见，分明是在批评党同伐异，批评思想的"清洗"和"涤清"，尽管他也知道"此时竭忠陈策，务远图功，徒遭厌弃与摧残耳"，但仍"以'谨言慎行，恭默自守'为箴"，感到在"会中又发言而实可不必"，他有些后怕，即使到第二天，还感到"夜多杂梦，皆缘偷生畏祸之心”[5]。他有了人生的恐惧感。

在10多天后的3月21日，文教部派人来学校听取思想改造的意见，表示“政府对诸先生之学问甚为宝重，盖知今后将不可再得”，吴宓却有些犯晕乎，发言“太详，又过多”，感到“忧谗畏祸”，只“求苟全之意”，应取“人问我答，物来顺应，以一语答一问”的方法，而他却采取了在“不知人之意思何在”的前提下，就“径将我之一切和盘托出”，这既“不合处世之道”，也显得“殊居愚稚甚矣”[6]。这样的例证不少，可以说，由失言而带来的懊悔和恐惧则伴随了他的后半生。1954年6月16日，历史系组织学习讨论宪法初稿的修正条文，邀请大家去谈认识体会，吴宓听了他人的发言，感到不过是“无非揣摩、逢迎、歌颂而已。诸君言皆得体、措辞工巧”，而他自己却显得有些不可忍受，称赞该法案“极自然、真实、完善，合于吾侪之所想象、所臆度，为主义、理想、时代、历史、现实、方向、需要等共同产生之结晶。既非空文，亦非虚饰，尤能明标宗旨，严列畛域”[7]。应该说，这样的赞颂文句还很少出现在吴宓的话语世界里，这样的说法肯定会令相关人员满意的，但他却话锋一转，露出了自己的马脚。他说，他尤其“欢喜”宪法所列之各种“自由”，如书信自由、宗教信仰自由等等，还作特别声明：“以上颂扬，语皆真实。”他在日记里说自己“所长即其所短，褒处正即贬词，尚有其他意思与感想，隐含不露，但恐为人窥破”。他想隐藏自己的真实想法，但又“深悔宓又不守沉默之戒，将以招祸而危身”，果然，不久学校广播在介绍与会情形时，还特别点名说：“吴宓同志甚喜得到宗教信仰之自由”，于是，他感到此语虽非大不利，“亦可证宓发言之为多事妄动矣。今后更当恭默自守，戒之戒之”[8]。本来是一般的新闻报道，却让吴宓的心理更加恐惧而紧张。吴宓说话失当，主要是他不懂政治，不懂社会，不懂人情世故，甚至还达不到一般性的社会常识水平。如1962年12月26日，他参加政治学习，讨论阶级意识。它曾经在很长的一段时间里是一个高频率词语，如谈论起来应是非常敏感而沉重。但吴宓却似乎没有顾忌，而认为：“一人之言行虽由阶级决定，似仅大处如是，非事事皆然；间接如是，非每一末节琐事皆全为阶级之表现者也；又其阶级志趣之表露，实出于有意或出之无心（非恶），亦未可一概而论。”[9]吴宓并没有真正理解阶级意识的含义，而是将阶级意识加以泛化和扩大化，或作具体化理解，它在一定程度上弱化或误解了社会阶级意识，忽视了自己所处的阶级时代。他的发言自然会不合时宜，也会有失言的风险。

二

那么，吴宓可否谨言慎行呢？中国自古就有慎言传统，要求说话须谨慎，言行一致，言而有信，不说自己做不到的话。孔子《论语》对此也有多处论断，如说：“君子食无求饱，居无求安，敏于事而慎于言，就有道而正焉，可谓好学也已。”[10]又说：“君子欲讷于言，而敏于行。”[11]“敏于事而慎于言”是指“慎言力行”或“行胜于言”。“谨言慎行”就成了一条为人做事的古训，如墨子也讲“初之列士桀大夫，慎言知行”[12]。当然，孔子也并不是只要求沉默寡言，该发声时还是得发声，他对“八佾舞于庭”的僭越行为，也明确表示“是可忍也，孰不可忍也”[13]，对随声附和的好好先生也是十分厌恶的，只是提倡说话要考虑对象、时机和场合，“侃侃如也”和“訚訚如也”[14]的不同在说话对象，“邦有道，危言危行。邦无道，危行言孙”[15]，则讲究说话的社会情势。该说不说是“失人”，不该说而说则是“失言”，在该说时才说，就能产生“时然后言，人不厌其言”[16]之效。孔子既主张“慎言”也需“善言”，说话的背后是立德和人格，是合于“仁”，所以有“刚毅木讷，近仁”[17]和“巧言令色，鲜矣仁”[18]的区分。朴质内敛近于至善，花言巧语就背离了诚实。在孔子看来，行难言易，做成一件事情比说话艰难得多，所以，说话应谨慎，哪怕是迟钝、木讷点也行，“仁者，其言也讱”[19]说的就是这个道理。吴宓一向尊奉儒家道德，慎言敏行本来也应该是他的行为准则，但在生活中他却没有办法践行，所以就出现了那么多因失言才有的懊悔和痛楚。

吴宓曾在 1949 年后的很长一段时间想以表态和发言方式，来证明自己思想的进步。1952 年 1 月 12 日下午，他参加政治学习，谈“三反”运动，看到其他人“皆力求进步，自责甚严，令人忆及中国理学家及英国清教徒之极端虚伪行事，实则诸君皆正代表中国社会圆滑巧诈、善用机变之处世才能”，他感到“独我一人不上进，不争先”，虽发言了，但“众皆不谓然”，感到今后“在学习中出席发言，但当依样葫芦，随众敷衍，以为应世悦人、避祸全身之具而已”[20]。他想在政治学习活动中去发言并进步，但他总踩不到节拍上。1952 年 5 月 5 日，他读到了《新华日报》纪念马克思诞辰 134 年一文，以及楚图南、沙汀为达·芬奇诞生 500 年，雨果诞辰 150 年，果戈理逝世 100 年所撰写的纪念文章，感到“此类纪念文，西南文教部并不命宓撰作或供给材料。昨五四节红旗剧场之文艺纪念集会，文联亦不柬约宓赴会，足见当局对宓等所谓‘旧智士分子’实并不推重，偶被赞为博学年高，或谬加礼赞，亦只虚文敷衍而已”。“由是，则宓等之正当自处之道，更当沉默、超脱、谨慎，以‘无为’图自保，庶为得耳。”[21]他没有被邀请作文，而有了失落感，虽以“沉默、超脱、谨慎”自勉，不无发牢骚之意，他的内心里还是想表现自己，想以说话、表态方式来获得社会的认可。1953 年 5 月 2 日，吴宓赴俄语系参加欢迎苏籍教授晚会，学校及学院相关领导出席，场面很热烈，吴宓却没有发言，“惟食糖果”，喝茶，“满饮数杯”，他想到自己“幼在宏道，尊事日教员；少入清华，尊事美教员；皆无如今日尊事苏俄教员之甚者。昔来尚有讥弹，今则全国一致，上下争为媚悦，无人敢自觉其为中国人者”。他还仿《红楼梦》《好了歌》占诗一首：“万事皆空，唯有文学好。一切无关，著作吾事了。恋爱休谈，六十身已老。辛苦为人，只自增烦恼。”[22]并暗自决定：“从今当奋迅解脱，一改前非。明日又撰成（一）忍（二）默（三）止（四）勤四字，为吾之座右铭。忍谓不动（至少不表现）感情；莫谓不说话，不写信；止谓割断关系，停止追求；勤谓乘暇撰作《新旧因缘》小说，从今当勉行之。”[23]从喝茶到感想再到占诗的一连串行为，都有吴宓的不满情绪，包括“忍、默、止、勤”座右铭都不过是宣泄自己不满情绪的一种方式而已，其中不无与他人赌气的意味。

如果说在政治学习活动中，吴宓往往容易犯失言之错，就是在日常的教学活动，他的多言和想发言也成失言之据。1955 年 6 月 11 日，参加教学活动讨论，他的发言却招来他人的批评，他“甚悔是日会中之多言”，自己虽“为高年宿学之教授，又在人民政府及共产党之国立学院中，首宜谨慎自保，勿多预诸事，次当矜持养望，勿下亲琐屑，反致为人轻贱，何如超然深处，使人敬而不可测，且得自乐其乐之为愈哉!”且立下“忍默”箴言，但“卒莫能行”，还想“再加静超二字，以求其必至，即恒念千古之真理，而轻视目前之幻象，庶能自己精神安定，而不为物役矣”[24]。他把“忍默”写在日记里了，但终没有付诸行动。当天饭后散步，他看到有警察进校逮捕地理系讲师陈平章，回宿舍读“昆明日记”，感到自己“往昔行事多非，一生全归自误”[25]。自责归自责，失言照样犯。1959 年 5 月 29 日，学校组织教师座谈会，吴宓自己还“递纸条请发言”，述说自己上“英美文学史”和“外国文学”课程的任务重，学生人数多，难以胜任。他发言的声音大，说起话来也自感舒适，但事后却担心被看作“倔强如故，口服而未心服”，再次强烈地感受到自己发言是“取祸之道”，“病在不能冷静、沉着、虚无、止默”，虽后悔不已，但又有何用，“悔何及哉!”[26]1960 年 6 月 19 日，他反省自己，“近七八年来，宓屡以含忍止默四字自训诫，而终莫能改。以宓素性坦率，逆性为难。每欲以表现积极热心，勤劳而多成绩，为自保自全之计”[27]。吴宓的发言既是他的性情使然，也是他不断想追求思想进步的阶梯，但发言内容以及情绪化却透露出他思想的落后，特别对社会时事的评点，更有僭越之举的嫌疑。1961 年 4 月 26 日，中文系召开系务扩大会，讨论一年来的工作报告，在所有的非党员及老教师中，只有他“一人发言多次”，事后，他的感受是“太质直、太热心”，也认识到乃“取祸之道”[28]。吴宓常犯说话激动的毛病，情绪激动就会如竹筒倒豆子，一股脑儿说出自己的真实想法来。

随着大鸣大放情势的变化，民主党派的被批判，吴宓对发言可能伤及自身才有了恐惧感，他“不得不佩服”同事之“老成谙练”，还“自幸谨慎和平，尚无过分之言论，差可免祸全身也矣”，也希望“今后恐即文字改革亦不敢参加异议，舍‘忍舍止默’外，无他途也”[29]。吴宓为自己慎言而暗自庆幸，实际上，他是多次想表态，也参加了民盟的活动，只是在观望、等待时机，但他所希望的时机还没到来却出问题了。吴宓的幸运只能是暂时的，他的发言终究会摊上事情。1958 年 9 月 20 日下午，参加历史系政治学习活动，他“发言”的“质直”，却招来他人的“轻鄙”，感到“悔不能止默，发言太质直”[30]。这不过是事后诸葛亮，所谓“止默”不过是一种自我抚慰，于事无补，于己只在心安。由失言而懊悔，虽懊悔再失言，像这样发生在吴宓身上的事情可说是不计其数。1960 年 4 月 26 日，他在日记里总结自己的言行，无奈地感叹道：“宓十年来深心虑患，而恒不能自持，不能止默，每以多言致悔吝之凶，或以轻率热心，急公助人，而招渐辱，日记中记不胜记矣。”1949 年后，“俯仰求活，思想既不能且不愿改造，仍坚信儒佛之教及西洋人文主义。学习发言，应事接物，全是作伪，违心做作，患得患失，琐屑计较，故触处碰壁，其苦弥甚”[31]。今后怎么办呢？他给出的答案是：“今后宓当致力于‘乐死’‘盼死’‘不留恋’‘不贪生’之根本方法。其他皆当随缘应付，不介怀，不系心，庶有差乎？”[32]失言对他而言是“记不胜记”，尽管他多么地想“学习发言”，哪怕是“违心做作”，但结果还是“触处碰壁，其苦弥甚”，所以，最后只能以盼死求得解脱。自哀自怨到如此地步，不免让人唏嘘不已。

吴宓的失言也常带来同事的恐慌，不得不忠告他：“年甚老，必无患，可勿忧；但必须慎默，勿与任何人轻谈说，勿以自己之思想感情向人宣泄，方可免祸。又谓此系忠言，至望采纳。”[33]他听到后只是记录在册，并不作改变，依然故我地重复着失言。1968年5月23日，参加武斗的一方负责人找吴宓谈话，规定他不能随便走访和交流，有什么情况需及时汇报。这时的吴宓属于被管教对象，他如以唯唯诺诺作答就行，谁知他却主动陈说自己平常在家主要是读文史旧书，领导听后却不以为然，责备他应多看当时的大报，细读毛主席著作，积极改造思想，并训斥他：“我因爱护汝，乃如此说。否则，在今之情形下，我（或任何人）手指轻轻一拨，足置汝于死地矣！”吴宓做事太认真，过于质直，不该说的也说。他的同事也常常责怪他爱犯“多言”的毛病，“开口便错”，还纷纷劝他：“可言，可不言，当止默”，“应力戒多言，止默最上”，“宜冷静，不可动辄愤激”。在多次政治活动中，他的同事常被安排帮助吴宓改造思想，但吴宓常令他们失望，他们发出这样的感叹：“今后亦实难与宓共处矣。”但吴宓还作辩言：“宓在家，每日读报，又读毛主席著作之外，仍有多暇，所为何事？若说他事，曾恐不信；惟说宓读文史旧籍合乎宓之性格，则必见信。犹昔之吸鸦片者，直说我在家吸烟，以避参加外间某恶事某巨案之嫌疑耳。”[34]吴宓自感考虑周全，理由充分，实际上却常是弄巧成拙，此地无银三百两，怕被人质疑，而擅作解释，谁知却是越抹越黑，反而引起他人更多的猜疑。吴宓是个老实人，情感丰富，思想迂阔，他总按自己的经验说话做事，但当代社会已远比他所经历过的人生更为复杂、多变，所以，每当他一开口说话就会犯错，失言之事是肯定的了，懊悔也必不可少。如果只是失言而不懊悔，他也活得自在，但他的理想是谨言慎行，因他做不到，才增添了他的不少懊恼和痛苦。

三

实际上，无论吴宓是说还是不说都是一个两难问题。如果他不言而止默，就可能被认为不接受改造，思想顽固，不求进步；如果积极发言，也会有两种情形，要么作伪说假话，这显然有违他的道德人格；如要说真话，但他又跟不上时代话语潮流，也会被作为继续改造乃至批判的证据。这样，说与不说，说真话还是说假话都是左右为难的事情，其结果似乎都是一样的，都会陷入懊悔、痛苦和无奈，吴宓的生存处境及言说行为显然拥有某种荒诞性。当然，像吴宓这样反复失言及懊悔与其性格有关，更与时势环境脱不了关联。1962年12月22日，中文系老教师政治学习，有人发了言，提出学习应联系社会现实，“举所见所闻社会中（农村、市场）之各类事实新闻为资料及证据，如是方有益处，方可提高”。当他人一说完，吴宓就“不胜感愤，不能自抑制”，也“慷慨”发了言，说：“政治学习及思想改造，首应视其人之实际行事如何，此不能作为，苟详实考察，必无遁形；至于伪饰辞说，空谈思想，未必即是真心。”他的意思是观察一个人不仅要听其言，还要观其行，特别提出“伪饰辞说，空谈思想”者，“未必即是真心”这恰恰是社会言行分离，言而无行，言而无德之通病，吴宓胆敢说出来，是其耿介质直使之然。他也解剖自己表忠心，说“宓之本性，最能服从政府：在前清时，恶谈革命；入民国则忠于共和，惜袁氏帝制之错误，而一贯拥戴当时之政府，而痛恨犯上作乱者；及解放后，则以共产党及人民政府既已统一中国，为中国之正式政府，故宓仍秉持一贯之态度对之效忠，初未知有阶级斗争及思想改造也。1958 年春，‘向党交心’，宓自言诚心服从并拥护党国之一切政令设施，惟不赞同文字改革云云。今若再行坦白，仍是此语；惟存之于心，不敢明言宓对文字改革之意见耳。今若以宓不赞同文字改革，将宓枪毙，宓欣慰受刑就死。若以其他罪状加宓惩处，则实属冤污：盖宓实不自命为地主后裔及资产阶级知识分子而对党国有破坏、叛乱之图谋也”。“且观人者，应察其闲暇休息之时所作何事，即其心之所爱好、所恒向往者，为何事何物，此中最可深入得真，不容作伪；夫宓闲暇时之最大快乐，厥为静读中西文学古籍与名著，尤以描写男女爱情之诗与小说为最(凡邻舍与熟友皆可窥知)。至于农村、市场之情况，各种食物及用品之种类及价格、酒馔之享受、衣被之购置，以及校内校外私人之行事，尤其违法营私牟利伤德之新闻，宓既少得知，亦不探问，盖宓对此一切实毫无兴趣者也。知人性情、嗜好、习惯、行为如此之宓，焉可疑其有反党、反人民政府之意图，以‘阶级敌人’视之？何况宓‘七十老翁何所求’。”[35]吴宓的主要意思是，自己生性老实，一贯效忠，平常如此，如果要政治学习联系社会现实，自己缺乏社会经验，就可能被判定不过关。他在为自己找理由，也的确说的是真话。吴宓是一个典型的学院派知识分子、传统读书人，缺少社会体验和人生经验，他的思想和看法多从书上得来，有其迂阔、可爱之处，自然也就做不到与时俱进，不断进步，在一个只看进步的时代，他只会是时代的落伍者。他说自己忠于政府，确实是其真心实意，但将革命理解成犯上作乱，显然又是离题千里，不懂得“革命”的真正含义。所以，他往往一开口就错，说得越多错得越多。当然，也能从中看见他的坦诚和老实，已年近 70 岁了，还说自己最喜欢阅读描写男女爱情的中外诗歌和小说，有一份真性情在，不管是对社会还是对自己。

吴宓之所以出现那么多的失言和懊悔，也与他所处的大小环境有关。1949 年以后，社会政治与个人的关系变得更为密切，政治时事也是《吴宓日记》记载的重要内容，他几乎记录了每一次重大政治事件，包括每次政治学习会，他都会对会议内容和发言作详细记录，并在会后将其抄录粘存，并且还和同事和朋友讨论。除此之外，吴宓还保持看报习惯，哪怕到了 1970 年 3 月后，虽然每月工资仅仅 30 多元，他也会花 1.3 元订上一份《人民日报》。吴宓关心社会政治，也试图保持一定的距离，他想刻意疏远但又始终无法远离，在他日记里有“赴第一小组学习会，心甚不快。勉强发言一次”[36]的记载，有“循例随众，不得不言，既违良心，又不合时宜，殊自愧自恨也”[37]，这样的记叙在日记中随处可见。他也常以各种理由推脱参加会议和政治活动，有朋友曾请他为《大公报》撰写庆祝文章，他拒绝了还表示：“若至万不得已时，被逼，宁甘一死耳。”[38]有次《重庆日报》征文，学校拟定由吴宓等教授撰写，吴宓说：“呜呼，当局焉知吾心，吾宁甘减薪降级调职，而不愿作文登报。此吾特有之苦衷，不敢对人言者。宓自视如无物，然人犹以往昔之虚名而尊我或用我，哀哉名之为累也！”[39]当他得知自己谈思想改造的文章被译成了英文，还对美国广播宣传，作为招降胡适之用，他深感“宓今愧若人矣”，并以诗铭志：“心死身为赘，名残节已亏。”[40]他实不愿多染政治而获取名利，希望能保持独立品格，不为强权所迫和名利所累，但社会政治却常常找上门来，将他收入囊中而使之动弹不得。

社会小环境也让吴宓有些后悔不已。1964年12月24日，吴宓以“君子恶局下流”“危邦不入，乱邦不居”为戒，想到“倘宓不在西师，祸累当不至如此之重也”[41]。这确实是他的真实想法。社会大环境是导致像吴宓这样的知识分子受批判的主要因素，学校小环境也是其失言和懊悔的因由。1949年以后，吴宓来到偏居西南一隅的西南师范学院工作和生活，其详细因由已变得他有些不可解了。记录吴宓1949年和1950年间的生活、思想和心理日记各一册，早被焚毁，无法查证了。它们记载了中国社会大变革“惊心动魄、天翻地覆之情景”，也记录了吴宓辞去武汉大学教席到北碚勉仁和相辉学院任教的所思所为。从他后来零星的书信、文章和交代材料里，也可以找到一些缘由。吴宓离开武汉原先是打算到成都“研修佛学”，“出家为僧”，他说：“1948年秋，我即决意辞卸国立武汉大学外文系主任职务，到成都任教，目的是要在王恩洋先生主办的东方文教学院研修佛学，慢慢地出家为僧，并撰作一部描写旧时代生活的长篇小说《新旧因缘》，以偿我多年的宿愿。直至1949年春夏之交，方能得来到重庆，暂止于北碚勉仁学院、相辉学院。”[42]到了重庆后，因交通困难不能前赴，而暂住于梁漱溟主办的勉仁文学院，兼及在相辉学院任教。1950年两校合入西南师范学院。后来，他也有过后悔，亲朋好友也曾动员和介绍他调往北京、西安高校任教，因为他的年岁偏大，加上环境不熟悉，不想再去折腾，而选择长居于此。实际上，在网络时代到来之前，中国的社会文化一直是以城市为中心，从开放到封闭，由东向西呈梯级延伸扩散。越是西部或乡下，其自由开放度越低，但其正统程度却恰恰相反。但在传统思维习惯里，越偏僻似乎环境就越松散，越有自己的自由空间，但在一个思想和资源都高度集中且极其贫乏的年代，其情形却会恰恰相反，越处中心越有资源可用，边缘者只能以其激进或极端方式去争取认可。所以，改造吴宓思想，批斗吴宓都会是革命运动中的基本节目，因他也是树大招风，有一定的代表性和典型性，加上他做事认真，不超脱，有热情，爱冲动。1966年8月23日，社会的风声正紧，他在政治学习会上再次发言，当场即“遭众批判斥责”，事后，他“悔痛莫及”，“既心痛数千年中国文化之亡，又忧宓本人在运动中能否过关之事，于是近两日心神恍惚，已不能神志清明地控制指导自己之言动，于是有今日错误之事”[43]。1967年11月22日，中文系一行人杂谈人之才智和技能，他也发言了，“不凝重、不能沉默，亦患急躁"[44]。

有时候，吴宓的社会生活经验还不如不更事的少年。1972 年 2 月 28 日，吴宓见到邻居小林母子，当时小林还是一名初中学生，就劝他"须慎言慎行，力求沉默，勿评时事，亦勿写文章及日记"[45]。已近 78 岁的教授，而且还留过洋，东南西北海内外，经历过不少事情的吴宓，却被一少年所教导，虽让人有些意外，细想也在情理之中。有意思的是，吴宓还向学生传授处世之道，说："使此心超然物外，而随缘处顺，不伎不求，对人对事，则毫无我见，但求每一出戏演得（出）成功，则台下可各营得乐矣。"学生听后居然"如释重负"，"大喜而去"，称赞老师具有"wisdom 与 kindness 者"[46]（明智和善意）。吴宓好为人师，虽在处事上应算不及格，道理上却是一套一套的，但他自己也做不到。如果他真有给学生所讲的"看戏"心态，他的后半生也许就不会遇到那么多的麻烦，也不会有那么多的后悔。

* 本文系国家社科基金重点课题"中国现当代文学制度史"【11AZD064】和中央高校基本科研业务费专项基金创新团队项目"思想启蒙、社会改造与审美创造——中国现当代文学思想史论"【SWU1709102】阶段性成果。

注释：

[1] 吴宓：《吴宓日记》第 2 册，北京：生活·读书·新知三联书店，1998 年，第 19 页。
[2] 吴宓：《吴宓日记续编》第 1 册，北京：生活·读书·新知三联书店，2006 年，第 121 页。
[3] 吴宓：《吴宓日记续编》第 1 册，北京：生活·读书·新知三联书店，2006 年，第 234 页。
[4] 吴宓：《吴宓日记续编》第 1 册，北京：生活·读书·新知三联书店，2006 年，第 302 页。
[5] 吴宓：《吴宓日记续编》第 1 册，北京：生活·读书·新知三联书店，2006 年，第 304 页。
[6] 吴宓：《吴宓日记续编》第 1 册，北京：生活·读书·新知三联书店，2006 年，第 311 页。
[7] 吴宓：《吴宓日记续编》第 2 册，北京：生活·读书·新知三联书店，2006 年，第 37 页。
[8] 吴宓：《吴宓日记续编》第 2 册，北京：生活·读书·新知三联书店，2006 年，第 38 页。
[9] 吴宓：《吴宓日记续编》第 5 册，北京：生活·读书·新知三联书店，2006 年，第 520 页。
[10] 程树德：《论语集释》，北京：中华书局，1990 年，第 52 页。
[11] 程树德：《论语集释》，北京：中华书局，1990 年，第 278 页。
[12]（清）毕沅校注：《墨子》，上海古籍出版社，2014 年，第 149 页。
[13] 程树德：《论语集释》，北京：中华书局，1990 年，第 136 页。
[14] 程树德：《论语集释》，北京：中华书局，1990 年，第 638 页。
[15] 程树德：《论语集释》，北京：中华书局，1990 年，第 950 页。
[16] 程树德：《论语集释》，北京：中华书局，1990 年，第 975 页。
[17] 程树德：《论语集释》，北京：中华书局，1990 年，第 940 页。
[18] 程树德：《论语集释》，北京：中华书局，1990 年，第 16 页。
[19] 程树德：《论语集释》，北京：中华书局，1990 年，第 826 页。
[20] 吴宓：《吴宓日记续编》第 1 册，北京：生活·读书·新知三联书店，2006 年，第 278～279 页。
[21] 吴宓：《吴宓日记续编》第 1 册，北京：生活·读书·新知三联书店，2006 年，第 341 页。

[22] 吴宓:《吴宓日记续编》第1册,北京:生活·读书·新知三联书店,2006年,第525页。
[23] 吴宓:《吴宓日记续编》第1册,北京:生活·读书·新知三联书店,2006年,第526页。
[24] 吴宓:《吴宓日记续编》第2册,北京:生活·读书·新知三联书店,2006年,第195页。
[25] 吴宓:《吴宓日记续编》第2册,北京:生活·读书·新知三联书店,2006年,第195页。
[26] 吴宓:《吴宓日记续编》第4册,北京:生活·读书·新知三联书店,2006年,第90页。
[27] 吴宓:《吴宓日记续编》第4册,北京:生活·读书·新知三联书店,2006年,第379页。
[28] 吴宓:《吴宓日记续编》第5册,北京:生活·读书·新知三联书店,2006年,第76页。
[29] 吴宓:《吴宓日记续编》第3册,北京:生活·读书·新知三联书店,2006年,第108页。
[30] 吴宓:《吴宓日记续编》第3册,北京:生活·读书·新知三联书店,2006年,第480页。
[31] 吴宓:《吴宓日记续编》第4册,北京:生活·读书·新知三联书店,2006年,第324页。
[32] 吴宓:《吴宓日记续编》第4册,北京:生活·读书·新知三联书店,2006年,第325页。
[33] 吴宓:《吴宓日记续编》第7册,北京:生活·读书·新知三联书店,2006年,第83页。
[34] 吴宓:《吴宓日记续编》第8册,北京:生活·读书·新知三联书店,2006年,第457～458页。
[35] 吴宓:《吴宓日记续编》第5册,北京:生活·读书·新知三联书店,2006年,第516页。
[36] 吴宓:《吴宓日记续编》第1册,北京:生活·读书·新知三联书店,2006年,第24页。
[37] 吴宓:《吴宓日记续编》第1册,北京:生活·读书·新知三联书店,2006年,第24～25页。
[38] 吴宓:《吴宓日记续编》第1册,北京:生活·读书·新知三联书店,2006年,第164页。
[39] 吴宓:《吴宓日记续编》第2册,北京:生活·读书·新知三联书店,2006年,第62页。
[40] 吴宓:《吴宓日记续编》第1册,北京:生活·读书·新知三联书店,2006年,第432页。
[41] 吴宓:《吴宓日记续编》第6册,北京:生活·读书·新知三联书店,2006年,第452页。
[42] 吴宓:《改造思想,站稳立场,勉为人民教师》,重庆《新华日报》1952年7月8日。
[43] 吴宓:《吴宓日记续编》第7册,北京:生活·读书·新知三联书店,2006年,第529页。
[44] 吴宓:《吴宓日记续编》第8册,北京:生活·读书·新知三联书店,2006年,第300页。
[45] 吴宓:《吴宓日记续编》第10册,北京:生活·读书·新知三联书店,2006年,第45页。
[46] 吴宓:《吴宓日记续编》第5册,北京:生活·读书·新知三联书店,2006年,第51页。

台湾区域文学史书写的兴起

刘小新

（福建社会科学院文学所，福建福州，350001）

内容摘要： 台湾地方文学史或区域文学史研究从兴起到发展，产生了一批重要成果，构成台湾文学史书写运动不可忽视的一个部分。区域文学史书写运动的兴起是“解严”后台湾社会思潮的重要组成部分，是“解严”思潮在文学领域的重要表征之一，是 1990 年代台湾文化政策变迁或转移的产物。同时，它也受到地方学的兴盛、全球与地方辩证运动的深刻影响。地方文学研究与区域文学史书写具有诸多积极意义，也存在许多局限。

关键词： 台湾；区域文学史书写；兴起；语境；意义与局限

区域研究是当代人文社会科学的重要分支，区域问题业已成为人文科学长期关注的热点。在文学研究领域，区域视野、区域史和区域问题同样受到普遍的重视。在我国台湾地区的文学研究界，1990 年代初期以来，区域文学研究逐渐形成一股思潮，突出表现在地方文学史或区域文学史研究的兴起。2000 年，受祖国大陆重写文学史运动的启发，台湾学者陈万益已把陈芳明的台湾新文学史书写、彭瑞金的台湾文学四十年和 1990 年代兴起的台湾区域文学史写作都纳入“重写”文学史思潮的脉络与框架予以考察和定位[1]，积极评价区域文学史研究的意义。

一、地方文学热与区域文学史书写的兴起

在台湾文学研究领域的“区域”概念，台湾学者李瑞腾有较为详细的阐明：“区域是一个相对的概念。以世界为整体，则有欧美、亚太等区域性划分。以台湾为整体，则整个岛屿可划分为许多大小区域，如中部、北部、南部、东部等。或者再细分，有北基宜、桃竹苗等地区……”[2]在台湾的脉络中，所谓区域文学指的是各县市乃至乡镇的文学。20 多年来，台湾地方文学史或区域文学史研究从兴起到发展，产生了一批重要成果，构成台湾文学史书写运动不可忽视的一个部分。具体体现在以下方面：

一是区域文献资源和文学艺术资源的调查研究与汇聚整理工作，为地方或区域文学史写作奠定了坚实的史料基础。《文讯》杂志社开风气之先，早在 1991 年就已组织力量开展“十六县市艺文环境调查”，出版《艺文与环境：台湾各县市艺文环境调查

实录》，为文艺发展环境治理提供资料依据。1993年6月，台中县文化中心出版由施懿琳、钟美芳、杨翠合撰的《台中县文学发展史：田野调查报告书》，从地方文学史研究的角度较为全面地收集台中地区的文学资料。澎湖县文化局十分重视地方艺文史料的汇集，1997年6月，从挖掘地方文化资源的角度出发，吴培基和赖阿蕊整理出版了《澎湖县文学资源调查成果专辑》。1996年至1997年，颜昆阳主持“花莲县文学史数据整编与撰述”计划。1999年，台东县文化局出版《台东县艺文资源调查结案报告》。1999年，南投县文化局出版由严振兴主编的《南投县艺文资源资料文学部分调查》。嘉义县文化局出版由江宝钗编著的《嘉义县艺文资源调查研究报告——作家文学之部》和《嘉义县艺文资源调查研究报告——庶民文学之部》两种。彰化县立文化中心实施“彰化县艺文资源资料搜集计划”。2002年，文献委员会出版由黄美娥编撰的《光复前（1895～1945年）台北地区文学史料搜集：期末报告书》，发表《建构中的文学史：新竹地区传统文学史料采集、整理与研究》《新竹地区传统文学史料存佚现况》等。2002年，金门县政府出版《金门当代艺文史料汇编》，基隆文化局出版《基隆文学类资源调查报告书》，中国科技大学实施“基隆港周边及都市更新区域文史汇整调查研究计划”等等。

二是举办地方文学或区域文学研究系列学术研讨会，从观念建构和经验交流两个层面全面推动区域文学史研究热潮的兴起。1993年4月，《文讯》杂志社举办系列台湾地区区域文学会议六场，包括花东地区文学会议、高屏澎地区文学会议、云嘉南地区文学会议、中彰投地区文学会议、桃竹苗地区文学会议、北基宜地区文学会议，出版由封德屏主编的《乡土与文学：台湾地区区域文学会议实录》并在《文讯》开设“各地文学采风”专栏。它们从文学区域观念与区域研究方法两个层面，推动了区域文学研究和区域文学史书写。1997年开始，花莲县文化局连续举办花莲文学研讨会。第一届主题为“发现花莲文学”，第二届主题为“地志书写与城乡想象”，第三届主题为“在地与迁移”，第四届主题为“区域·语言·多元书写”，第五届主题为“地方感·全球观”，第六届主题为“溯源与奔流——花莲文学百年”。苗栗县政府推出苗栗文学地图建置规划，举办“在地历史·地景与文学创作”主题座谈会。苗栗县政府举办的地方文学会议内容丰富，引入文学地理学方法和文学地景概念讨论苗栗地方文学的历史与地理，议题包括：①苗栗文学的过去、现在与未来，②地方文学与在地学府的推动，③从台南、台中文学地图到台中文学地景LocalWiki看“苗栗文学地图”的设置方向，④吴浊流诗文中的地景，⑤消失或正在消失的文学地景，⑥文学创作与地方关怀，⑦以文学作为地景创作与观光发展之媒介。2003年起，苗栗县文化局连续举办苗栗县文学研讨会，主题分别为“野地繁花”“耀日明月”“灵山秀水”“故乡与他乡”“多元共生”等。自2008年开始，南投县文化局连续举办南投文学学术研讨会，旨在探讨南投县文学发展历史，建立南投文学之学术性地位。自2011年以来，屏东县每年举办屏东文学学术研讨会暨作家座谈会。第一届会议的代表性论文有《区域文学与文化研究之重要性》《清代屏东地区碑记之研究》《文学中的文化——谈冯喜秀作品中的客家元素》《屏东地区新诗发展初探》《综论屏东原住民作家的汉语书写》《屏东族群书写的新风貌》《屏东在地文学发展的瓶颈与期盼》等等。从中可以看出，研讨内容涉及面颇为广泛，包括屏东文学之古典文学研究、现代文学研究、民间文学研究、族群书写研究、文学思潮研究及乡土语言研究。2011 年，台湾文学馆和台南市小区大学研究发展学会联合举办盐分地带文学学术研讨会，议题包括：①盐分地带文学社团及其对台湾文学之影响之研究，②盐分地带文学作家，及其作品之研究，如吴新荣、郭水潭、王登山、林芳年等，③盐分地带文艺营之相关研究，④盐分地带古典文学之相关研究，⑤盐分地带台语文学之相关研究，⑥其它有关盐分地带文学之相关研究。2014 年彰化师范大学举办以“区域研究与台湾文学”为主题的台湾文学研究生学术论文研讨，2018 年中华金门笔会主办金门现代文学学术研讨会等等。此外，不少市县将地方文学纳入地方学范畴，在地方学研讨会中讨论区域文学的历史与未来发展问题，如台湾竹堑学国际研讨会、嘉义研究学术研讨会、金门学研讨会、南瀛学、南投学研讨会、澎湖研究等都列有相关区域文学讨论专题。

三是区域文学史书写运动与地方文学研究的兴起。1990 年代以降，台湾文学史写作方兴未艾，产生了一批引起学界广泛关注与评论的成果，成为当代台湾人文思潮重要表征之一。建立在各区域文学史料与艺文资源田野调查基础上，以各市县为地理叙事范畴的区域文学史书写竞相浮出历史地表，构成一道独特的学术风景。继 1993 年完成《台中县文学发展史田野调查报告书》之后，施懿琳、钟美芳、许俊雅、杨翠再次合作于 1995 年完成出版《台中县文学发展史》，开风气之先。1997 年，施懿琳和杨翠合作撰写由彰化县立文化中心出版《彰化县文学发展史》。1998 年，嘉义市立文化中心推出由江宝钗撰稿的《嘉义地区古典文学发展史》。1999 年，台中市立文化中心出版由陈明台主编的《台中市文学史初编》，澎湖县立文化局出版叶连鹏撰写的《澎湖县文学发展史》。2000 年，莫渝和王幼华出版《苗栗县文学发展史》。2006 年，龚显宗推出《台南县文学史》。2008 年，彭瑞金撰写的《高雄市文学史》出版，游建兴推出《清代噶玛兰文学发展史》。2009 年，李瑞腾、林淑贞、顾敏耀、罗秀美、陈政彦等合作完成《南投县文学发展史》（上卷）。2010 年，陈青松出版《基隆古典文学史》。2011 年，李瑞腾、林淑贞、顾敏耀、罗秀美、陈政彦等合作完成《南投县文学发展史》（下卷）。2015 年，廖振富、杨翠合著的《台中文学史》发行。概观式的区域文学史写作与地方文学研究相得益彰，相互促进，共同形成区域文学史研究的热潮。在区域文学研究领域，博硕士论文占据了较大比重，青年学者成为区域文学史研究的生力军。黄美娥的博士学位论文《清代竹堑地区传统文学研究》（1998 年）开风气之先，以方法论的自觉和区域研究的深耕意识拓展了区域文学史研究的空间，具有代表意义和引领作用。其他还有姜佩君《澎湖民间故事研究》（2000 年）、郭丽琴《西螺地区文学发展研究》（2003 年）、冷芸桦《战后基隆文学发展之研究》（2005 年）、欧译镁《以地域观点论兰屿之文学图像》（2007 年）、林媛玉《嘉义滨海地区传统诗研究》（2009 年）、李蕙君《民雄地区文学发展之研究》（2011 年）、蓝慧茹《当代宜兰文学中的地方书写》（2013 年）、黄炳彰《风头水尾：当代浊水溪流域书写研究》（2015 年）、董卓璘《当代青年作家的地方书写探究——以赖钰婷、杨富闵散文为例》（2017 年）等一大批研究成果。

从以上列举的篇目大体可以看出，地方文学和区域文学史研究在硕博研究生文学专业教育中所占有的比重和分量。其研究领域包括台湾各地的古典文学、现代文学以及作家的地域书写等方面，研究方法以文献整理和田野调查为主，并引入“地方叙事”“在地书写”“地方感”“地景”等当代人文/文学地理学概念，进一步拓展区域文学史书写的空间，足以表明学院为地方文学和区域文学史研究培养了一大批专业人才，作为文学研究的重要领域，区域文学史研究业已全面进入学院的知识生产体系，学科建制已经基本完成。

四是地方文学奖、地方文学馆和区域文史资料中心的设置，为地方文学发展和区域文学史研究提供了良好的条件。1993 年，在台南县第一个设置南瀛文学奖之后，各县市都纷纷设置地方文学奖。台北市文化局设置台北文学奖，台南市设有府城文学奖，新北市文化局设有新北文学奖，基隆市文化局设有基隆市海洋文学奖，新竹市文化局设有竹堑文学奖，台中市文化局设有台中文学奖，高雄市文化局设置打狗凤邑文学奖，宜兰县政府设有兰阳文学奖，花莲县设有花莲文学奖，台北县设有北县文学奖，苗栗县立图书馆设有梦花文学奖，彰化县文化局设有磺溪文学奖，南投县文化局设有玉山文学奖，屏东县文化局设有大武山文学奖，澎湖县文化局设有菊岛文学奖，马祖县设有马祖文学奖等等。这些地方文学奖的设置促进了区域文学发展，也为区域文学史研究创造了良好的氛围环境。而各县市地方文学馆的设置对区域文学史研究的影响更为直接。台中文学馆、高雄文学馆、彰化文学馆和台湾农村文学馆、屏东文学馆、宜兰文学馆、嘉中文学馆、桃园儿童文学馆、南投文学资料馆、新竹文学馆、台北文学馆和纪州庵文学森林等，此外还有彰化的赖和纪念馆、台南新化的杨逵文学纪念馆、美浓的钟理和纪念馆等等以本地作家命名的文学馆。2005 年设立台湾文史区域资源中心，包括政治大学台史所的台湾文史区域资源中心、台湾清华大学台文所的台湾文史中心、静宜大学台文系的中区台湾文学资源中心、成功大学文学院的南部地区台湾文史区域资源中心和东华大学乡土文化系的东区台湾文史区域资源中心。这些文学馆和文史区域资源中心的建制既成为地方文学文献的收集、整理与展示的平台，成为地方文学与历史记忆的空间，本身也是区域文学史的形象化展示方式，是另一种区域文学史书写与呈现的形态。在为区域文学史研究提供了文献资料的同时，客观上也为地方文学研究与区域文学史写作提供了需求。

二、区域文学史书写兴起的语境

台湾地方文学研究与区域文学史书写运动的兴起有其特殊的历史语境和发展脉络。

第一，区域文学史书写运动的兴起是“解严”后台湾社会思潮的重要组成部分，是“解严”思潮在文学领域的重要表征之一。1987 年开始的“解严”开启了台湾社会大转型的序幕，蕴藉良久的各种“社会力”开始冲破国民党威权统治体系，社会文化能量得到充分的释放，形成“去中心”或“解中心”和“多元化”的文化思潮格局。台湾地方文学研究与区域文学史书写运动的兴起即是“去中心”或“解中心”思潮的重要一环，也是“解严”的“解中心”和“多元化”思潮逐渐深入文化基础领域的表现形态。

第二，区域文学史书写运动的兴起是1990年代台湾文化政策变迁或转移的产物。1987年—1993年，文化“解严”和文化多元发展政策陆续出台。1987年蒋经国宣布解除“戒严”，受到“反对运动”的压力和后现代主义思潮突起的双重作用，加上文化消费主义的影响，台湾当局对文化和思想的控制逐渐松动。台湾文化政策因此也产生了重大变化，文学的多元化发展和文化多元化政策逐渐形成，文化政策中的市场面向已经显现，乡土文化也从被压抑转向受重视，地方文化发展和国际文化交流同时受到关注。1989年，“文建会”推出1990年—1993年文化建设中程发展规划，全案分提升社会质量、增进人文素养、推动艺文发展等三部分，共十八个重点、一百五十七项措施。规划特别强调了落实县市文化中心功能。1993年以后，文化政策的支持重心从中心到地方的转移趋势十分明显。1994年台湾当局出台新的“十二项建设计划”，“文建会”也制定了相应的文化发展十二项计划。这十二项计划包括三大方面：①加强县市文化活动与设施建设；②加强乡镇及社区文化发展；③传统与现代化文化艺术资源之保存与发展[3]。这一时期的文化政策突出了两个问题：其一是文化资产保护和传统艺术发展；其二是乡镇及社区文化发展。从1993年起，社区建设和文化发展的关系成为“文建会”文化政策思考的重要方向甚至成为核心理念。1993年10月申学庸在国民党中常会发表《文化建设与社会伦理的重建》，从“社区共同体”建构的理论高度强调社区文化和伦理建设的重要性，认为地方文化建设至关重要的功能就在于培养社区共同体意识。1994年，“文建会”直接提出“以文化建设进行社区总体营造”政策。“社区总体营造”这个在台湾流行多年的概念首次出现，“社区总体营造”作为文化政策也正式浮出水面。2001年，“文建会”以政策实施效果的评估为依据进一步修订和充实了“社区总体营造”政策，相继推出一系列政策和计划：社区艺文发展计划、社区文化再造计划、社区环境改造计划、文化产业之发展与振兴计划、推动生活文化发展计划。这一时期的文化政策是“以地方为主轴”[4]。台湾地方文学研究与区域文学史书写运动的兴起明显受到了“以地方为主轴”文化政策的推动与支持，是“以地方为主轴”和“社区总体营造”文化政策的产物。

第三，“以地方为主轴”和“社区总体营造”文化政策催生了台湾地区地方学的蓬勃兴起，而地方学的兴盛又进一步促进了台湾地方文学研究热与区域文学史书写运动的兴起。正如台湾学者王御风所指出：“其与传统地方研究最大之不同，在于地方学崛起时，受到台湾史开始被重视，以及小区营造运动影响，因此有许多社造精神注入其中，也带来台湾地方文史研究的新面貌。”[5]1992年，宜兰县最早开始启动重修县史计划，1993年，设立宜兰县史馆筹备处。1994年，台湾文化行政当局在全面推动“社区总体营造”的语境下，支持和鼓励各地成立地方文史工作室，开展地方文史资料整理与地方学研究，提出“人人都来写村史”和“县市史书写”计划。据陈其南、孙华翔的描述，地方文史工作热迅猛兴起：“文建会为落实地方文化扎根的工作，积极鼓励地方上对文史工作热心人士进行有关调查研究或人才培训工作，自八三年起陆续办理‘地方文史社团基础工作研习计划’，分北、中、南三区举办，授予地方文史工作人员实际田野工作的方法及要领的课程，交流各文史社团之工作经验，并了解各社团面临之问题，以作为日后辅导文史社团工作之参考。由于‘文建会’的积极支持，文史工作室在台湾各地如雨后春荀般蔓延开来，粗略估计为数恐怕已超过三四百个，他们的存在直接或间接增强了地方上的文化执行与扩散能量，文化中心和文建会的施政成效，也因为吸引了更多文化人和地方在地知识分子的投入而大为提升。"[6]在地方行政当局、大学、社区大学和民间团体共同参与推动下，地方学在我国台湾地区蓬勃兴起，逐渐成为人文学科尤其是文史学科中的显学分支。宜兰学、屏东学、台北学、基隆学、台中学、北投学、竹堑学、嘉义学、金门学、南瀛学、高雄学、台东学、彰化学、花莲学、苗栗学、淡水学、澎湖学、云林学等等迅猛发展，成为台湾地方文化建设和历史研究的显著特色。各市县纷纷创办地方文献刊物，编撰出版地方学研究丛书，整理地方文史文献，举办地方学学术研讨会，社区大学开设地方学课程和地方文史写作培训课程。地方文学研究和区域文学史写作属于地方学范畴，其研究方法、知识视野、价值立场和知识生产动力都来自地方学，是地方学兴起的一个重要组成部分。不少区域文学史研究的成果都发表在地方学的刊物以及作家文集被纳入地方学丛书就是明显的例证。例如：《拆/猜大武山文学奖的表现度》《找寻地方感的书写》《六堆客家地区鸾书的民间文学特性》《族群记忆与家乡风土》等一大批屏东区域文学史研究成果都刊发在屏东学刊物《屏东文献》上。高雄地区文学史研究成果如《"台语"文学的高雄地方书写探讨》《高雄地区笠诗社诗人的主体精神》《现代性·南台湾：1930年代李献璋褒歌采集的特色》等等则发表于高雄地方学刊物《高雄文献》。

第四，台湾地方文学研究与区域文学史书写运动的兴起也受到全球与地方辩证运动的深刻影响。地方是相对于全球的地方，是世界之中的地方。地方化与全球化构成了既对抗又交融的复杂关系。如同美国政治学研究学者彼得·卡赞斯坦所言，现今，全球和地方已经以某种方式完全交织在一起，这既"加强了一体化的力量，同时也推动了碎片化的进程"[7]。正是在全球化迅猛发展的历史语境下，包括区域文学研究在内的区域研究逐渐兴起，成为人文科学的重要发展趋势。在全球化与后殖民论述中，文学普遍性与特殊性、世界主义与民族主义、同质化与异质性、殖民话语与后殖民话语、普遍知识与地方性知识等等二元并置的术语频频出场，一再显示了当代文化的两极化走向。全球化的一极通过把某种特定的文化价值观公理化推销"文学普遍性"观念。另一极为"批判的地域主义"倾向。这种倾向强调地方性，认为在全球化的今天必须保卫地方性，保卫地方性就是保卫差异性和抵御全球主义[8]。正是在这个语境和脉络中，区域文学研究获得广泛的关注。1986年，英国成立了区域、民族与文学协会（RNLA），并且每年举办两次国际会议，聚焦于区域与民族文学问题。1960年代至1970年代台湾开始进入工业化和城市化进程，乡土文学兴起成为一种批判和反思的力量。1980年代后全面融入全球化进程，被纳入全球资本主义的体系之中。地方文学和区域文学史写作的兴起，突出了地方知识、地方文化认同的价值与意义，同样可以视为是对全球化所产生的文化同质化和普遍主义运动的一种抗拒，也是以异质性参与全球化的一种方式。正如台湾学者范铭如所指出："在资金、资讯快速交换流动的全球化趋势中，地方书写不仅保留本土记忆、建构文化身份及原乡与外地的时空差异，同时可能将此种差异转变为同质化全球语境里的显著标地。”[9]当然，这种区域文学史研究思潮与台湾社会本土主义意识形态的抬头乃至逐渐甚嚣尘上也存在着隐蔽的关系。需要明确指出的是，政治意识形态的渗透与借力对区域文学史研究带来了不少消极的影响。

三、区域文学史书写的意义与局限

地方文学研究与区域文学史书写的积极意义在于：

第一，以田野调查为基本方法，收集整理大量散落在民间的文献资料，在此基础上撰写文学史。这种区域文学史的写作方式具有明显的历史学特质，因此也具有史料挖掘整理的突出意义与价值，为整体的台湾文学史研究提供了丰富的史料基础。正如台湾学者陈万益所指出：“这一系列区域文学史，最值得我们重视的是，透过田野调查而撰写的开创性意义。”[10]在为龚显宗的《台南县文学史》作的序中，叶泽山也高度评价了其史料发掘的独特意义与价值：“《台南县文学史》，我们可以清楚地了解汉诗文发展的来龙去脉，书中立论若不是自文献中爬梳而得，便是来自于新出的文学史料。”[11]

第二，区域文学史写作十分重视传统或古典文学的历史发展、口传文学和民间文学等，改变了台湾文学史书写偏重于新文学的模式。《高雄市文学史》《南投县文学发展史》《台中文学史》等古典文学部分大多占一半甚至超过一半的比例。包括学位论文在内的区域文学研究著述，以古典诗文诗社为对象的占据相当大的比重，同时，少数民族口传文学和区域民间文学也获得了充分的关注。如此，既丰富了台湾文学史的版图，同时也改变了新旧文学二元论的文学史叙事框架。以廖振富、杨翠合著的《台中文学史》为例，少数民族和汉族口传文学、民间歌谣、地方传说、清代台中地区的文人结社与古典诗文创作、日据时期的古典文学社团与新文学社团及其创作、战后迄今的台中古典文学、战后初期至 1980 年代前台中新文学的发展等都列有专章或专节予以介绍评述，同时还阐述了古典诗文与现代性的关系，勾勒了台中地区性别书写、族群书写、儿童文学的发展概况，突出了台中区域文学中的“文学地景”与“在地书写”主题，呈现出台中区域文学史的丰富性、多元性和复杂性面貌。

第三，区域文学史书写将区域文学问题放到该区域的政治、经济与文化发展的脉络中予以考察，突出了区域文学的区域特色或地方特质。在讨论区域文学史书写时，陈万益、许俊雅、黄宪作等不少学者都提到一个困难的问题，即区域文学史如何发现和描绘出区域文学的区域特色[12]。区域文学史书写必须认真对待这个问题，即“区域文化特性如何内化为文学经验题材、主题类型及语言风格，因而营造出与其它区域不同性质的文学”[13]。“区域文学的编写与研究对于各区域的特色，如何更加有效地切入流动性、交融性与开放性的文学中？如何利用研究成果以凸显各地区域文学的特色是不易之事。”[14]在《彰化县文学史》的绪论中，编撰者施懿琳和杨翠也意识到这个困难的问题：“撰述彰化县文学史，一直引发我们思考的是它的‘区域性特色’，它与其它区域的文学史，如‘台中文学史’‘台南文学史’究竟有何不同？欲突显地域特色，最重要的是要将该地的‘土地’与‘人民’的历史记忆紧密结合，以呈现它之所以异于其它地区之处。”[15]这里的“土地与人民”仍然是比较抽象的、素朴的、缺乏理论的深入阐述与方法论上的支撑。早期的区域文学史书写的确没有处理好这个问题，但近期的区域文学史研究则有所改变乃至有所突破。人文地理学的“地方感”概念和文化人类学中的“地方知识”概念以及文学理论的“地志书写”等的引入，有助于区域文学史研究发现地方特色，构建区域文学史的区域性。借鉴美国学者艾兰·普瑞德（Allan Pred）《结构历程和地方》中的有关论述，黄宪作重新界定了区域文学的概念：“区域文学是以地方/空间为容器，广纳书写文本以建构区域文学，书写者以主观的情感在空间中建立地方感，地方感来自于经常性活动的涉入，经由亲密性及记忆的累积过程；经由意象、观念与符号等意义的给予；经由充满意义的‘真实’经验或动人事件，以及对个体与社区/地方的认同感、安全感及关怀感的建立，才能对这个空间产生地方感。”[16]这种论述和研究方法在近期区域文学史书写中占据了主流位置。在文学地理学、文化人类学的“地方知识”、地志书写思潮与区域文学研究的相互激荡下，区域文学史书写中的区域特色问题基本获得了有效的处理。

第四，区域文学史书写继承和发扬了传统地方志中“艺文志”的学术传统。区域文学史研究从传统地方志中“艺文志”发掘材料，学习借鉴编撰文学史和艺文评论的方法，有时也把区域文学史书写纳入地方志写作体系之中，如《新修彰化志·文化志之文学篇》《增修台东县史·艺文篇》《安平区志·文学志》《阿里山文学志》《嘉义县志·文学志》《七股乡志文学篇》等等。《阿里山文学志》就是典型的以“艺文志”的方法编撰的区域文学史著述，内容涉及以下方面：一是搜录阿里山森林文学，进行历史的文学整理工作，宣传阿里山森林人文学。二是纪录阿里山森林重建地景蜕变，聚焦于重建计划的地景新貌，见证阿里山森林地景的蜕变与重生。三是发掘阿里山铁路兴建的文化价值。透过纪录保存林业文化，追寻森林人文景观的变貌，深入人与森林土地的关系[17]。台湾区域文学史书写中的这一脉继承和发扬了传统地方志中“艺文志”的学术传统，表明中国传统地方志中“艺文志”学术方法在重写文学史中具有重要的参考借鉴意义。

第五，区域文学史研究丰富了当代文学地理学的研究空间，为文学地理学研究提供了丰富的史料和案例。同时，区域文学史书写成为发掘地方文化资源的重要方式，带动了地方文风的发展，延续了地方文脉，为文化创意产业发展夯实了地方文化根基，对地方经济社会文化发展和“社区总体营造”都具有积极的促进意义。

当然，台湾的地方文学研究和区域文学史写作也存在许多局限。1990年代的区域文学史书写在叙述逻辑上往往照搬叶石涛《台湾文学史纲》。施懿琳在《彰化县文学史》的绪论中谈到日据时期彰化新文学的历史分期时，明确承认采用了叶石涛《台湾文学史纲》中的分期法来叙述日据彰化地区新文学的发展过程：摇篮期（1920—1925年）、成熟期（1925—1937年）和战争期（1937—1945年）。战后部分则采用了通用的“十年一期”的分期法，未能有效进入区域文学发展的内在脉络[18]。如此，“依循旧章，在既定框架内整理史料”，在文学史理论与观念上还缺乏创新意识，“难免让人失望”[19]。另外，区域文学史写作在处理区域流动问题上也多少有些僵硬，跨区域的交缠与互渗关系没有得到应有的重视。受到历史视野和区域观点的局限，或受到本土主义意识形态的拘囿，一些区域文学史著作没有处理好小区域与大区域的历史关系，没有将闽台区域文化的历史渊源和传统汉诗文之间的互动关系纳入考察范围，也没有充分关注到台湾区域古典文学的小传统与中华文学的大传统之间的深层血脉关系。

区域文学史书写的最大局限在于受到本土主义意识形态的消极影响，有些区域文学史书写演变成为进一步为本土主义正名和张本的工具。施懿琳在《撰写区域文学史的几点感想》一文中就直接表述了这一错误的文学史观："田野数据千丝万缕，零零杂杂，如何将之串联成一有机的文学史叙述呢？我们共同的默契是，强调以'台湾为中心'的思考方式，避免落入将台湾视为亚流、支流，附属于中国或日本等文化霸权的思考。以台湾的人民为本位，观察本土的文学如何萌生、发芽、滋长，乃至于产生许多不同的阶段性变化。……八〇年代'台湾文学'虽已获得正名，九〇年代'台湾文学'虽已进入学院成为文学研究者的'宠儿'。但是，截至目前，除了叶石涛先生的《台湾文学史纲》之外，一部以'台湾'为主体，由本地研究者自己撰述，详细而深入的《台湾文学史》，仍付之阙如……区域文学史的研究乃撰写台湾文学史的基础工作，如果能由有心者自北、中、南、东各个区域进行地毯式的搜索……将有助于台湾文学史撰写工作的推展和进行。"[20]在这种错误的文学史观的影响下，区域文学史写作必然深陷意识形态的泥潭，成为一种政治工具，严重伤害区域文学史研究的科学性和学术性。

注释：

[1] 陈万益：《现阶段区域文学史撰写的意义与问题》，《文讯》2000年第174期，第32页。

[2] 李瑞腾：《序》，封德屏主编：《乡土与文学：台湾地区区域文学会议实录》，《文讯》杂志社，1994年，第2页。

[3] 陈其南、孙华翔：《从"中央"到地方文化施政观念的转型》，《"新世纪政策"：社会政策与教育研讨会论文》，财团法人台湾新世纪文教基金会主办，2000年4月29日。

[4] 刘小新：《当代台湾文化政策的形成与演变》，《学术评论》2017年第2期，第74页。

[5] 王御风：《地方学的发展与挑战》，《思与言》2011第4期，第31页。

[6] 陈其南、孙华翔：《从"中央"到地方文化施政观念的转型》，《新世纪智库论坛》2000年第10期，第1～28页。

[7] 彼得·卡赞斯坦：《地区构成的世界》，秦亚青、魏玲译，北京：北京大学出版社，2007年，第31页。

[8] 朱立立、刘小新：《近20年来台湾地区"本土论"思潮的形成与演变》，《烟台大学学报》2009年第1期，第39页。

[9] 范铭如：《全球语境与台湾地方书写结案报告》。140. 119. 115. 26/retrieve/82541/942411H305006.

[10] 陈万益：《现阶段区域文学史撰写的意义与问题》，《文讯》2000年第174期，第32页。

[11] 叶泽山：《文化遗产·集体记忆》，龚显宗：《台南县文学史》，台南县政府，2006年，第4页。

[12] 陈万益：《现阶段区域文学史撰写的意义与问题》，《文讯》2000年第174期；许俊雅：《建构与新变/敞开与遮蔽——台湾区域文学史的意义与省思》，《台湾文学研究学报》2014年第18期；黄宪作：《花莲文学的边界——论花莲文学的定义与花莲文学史撰述的困境》，《台湾文学研究学报》2014年

第 18 期。

[13] 陈万益:《现阶段区域文学史撰写的意义与问题》,《文讯》2000 年第 174 期,第 36 页。

[14] 许俊雅:《建构与新变/敞开与遮蔽——台湾区域文学史的意义与省思》,《台湾文学研究学报》2014 年第 18 期,第 9 页。

[15] 施懿琳、杨翠:《彰化县文学史》,彰化:台湾彰化县立文化中心,1997 年,第 7 页。

[16] 黄宪作:《花莲文学的边界——论花莲文学的定义与花莲文学史撰述的困境》,《台湾文学研究学报》2014 年第 18 期,第 139 页。

[17] 苏慧霜:《阿里山文学志》,嘉义:台湾行政当局农业委员会林务局嘉义林区管理处,2016 年,第 1 页。

[18] 施懿琳、杨翠:《彰化县文学史》,彰化:台湾彰化县立文化中心,1997 年,第 7 页。

[19] 陈万益:《现阶段区域文学史撰写的意义与问题》,《文讯》2000 年第 174 期,第 34 页。

[20] 施懿琳:《撰写区域文学史的几点感想》,《文讯》2000 年第 174 期,第 40～41 页。

论当代小说学的类型与特征

周新民

（华中科技大学人文学院，湖北武汉，430074）

内容摘要： 当代小说学是当代小说理论关于小说自身的理论建构。经过七十年的发展，当代小说学已经形成了特色鲜明的三种类型。第一类是小说体式理论，来源于对具体小说的批评，因而呈现鲜明的实用性；第二类是从单一性知识出发的建构，大都是对外来特定批评理论的借鉴，体现了明确的开放性；第三类是综合性小说学，是对小说自身理论的综合建构，涉及小说理论自身的多个层面，博采多种小说理论资源，具有显著的抽象性。

关键词： 小说学；体式；知识性；综合性；建构

中国当代小说理论的发展深受当代社会政治、文化的制约，也受到外来文学理论和中国文学传统的影响，这是不争的事实。但是，这并不意味着当代小说理论的发展缺乏自身的理论建设和历史发展道路。体现当代小说理论自身理论建设的思考，称之为小说学。小说学和小说理论既有联系也有区别。学界同仁关于小说理论与小说学的辨析也有不少成果[1]。一般说来，小说理论是一个历史性的概念，小说理论具体构成，如人物理论、情节理论、主题理论、形式理论等，都是一定历史时期、具体社会政治、文化、经济相碰撞而产生的理论命题。而小说学则属于更加抽象的关于小说自身建构与发展规律的理论，并不是明确地指向历史性的一个概念。另外，小说理论所涉及的对象也要复杂得多。举凡小说批评、理论家关于小说的各类探究、小说家的创作谈、小说家和批评家的对话、小说家的读书笔记等等，都属于小说理论的范畴。小说学只是关于小说的观念、价值、功能、体式等反映小说自身规律的理论思考。小说理论有各家之说的差别，而小说学则是从各种理论命题、理论流派之中抽象出来的反映小说自身规律的理论。因此，小说学虽然和小说理论都是关于小说的理论思考，相比较而言小说学更能贴近小说自身。小说学也有其自身的历史道路。当代小说学和古代小说学、现代小说学相比较而言，类型更加丰富、观念更加开放。从类型学的角度看，当代小说学在发展过程之中，大概形成了三类小说学。一类是关于小说存在方式的理论探讨，主要是探讨小说存在样式的问题，主要包括关于短篇小说、中篇小说、长篇小说的体式理论；第二类是从某一种特定的知识出发，对于小说的特性、价值、功能所作的理论探究；第三类是综合性的小说学，全面讨论小说的内涵、历史、功能、价值、样式等规律性的理论。本文尝试就当代小说学的形态做一个初步的探讨。

一

1949—1976 年间，小说学主要集中在小说体式理论的探讨上，呈现出鲜明的实用性特征。短篇小说、长篇小说两类体式的基本特征与内涵都得到了比较深入的探讨。短篇小说的体式理论大概可以划分为故事体论、“横截面”说、“纽结”说等三种类型。而长篇小说的体式理论大概有“新评书体”说和“史诗”说两个类别。

故事体论是 1949—1976 年间关于短篇小说的主要体式理论。把短篇小说和故事勾连起来，有传统小说理论的因素。孙楷第就认为，中国的短篇小说一大特点就是“故事”[2]；而在现实层面上则有大众化的需求，批评家们认为，群众对故事有着浓厚的兴趣，小说创作“就是要他们（故事员——引者注）提供更多的讲故事的材料；创作出来的作品，不仅要能看，还要能当故事讲”[3]。关于故事性短篇小说的来由、特征等问题，笔者在《论“十七年”小说理论的“故事化”诉求》一文中有过深入探讨，在此就不再赘述[4]。

从受人民群众喜爱的角度来讲，故事体的短篇小说显然是首选。但是，短篇小说作为一种重要文体，在 1949 年—1976 年受到欢迎还与它的基本特征有关。短篇小说对于社会生活的发展和变化“显出了能迅速地反应，和简单生动而富有表现力的一种健康的创作特色。这正是人民文艺作品最优越、最突出的特征”[5]。短篇小说被认为具有“迅速反映”，“简单生动而富有表现力”的文体特征。在此基础上，就产生了短篇小说要写生活的“横截面”的理论。短篇小说被认为是写生活的“横截面”的观点来自胡适。胡适认为：“短篇小说是用最经济的文学手段，描写事实中最精彩的一段。”[6]何为“事实中最精彩的一段或一方面”？胡适说：“譬如把大树的树身锯断，懂植物学的人看了树身边的‘横截面’，数了树的‘年轮’，便可知道这树的年纪；一人的生活，一国的历史，一个社会的变迁，都有一个‘纵剖面’和无数‘横截面’。纵面看去，须从头看到尾，才可看见全部。横面截开一段，若截在要紧的所在，便可把这个‘横截面’代表这个人，或这一国，或这一个社会。这种可以代表全部的部分，便是我所谓‘最精彩’的部分。”[7]关于短篇小说要写“横断面”的观点，得到了茅盾、邵荃麟的认同。茅盾认为：“短篇小说取材于生活的片段，而这一片段不但提出了一个普遍性的问题，并且使读者由此一片段联想到其他的生活问题，引起了反复的深思。”[8]所谓“生活片段”，“并不能死板地解释为时间空间应有一定的限制”，而是小说家“在所熟悉而且理解得透彻的生活的海洋里拣取这么很有意义的一片段”[9]。短篇小说要写生活的“横截面”是 1949 年—1976 年比较普遍的观点，邵荃麟也持此论：“短篇小说的特点，就在于从生活的片段的描写，使读者能以此推及全体，好像植物学家从一些树木的横断面，可以去研究森林一样。”[10]可见，据胡适、茅盾、邵荃麟所言，短篇小说要写生活横断面的论断，还没有脱离小说所倚重的是“事”的观念。在他们的观念中，小说是以写“事”为主，是通过叙述事件的“横截面”来反映整体性社会生活。显然，这还不是一种具有现代意义的小说观，还被“本事”所束缚。不过，茅盾、邵荃麟关于短篇小说是“横断面”的观点，倒是适应了建国后现实主义小说规范的需要，体现了小说要迅速反映社会生活上的理论诉求。

现代短篇小说作为小说的一个类别，超越了简单写“事”的要求，以塑造人物形象为最根本的艺术追求。侯金镜认为小说要以塑造人物性格为核心，因此，他把短篇小说所写的横断面锁定在人物性格的横断面上。他认为，“短篇的特点就是剪裁和描写性格的横截面（而且是主人公丰富性格中选取一两点）和如此相应的生活的横截面”，短篇小说即使写人的一生命运，也应该以“主人公性格的横截面为基础的”[11]。侯金镜虽然赞同短篇小说要写“横断面”，但是，他的着眼点是人物性格的“横断面”。毫无疑问，侯金镜的观点显然比胡适、茅盾、邵荃麟更具有现代气息。无论是写生活的横截面，还是专注性格的横截面，短篇小说都必须在有限的文字里，深入开掘，折射社会的整体发展，反映社会生活发展的本质。因而，写“横断面”的理论主张，在一定程度上表现了1949年—1976年短篇小说在反映社会生活、塑造人物性格上的“规定性”。

但是，也不是所有的理论家都认同“横断面”的理论观点。魏金枝就认为：“严格地说，无论怎样庞大的长篇，它的取材，总有一些限制，决不能把整个时空间的活动，加以完全无缺的描写。因此，长篇也只是在整个时空中，采取有限的一部分……至于短篇，那就无须说得，范围是要狭小得多了。自然，在比例上，短篇的取材，比长篇所截取的那个部分，还要短小得多；可也决不能说，短篇所截取的是横断面，而长篇所截取的就不是横断面。”[12]魏金枝从短篇小说取材的时空范围的相对性出发，否定了短篇小说要写“横断面”的观点。他认为小说要反映的是生活中的矛盾冲突，“从矛盾的发生到矛盾的解决为止”。这些矛盾纠结在一起，形成了“纽结”，“而这个纽结也就是一个单位或个体，对于作者来说，取用那个大的纽结，就是一部长篇；取用那个小的纽结，就成为一个短篇，这里并没有什么横截面和整株树杆等等的分别存在”[13]。魏金枝认为，短篇小说其实就是“小纽结”，它不同于长篇小说的“大纽结”，它必须“能够有典型性，而且能够表现出大纽结或更大一个纽结的意义”[14]。魏金枝从一定程度上缩小了小说表现的范围，把短篇小说的取材限定在具有矛盾冲突的事件上。不过，魏金枝关于短篇小说的定义，侧重反映社会生活的矛盾，在一定程度上有利于小说展现“新”人、“新”的社会生活与旧有人物、社会生活之间的冲突，具有鲜明的时代性。因此，魏金枝的短篇小说文体理论还是具有重要价值的。

在一个新时代取代旧历史的特殊时期，短篇小说抓住矛盾来展开，显然是有益于反映社会生活发展的。不过，小说不一定要写生活的矛盾冲突。生活氛围、人物情绪等，都可以成为短篇小说的表现对象。只不过要到1980年代，作家们、批评家们才能接受新的小说观。

1949年—1976年是中国当代文学史上长篇小说创作比较繁荣的一个历史阶段。关于长篇小说的理论也十分丰富。这个历史阶段比较有影响的长篇小说文体理论有两类：“新评书体”说、“史诗”体说。

1950年代，《新儿女英雄传》《林海雪原》《铁道游击队》《新儿女英雄传》等长篇小说相继发表，引起了读者的极大兴趣。经过考察，这些小说无一例外地和中国传统章回小说的特征相类似，被看作“继承了旧评书传统形式和方法”而创作出来的当代“新评书体小说”[15]。赵树理对“新评书体”小说的特征有过比较集中的概括。在叙述和描写关系的处理上，赵树理认为“中国评书式的小说则是把描写情景融化在叙述故事中的”；章与章之间不要“跳得接不上气”，要求“故事连贯到底”；“用保留故事中的种种关节来吸引读者”；粗细结合，“在故事进展方面，直接与主题有关的应细，仅仅起补充作用的不妨粗一点”；在景物和人物的描写中熟悉的可以粗一点，不熟悉的可以细一点。当然，语言要通俗易懂[16]。赵树理“新评书体”的观点在依而那里得到了延续。赵树理、依而倡导“新评书体”长篇小说，适应了1949年—1976年小说大众化、民族化的需要。

相比较“新评书体”的长篇小说，“史诗”体长篇小说也是重要的存在形式，只不过，它更具有外来小说的特征。因为中国古代长篇小说发展过程之中，并没有产生出“史诗”性长篇小说。“史诗”这一概念来自黑格尔。黑格尔认为：“史诗以叙事为职责，就须用一个动作的过程为对象，而这一动作在它的情境和广泛的联系上，须使人认识到它是一个与一个民族和一个时代本身完整的世界密切相关的意义深远的事迹。所以一种民族精神的全部世界观和客观存在，经过由它本身所对象化成的具体形象，即实际发生的事迹，就形成了正式史诗的内容和形式。”[17]史诗在展现民族精神和意志上具有重大的价值。所以，建国后呼唤史诗也就顺理成章地成为理论家的期盼：“我们还需要规模更巨大的史诗式的作品，我们还需要更深刻更能震撼人的心灵的作品。”[18]史诗具有一定的文体规定性，史诗应该“描绘出世界和生活的整体画面，应该反映整个世界和整个生活”[19]。作为具有史诗风格的长篇小说，“应该描绘出世界和生活的整体画面，是在时代的整体性切面上展开的。长篇小说所描绘的事件，应能在某种程度上，以自身来代表某一时代的整个生活，能够取代现实中的整个生活，这是长篇小说艺术本质决定的”[20]。

1949年—1976年“史诗”这一关于长篇小说文体规约的提出，反映了此时基于长篇小说这一文体的深入思考。因为，“史诗”这一概念不仅包括了长篇小说所反映的社会生活应该具有的重要意义和价值，也对长篇小说艺术上的规范提出了要求，以“诗”的艺术标杆来要求长篇小说的艺术表现力。回顾中国当代小说理论的“史诗”论发展历程，我们可以肯定，冯雪峰是把“史诗”作为长篇小说艺术规范的当代第一位小说理论家。建国初，冯雪峰在评价《太阳照在桑干河上》就使用了“史诗”这一艺术标准。他认为《太阳照在桑干河上》“是一部相当辉煌地反映了土地改革的、带来了一定高度的真实性的、史诗似的作品”，“带来了像我们已经接触到的这样的真实性和艺术性，使它对于我们伟大的土地一个，也已经在一定的高度上称为一篇史诗了”[21]。《保卫延安》发表后，冯雪峰再一次以“史诗”来评价这部长篇小说。他认为《保卫延安》是第一部真正称得上“英雄史诗”的作品，因为，“它所描写的这一次具有伟大历史意义的有名的英雄战争的一部史诗的。或者，从更高的要求或从这部作品还可以加工的意义上说，也总是这样的英雄史诗的一部初稿。它的英雄史诗的基础是已经确定了的”[22]。《红日》发表之后，冯牧也用“史诗”来评价它。他认为《红日》“生动而真实地反映了我们宏伟卓绝的革命战争史诗当中的壮丽的一章”[23]。

《创业史》《红旗谱》《青春之歌》《欧阳海之歌》等长篇小说发表后，评论家纷纷用“史诗”的概念来评价这些作品的思想性和艺术成就。可以发现，在1949—1970年间，“史诗”已经成为长篇小说的重要艺术规范与文体形态。

1949—1976年间关于何为小说的理论思考和对具体小说的批评联系在一起，而关于小说的体式理论，是这一历史时期小说学的主要内容。此一阶段的小说学是从具体小说作品的分析、批评之中产生的，因此，具有很强的实用性。1977年以来，关于中篇小说、长篇小说的体式理论探讨，笔者已有文章涉及，此处不再赘述[24]。

二

到了1980年代，由于中国当代小说理论发展已历经了三十多年的历史，偏于实用性的小说理论在发展过程之中，也遇到了诸多问题。此时，需要从更加抽象的理论层面来认知小说，需要更高的理论视点来把握小说理论的发展。因此，进入到1980年代后，小说学才进入良性发展的历史时期。1980年代以来，小说学进入到广泛学习外来小说理论的阶段，各类外来的小说理论都影响到了中国小说学的发展。也正是在这样的发展背景下，1980年代以来的小说学，大都具有某一种特定知识范型的痕迹。

纵观1980年代以来的小说学，大概有以下几种类型。第一类是现代主义影响下的小说学。以高行建的《现代小说技巧初探》和王蒙的《漫话小说创作》为代表。高行建的《现代小说技巧初探》介绍了现代小说艺术技巧，如自由理想、意识流、怪诞、抽象及现代小说的一些其他艺术技巧。这部介绍现代小说技巧的著作，在以下三个方面做出了贡献。其一，它率先在国内向人们介绍现代小说的一些艺术观念。高行建认为，小说是发展的，是变化的，随着现代生活的来临，小说也面临着根本的变化。其二，强调了艺术技巧的独立性。高行建说：“对文学流派和艺术技巧的评价也从贴政治标签的幼稚的办法中解脱出来。”[25]这些见解，在今天看来也许是常识。但是，在20世纪80年代初期，无疑促进了人们大胆地进行艺术实践。其三，《现代小说技巧初探》注重小说的艺术性，强调了小说形式的重要性。在此之前，小说内容层面被认为是最重要的，如题材、主题等。而小说的形式相对被忽视。高行建在著作中大胆地为小说形式的价值而鼓吹。他认为，一部好的小说要“在艺术上，也就是说在塑造人物、安排情节、作品的结构和叙述语言上，出色地体现了这个主题”[26]。总体看来，《现代小说技巧初探》比较全面介绍了现代小说技巧，极大地促进了当代小说学的发展。

王蒙的《漫话小说创作》代表了在20世纪80年代初期小说学从现实主义向现代主义的转型。王蒙的小说观念已经和“十七年”的小说理论有了根本性的区别，他重新定位了小说与生活的关系，反思了传统意义上的小说观。他否认了真实、形象、细节是小说的必备因素。他这样看待小说的特质：“那么我们为什么说小说是小说呢？结构小说的一个基本手段，是虚构。虚构这个词我还不十分喜欢它，我十分喜欢的一个词是虚拟。小说是虚拟的生活。‘虚’是虚构，‘拟’就是模拟，模拟生活。从这个意义上说，小说最大的特点恰恰就是它‘假’的。”[27]王蒙还拓宽了小说的表现对象与内容。王蒙认为，小说所要表现的精神世界，既包括人的理性思维如判断、计划等，还包括人的灵感、奇想、遐思等。王蒙的小说理论观念还拓宽了小说的要素。中国此前的小说理论把人物、情节、环境当作中国小说的正格形式，王蒙的小说理论观点并不排斥这些要素。但是，他认为小说要素可以更宽泛些，色彩、情调、氛围、节奏、旋律等，都可以成为小说的构件。当然，王蒙也提倡小说创作手法的多样化。王蒙的小说理论有力地冲击了以人物、环境、情节为小说正统的小说观念，体现了现代主义小说理论的深刻影响。张抗抗的《小说创作与艺术感觉》、张贤亮的《写小说的辩证法》等从不同的角度扩展了王蒙的观点。其他如余华的《我能否相信自己》、王安忆的《故事与讲故事》《心灵世界》、史铁生的《宿命的写作》、张承志的《清洁的精神》等，都是现代主义小说理论在中国的回响。

第二类是把小说学当作文艺美学的一个分支。近四十年来，出版了多部从文艺美学的角度来研究小说学的代表性著作。依时间先后顺序为叶朗的《中国小说美学》、吴功正的《小说美学》、张德林的《现代小说美学》、鲁原的《当代小说美学》等。叶朗的《中国小说美学》是这一领域的开山之作。《中国小说美学》认为小说是对生活的反映，其理论基点仍是现实主义美学的反映论。在此基础上，它还探讨了小说家的审美感知、审美情感、审美想象、审美思维等。《中国小说美学》从小说的形象美学、情节美学、节奏美学、形式美学、风格美学等方面研究了小说美学的基本特征。吴功正的《小说美学》依据文艺美学的基本原理，对小说美学做了体系周密的理论阐释。虽然没有脱离现实主义的理论陈规，但是，《小说美学》注意到了小说理论与“人学”的关系，并对二者的关系做了论述。很显然，吴功正吸收了1980年代的理论成果，这也是该论著有别于《中国小说美学》的地方。张德林的《现代小说美学》的理论基石与前两本小说美学论著相比，发生了根本性的变化。《现代小说美学》以主体论代替反映论，把小说看作人的本质力量的对象化，以现代主体性理论为论述的出发点。《现代小说美学》以作家的感觉这一主体性特征作为小说的论述起点，取代了叶朗、吴功正从生活与文学的反映论关系为小说美学的逻辑起点。《现代小说美学》认为小说家的艺术感觉对于小说非常重要。之所以如此，是因为艺术感觉不同于一般意义上的感觉，“是一种‘知、情、理、意’有机融合的‘心理流’、‘情绪流’，实际上它已经超越一般感觉经验的界限，走向感知、直觉、联觉和统觉”[28]。《现代小说美学》虽然也论述人物、情节、环境等要素，但是，它所着眼的是人物、情节、环境与主体之间的契合。因而，《现代小说美学》着重论述了主体在小说中投射的几个重要方式，如自由联想、怪诞、梦境、幻觉与幻化等。正是对创作主体的重视，《现代小说美学》总体上更带有现代人本主义色彩，充分体现了1980年代启蒙文化思潮影响下小说学的历史特征。

第三类小说学是从小说文体学与叙事学的角度来探讨小说的本性。20世纪80年代中后期与90年代初期，小说学从小说的艺术因素探讨走向小说文体与本体的探究。王先霈的《徘徊在历史与诗之间》就是从文体学的角度探究小说理论的一部著作。小说文体探讨上比较有特色的是程德培的《小说本体思考录》。它不再把小说的人物、情节、环境当作小说的艺术属性。在程德培看来，小说之所以是小说，是因为小说是叙述的艺术。因此，叙述是程德培论述的中心话题。他这样看待叙述在小说中的重要性："即便是一个真实的事件，由于作者的个性、气质、生活阅历、知识结构各不相同，其叙述的结果也会完全不同。"[29]程德培在论著《小说本体思考录》中深入分析了作为叙述艺术的小说在叙述时间、空间、流程、特性等方面的特征与意义。这是把小说文体特性提高到本体位置的反映，是中国1980年代本体论小说理论观念在小说学上的显著体现。《当说者被说的时候——比较叙述学导论》延续了叙述作为小说本体的观点。赵毅衡认为："不仅叙述文本，是被叙述者叙述出来的，叙述者自己，也是被叙述出来的——不是常识认为的作者创造叙述者，而是叙事者讲述自身。在叙述中，说者先要被说，然后才能说。"[30]全书在这一理论基点上，深入论述了"叙述行为""叙述主体""叙述层次""叙述时间""叙述方位""叙述语言中的语言行为""情节""叙述形式的意义"等几个问题。

也有从更为阔大的文化背景来考察小说特性的小说学。赵毅衡的《苦恼的叙述者——中国小说的叙述形式与中国文化》从文化与叙述者的关联，论述了叙述者的文化内涵，把叙述者的变化与社会文化的变动联系起来了。李建军的《小说修辞研究》则强调小说的道德立场与伦理意义，把召唤读者的道德与伦理态度作为小说的重要特征。《苦恼的叙述者——中国小说的叙述形式与中国文化》和《小说修辞研究》是小说学在小说功能与价值上的新思考与新探索。

三

综合性小说学是近四十年来小说学发展的重要领域。1980年代小说学摆脱实用性和经验性后，开始从更加抽象的层面，建立综合性小说学。刘世剑的《小说概说》（东北师范大学出版社1986年）是较早的一部综合性小说学的著作。《小说概说》研究了小说的历史（包括中外），小说的组成要素人物、环境、情节，小说的类型、小说创作，小说的艺术性因素如结构、意境、叙述人的语言、视点等，还探讨了小说创作与小说欣赏等问题。《小说概说》论述全面，但是，内在逻辑并不严密。这大概是草创时期综合性小说学的一个特征吧。马振方《小说艺术论稿》（北京大学出版社1991年，2000年再版，书名改为《小说艺术论》）的逻辑则要严密得多，在理论上能自成系统。《小说艺术论稿》所论述的主要是小说的三要素：人物、语言、情节。《小说艺术论稿》还论述了小说的艺术形态。它接续中国文学传统，把小说的艺术形态分为拟实小说和表意小说。这也是《小说艺术论稿》的创意。

李洁非的《小说学引论》则代表了综合性小说学在1990年代的发展成就。《小说学引论》企图建立一种"全面的小说学"观点，正如李洁非所说："我充分了解到，最主要的是能够吸收一切有关的成果，打通它们之间的隔阂，而不是让某一阶段、某一体系的学说占据主导地位。"[31]李洁非在这里所言的"全面小说学"有它独特的含义。通观从萌芽时期到最近小说理论的各种观点，李洁非提出了关于小说特性、功能等观点。《小说学引论》共分为五个部分：本体论、形态论、创作论、价值论、实践论。论述时，李洁非极力打破各种小说理论之间的知识藩篱。《小说学引论》还把"读者"这一概念引进小说学。李洁非说："我们注意到，以往的小说学中，是不包括'读者'因素的，于今看来，这已是很明显的、不容漠视的漏洞。""读者研究、读者理论应是一个基本的，与小说本体论、小说史、小说技巧等课题并列的组成部分。”[32]

曹文轩的《小说门》（作家出版社 2002 年）也是综合性小说学方面的重要著作。曹文轩具有丰富的小说创作经验，同时又具备良好的小说理论背景。《小说门》分为“缘起”“经验”“虚构”“时间”“空间”“悬置”“摇摆”“风景”“结构”等九章。《小说门》把小说的美学意义的生成当做论述的轴心问题，综合了小说创作论、小说美学、文化研究等多种知识，论述了在文化研究崛起的时代，小说的基本特征和审美意义。

《叙事美学：探索一种百科全书式的小说》是一部吸收了小说叙事学、小说修辞学、文化研究相关成果的综合性小说学著作。和前面几部综合性小说学著作不同的是，从知识范式来看，《叙事美学：探索一种百科全书式的小说》综合运用了后现代主义各类知识，超越了此前现实主义小说学、现代主义小说学观念，体现了当代小说学对于时代性的把握和理解：“我们身处其中的复杂的历史境况已经不再能够使用经典繁荣小说叙述模式来加以描述。只要想一想‘性格’、‘行动’、‘命运’，以及事件的完整性、情节的起承转合、因果律以及时间的连续性等等，就会发现这一套曾经是现实主义的叙述模式的要素已经多么远离了现实。”[33]另一方面，《叙事美学：探索一种百科全书式的小说》也认为，现代主义的那种关于个人和社会之间分裂、对抗的内心书写的小说，也遭受到了危机。在后现代社会，小说应该建立起“百科全书”式的叙事方式。“百科全书”式的叙事方式是一种“求知方法”，是“一种把非关知识的事物转化为知识形式的方法”[34]。通过“百科全书”式的写作，从而在人们之间建立起文化共同体。《叙事美学：探索一种百科全书式的小说》也因此不再关注人物、环境、情节、形式，而更多地关注时间、历史、叙事等关乎转换为“知识形式”的要素。

小说学关注小说的基本属性、小说特征、小说体式、小说创作、小说功能、小说的价值和意义等方面的问题，属于“知识学”的范畴。它反映了一个时代关于小说的最为抽象的思考。对于小说学的观照，能反映出一个时代关于小说自身理论建构和自身发展道路等状况。当代小说学的发展和历史状况是当代小说理论自身建构的重要体现。文体的实用性理论观照、单一性知识的建构、综合性小说学，是中国当代小说学发展的三个基本路径，也是当代小说理论自身建设的三个重要层面。

* 本文系国家社科基金项目“中国小说理论发展史研究”【13BZW123】阶段性成果。

注释：

[1] 谭帆：《“小说学”论纲——兼谈 20 世纪中国古代小说理论批评研究》，《中国社会科学》2001 年第 4 期，第 149～150 页。

[2] 孙楷第：《中国白话小说的艺术发展与艺术上的特点》，《文艺报》4 卷 3 期。

[3]《文汇报》社论：《读〈卖烟叶〉有感——在论大力提倡讲革命故事》，《文汇报》1964 年 2 月 11 日。

[4] 周新民：《论“十七年”小说理论的“故事化”诉求》，《中国现代文学研究丛刊》2015 年第 8 期。

[5] 陈企霞:《人民报纸推荐了好小说》,《文艺报》1951 年 4 卷 8 期。

[6] 胡适:《论短篇小说》,《新青年》第 4 卷第 5 号。

[7] 胡适:《论短篇小说》,《新青年》第 4 卷第 5 号。

[8] 茅盾:《杂谈短篇小说》,《文艺报》1957 年第 5 期。

[9] 茅盾:《杂谈短篇小说》,《文艺报》1957 年第 5 期。

[10] 邵荃麟:《谈短篇小说》,《解放军文艺》1959 年第 6 期。

[11] 侯金镜:《短篇小说琐谈》,《文艺报》1962 年第 8 期。

[12] 魏金枝:《大纽结与小纽结——短篇小说漫谈之一》,《文艺报》1957 年第 26 期。

[13] 魏金枝:《大纽结与小纽结——短篇小说漫谈之一》,《文艺报》1957 年第 26 期。

[14] 魏金枝:《大纽结与小纽结——短篇小说漫谈之一》,《文艺报》1957 年第 26 期。

[15] 依而:《小说的民族形式、评书和〈烈火金刚〉》,《人民文学》1958 年第 12 期。

[16] 赵树理:《〈三里湾〉写作前后》,《文艺报》1955 年第 19 期。

[17] 黑格尔:《美学》,北京:商务印书馆,2009 年,第 107 页。

[18] 何其芳:《〈青春之歌〉不可否定》,《中国青年》1959 年第 5 期。

[19] 巴赫金:《小说理论》,石家庄:河北教育出版社,1998 年,第 348 页。

[20] 巴赫金:《小说理论》,石家庄:河北教育出版社,1998 年,第 348 页。

[21] 冯雪峰:《〈太阳照在桑干河上〉在我们文学发展上的意义》,《文艺报》1952 年第 10 期。

[22] 冯雪峰:《论〈保卫延安〉的成就及其重要性》,《文艺报》1954 年第 15 期。

[23] 冯牧:《革命的战歌,英雄的颂歌——略论〈红日〉的成就及其弱点》,《文艺报》1958 年第 21 期。

[24] 周新民:《新时期小说理论综论——〈中国新时期小说理论研究资料〉导言》,《湖北大学学报》(哲学社会科学版)2014 年第 2 期,第 31～33 页。

[25] 高行建:《现代小说技巧初探》,广州:花城出版社,1981 年,第 3 页。

[26] 高行建:《现代小说技巧初探》,广州:花城出版社,1981 年,第 6 页。

[27] 王蒙:《漫话小说创作》,上海:上海文艺出版社,1983 年,第 78 页。

[28] 张德林:《现代小说美学》,长沙:湖南文艺出版社,1987 年,第 12 页。

[29] 程德培:《小说本体思考录》,上海:上海文艺出版社,1987 年,第 3 页。

[30] 赵毅衡:《当说者被说的时候——比较叙述学导论 · 自序》,北京:中国人民大学出版社,1998 年,第 1～2 页。

[31] 李洁非:《小说学引论》,南宁:广西教育出版社,1995 年,第 3 页。

[32] 李洁非:《小说学引论》,南宁:广西教育出版社,1995 年,第 223 页。

[33] 耿占春:《叙事美学:探索一种百科全书式的小说》,郑州:郑州大学出版社,2002 年,第 3 页。

[34] 耿占春:《叙事美学:探索一种百科全书式的小说》,郑州:郑州大学出版社,2002 年,第 65 页。

【语言学研究】

全句功能范畴句法实现中的句尾位置

马宏程　熊　雯

（浙江外国语学院中文学院，浙江杭州，310012；
浙江科技学院人文与国际教育学院，浙江杭州，310018）

内容摘要：全句功能范畴的句法实现可以通过在句尾进行添加、移位或重叠手段来完成。句尾不等同于句法位置，是实际句法位置在句法推导后的表面结果。句尾在否定范畴和疑问范畴实现中都是功能中心语 C 位置或屈折范畴中心 I 位置，且在句尾出现的否定词项很可能被赋予新的强特征；句尾在假设范畴实现中是 C 位置。

关键词：全句；范畴；句尾；C 位置；核查

一、引言

句尾因其特殊的线性序列位置常常受到学者们的关注，比如汉语界命名的“句末语气词”“句末助词”，外语界概括的“句尾重心”（End Weight）、“句尾聚焦”（End Focus）等。除了表示信息传达的自然完成，表面看来，句尾还是某些句法功能得以实现的重要位置。徐杰、李莹（2010）把它和句首都分析为句子中心语 C 占据的位置，句法短语和其中心语之间的“承继”关系造成了该位置对全句功能范畴的敏感反应[1]。实际上句尾本身并不是真正的功能性句法位置，而只是句法推导后的外在形式。线性位置不能混同于句法位置。句子中心语 C 的确是句子功能的关键体现者，经常外现于句首或句尾位置。但是反过来，句首和句尾在全句功能范畴句法实现中的实际位置是否一定是 C 呢？我们已经讨论过否定范畴实现时句首的实际句法位置：在主语居前型语言中可以是 C 位置，也可以是屈折范畴 I 位置，而在动词居前型语言中则更应该是 I 位置，在宾语居前型语言中暂时还无法确定[2]。那么，全句功能范畴实现中的句尾位置是如何表现呢？支配它的功能性句法中心到底是什么？本文将主要以否定范畴为例来对此做出回答。我们先来观察句尾在实现否定范畴时的句法表现。

二、全句否定范畴实现中的句尾表现

为了更容易观察句尾位置的表现，我们同样选取了具有类型学意义的语序角度。

把具有由 S、V、O 组合成的 6 种优势语序类型大致分为动词居后、主语居后和宾语居后三类。讨论时会因语料所限而有程度不同的详略。

1. 动词居后型

动词居后型语言的优势语序表现为 SOV 和 OSV，但后者几乎可以忽略不计[3]，我们尚未发现该类语言中在句末位置实现否定范畴的语料，所以这里只讨论前者。汉藏语系达让僜语的优势语序是 SOV，可以通过在句尾添加否定标记的方式来表达否定范畴。达让僜语的否定标记大致可分为相当于普通话“没有”“不”的一般否定标记 jim^{55}、m^{55}，相当于普通话“别”的禁止标记 jɑ^{53}，它们在句子的线性序列中都不会出现在谓词前，而是在谓词和语尾助词后，也就是句尾位置[4]。

（1）xɑŋ^{35} mɑ^{31} mioŋ^{53} go^{31} ɑ^{31} gɑu^{53} wi^{35} lɯi^{53} m^{55}.
我 以后 （助）淘气 （助）NEG
我以后不淘气了。

（2）e^{55} ɑ^{31} m^{55} ɕi^{55} e^{55} Poŋ^{35} ktɕɯn^{53} ɕɑ^{55} jɑ^{31} jim^{55}.
这 桃子 这 你 吃 可以 （助）NEG
这桃子你不能吃。

（3）moŋ^{53} go^{31} tɑ^{31} btɕɯ^{55} ɕi^{35} dɯ^{55} gɑ^{35} jɑ^{53}.
公家（助） 东西 拿（语尾助词） NEG
公家的东西别拿走。（此三例出自吴铮 2007：45）[5]

2. 主语居后型

主语居后型语言的优势语序表现为 VOS 和 OVS。后者目前也很少见，Tomlin（*Basic Word Order: Functional Principles*，London：Croom Helm，1986）在 402 种样本语言中只列举了 5 种 OVS 语言；Dryer［“Negative morphemes”，In Martin Haspelmath，Matthew Dryer，David Gil and Bernard Comrie，（eds.）*World Atlas of Language Structures*，Oxford，UK：Oxford University Press，2005］的 1056 种样本语言中也只有 9 种；语言结构在线世界地图集（the world atlas of language structures online）的 1377 种样本语言中显示有 11 种，但没有 OVSNeg 的语料[6]。

VOS 语言在地图集中显示了 25 种代表样本，也依然没有否定词在句尾的语料。我们在考察句首否定时，发现南岛语系中大部分台湾语族语言都是 VOS 类型，但它们否定标记的位置在线性序列上都是非常固定地在主句或小句最前面（包括直接作谓词时），而绝对不会出现在句尾。也就是说，主语居后型语言目前尚未发现在句尾实现否定范畴的情况。

3. 宾语居后型

宾语居后型语言的优势语序表现为 SVO 和 VSO。先来看后者，语言结构在线世界地图集中有 95 种 VSO 语言，但只有亚非（闪含）语系乍得语族的 Podoko 语可以使用句尾否定形式[7]。见下例。

（4） a ʸtə yá dafə́ la.
FOC 准备.IMPF 1ST 球 NEG
我不打算准备这个球。(Jarvis 1989:108)[8]

再看SVO型语言，我们将根据分属三种不同语系的语言来观察其在全句否定范畴句法实现中的句尾表现。首先还是乍得语族语言。实际上乍得语族多数语言的优势语序都是SVO，常见的否定方式是在句尾添加单个否定标记。不过否定标记不是对谓词的直接修饰，而是更倾向于对全句的否定，也就是说，这类否定标记可以视为典型的句尾成分。

（5） tâa kyur shau *dà*.（Guruntum 语）
她 准备煮食物 NEG
她不准备煮食物。(Jaggar 2006：289)[9]

（6） wə gùsnə̀ hàrga *bà*.（Kera 语）
他 买了 她的山羊 NEG
他没有买她的山羊。(Jaggar 2006：289)

（7） ali nə̀ masa goro ɓa.（Tera 语）
（人名）（完成式） 买 可乐 NEG
Ali 没有买可乐。(Newman 1970：128)[10]

其次是印欧语系拉丁语族的巴西葡萄牙语。这种语言大约有北部、东北部、中部、东南部和南部等五种主要方言[11]。它们都有三种句法否定形式：否定标记添加在动词前、否定标记分别添加在动词前和句尾、否定标记添加在句尾，其中后两种都可以在句尾添加否定标记。这三种形式分别简称为T1、T2、T3，下面三个例句的语义都是“我不要蛋糕”，均出自 Hansen（“Clause -final negation in Brazilian Portuguese”, In *Dissertations & Theses-Gradworks*, University of Florida, ProQuest Dissertations Publishing, 2010：14）。Berini & Remat［*Negative Sentences in the Languages of Europe*：*A Typological Approach*（*Empirical Approaches to Language Typology*, 16）. Berlin, New York：Mouton de Gruyter, 1996：66］认为巴西葡萄牙语中句尾否定词的位置是真正的句尾，而不是谓词后面，因为在T2类型中两个否定词之间的成分理论上可以无限扩展。

（8） Eu não quero o bolo.
1ST NEG 想要.PRS.1ST DET 蛋糕

（9） Eu não quero o bolo não.
1ST NEG 想要.PRS.1ST DET 蛋糕 NEG

（10） Eu quero o bolo não.
1ST 想要.PRS.1ST DET 蛋糕 NEG

再看汉藏语系。该系中的仡佬语、布央语和拉哈语等 SVO 语言，否定标记一般可在句尾。比如仡佬语的“否定词用在句末，这是仡佬语不同于壮侗、苗瑶以及汉语最突出的一点”[12]。仡佬语的否定副词“a^{43}”常常添加在句末，同句末语气助词形成占位冲突，因此二者一般不同时出现。也就是说绝大多数否定句中，都不会出现句末语气词[13]。

(11) a^{43}　　$mu^{31}vu^{33}$　　$tau^{55}vu^{33}a^{43}$！(田坝仡佬语)
(发语词) 你　去　NEG　去 NEG
你不要去了！(张济民 1994:97)

(12) $k\varepsilon^{54}tin^{11}la^{11}vi^{312}qhun^{54}laam^{11}$.(郎架布央语)
他　会　走　路　NEG
他还不会走路。(潘立慧 2007:34)[14]

(13) $zaw^{1}\text{ɔ}j^{6}he^{1}$　　$va^{3}\varepsilon p^{4}taw^{6}$.(拉哈语)
男孩　NEG 去 学 NEG
这男孩还没有上学。(潘立慧 2007:35)

此外，作为以 SVO 为优势语序的汉语似乎也有句尾使用否定词的现象。

(14) 你吃饭了没有?

三、全句否定范畴实现中句尾的句法位置

上述三种语言类型除了尚无语料支持的主语居后型之外，其它两种里面明确使用句尾否定标记的语序类型有 SOV、SVO 和 VSO。这些否定标记被添加在句尾来表达全句的否定范畴，那么，此时的句尾是否就是句子中心语 C 位置呢？我们先以巴西葡萄牙语为例来讨论比较常见的 SVO 语言。

最简句法认为，词项特征可分为两类：可诠释特征［iF］和非诠释特征［uF］，其中非诠释特征是句法运算的驱动因素[15]。Martins（*Sentential Negation in Spoken Brazilian Portuguese*，Washington：Georgetown University，1997）在最简框架下分析过巴西葡萄牙语的句法否定情况。为了解释句尾的否定形式，她比较了标准巴西葡萄牙语和欧洲葡萄牙语的否定结构，认为二者具有相同的句法结构。见下图。这里的 ΣP[16]是否定标记核查强否定特征［Neg^{*}］的处所，NegP 中的否定标记在句法推导过程中会移位至 ΣP 来核查否定特征。不过，由于 Martins 推断句尾否定词的出现是缘于动词前否定成分的减弱，是“Jespersen 循环”（Jespersen 1917）中的表现[17]，因此，T2 的句尾否定词没有出现在 NegP 里，而是在 VP 壳（VP shell）的副词位置上。对于只使用句尾否定词的 T3，她认为是不同于 T2 的话题化表现，句子的动词要移位至 TopP，生成于 NegP 的否定词则移位至 Σ。也就是说，Martins 认为巴西葡

萄牙语中 T1 和 T2 的谓词前否定词、T3 的句尾否定词，它们在句法推导后的位置都是 NegP 之上的 Σ 位置，而 T2 的句尾否定词则在 VP 壳的附加语位置。

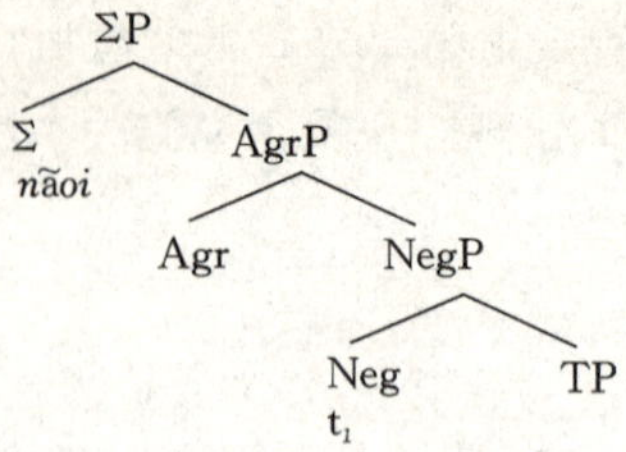

Hansen（2010）拓展了 Martins 的上述观点，并吸取 Schwenter（“The pragmatics of negation in Brazilian Portuguese”，*Lingua*，2005：115）用已知信息来分析句尾否定的方法，通过大量实际语料论证了巴西葡萄牙语使用句尾否定的语用条件：如果否定对象是旧话语信息（Discourse-old Information）[18]，那么句尾否定词就可以单独使用。

（15）a. Eu passei　　pela　　casa e pintaram　　a parede?
1ST 经过. pst. 1ST　PREP. DET　房子 和 粉刷. pst. 3PL　DET 墙
我经过那个房子，他们刷墙了吗？
b. Pintaram，　mas não　pintaram　　as cadeiras　（# não.）
粉刷. pst. 3PL，　但 NEG　粉刷. pst. 3PL　DET 椅子　NEG
他们刷了，但他们没刷椅子。
c. Pintaram，　mas não　pintaram　　a porta　não.
粉刷. pst. 3PL，　但 NEG　粉刷. pst. 3PL　DET 门　NEG
他们刷了，但他们没刷门。（Hansen 2010：148）

例（15b）中的“椅子”不是 a 句的旧有信息，所以不能使用句尾否定词，而“门”可以由“墙”这个词进入会话信息（二者具有很强的关联性），所以（15c）可以成立。显然这并未涉及谓词前否定的削弱问题，却强调了句尾否定词产生的语用特征。由此除了可诠释否定特征［iNEG］外，句尾否定词被添加了另一个词项特征：话题特征，并且是非诠释性的强话题特征［uTOP*］。此时的句尾否定词是 TopP 的中心成分。在句法运算中，由于表达旧话语命题的 AgrP 具有［iTOP］特征，会移位至（Spec，TopP）位置来核查句尾否定词的强特征［uTOP*］。由例（16）可明确看出，句尾否定词 não 生成于 ForceP 和 AgrP 之间 TopP 的中心语 Top 位置，在特征核查机制的推动下 AgrP 移位至（Spec，TopP），才出现了否定词在句尾的语序形式。这里的 Top 仍属于 CP 范围。

（16）a. Gosto　　dele　　não
喜欢. 1ST　PREP. 3ST　NEG
我不喜欢他。

b.

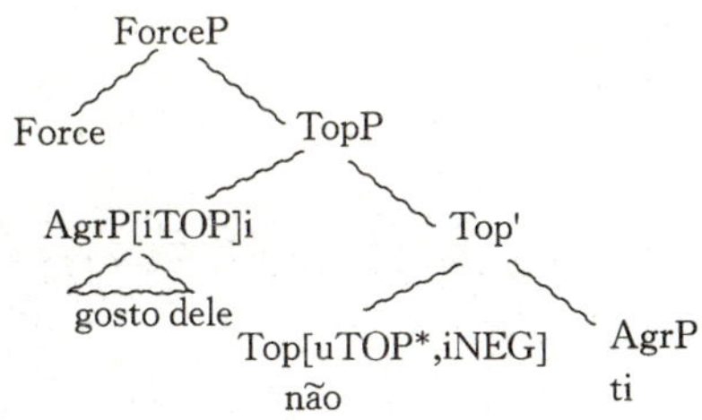

(Hansen 2010:171)

至于巴西葡萄牙语的否定类型 T2，Hansen 则认为句尾否定词的生成位置和 T3 相同，但该词项携带的否定特征却是非诠释特征[uNEG]，谓词前的否定词携带的是[iNEG]，同样移位至(Spec，TopP)的 AgrP 带有[iNEG]，可以核查句尾否定词的[uNEG]。实际上这里的句尾否定词已不被视为否定标记，起到否定算子作用的是谓词前的否定标记。

Martins 和 Hansen 都对巴西葡萄牙语中句尾否定词的出现给予了语用或语义上的解释。Martins 认为句尾否定词在 T2 和 T3 中的句法位置并不相同，前者生成于 VP 里，后者生成于 IP 分裂后的 NegP 里。但是 Martins 既未充分描述句尾否定词在 T3 使用的具体条件，也未对句尾否定词的生成机制进行统一的句法解释。Hansen 则为句尾否定词都赋予了强话题特征，从而在核查机制下给出了它们出现在句尾的句法动因。这对于非动词居尾型(避免谓头和句尾的重叠)或者至少存在两种否定方式(包含使用句尾否定)的语言，分析它们句尾否定的生成很有借鉴意义。当然，否定词的这种强话题特征是否在其它语言中具有普遍性还需要进一步考证。

据 Bernini 和 Ramat(*Negative Sentences in the Languages of Europe*，Berlin，New York：Mouton de Gruyter，1996：52)分析，南非荷兰语(Afrikaans)中否定成分 nie 出现在句尾是受到荷兰方言、科伊桑语(Khoisan)和葡萄牙混合语的影响造成的，产生机制类似于上述巴西葡萄牙语否定类型 T2 的句尾否定词，真正的否定标记仍是谓词前的否定成分。

对于乍得语族显示的 SVO 或 VSO 语言，以及仡佬语等 SVO 语言，尚未见到因话题等语用因素带来的移位现象，句尾否定标记与谓词成分相对独立，不存在直接修饰关系，现有语料也未发现否定标记带有时体、一致等形态成分，因此句尾基本可认为是句子功能中心 C 位置而不是屈折范畴中心 I 位置。从算子的辖域范围和句法一致性角度，我们认可 Zanuttini["Sentential negation"，In Mark Baltin & Chris Collins (eds.)，*The Handbook of Contemporary Syntactic Theory*，Malden，MA：Blackwell，2001：532]假设的普遍语法中的否定结构图，在功能中心 C 之外存在专门的否定范畴中心，形成的句法投射 NegP 可以根据具体语言而选择不同的补足语成分，根据 Zeijlstra(*Sentential Negation and Negative Concord*，Ph. D. thesis，University of Amsterdam，2004：168)，设定占据[Spec，NegP]位置的是否定算子 $Op_{\neg}$，否定特征都被吸引到这里进行核查，于是可得下图：

(17) $[_{CP} NEG [_{C'} [_{IP} Op_{\neg} \ldots]]]$

否定标记如果出现在句尾，仍需要否定算子在[Spec，NegP]接受特征核查。见(18)[19]。

(18) $[_{CP} [_{C'} [_{IP} Op_{\neg} \ldots] NEG]]$

在句法结构中，单独使用句尾否定来表达否定范畴，意味着句尾的否定词是带有[iNEG]特征的否定标记，如果没有其它的句法因素，该否定词项应该自然生成于带[uNEG]特征的NegP的左侧，也就是典型的谓头位置，这就与句尾位置相冲突。因此，这类句尾否定词在句法上有着移动IP(或其分裂结构)至自己左侧的需求，这样才会出现否定词在句尾的表面语序结果。至于否定词是被赋予强话题特征，还是强焦点特征，或者其它强特征，在理论上都有可能，都可以满足这种移位需求。总之，这类句尾否定词的句法位置都能理解为功能中心C支配的位置。

对于汉语例(14)这类句尾使用否定词的现象，朱德熙(《汉语方言里的两种反复问句》，《中国语文》1985年第1期)称之为VP-Neg型问句。吴福祥(《从"VP-neg"式反复问句的分化谈语气词"麼"的产生》，《中国语文》1997年第1期)认为后汉至宋的"VP-neg"式疑问句可分两种情况：反复问句和非反复问句(是非问句、测度问句以及反诘问句)，指出后者句尾的neg已经虚化为语气词，"汉语的测度问句是排斥否定词后置句尾的"。也就是说，此时的neg已不是否定成分，更谈不上是否定标记。而表反复问句的"VP-neg"式的neg还是否定词，这种疑问用法延续至元明文献里，表现为"VP不曾/没/没有"，现代汉语(尤其是在部分方言)里也保留有这种句式。陈莉、李宝伦、潘海华(《汉语否定词"不"的句法地位》，《语言科学》2013年第4期)不但认为这里neg仍是否定词，而且在认同Cheng，Huang和Tang["Negative particle questions: a dialectal comparison", In James R. Black & Virginia Motapanyane (eds), *Microparametric Syntax and Dialectal Variation*, Amsterdam: John Benjamins, 1996: 42-78.]提出的汉语句子中心语具有"疑问+否定"特征的基础上，指出句末否定词尽管表面位于中心语位置，但并不是基础生成于此，而是从否定中心移位来的。

我们不赞同这类句末否定词的移位观点，这种句式中的否定词在句法组合上并非修饰主要谓词，也不是对全句的否定，而只是通过正反对举实现疑问功能时的语用省略的结果。因此这类在句尾出现的否定形式不是实现全句否定的否定标记。因此可以认为，汉语否定范畴的实现都是依赖在谓词前添加否定标记的方式，不能在句尾使用否定标记来表达否定范畴。

由上述分析可知，宾语居后型语言的句尾位置在实现否定范畴时，基本上是句子中心语C的直接体现，有时为了句法运算的需要，出现在该位置上的否定成分会带上某些强特征。那么，动词居后型语言是否同样呢？

从SOV型语言的代表达让僜语来看，黏着性较强的否定标记虽然在句尾出现，但与主要谓词仍结合紧密。吴铮(2007:85)探讨过与达让僜语类似的博嘎尔语,认为其否定标记居于动词后是缘于动词前组合后的重新分析,并推测达让僜语的句尾否定可能近似。尤其例(3)中否定标记与语尾助词共现,且代之占据句尾,我们认为这种强制性应该是动词居后语序规则支配的结果,句尾的实际句法位置应该是谓头而非句子中心位置,这与动词居首语言中句首是谓头位置的外在体现一样。也就是说,在优势语序是动词居后的语言里,意味着句尾的否定标记实际生成于屈折范畴中心I位置,当然,仍然需要否定算子并在[Spec,NegP]接受匹配核查。

四、其他全句功能范畴句法实现中的句尾位置

除了否定范畴,全句功能范畴中的疑问和假设范畴也得到过比较充分的研究,这里暂不专门讨论,将直接引用相关论述。根据徐杰、王娟(《"句子类型标示假定"与疑问语气的句法标示》,《语言科学》2012年第3期)对自然语言中疑问语气类型标示的分析,句尾主要是C位置,可以通过使用疑问标记或接受移位等手段来实现否定范畴,也可以是I位置,可以通过使用疑问标记或重叠手段来实现否定范畴。汉语句末使用疑问词表疑问是前者类型,句末使用重叠手段(含VP-Neg型)来表达疑问则属于后者。

至于假设范畴,董秀英、徐杰(《假设句句法操作形式的跨语言比较》,《汉语学报》2009年第4期,第64～74页)从类型学角度详细讨论过句法操作形式,认为自然语言中存在着句首添加、谓头添加、句尾添加和谓头移位等四种类型,也就是说,句尾位置上实现假设范畴的手段只有添加(语法标记)。我们也讨论过汉语假设范畴的标记模式[20],认为假设标记在句尾出现时,实际的句法位置则为句子中心C位置。

五、结语

全句功能范畴可以通过在句尾添加否定标记或接受移位或使用重叠手段来实现,这在动词居后型、宾语居后型等语言中都有体现。句尾同句首一样都只是句子线性序列中的位置,是实际句法位置经过句法运算后的线性表现。句尾的句法位置在不同语言中并不相同:一般而言,在动词居后型语言中是屈折范畴I位置,在宾语居后型语言中是功能中心语C位置。

* 本文系国家社科基金项目【15BYY140】、浙江省社科规划课题【19NDQN360YB】的资助成果。

注释:

[1] 徐杰、李莹:《汉语"谓头"位置的特殊性及相关句法理论问题》,《汉语言文学研究》2010年第3期,第102页。我们把以全句形式来表达表述性功能的语法范畴称为全句功能范畴,这些范畴不同于和某个具体语类相关的范畴(比如与名词成分相关的性、数、人称等范畴),不同于一般的结构关系(比如主谓结构、动宾结构等)范畴,也不同于可在句子层面表达的其他语法范畴(比如句子的时、体、态等范畴)。另外,本文所引语料有时会根据需要增删或转写了部分标注,涉及的相关术语缩略语为:DET(限定词)、FOC(焦点)、IMPF(未完成体)、NEG(否定标记)、PL(复数)、PREP(前置词)、PRS(现在时)、PST(过去时)、ST(人称单数)。

[2] 马宏程:《否定范畴句法实现中的句首位置辨析》,《华中学术》2016 年第 15 辑,武汉:华中师范大学出版社,第 173 页。

[3] 金立鑫:《语言类型学——当代语言学中的一门显学》,《外国语》2006 年第 5 期,第 37 页。

[4] 本节所列举的语言已有过描述。马宏程:《否定标记的句法位置及相关问题考察》,北京:中国社会科学出版社,2014 年,第 61 页。这里又进行了整理和修改。

[5] 吴铮:《藏缅语否定范畴研究》,中央民族大学博士学位论文,2007 年,第 45 页。

[6] 请参阅 WALS Online,[2017 年 12 月 16 日] http://wals. info/chapter/144。以下出自在线地图集的语料均可参阅该网页。

[7] 这里为了简便,直接用“X 语”来表示。Podoko 语的语料引自该地图集网页。

[8] E. Jarvis,“Esquisse grammaticale du podoko”, In D. Barreteau and R. Hedinger, *Descriptions de Langues Camerounaises*, Paris: ORSTOM, 1989, pp. 39-127.

[9] J. P. J.,“Hausa”, In B. Keith ed., *Encyclopedia of Language and Linguistics*, 2nd edition, Oxford: Elsevier, 2006.

[10] P. Newman, *A Grammar of Tera*, Berkeley: University of California Press, 1970.

[11] M. Azevedo, *Portuguese, A Linguistic Introduction*, United Kingdom: Cambridge University Press, 2005.

[12] 马学良:《汉藏语概论》,北京:民族出版社,2003 年,第 754 页。不过原出处疑问例句中的否定词? a^{33},不属于否定标记,比如:$xɒ^{33}$(吃) $xɒ^{33}$(吃)? a^{33}(不)? 吃不吃?

[13] 张济民:《遵义县田坝仡佬语的否定副词和发语词》,《贵州民族研究》1994 年第 1 期。例(11)见第 97 页。

[14] 潘立慧:《仡央语言否定词研究》,中央民族大学硕士学位论文,2007 年。例(12)、例(13)分别见第 34、35 页。

[15] N. Chomsky,“On phase”, In R. C. Freidin, *Foundational Issues in Linguistic Theory*, MA: The MIT Press, 2008.

[16] ΣP 也是否定功能的投射,但不同于 NegP,它不是固定的位置,可以在 IP 的上面或下面,具体可参阅 Laka(*Negation in Syntax: on the Nature of Functional Categories and Projections*, Doctoral dissertation, Massachusetts Institute of Technology, 1990)、Ouhalla(Sentential Negation, Relativised Minimality, and the Aspectual Status of Auxiliaries, *The Linguistic Review*, 7, 1990)。下面 T2、T3 的句法结构可参阅 Martins(*Sentential Negation in Spoken Brazilian Portuguese*, Washington: Georgetown University, 1997)。

[17]“Jespersen 循环”大致有四个阶段,具体见 Jespersen(*Negation in English and Other Languages*, Copenhagen: Host, 1917, p. 4),这里句尾否定词的出现相当于在第二阶段。Furtado da Cunha(Grammaticalization of the Strategies of Negation in Brazilian Portuguese, *Journal of Pragmatics*, 39, 2007, p. 1651)发现巴西葡萄牙语也存在着类似的否定循环:[[*não* + VP] *não*]> [*não* + VP + *não*]> *não* [VP + *não*]> [VP + *não*]。双否定结构中第二个 *não* 的出现是为了加强已被削弱的第一个 *não* 所表达的否定,随着第一个 *não* 被重新解释成可选成分,谓词后否定结构才正式确立。

[18] 这里的话语旧信息是指前面会话中所涉及的命题内容,它和预设最重要的差别在于:预设不一定进入会话,没有进入会话的预设无法成为会话旧信息(Hansen 2010, p. 136)。

[19] 相关分析可见马宏程:《否定标记的句法位置及相关问题考察》,北京:中国社会科学出版社,2014 年,第 213～214 页。

[20] 马宏程:《全句功能范畴的标记模式及其序列等级》,《华中学术》2017 年第 4 期,第 152～161 页。

“副双评+是”的词汇化及其相关问题

张亚明

（华中师范大学语言与语言教育研究中心，湖北武汉，430079/
汉江师范学院文学院，湖北十堰，442000）

内容摘要：“副双评+是”作为跨层结构，词汇化等级包含从共现连用式到融合独用式四个不同的阶段。“是”的语法性质是制约“副双评+是”结构词汇化的关键因素。“副双评+是”结构词汇化的主要推动因素是语言的心理组块和概念的在线整合。

关键词：跨层结构；“副双评+是”；词汇化

一、引言

现代汉语中，“是”与副词或副词性语素组构而成的“副+是”结构能产性较强，生成的条目可谓数量众多，双音节的如“真是、很是、可是、总是”，三音节的如“特别是、果真是、其实是、简直是、尤其是”。如果以辞书的收录与否作为标准，稍加考察便不难发现，以上所举由同一结构生成的成员内部词汇化的等级并不相同。总体上看，双音节的“副+是”因常用性和典型性，相当数量已被《现代汉语词典》等权威性辞书收录，反观三音节的“副+是”，同类辞书一般不收，部分虚词词典偶有说明，也多将其与“是”前的双音副词并举，视为等价或变体形式。可见，主流的意见倾向于将三音节“副+是”当作句法上的临时组合而不是结构固定的词。

事实上，汉语学界对三音节“副+是”结构的词汇化问题已有较为深入的讨论，如董秀芳（2004）敏锐地指出现代汉语中部分双音连词和双音副词之后出现的“是”正逐步变为一个词内成分，并细致地探讨了“副+是”结构的词汇化机制以及“是”的性质和来源等重要问题[1]。只是由于研究目的或研究重点的差别，相关研究在视角的选择上以历时居多，共时的辨察相对偏少，因此，作为现代汉语三音节词语的一个特殊类别，共时平面上三音节“副+是”结构的词汇化情况还有讨论的空间。

本文拟将对象限定为“副+是”结构中的一类特殊成员——“副双评+是”，即由双音节评注副词和“是”连用而成的结构体，相比历时研究对词汇化过程的描写，我们更感兴趣的问题是：共时平面“副双评+是”结构的词汇化程度和等级如何？制约该结构词汇化的因素有哪些？“是”的性质和结构的词汇化等级存在什么关联？有哪些具体的表现？等等。

本文语料除部分自拟和来自网络搜索外，主要来自北京大学中国语言学研究中心语料库（CCL）和北京语言大学现代汉语语料库（BCC），个别例句略有改动，文中不再一一注明出处。

二、性质——句法关系与结构类别

（一）“副$_{\text{双评}}$＋是”的范围

评注性副词是汉语副词的一个次类，传统语法也叫语气副词。有关评注副词或语气副词的具体范围，学界意见并不一致。齐春红（2008）综合八项句法标准并结合历时演化轨迹，将评注副词分为典型和边缘两类，其所列举的典型评注副词一个重要的句法特征是，“后面都可以跟判断动词或肯定强调助动词‘是’”[2]，换言之，典型的评注副词倾向于与“是”相邻共现，这为“是”向评注副词的贴附创造了条件。

张谊生（2000）认为评注性副词的基本功用是评注相关命题或述题以表明说话人的态度，主观性较强，句法上以充当状语为首要功能，其分布与组合具有“灵活性和前置性”。“灵活性”是指评注性副词依据表达需要或位于句首，或位于句中甚至句尾；“前置性”是指评注性副词与时间、范围等其他副词共现时常居于前位[3]。李杰（2005）认为“主语前的句法位置紧靠话题区域，主观性强，主语后的句中位置属于说明和陈述区域，主观性要弱一些，句法位置的不同可以区分主观性的强弱”[4]，比较而言，主语前的位置既能凸显评注副词的主观性，又能满足其前置性要求，当视作其优势句法位置。语料的检索也表明，评注副词与“是”连用形成的“副$_{\text{双评}}$＋是”结构也以主语前为高频位置。综合以上理由，本文以下论述的有关“副$_{\text{双评}}$＋是”结构的各种表现，均以齐文所列 40 项双音节评注副词为依据，并以小句主语前位置为主要（但不限于）考察环境。

（二）句法关系

语料的调查显示，“副$_{\text{双评}}$＋是”结构内组成成分与结构外其他成分之间的句法关系大致有四种情形，举例如下：

（1）a. 话说回来，不论孟婆有几位，我们所说的，反正是开茶馆的那一位。

b. 王琦瑶却不同意，说她反正是逃不出去了，何苦再赔上一个。

c. 他心中一动，忽地乐了，说：“反正是花钱，咱不如就把这房子当高价宾馆住一回吧。”

d. 是真的没有感受到诚意，才选择的置之不理吧，反正是，不一样了，反正是，变了，所以，就算彻底点也无所谓吧。

e. 那我怎么知道你请假，你的工作谁做呢，有没有交接呢，无语了，反正是，好吧，当你没存在过。

（2）a. 他对于宇宙的知识与整个宇宙相比，简直是一个在海边玩耍的小孩所有的对于海的知识。

b. 大臣们知道要跟司马昭作对，简直是鸡蛋碰石头，就劝他忍耐，不要闹出大祸来。

c. 站在柜台后的那个家伙单手接住一条鲑鱼，简直是不可思议！

d. 一旦流离江湖，他们还惦记着为君主分愁。简直是，在位也忧，离职也忧。

e. 大小的军阀过来过去要过河南，有个叫张敬尧，大家都知道吧，他做河南督军，那简直是，他后来做湖南督军，……

例（1）、例（2）内所列的每一个例句，整句语义上都含有言者的"主观评注性"。如果着眼于内部句法关系，各句实际上存在明显的差异。如例(1a）所对应的句法结构为：[反正［是［开茶馆的那一位]]]，其中的"是"不可删略，否则评注副词"反正"与"开茶馆的那一位"之间会因无法直接组配导致句子不合法，"是"的存在有显著的句法强制动因；若将"是"的后项成分标识为X（下同），比照同样的方法观察，可以发现：例(1b)中"反正"与X之间、"是"与X均能直接组配而构成合法的句法结构，例(1b)结构上分析为"[反正［是［X]]]"或"[[反正是]［X]]"两可，删略"是"全句的语义变化不明显，对比例(1a)，说明例(1b)中"是"使用的句法强制动因有减弱的趋势；例(1c)中的"反正"可与X直接组配而"是"与X无法组配，"是"与X之间句法透明度消失，句法结构只能解读为"[[反正是][X]]"，删除"是"对语句也无影响，"是"语法功用已丧失，只剩下语形；例(1d)与例(1c)内部句法关系相仿，只是修饰成分"反正是"与X之间有了语音停顿，自成音段，并且句法上体现一定的独立性，可作为整体移动至X之后；例(1e)可视作例(1d)的延伸，其中的X已成为隐含成分或"零形式"，"反正是"句法上获得更大的独立性，已然是一个独立成分。例(2a)—例(2e)各句所示的情形大体与例(1)相同。可见，"副$_{双评}$+是"结构因结构内成分与后项成分X句法关系的有无和差异，共时平面上表现出"同形异构"的特征。

归纳起来，按内部组成成分与后项成分X之间的句法关系，"副$_{双评}$+是"结构可分化为四种类型，列表简述如下：

	副+X	是+X	结构关系
类型一	×	√	[副［是［X]]]
类型二	√	√	[副［是［X]]］或［［副是］[X]]
类型三	√	×	[［副是］[X]]
类型四	×	×	[副是］[Ø]]

应当说明的是，由于格式中双音评注副词本身语义的制约及语境的不同，并非所有的"副$_{双评}$+是"结构式都能完整地离析出上述四种类型，如以"未免、未必"为基础构成的"未免是、未必是"等，就难以找到表中所列的类型二，呈现出"缺值"性特征，但就逻辑分类的彻底性而论，上表已涵括"副$_{双评}$+是"结构内成分与结构外成

分之所有可能的句法关系类别。

（三）结构的等级

以句法关系为依据划分出的四类“副$_{\text{双评}}$＋是”结构同该结构体的词汇化是否存在关联？构式或短语结构凝固而为词项，结构内部有一个组合性和分析性逐步衰减的过程，而共时层面的“副$_{\text{双评}}$＋是”，就结构体的初始阶段而言，最为突出的特点是：线性序列上相邻共现的评注副词和“是”，二者句法语义上本不具备相关性，彼此没有互为直接成分的能力，简言之，评注副词和“是”分属两个不同的结构层次，“副$_{\text{双评}}$＋是”结构的存在缺少句法语义上的理据，即跨层结构关系。前文的分析初步表明，句法关系的“重新分析”是驱动双音评注副词和“是”组块而为结构体的主要推动因素，“副$_{\text{双评}}$＋是”结构的生成实际源于外部力量的“压制”和高频共现，而“是”的语法性质则是一个观察跨层结构“重新分析”的重要窗口。

吴竞存、梁伯枢（1992）曾经指出，跨层结构包含“未始—已始—完成”三个典型的阶段，三者构成一个连续的发展链，其中以“已始”阶段的情形最为复杂，兼有双重属性[5]。如果以“是”句法结构上的属前或属后为依据，上表所示“副$_{\text{双评}}$＋是”结构的四种类型大致能与跨层结构的三个阶段对应，也就直接反映了“副$_{\text{双评}}$＋是”结构融合的等级，关于这一点，下文还有进一步的说明。

实际上，过往的研究已注意到“副＋是”中的“是”与结构外成分句法关联性对该结构式词汇化的影响，但因研究角度、目的和重点的差异，未展开深入的探讨。张谊生（2003）明确指出，成词的“副＋是”，词内的“是”是词缀，省略“是”对句子表述不产生影响[6]，文中所举语例如：

（3）a. 我是三国英雄汉云长，端的是豪气有三千丈。

b. 若说著丝鞭仕女图，端的（是）塞满章台路。

例(3a)、例(3b)两句相互对照，同为“端的＋是”，例(3a)的“是”必不可少，例(3b)的“是”则可提取（即省略），由此说明“是”在例(3b)中“已经成了一个可有可无的成分，正在向后缀转化”。这一观察颇为细致，但仍有一些问题需要回答。首先，将可以“省略”视为汉语词缀的某种特性和语言事实不符，同为三音节的附加式合成词，“现代性、工业化、指挥员”中的词缀“性、化、员”就不能说是可有可无的，词缀的有无直接导致词性和词义的变化。其次，以真值语义作为词缀“是”能否省略的凭据并不妥当。汉语词缀以表达性派生词缀为主，其基本功用是表述说话人的主观态度，属主观义，不同于语言形式因特定语境引发的临时性主观义，表达性派生词缀是词项的一部分，词缀表述的主观义也应是词项的真值语义的固有成分，并非由语境衍推，具有不可消除性，以真值语义转变与否作为“是”能否省略的依据，实际是将词缀所述的主观义排除在真值语义之外[7]。再者，“是”从实义词语法化为词缀是一个渐进的过程，词缀“是”并不是突然产生的，相应地，“是”的可省略性有一个量阶上的变化，不能笼统地以“能”或“否”的二元对立模式加以概括。董秀芳

(2003)的意见大致相同，也以"是"的羡余性和真值语义的变化作为鉴别标准，只是考虑到汉语词缀的判定难度较大，将类似后缀的"是"统称为"词内成分"，指出"它并没有多少实际意义"[8]。"词内成分"是前理论概念，术语颗粒度大，所含信息量少，难以有效刻画"是"的多样性并描摹不同类型的"副双评+是"结构。相形之下，立足于结构体内部成分句法关系的判定更为直接。

三、类别——结构特征与词汇等级

本节分别对不同类型的"副双评+是"加以描述，以展现其结构特征和句法语义等多方面的特点，据此说明不同"副双评+是"的词汇化等级。为方便叙述，将四种不同类型的"副双评+是"依次称为"共现连用式""附缀粘附式""词缀附加式"和"融合独用式"。

（一）共现连用式

共现连用式的"副双评+是"，指双音评注副词与"是"不构成句法上的直接成分，彼此之间句法位置紧邻但句法关系是间接的。仔细辨察，同属共现连用式的"副双评+是"，其内部情况也并非完全"同质"。这里选取其中两类比较典型的情况略作说明，例如：

（4）我们皮肤的弹性、光泽度、好肤色以及好气色，都赖于各种营养素的滋养，而营养的来源，当然是吃进嘴里的食物了，可见饮食不是小事。

（5）村民们对这种异地搬迁是拥护的，类似这样的异地脱贫，明明是改善人权的利民之举，却被《报告》当成是侵犯人权的证据。

（6）当前提出增强全民的消防意识，的确是有的放矢的。

（7）把技术动作做到位，等热透了身，比赛也结束了，天气不冷不热，就是湿度太大，影响呼吸就影响跑动，实在是队员胸闷气短，不是人家不积极。

例（4）的"当然"和例（5）的"明明"与"是"句法位置相邻，但因"是"直接在句中作谓语动词，句法上约束名词性成分"X"，二者组构为述宾关系，整体充当副词的修饰对象。例句（6）和（7）的"是"性质上属焦点标记，其功用是同相关成分组配，共同构成突出焦点的框式结构"是……的"和"是……不是"，两种框式结构因语义上有约束句中某成分（一般为紧接"是"的实词性成分）并使之成为焦点的潜在要求，祁峰（2014）称为"焦点强迫形式"[9]。作为句法强调手段，"是"标记后项成分的特性决定了"是"与评注副词结构上的分立。这一点还有节奏和句法两个方面的证据。节奏方面，刘现强（2007）指出"可能停延"是"组块（音步）之间没有明显停延却可以出现停顿和拖长"，是一种"潜在的停延形式"[10]，例句（4）—（7）在读或说时，评注副词之后都可以稍加停顿或适度拖长而不影响句子的理解，特别是例（7），评注副词"实在"以"是……不是……"整体为辖域，先行句节奏上若是处理为"实在是/队员胸闷气短"，则无法与后续句中的"不是……"构成对比，从而凸显焦点成分，因此只能将停延选定在"实在"与"是"之间；句法形式方面，此类结构中评注副词与“是”的紧邻关系极易被“阻断”，如例（4）和例（5）插入否定词“不”，将结构转换为否定形式“当然不是”和“明明不是”，例（6）和例（7）的“的确是”“实在是”可插入“不”或其他成分如“真”等，这些都是评注副词与“是”结构关系松散的有力佐证。

（二）附缀粘附式

附缀粘附式“副$_{\text{双评}}$＋是”，指结构中的“是”因附缀化，句法上表现出对评注副词的粘附性。附缀，也叫“附着成分”，是“具有实词性质，但不能独立应用，必须依靠于一个语音重音才能出现”的语言形式[11]。附缀是词因高频或虚化等句法语义条件而引发的句法语音错配现象，兼有词和词缀的混合特征。附缀句法上属词，语音上又依附于相邻成分，它有两项较为突出的特征：第一，附缀与其依附成分或宿主之间不容许其他成分的插入[12]；第二，特殊情况下，附缀能摆脱对宿主的依附，恢复独立词的身份[13]。我们发现，在表达“确认义”的对话语境中，“副$_{\text{双评}}$＋是”中的“是”可视作附缀。例如：

（8）a.（问）你说，这样做是不是很过分？
b.（答）是很过分。
c.（答）确实是很过分。
（9）a.（问）他总是不说话，是不是不想表态？
b.（答）是不想表态。
c.（答）本来是不想表态。　　　　（自拟例句）

例(8b)和例(8c)都是承接问句例(8a)的答句，整句都表述答话人对问话人所述事实或所持观念的确认。真实的对话场景中，例(8b)和例(8c)中的“是”，外在语音形式上有所区别。例(8b)中，“是”负载逻辑重音，语音上要求重读，性质上可归入强调副词。例(8c)语音形式上有两种可能：一种是弱化“是”的语音形式，将逻辑重音落点于“确实”，韵律上形成“重轻”格局；另一种是重读“是”而弱化“确实”，逻辑重音的落点在“是”，韵律上是“轻重”格局。“重轻”格局中，“是”语音依附于前方的副词，可插入提顿词“啊”，使例(8c)变换为“确实是啊，很过分”；“轻重”格局中，“是”在语音和句法上同后项成分关系密切，同样插入提顿词“啊”，例(8c)只能变换为“确实啊，是很过分”而不是“确实是啊，很过分”，此时的“是”，在结构上独立于前方的副词（即宿主），性质上是强调副词。例(9b)和例(8b)相同，例(9c)也有与例(8c)相似的变换式。总体来看，附缀粘附式的“副$_{\text{双评}}$＋是”结构已近似于词，只是同典型的词相比，其结构的稳定性和意义的凝固性仍有一定的差距，会随着语境的变化有不同的识解方式。

（三）词缀附加式

（10）圣女冷静地站在沙上，她旁边是昏迷了的默金。默金旁有一袋袋的东西，还有十多个羊皮水袋，着实是准备充足。

(11) 若月闷声的尖叫一声，赶了三天三夜，他总算是不辱快手之名，把所有的稿子都翻完了，这本书看来还真颇有现代版的金瓶梅架式。

与附缀不同，词缀是不能独立自由运用的词内语素，无法还原成为独立的词，自然也没有词类属性。例(10)和(11)“着实是”“总算是”中的“是”，语音上无法负载逻辑重音，句法上也无法单独同其后成分“X”组配，对评注副词有极强的依附性，若删除其前方的副词，除非赋予重音，否则句子难以成立。另外，无论是句首还是句中，“副$_{\text{双评}}$＋是”结构上都有整全性，不可割裂。如例(10)和(11)的“着实是”“总算是”能在主语前或主语后两个位置自由转换，句法上已具备词作为自由使用单位的基本属性，简单地说，例(10)和(11)中评注副词与“是”结构上已整合为词，意义上分别与“着实”和“总算”相当。当然，由于汉语词缀与附缀之间界限并不分明，（二）、（三）所论及的“副$_{\text{双评}}$＋是”结构，一般情况下，其中的“是”看作词缀或者附缀，对句子理解的影响不大，处理时可归为一类，置于词汇化等级序列中靠近词的一端。

（四）融合独用式

融合独用式的“副$_{\text{双评}}$＋是”，相较于词缀附加式，不仅结构上已融为一体，而且语形上独立，功能上相当于一个句子，整体被赋予新的语义内涵，表述功能有所转变，语用层面也具有了篇章连接功能，也就是说，这类“副$_{\text{双评}}$＋是”结构不仅词汇化，而且还进一步发展出话语标记功能。例如：

(12) 窦文涛：锵锵三人行。二位，不是我们要揪着唐骏不放，实在是，要不说谴责收视率嘛，这个电视台。(2010 年 7 月 14 日凤凰卫视《锵锵三人行》)

(13) 一群人在狭小的院子里跑着追着，不时听到小孩子们的欢呼声。“……简直是，竟然被小孩子们给整了啊。”佑一在角落里无奈地叹了口气。

以上各句中，“副$_{\text{双评}}$＋是”自成音段，从韵律上的非独立形式变为独立的语调单位，书面上前后有标点符号表示停顿。同时，“副$_{\text{双评}}$＋是”的被饰成分隐含在上下文中，实际语句中并没有出现，这对其句法语义功能有重要影响。第一，与省略不同，隐含“是不能添补但在语义上暗含着某个词语，或者可以添补，但添补的词语不止一种可能的语言现象”[14]。以例(12)为例，“实在是”的被饰成分意义虚泛，若在形式上加以添补，可以选择“没有办法”或“讨厌”等不同的词语，结构的添加不具备“唯一性”。被饰成分的缺位，导致“实在是”语义弱化，所在语句意义欠明，与前后分句之间的关系也变得不明朗，如此一来，“实在是”就从侧重逻辑语义角度对命题的评注转向侧重程序意义的话语联结，衍生出话语标记功能。作为话语标记，“实在是”如果脱离了“是”，表达就不完整，句法上也不成立，这一点和网络语言常见的“弱爆了”“乐翻了”不能脱离“了”的情形相似。第二，刘丹青（2012）指出，汉语实词和叹词在使用中可相互转化，如果实词能在特定场合单独代替某个句子，且句法上丧失原有的组合能力，则证明实词获得叹词义项并叹词化[15]。融合独用式的“副$_{双评}$＋是”，其功能与一个表述完整信息的句子相当，由于被饰成分的隐含，“副$_{双评}$＋是”单独构成一个句子。尽管被饰成分表层形式上没有出现，但在语义结构上以“语迹”形式存在，因此“副$_{双评}$＋是”的组合能力受到极大的限制，不能自由扩展或用其中的双音副词替代，表现出叹词化的特征。叹词化的“副$_{双评}$＋是”替换为叹词比较自由，如例(12)和(13)中的“实在是”“简直是”可用叹词“唉”替代，表述上毫无违和之处。“副$_{双评}$＋是”的叹词化还体现在“是”的语音形式上，实际话语中，为表明说话人的语气，作为一种话语操作策略，“是”在读音上或延宕或强化，语音形式表现出不稳定性，这一点与叹词相符。

综上所述，“副$_{双评}$＋是”结构，因“是”性质的不同和句法关系的差异，在共时平面上构成一个“共现连用式—附缀粘附式—词缀附加式—融合独用式”连续统，从左到右，伴随着结构内外成分句法关系的变化，“副$_{双评}$＋是”结构的稳定性和词汇性逐步增强，表述功能也有所转变。

四、动因——语言组块与概念整合

以常规情形而论，两个线性紧邻但不具结构关系的成分要并合成为一个词项是难以发生的。作为一种特殊的词汇语法现象，“副$_{双评}$＋是”结构的词汇化理当存在特定的发生条件或动因。有关“副＋是”结构词汇化的动因和机制，学界已做了较为细致的总结和归纳，如句法环境、语义关系、韵律机制、重新分析以及使用的高频化等，这些动因和机制同样能为“副$_{双评}$＋是”结构的词汇化和生成提供合理的解释。但语言是人类认知的有机组成部分，而非独立自主的本体现象，词汇化作为语言的演变的重要一环，本质上并不是形式的变化而是使用方式的变化，是语言使用者认知等非语言因素制约的结果。据此，本文从语言组块和概念整合两个方面对“副$_{双评}$＋是”结构词汇化的成因作一点简要的补充。

心理学意义上的“组块”是指将较小的项目组成熟悉的和可理解的单位，其目的是借助信息的再编码以有效利用短时记忆，这一心理机制对语言的理解有重要作用。陆丙甫（1993）指出，人类的大脑对语句的理解与分析是一种信息加工过程，由于短时记忆和注意力限度的制约，任何时刻大脑所能记住的离散块总量不超过七块左右。因此，大脑在理解语句的过程中，倾向于将能组合起来的若干较小的单位及时地组合成较大的单位（即“及时组块”策略），从而将储存于短时记忆中的离散单位控制在一个有限的范围内，以降低语句结构感知难度[16]。就“副$_{双评}$＋是”结构而言，共现连用式中的“是”，因“是 X”结构而得到及时处理，但附缀粘附式、词缀附加式等结构中的“是”，句法上因无法与后项成分“X”组合，从而成为一个线性序列上的中间单位。语句理解进程中，为降低处理难度，一个首选方法是先同其前项成分组合，在心理和认知上压缩为一个附缀化组块。语言组块是人类认知能力的表现，也是促成“副$_{双评}$＋是”结构词汇化的重要推动力，语言词汇化动因中的“重新分析”，实际也是基于语言组块的心理机制提出的。

语言的表达形式涉及从语言单位到概念单位的过程，因此，与结构上的组块相对应的还有概念上的整合。所谓概念整合，是人类选择和提取不同心理空间的信息，在特定语境中为特定目的而实施的概念化过程。概念整合的一个重要特性是在线性，即只要语境中有足够的信息和条件体现两个概念之间的“重要联系”，整合概念就可以自然出现[17]。共时平面上，促成“是”结构上向评注副词靠近的一个关键节点是附缀粘附式的“副$_{双评}$＋是”结构，前文说过，这一结构类型中的“是”，性质上介于词和词缀之间，当其表现为一个独立的词时，主要表达强调义。就表达功能而言，表强调义的“是”与评注副词有相通之处，都是对某个命题内容的主观性断定，这就为二者建立“概括空间”并整合提供了合适的条件。另外，概念整合具有层级性，概念可在基本义或引申义提取部分特征加以整合[18]，“是”由实义词发展为虚义性的附缀或词缀、“副$_{双评}$＋是”结构词汇化等级上的差异，正好可以看作整合层级性的反映。

总之，作为一种语言表达形式的创新，“副$_{双评}$＋是”结构的词汇化是通过语言组织结构和语言识解两个相辅相成的环节共同促成的结果。

五、结语

语言结构是一个有机整体，整体与部分、部分与部分之间相互配合、相互调整，结构成分的形式和意义正是在这种互育关系中形成的。综上所述，“副$_{双评}$＋是”结构正是因为结构内成分对后项成分句法约束力量的变动，经历了由非词的跨层结构到独用的话语—语用标记等各种阶段，这既是一个历时过程也是一种共时现象。其中，句法环境的制约以及“是”的语法性质对“副$_{双评}$＋是”结构的词汇化起着关键作用，语言的心理组块和特定语境中的概念整合是重要的认知动因。

＊本文系湖北省教育厅人文社会科学项目“汉语形容词的情状类型及其句法表征”【16G123】阶段性成果。

注释：

[1] 董秀芳:《“是”的进一步语法化:由虚词到词内成分》,《当代语言学》2004 年第 1 期,第 35～44 页。

[2] 齐春红:《现代汉语语气副词研究》,昆明:云南人民出版社,2008 年,第 43 页。

[3] 张谊生:《现代汉语副词研究》,上海:学林出版社,2000 年,第 18 页。

[4] 李杰:《试论现代汉语状语的情感功能》,《甘肃高师学报》2005 年第 1 期,第 10～13 页。

[5] 吴竞存、梁伯枢:《现代汉语句法结构与分析》,北京:语文出版社,1992 年,第 367～368 页。

[6] 张谊生:《“副＋是”的历时演化和共时变异——兼论现代汉语“副＋是”的表达功用和分布范围》,《语言科学》2003 年第 3 期,第 36 页。

[7] 董秀芳:《汉语的词库与词法》,北京:北京大学出版社,2004 年,第 35～36 页。

[8] 董秀芳:《“是”的进一步语法化:由虚词到词内成分》,《当代语言学》2004 年第 1 期,第 40 页。

[9] 祁峰:《现代汉语焦点研究》,上海:中西书局,2014年,第88～108页。

[10] 刘现强:《现代汉语节奏支点初探》,《语言教学与研究》2007年第3期,第60页。

[11] 石毓智:《现代汉语语法系统的建立》,北京:北京语言文化大学出版社,2003年,第174页。

[12] 于红举:《附着词》,《南开语言学刊》2004年第1期,第54页。

[13] 刘丹青:《语法调查研究手册》,上海:上海教育出版社,2008年,第547页。

[14] 张国宪:《谈隐含》,《中国语文》1993年第2期,第126页。

[15] 刘丹青:《实词的叹词化和叹词的去叹词化》,《汉语学习》2016年第3期,第4页。

[16] 陆丙甫:《核心推导语法》,上海:上海教育出版社,1993年,第190页。

[17] 完权:《"的"的性质与功能》,北京:商务印书馆,2016年,第48～49页。

[18] 张云秋、王馥芳:《概念整合的层级性与动宾结构的熟语化》,《世界汉语教学》2003年第3期,第47页。

“既然”“就”单用时的选择倾向及功能差异

张　静

（南昌大学人文学院客赣方言与语言应用研究中心，江西南昌，330031）

内容摘要：在推断关系复句中，除了完备式“既然 p，就 q”之外，还有两种单用关联词语的推断式：“既然”式、“就”式。推断标记“既然”“就”在单标频率、关联范围、主客观性、内部差异这四个方面造成了两者的选择倾向与功能差异。

关键词：既然；就；选择倾向；功能差异

一、引言

在因果推断复句“既然 p，就 q”中，关联词语“既然”“就”在绝大多数情况下都要配对出现。例如：

（1）既然宇宙在膨胀，那么就可能有一个膨胀的起点。（《中国儿童百科全书》）

（2）既然是虚构的，就有许多幻想的成分。[《中国古代文化史（三）》]

（3）既然你们愿意送上门来，那就来吧！（《中华上下五千年》）

（4）既然他家能买，为什么我们就不能买？（《十面埋伏》）

在常规的“既然”和“就”的组配中，前后两分句既可以是同类语气组配，如例（1）、例（2）都是陈述＋陈述，也可以是异类语气组配，如例（3）是陈述＋祈使，例（4）是陈述＋疑问。

邢福义、汪国胜（2003）指出“既然”和“就”经常呼应使用，但也可以只出现一个，有时甚至都不出现[1]。例如：

（5）既然已经报了名，我也只得硬着头皮去准备参赛的事了。（《中国北漂艺人生存实录》）

（6）既然我为了约她出来等了那么久，我当然不准备轻易放弃。（《我的世界我的梦》）

（7）要想对世界了解得更多，洞察真相，就需要空出自己的心来。（《传媒大亨与佛教宗师的对话：包容的智慧》）

（8）在不同的渠道里，人们都能找到自己最需要的，这就是多元世界的好

处。（《传媒大亨与佛教宗师的对话：包容的智慧》）

例（5）、例（6）前后分句间是通过推断连词“既然”管控前后分句间的语义关系。例（7）、例（8）前后分句间是通过推断副词“就”管控前后分句间的语义关系。

现代汉语复句中关联词语的组配问题是学界研究的重点，成果颇丰。李晋霞、刘云（2004）论述了“由于”与“既然”的主观性差异[2]。姚双云（2007）探析了连词“结果”与“所以”使用差异的计量分析[3]。李晋霞、王忠玲（2013）研究了“因为”“所以”单用时的倾向及其使用差异[4]。高再兰（2013）对前、后置“因为”的隐现及功能差异进行了探讨等等[5]。这都给了我们很好的启示作用，但是在什么条件下倾向于用“既然”、在什么条件下倾向于用“就”的相关研究并不多见，这就是本文研究的目的所在。由于篇幅有限，暂不讨论这两个关联词语都不出现的情况。文章中没有标明出处的语料来自北京大学现代汉语语料库。

二、单标频率

邢福义（2002）指出推断句式“既然p，就q”分为两类。一类是据因断果，另一类是据果断因[6]。据因断果式中“既然”引导推断原因，“就”引导推断结果，原因在前，结果在后。据果断因式中“既然”引导推断结果，“就”引导推断原因，结果在前，原因在后。配位方式的不同，造成了对关联词语选择的不同倾向。

推断标记“既然”可以出现在据因断果、据果断因两式中。例如：

（9）乘客既然能买得起飞机票，不会买不起一份20元的保险。（新华社2004年新闻稿）

（10）既然党组织叫他联系，一定没有问题。[初中《语文（第一册）》]

例（9）的“乘客既然能买得起飞机票”是推断原因，“不会买不起一份20元的保险”是推断结果，全句为据因断果式。例（10）的“既然党组织叫他联系”是推断结果，“一定没有问题”是推断原因，全句为据果断因式。

推断标记“就”也可以出现在据因断果、据果断因两式中。例如：

（11）坚持以马克思主义为指导，最根本的就是要坚持实践是检验真理的标准的观点。

（12）分为语文、数学、外语、政治、物理、化学、地理、历史、音乐、美术、体育等科目，就是根据分科课程设计的。

例（11）的“坚持以马克思主义为指导”是推断原因，“最根本的就是要坚持实践是检验真理的标准的观点”是推断结果，全句为据因断果式。例（12）的“分为语文、数学、外语、政治、物理、化学、地理、历史、音乐、美术、体育等科目”是推断结果，“就是根据分科课程设计的”是推断原因，全句为据果断因式。

诚然，“既然”“就”分别都能用于据因断果、据果断因两式，但两者的倾向性存在着一定的差别。我们对“既然”“就”分别进行了统计，通过统计可知，“既然”的身份比较固定，而“就”由于具有多义性，那么用于表示推断的语义数量就不多。我们以200例为各自考察的总数。“既然”的200例全部表示推断，占100%，而“就”只有69例表示推断关系，占34.5%。可见人们在选择推断标记时，首先会选择“既然”。然后我们又对都是推断标记的“既然”“就”进行考察，在200例“既然”句中，据因断果的“既然”有163例，占81.5%，据果断因的“既然”有37例，占18.5%，而在69例的推断“就”字句中，据因断果的“就”有53例，占76.8%，据果断因的“就”有16例，占23.2%。由上述统计结果可知，推断标记“既然”“就”存在一定的优选倾向性。结论如下：

A. 在因果推断复句中，如果只能选择一个关联词语，“既然”比“就”的典型性程度要高。同时在推断句的小类中，无论是据因断果还是据果断因，“既然”也都比“就”的典型性程度要高。

因为从分句间语义的辨析度来看，“就”具有多义性，而“既然”具有单一性；从句法位置来看，“既然”位于句首，显著度高；从关联范围来看，“既然”具有多向性，而“就”只具有双向性。

B. 无论是“既然”句还是“就”字句，据因断果远远要比据果断因更为常见，运用也更加频繁。

我们从信息论的角度出发，旧信息前置，新信息后置。推断原因一般是已然的或者客观的，是旧信息，而推断结果是未然的或者主观的，是新信息。例如：

(13) 这种预测方法既然在经常发生地震的冰岛行之有效，相信也适用于其他地震多发地区。(新华社2004年新闻稿)

(14) 人类要生存和发展，就必须将社会实践中积累起来的经验，一代一代地传下去。

例(13)、例(14)的“这种预测方法既然在经常发生地震的冰岛行之有效”“人类要生存和发展”是旧信息，“相信也适用于其他地震多发地区”“就必须将社会实践中积累起来的经验，一代一代地传下去”是新信息。新信息比旧信息重要，所以就采用据因断果式。

同时，从篇章的连贯性上来说，据因断果符合承上启下的行文顺序，一般推断原因是承接上文，所以前置，而推断结果是开启下文，所以后置。例如：

(15) 大多数“普通人”买“普通股”。既然是普通股，更需要耐心和毅力。(《股市宝典》)

(16) 每一个内部市场交易主体的收支都能够与外部市场同等条件下的收支相符。利润归属原则具体到转移价格上，就是要求在内部市场中实行独立竞争标准，或称为正常交易标准、公平交易标准。也就是说，每一个内部市场交易主体在经济交易中的支付不得高于无关联企业的正常交易价格，收入不得低于无关联企业的正常交易价格。

例(15)、例(16)的“既然是普通股”“利润归属原则具体到转移价格上”是推断原因，承接上文，“更需要耐心和毅力”“就是要求在内部市场中实行独立竞争标准，或称为正常交易标准、公平交易标准”是推断结果，开启下文。无论是从信息的排列顺序，还是篇章的连贯性，都应该采用据因断果式。

三、关联范围

“既然”和“就”都是表示因果推断的关联词语，但是它们的语法特点和语义性质都不相同。“既然”是句间连词，在句中不作成分，可以进行多向性的连接。“就”是关联副词，在句中作状语，是句内成分，只能进行双向性的连接。

“既然”的关联范围除了与“就”分句之外，还与上文内容有关。因为“既然”本是一个状中短语作谓语，用于单句。随着时间的推移，慢慢进入复句，从前分句的谓语经过右项滑落之后，到达后分句的句首，并且词汇化成连词。状中短语“既＋然”义为“已经如此”，是一个指代性的谓词成分。很多学者认为“既然”成词之后，其指代性消失，只具备连接性。我们认为连词“既然”依然具有指代性，因为句首推断标记“既然”一定是回指上文的内容，是推断原因的背景来源。例如：

(17) 若驴头不对马嘴，就是“函盖不投”。既然三心均不可得，自当一体同观。(《法修正心要》)

(18) 忘了什么叫风险，就表明风险已经蓄之既久了。既然在高位蓄满了风险，其向下的速率显然是较大的。(《股市宝典》)

例 (17) 中“既然”回指“若驴头不对马嘴，就是‘函盖不投’”。例 (18) 中“既然”回指“忘了什么叫风险，就表明风险已经蓄之既久了”。这些都是推断原因的背景来源。

同时，“既然 p”与后分句“就 q”相互呼应，从 p 到 q 是一个因果性逻辑顺序。例如：

(19) 既然听话比讲话快，我们应将多余的时间用来对听到的话语作总结。[《哈佛管理培训系列全集（第 11 单元）》]

——→因为听话比讲话快，所以我们应将多余的时间用来对听到的话语作总结。

(20) 既然分配拉开档次，当然得趁着年轻多赚点钱。(《1994 年报刊精选》)

——→因为分配拉开档次，所以当然得趁着年轻多赚点钱。

“就”本是动词，义为“移向、接近、靠近”。从单谓句进入到连动句中，“就”处于连动前项，该项动词义很容易发生虚化，用于表示短时间内动作即将发生或者两个事件紧接发生，这也就是其副词的意义。由于“就”衔接的两个动作或者两个事件都是紧接发生，那么继而继续虚化，很容易引申为：承接上文，得出结论。这就成了关联性推断义副词，此时的副词“就”只具有语法意义。关联副词只联系句内的前后两个分句，只具有双向性。例如：

(21) 蔡伦造纸（蔡伦对改进纸有重大贡献）所界划的东汉时代，向前推到了西汉的文景时代，就主要是由于甘肃天水放马滩麻纤维纸实物的发现。

(22) 形声字有的形符不止一个，有的声符不止一个，我们就把形声字分为一形一声、一形二声、二形一声、二形二声、三形一声、四形一声等类型。

四、主客观性

邢福义（2002）指出"既然 p，就 q"重在推断，主观性较强。如果观察句式内部的"既然 p""就 q"，就会发现该句式的主观性主要体现在"就"身上。在句式内部，"就"的主观性要明显高于"既然"。因为无论"既然"引导原因或结果，都是一种承接上文的客观原因或者已然结果，那么相比较而言，"就"就是根据"既然"类推出来的，主观性肯定强于"既然"。例如：

（23）中小巴既然是公共交通的一部分，应当视其它公交同等看待。(《1994 年报刊精选》)

（24）既然他今天看起来心情不好，说明他肯定碰到什么烦心事了。

（25）计算机建立了词库和规则库，就可以利用这些词库和规则库进行运算、分析。

（26）这次报名吸引了很多人参加，就说明奖金很高。

例（23）中"中小巴既然是公共交通的一部分"是推断原因，例（24）中的"既然他今天看起来心情不好"是推断结果。但是由于"既然"的回指性，回指本身就是一种客观的陈述，所以"既然"的主观性并不强。例（25）中"就可以利用这些词库和规则库进行运算、分析"是推断结果，例（26）中"就说明奖金很高"是推断原因。"就"无论引导的是推断原因还是结果，都是根据前分句的语义内容推断出来的，带有很强的主观性。

我们通过"既然""就"的有无，来判断有无前后的主观性程度。首先来看"既然"的有无情况。例如：

（a1）斯凯尔顿和他的同事准备下一步与其他国家的同行联系，进行范围更为广泛的观察，以作进一步的验证。这种预测方法既然在经常发生地震的冰岛行之有效，相信也适用于其他地震多发地区。

（a2）斯凯尔顿和他的同事准备下一步与其他国家的同行联系，进行范围更为广泛的观察，以作进一步的验证。这种预测方法在经常发生地震的冰岛行之有效，相信也适用于其他地震多发地区。

例(a1)、例(a2)有无推断标记"既然"，其实都是反映一种已然的原因，是对上文的承接。

（b1）他一上午都不怎么开口说话。既然他今天看起来心情不好，说明他肯定碰到什么烦心事了。

（b2）他一上午都不怎么开口说话。他今天看起来心情不好，说明他肯定碰到什么烦心事了。

例（b1）、例（b2）有无推断标记"既然"，其实都是反映一种已然的结果，是对上文的承接，“既然”仍然只是一个回指成分，主观性不强。

我们再来看看关联副词“就”的有无情况。例如：

(c1) 利润归属原则具体到转移价格上，就是要求在内部市场中实行独立竞争标准，或称为正常交易标准、公平交易标准。

(c2) 利润归属原则具体到转移价格上，是要求在内部市场中实行独立竞争标准，或称为正常交易标准、公平交易标准。

例（c1）、例（c2）有无推断标记“就”，其实都是从前分句推断而出的结果，本身就具有主观性，加上“就”，是对其主观性的一种加深强调。

(d1) 分为语文、数学、外语、政治、物理、化学、地理、历史、音乐、美术、体育等科目，就是根据分科课程设计的。

(d2) 分为语文、数学、外语、政治、物理、化学、地理、历史、音乐、美术、体育等科目，是根据分科课程设计的。

例（d1）、例（d2）有无推断标记“就”，其实都是从前分句推断而出的原因，本身就具有主观性，加上“就”，也是对其主观性的一种加深强调。张谊生（2001）对副词的分类时，指出“就”是评注性副词。评注本身就是一种主观性。

五、内部差异

在推断关系复句中，除了完备式“既然 p，就 q”之外，还有两种单用关联词语的推断式：“既然”式、“就”式。由前文统计可知，在单用式中“既然”式是优选推断句式，“就”式属于次选推断句式。但是存在就有道理，下面我们重点区分“既然”“就”在表达推断时的差异，主要分析这两个关联词语分别进入复句中所带来的语义关系的不同。

A.“既然”一般重在提示推断原因。如果不用，分句间虽然是因果关系，但却可以理解成其他的因果小类。邢福义（2002）指出关系属于隐含的语义范畴，理解起来有灵活性，而标志则是一种客观存在的形式实体，不会因人而异，因而可以成为客观标准。例如：

(27) 既然你读 MBA，护照上写的当然应更加符合你的专业身份！(《MBA 宝典》)
⟶你读 MBA，护照上写的当然应更加符合你的专业身份！
⟶因为你读 MBA，护照上写的当然应更加符合你的专业身份！
⟶如果你读 MBA，护照上写的当然应更加符合你的专业身份！

(28) 既然你们把他生下来，当然要负父母的责任。(《大学生心理卫生与咨询》)
⟶你们把他生下来，当然要负父母的责任。
⟶因为你们把他生下来，当然要负父母的责任。
⟶如果你们把他生下来，当然要负父母的责任。

例（27）、例（28）如果去掉引导推断原因的标记“既然”，前后分句间的语义关系就会变得十分灵活，我们可以理解为因果或者假设等小类，这样就给复句类型的准确定位带来困难。

"就"一般重在提示推断结果。如果不用，分句间虽然是因果关系，却也可以理解成其他的因果小类。例如：

(29) 继续教育只停留在具体问题的分析上，其结论就会很快过时。

⟶继续教育只停留在具体问题的分析上，其结论会很快过时。

⟶因为继续教育只停留在具体问题的分析上，其结论会很快过时。

⟶如果继续教育只停留在具体问题的分析上，其结论会很快过时。

(30) 人们做出某种行为后会得到奖励，人们以后就倾向多做出这类行为。

⟶人们做出某种行为后会得到奖励，人们以后倾向多做出这类行为。

⟶因为人们做出某种行为后会得到奖励，人们以后倾向多做出这类行为。

⟶如果人们做出某种行为后会得到奖励，人们以后倾向多做出这类行为。

和"既然"不同的是，即使用"就"前后分句间的关系不见得只能理解为推断，因为还可以理解为假设关系。例如：

(31) 要成为人，当然就要走在"人道"——"成人之道"上。

⟶如果要成为人，当然就要走在"人道"——"成人之道"上。

(32) 教育作为传递文化的手段，也就具有了保存文化的功能。

⟶如果教育作为传递文化的手段，也就具有了保存文化的功能。

然而前标"既然"只能使复句理解为推断关系。"既然"比"就"的语义识别度高，因而在表示推断时，单独使用"既然"的频率要远远高于"就"。

B. 在表达"推断原因＋推断结果"时，"既然""就"的句法位置不同，那么两者的功能就有很大差别。"既然"位于全句句首，"就"一般位于推断结果分句前。"既然"具有意义的划界性，因为其引导的是一个新的推断复句，与上文具有划界性，而"就"是居于复句内部，所以没有这样的划界性，只具有内部语义衔接性。例如：

(33) 只要有教，则必有学，教若有益，学就不会无益。既然以"学无益"为教，这个教的本身正好证明学是有益的。(《中国哲学简史》)

⟶只要有教，则必有学，教若有益，学就不会无益。以"学无益"为教，这个教的本身正好证明学是有益的。

(34) 因为有生必有灭，没有灭哪有生，这是辩证法。既然已经生出来了，将来必定要灭亡。(《佛法修正心要》)

⟶因为有生必有灭，没有灭哪有生，这是辩证法。已经生出来了，将来必定要灭亡。

例(33)、例(34)的"既然"与上文内容具有明显的划界性，"既然"是回指上文内容作为推断的背景，然后重新引领一个新的推断复句。诚然，去掉"既然"，句子仍然成立，但可说性以及语篇的衔接性明显有所减弱。

“就”只注重分句间的语义衔接，不具有划界性。例如：

(35) 素质教育也是差异性教育。素质教育面向全体学生，就是面向每个有差异的学生。

——→素质教育也是差异性教育。(既然) 素质教育面向全体学生，就是面向每个有差异的学生。

(36) 全面提高学生德、智、体、美等方面的基本素质。素质教育要促进学生全面发展，就必须实施全面发展的教育。

——→全面提高学生德、智、体、美等方面的基本素质。(既然) 素质教育要促进学生全面发展，就必须实施全面发展的教育。

例 (35) 中关联副词“就”衔接“素质教育面向全体学生”与“是面向每个有差异的学生”，例 (36) 中关联副词“就”衔接“素质教育要促进学生全面发展”与“必须实施全面发展的教育”，关联副词“就”只具有内向性。诚然，这两例在推断句首没有出现“既然”，但明显衔接得过于生硬，如果在推断复句的句首加上“既然”，这样语篇的衔接会更好，同时与上文也起到了很好的划界作用。

六、结语

推断标记“既然”“就”在选择倾向与功能差异上，主要体现在单标频率、关联范围、主客观性、内部差异这四个方面：

A. 单标频率是造成“既然”“就”选择倾向的重要因素，如果只能选择一个关联词语，“既然”比“就”的典型性程度要高，所以使用频率也高。

B. 根据“既然”“就”的历时演变结果，前者的关联范围要明显大于后者。

C. “既然”引导的原因或结果，都是承接上文的客观原因或者已然结果，而“就”是根据“既然”推断而来，主观性肯定强于“既然”。

D. 在内部差异方面，“既然”一般重在提示推断原因，“就”一般重在提示推断结果。“既然”还具有意义的划界性，而“就”只具有内部语义的衔接性。

* 本文系江西省高校人文社会科学重点研究基地项目“整体汉语视野下的推断复句研究——以‘既然’式为例”【JD16146】阶段性成果。

注释：

[1] 邢福义、汪国胜主编:《现代汉语》,武汉:华中师范大学出版社,2003 年,第 351 页。

[2] 李晋霞、刘云:《“由于”与“既然”的主观性差异》,《中国语文》2004 年第 2 期,第 123～128 页。

[3] 姚双云:《连词“结果”与“所以”使用差异的计量分析》,《宁夏大学学报》(人文社会科学版) 2007 年第 6 期,第 51～53 页。

[4] 李晋霞、王忠玲:《论“因为”“所以”单用时的选择倾向与使用差异》,《语言研究》2013 年第 1 期,第 19～26 页。

[5] 高再兰:《前、后置“因为”的隐现及功能差异》,《汉语学报》2013 年第 2 期,第 57～65 页。

[6] 邢福义:《汉语复句研究》,北京:商务印书馆,2002 年,第 70～74 页。

【世界文学研究】

《圣经》公义观嬗变研究

杨　建

（华中师范大学文学院/湖北文学理论与批评研究中心，湖北武汉，430079）

内容摘要：在《圣经》中，公义（justice），即公平、公正、正直、正义，是上帝之道，上帝的本质属性和美德，上帝对待世界的态度和方式、维护世界秩序的重要原则和法规，也是上帝对人类的道德启示和人类必须遵循的道德规范。公义包括品性和规则两个方面的要求。通过比较可以发现，两约公义观有继承，但发生了以下嬗变：《圣经》充满了对上帝公义性的赞颂，《旧约》从上帝的言行、职任、典章、律例、约束、管理、衡量、分配、仲裁、察验、审判、拯救、赏罚、报偿、庇护、怜悯、伸冤、报应、应许、预定等方面全方位赞颂上帝的公义，而《新约》对上帝公义的赞颂主要集中于末日审判和耶稣代人受过两个方面；《旧约》多处记载了对上帝公义性的怀疑，如义人与恶人没有分别，一样对待，恶人在世兴盛，不受惩罚，反享平康，子民遭受患难，好人遭受迫害，既然人按他的本性都一样该受惩罚，上帝却越过恶人，试探义人，没有一视同仁，而《新约》对上帝的公义性坚信不疑；《旧约》中弥赛亚国度的政治基础是公义，《新约》中天国的道德基础也是公义。《圣经》公义观的嬗变显示了对上帝公义信念的坚守、公义的道德化趋向和来世价值。

关键词：《圣经》；公义观；嬗变

在《圣经》中，公义（justice），即公平、公正、正直、正义，是上帝之道——“遵守我的道，秉公行义”（《创世记》18:19）[1]，上帝的本质属性和美德，上帝对待世界的态度和方式、维护世界秩序的重要原则和法规，也是上帝对人类的道德启示和人类必须遵循的道德规范。“你要追求至公、至义。”（《申命记》16:20）像上帝一样“有公义”（《诗篇》112:4），“因为我耶和华喜爱公平”（《以赛亚书》61:8），“他喜爱仁义公平”（《诗篇》33:5）。公义包括品性和规则两个方面的要求。通过比较可以发现，两约公义观有继承，但发生了以下嬗变：

一、《旧约》对上帝公义的赞颂是全方位的，而《新约》对上帝公义的赞颂主要集中于末日审判和耶稣代人受过两个方面

《圣经》充满了人对上帝公义性的赞颂。《旧约》从上帝的言行、职任、典章、律例、约束、管理、衡量、分配、仲裁、察验、审判、拯救、赏罚、报偿、庇护、怜悯、伸冤、报应、应许、预定等方面全方位赞颂了上帝的公义："哪一大国有这样公义的律例典章，像我今日在你们面前所陈明的这一切律法呢？……他所行的无不公平，是诚实无伪的神；又公义，又正直。"（《申命记》4:8；32:4）"人必述说耶和华公义的作为，就是他治理以色列公义的作为。"（《士师记》5:11）"神岂能偏离公平？全能者岂能偏离公义？……神必不丢弃完全人，也不扶助邪恶人……以公义为衣服，以公平为外袍和冠冕……神必不作恶，全能者也不偏离公平！……论到全能者，我们不能测度；他大有能力，有公平和大义。"（《约伯记》8:3，20；29:14；34:12；37:23）"愿恶人的恶断绝；愿你坚立义人！因为公义的神察验人的心肠肺腑。神是我的盾牌，他拯救心里正直的人。神是公义的审判者，又是天天向恶人发怒的神……他要按公义审判世界，按正直判断万民……因为耶和华是公义的，他喜爱公义，正直人必得见他的面……耶和华的训词正直……耶和华的典章真实，全然公义……义人哪，你们应当靠耶和华欢乐，正直的人的赞美是合宜的……耶和华的言语正直……他喜爱仁义公平……耶和华的眼目看顾义人；他的耳朵听他们的呼求……你的公义好像高山，你的判断如同深渊……因为耶和华喜爱公平……你喜爱公义……求你救我脱离流人血的罪，我的舌头就高声歌唱你的公义……义人诚然有善报，在地上果有施行判断的神……公义和公平是你宝座的根基……公义和公平是他宝座的根基……诸天表明他的公义……他要用公义审判世界，按公正审判万民……耶和华作王……王有能力，喜爱公平，坚立公正，在雅各中施行公平和公义……耶和华施行公义，为一切受屈的人伸冤……他手所行的，是诚实公平……他们记念你的大恩，就要传出来，并要歌唱你的公义。"（《诗篇》7:9-11；9:8；11:7；19:8，9；33:1，4，5；34:15；36:6；37:28；45:7；51:14；58:11；89:14；97:2，6；98:9；99:1，4；103:6；111:7；145:7）"惟有万军之耶和华，因公平而崇高；圣者神因公义显为圣……耶和华必然等候，要施恩给你们；必然兴起，好怜悯你们。因为耶和华是公平的神，凡等候他的都是有福的！……他以公平公义充满锡安……行事公义，说话正直……我耶和华所讲的是公义，所说的是正直……我是公义的神，又是救主……我口所出的话是凭公义……人论我说：'公义、能力，惟独在乎耶和华。'……以色列的后裔都必因耶和华得称为义，并要夸耀……我必以公平为准绳，以公义为线铊。"（《以赛亚书》5:16；30:18；33:5，15:45:19，21，23，24，25；28:17）"耶和华是公义的！"（《耶利米哀歌》1:18）"耶和华在他中间是公义的，断不做非义的事，每早晨显明他的公义，无日不然。"（《西番雅书》3:5）"主啊，你是公义的……因为耶和华我们的神在他所行的事上都是公义。"（《但以理书》9:7，14）"神是公义的审判者……他要按公义审判世界，按正直判断万民……耶和华的典章真实，全然公义……因此，人必说：'义人诚然有善报，在地上果有施行判断的神'……他要按公义审判世界，按他的信实审判万民……公平和公义是他宝座

的根基……因为他来要审判遍地，他要按公义审判世界，按公正审判万民……耶和华作王……王有能力，喜爱公平，坚立公正，在雅各中施行公平和公义……耶和华施行公义，为一切受屈的人伸冤……耶和华啊，你是公义的；你的判语也是正直的！你所命定的法度是凭公义和至诚……耶和华在他一切所行的，无不公义。”（《诗篇》7:11；9:8；19:9；58:11；96:13；97:2；98:9；99:1，4；103:6；119:137-138；145:17）“赐福于公义人的居所……诡诈的天平为耶和华所憎恶；公平的法码为他所喜悦……恶人的道路，为耶和华所憎恶；追求公义的，为他所喜爱……行仁义公平，比献祭更蒙耶和华悦纳……他岂不按各人所行的报应各人吗?”（《箴言》3:33；11:1；15:9；21:3；24:12）在《旧约》中，不仅选民以色列人，就连埃及法老也承认“耶和华是公正的，我和我的百姓是邪恶的（《出埃及记》9:27）。公义成了维护以色列民族生死存亡最重要的伦理德性。“如果说在基督教文化语境中上帝最根本的属性是‘爱’的话，在希伯来宗教文化传统中，‘公义’才是上帝神圣属性的根本。与这样的上帝立约的以色列人，将‘公义’作为民族至高的价值观念来持守就是必然的要求……‘公义’作为古代以色列民族所持守的最高原则，在其现实生活中产生了重要的影响。”[2]

《新约》完全继承了《旧约》中上帝公义的思想，如耶稣在祷告中说：“公义的父啊，世人未曾认识你，我却认识你。”（《约翰福音》17:25）相比而言，更多肯定耶稣神的公义性。“从此以后，有公义的冠冕为我存留，就是按着公义审判的主到了那日要赐给我的；不但赐给我，也赐给凡爱慕他显现的人。”（《提摩太后书》4:8）“你们若知道他是公义的，就知道凡行公义之人都是他所生的。”（《约翰一书》2:29）“我听见掌管众水的天使说：‘昔在、今在的圣者啊，你这样判断是公义的！’”（《启示录》16:5）

《新约》对上帝公义的赞颂主要集中于末日审判和耶稣代人受过两个方面。在《圣经》中，上帝的公义表现为他将按照每个人的功过施行赏罚，不同的是，犹太教是现世的宗教，所有的善恶报应都在现世兑现，而基督教是来世的宗教，所有的善恶报应都体现在末日审判和来世报应中。对末日公义审判的期待占据了《新约》伦理的中心位置，大大强化了公义的地位和力量。那些“存邪僻的心，行那些不合理的事；装满了各样不义、邪恶、贪婪、恶毒，满心是嫉妒、凶杀、争竞、诡诈、毒恨，又是谗毁的、背后说人的、怨恨神的、侮慢人的、狂傲的、自夸的、捏造恶事的、违背父母的、无知的、背约的、无亲情的、不怜悯人的……神判定行这样事的人是当死的”（《罗马书》1:28-31，32）。在公义审判的日子到来时，“这些人，要往永刑里去；那些义人，要往永生里去”（《马太福音》25:46）。“他已经定了日子，要藉着他所设立的人按公义审判天下。”（《使徒行传》17:31）“‘必照各人的行为报应各人。’凡恒心行善，寻求荣耀、尊贵和不能朽坏之福的，就以永生报应他们；惟有结党不顺从真理，反顺从不义的，就以忿怒、恼恨报应他们。将患难、困苦加给一切作恶的人，先是犹太人，后是希腊人；却将荣耀、尊贵、平安加给一切行善的人，先是犹太人，后是希腊人。因为神不偏待人。”（《罗马书》2:5-11）“因为经上记着：‘主说：伸冤在我，我必报应。’”（《罗马书》12:9）“神既是公义的，就必将患难报应那加患难给你们的人；也必使你们这受患难的人与我们同得平安。那时，主耶稣同他有能力的天使从天上在火焰中显现，要报应那不认识神和那不听从我主耶稣福音的人。”（《帖撒罗尼迦后书》1:5-8）“从此以后，有公义的冠冕为我存留，就是按着公义审判的主到了那日要赐给我的；不但赐给我，也赐给凡爱慕他显现的人。”（《提摩太后书》4:8）“你们既称那不偏待人、按各人行为审判人的主为父，就当存敬畏的心，度你们在世寄居的日子。”（《彼得前书》1:22）

《新约》重在宣扬福音，即耶稣使有罪的人称义的福音，耶稣代人受过、使罪人成义的义行，是上帝公义性的表现。“神使那无罪的，替我们成为罪，叫我们在他里面成为神的义。”（《哥林多后书》5:21）“他被挂在木头上，亲身担当了我们的罪，使我们既然在罪上死，就得以在义上活……因基督也曾一次为罪受苦，就是义的代替不义的，为要引我们到神面前。”（《彼得前书》2:24；3:18）流出他的宝血，“洗净我们一切的罪……神是信实的，是公义的，必要赦免我们的罪，洗净我们一切的不义……他为我们的罪作了挽回祭，不是单为我们的罪，也是为普天下人的罪”（《约翰一书》1:7，9；2:2）。“他舍自己作万人的赎价，到了时候，这事必证明出来。”（《提摩太前书》2:6）

二、《旧约》多处记载了对上帝公义性的怀疑，而《新约》坚信不疑

自古以来，犹太人就为罪孽、邪恶和上帝公义性等问题所困扰。上帝是公义的，上帝的公义主要体现在给予每一个人他所当得的，赏善罚恶，公平正义，一视同仁，一律平等。但实际情形往往并非如此，甚至恰恰相反。《旧约》虽然充满了对上帝公义性的赞颂，但也多处记载了对上帝公义性的怀疑。例如：

（1）义人与恶人没有分别，一样对待。

亚伯拉罕祈求上帝应该行使公义：“将义人与恶人同杀，将义人与恶人一样看待，这断不是你所行的。审判全地的主岂不行公义吗？”（《创世记》18:25）约伯控诉上帝：“善恶无分，都是一样，所以我说：完全人和恶人他都灭绝。若忽然遭杀害之祸，他必戏笑无辜的人遇难。世界交在恶人手中，蒙蔽世界审判官的脸，若不是他是谁呢？”（《约伯记》9:22-24）

（2）恶人在世兴盛，不受惩罚，反享平康。

大卫哀怨：“我见恶人和狂傲人享平安，就心怀不平。他们死的时候没有疼痛，他们的力气却也壮实。他们不像别人受苦，也不像别人遭灾……看哪，这就是恶人，他们既是常享安逸，财宝便加增。”（《诗篇》73:3-5，12）耶利米埋怨：“耶和华啊，我与你争辩的时候，你显为义。但有一件，我还要与你理论：恶人的道路为何亨通呢？大行诡诈的为何得安逸呢？你栽培他们，他们也扎了根，长大，而且结果。”（《耶利米书》12:1-2）约伯控诉恶人行恶（《约伯记》24:2-4，9）、反享平康的事实（《约伯记》21:6-17），抱怨“神却不理会那恶人的愚妄”（《约伯记》24:12）。

（3）子民遭受患难，好人遭受迫害。

“作为以色列的代表”[3]，摩西曾向上帝抱怨说：“主啊，你为什么苦待这百姓呢？为什么打发我去呢？自从我去见法老，奉你的名说话，他就苦待这百姓，你一点也没有拯救他们。”（《出埃及记》5:22-23）当上帝要向以色列人发烈怒时，摩西恳求道：“耶和华啊，你为什么向你的百姓发烈怒呢？这百姓是你用大力和大能的手从埃及地领出来的。为什么使埃及人议论说：‘他领他们出去，是要降祸与他们，把他们杀在山中，将他们从地上除灭。’求你转意，不发你的烈怒；后悔，不降祸与你的百姓。求你记念你的仆人亚伯拉罕、以撒、以色列，你曾指着自己起誓说：‘我必使你们的后裔像天上的星那样多，并且我所应许的这全地，必给你们的后裔，他们要永远承受为业。’”（《出埃及记》32:11-13）大卫连篇累牍责怨上帝离弃子民，卖了子民，使他们受邻国的羞辱、四围人的嗤笑讥讽、列邦笑谈，甚至终日被杀、每早晨受惩治（《诗篇》22:1-2；42:9；44:12-24；73:12-14）。还有基甸对上帝使者的话的质疑（《士师记》6:13）、耶利米的埋怨（《耶利米书》12:1-3）和恳求（《耶利米哀歌》3:55-56）、约伯对神的呼唤（《约伯记》30:20-21）和责问（《约伯记》24:1）。著名的约伯问题“我是无辜的，为什么受难？”有问而无答。先知哈巴谷也像约伯一样向神发出了痛苦的质询，两次埋怨上帝（《哈巴谷书》1:2-4，13）。哈巴谷和约伯的诘问都关涉罪与罚以及公义何在问题，然而，对于约伯和哈巴谷的问题和呼求，上帝都没有作出正面回答。

(4) 上帝越过恶人，试探义人，没有一视同仁。

既然人按他的本性都一样该受惩罚，但上帝越过恶人，试探义人，没有一视同仁。

正统犹太教针对此问题做了大量解释：①恶人有时是神作为的器皿。虽然他们没有计划要荣耀神，但他们却促进了神的荣耀。如波斯王塞鲁士保护神的子民，他帮助被掳的上帝子民返回家园，派库官米提利达将耶和华圣殿的器皿拿出来交给犹大首领设巴萨（《以斯拉记》1:2-11），参与了耶路撒冷第二圣殿的建造，所以获得短暂的奖赏和兴盛。②允许恶人继续犯罪而且兴盛，为了使他们更无可推诿。上帝延缓他的审判，暂时怜悯罪人；如果他们不悔改，他的耐心就要成为指控他们的见证，他的公义将在恶人的灭亡上更显得清正。“以致你责备我的时候显为公义，判断我的时候显为清正。”（《诗篇》51:4）③上帝不一定每次都让恶人在他们的罪中兴盛。恶人正在犯罪时，上帝制止他们，公开惩罚他们，显明了他的公义。“耶和华已将自己显明了，他已施行审判。”（《诗篇》9:16）④上帝对恶人的暂缓处理。如果神暂时让人在他们的罪中兴盛，其实更积蓄其忿怒，在这期间上帝磨利他的刀剑，长期的宽容并不意味着宽恕，上帝愈延缓他的击打，那最后的一击将愈重，上帝有足够的时间和他的仇敌算账。⑤对真正悔改者的安慰。既然上帝是公正的神，他会赦免。人认自己的罪，上帝就赦免他。“遮掩自己罪过的，必不亨通；承认离弃罪过的，必蒙怜恤。”（《箴言》28:13）⑥上帝对义人的试探。敬虔的人遭遇试探或苦难，为的是使他们更加纯净，因为神“有火在锡安，有炉在耶路撒冷。”（《以赛亚书》31:9）⑦显示上帝的诚实。“耶和华啊，我知道你的判语是公义的；你使我受苦是以诚实待我。”（《诗篇》119:75）⑧上帝的公义非人的逻辑可以解释。上帝高高在上，神眼并不以肉眼看待世界，其公义是超越性的，有自己的赏善罚恶体系。这一点在约伯的遭遇和结局中得到了集中体现。

《旧约》中通过陈述上述现象、分辨事理，既表达了以色列人对不合理境况的责怨、不满，也从宗教哲学层面质疑上帝的公义性问题，并使“人”的问题被提升到十分重要的地位，人的现世情感和生命体验得到突出和张扬。

《新约》丝毫也没有流露出对上帝公义性的怀疑。即便耶稣临死前大叫“我的神！我的神！为什么离弃我?”（《马太福音》27:46；《马可福音》15:34）也只是一种恐惧表现和警示作用。后世基督教的解释是:神为了满足公义的要求，当独生子耶稣在十字架上成为全世界罪人的替身时，神公义的忿怒就倾倒在他身上，离弃了他，他大声地喊叫是要让全世界的人都听见、都知道他为什么被神离弃，因为他在担当我们的罪时，被天父离弃了！并且告诉我们被神离弃是何等的痛苦，以及神对罪的刑罚是何等的可怕！

《新约》对于上帝的公义性做出了自己的理论解释，上帝的公义性是不证自明、毋庸置疑的，上帝公义的标准高到任何人或天使都不应该和他争辩，或要求上帝解释他的行为。在这个问题上，保罗的态度非常坚决，言辞也非常激烈：“难道神有什么不公平吗？断乎没有！……你这个人哪，你是谁，竟敢向神强嘴呢?”（《罗马书》9:14，20）“他的判断何其难测!”（《罗马书》11:33）言下之意是人的理智尺度太短，无法测量上帝公义的深度。“深哉，神丰富的智慧和知识！他的判断何其难测!”（《罗马书》11:33）虽然我们无法用理智理解，但也要敬仰上帝的公义，坚信上帝的公义。“要救一切相信的，先是犹太人，后是希腊人。因为神的义正在这福音上显明出来；这义是本于信，以致于信。如经上所记：‘义人必因信得生。’”（《罗马书》1:16）“显他公义审判的日子来到。他‘必照各人的行为报应各人’。”（《罗马书》2:6）“经上记着：‘主说，伸冤在我，我必报应。’”（《罗马书》12:19）在《帖撒罗尼迦后书》中，保罗进一步强调：“这正是神公义判断的明证，叫你们可算配得神的国，你们就是为这国受苦。神既是公义的，就必将患难报应那加患难给你们的人。”（1:5）

《新约》还特别强调对上帝的公义要有信心和耐心。“我实在告诉你们，从前有许多先知和义人，要看你们所看的，却没有看见。要听你们所听的，却没有听见。”（《马太福音》13:17）从前的人想看却没看见，想听却没听见，是因这奥秘在以前的世代（即旧约时代），没有叫人知道。“我们若认自己的罪，神是信实的，是公义的，必要赦免我们的罪，洗净我们一切的不义。”（《约翰一书》1:9）“这奥秘就是外邦人在基督耶稣里，藉着福音，得以同为后嗣，同为一体，同蒙应许。”（《以弗所书》3:5）“因为他已经定了日子，要藉着他所设立的人按公义审判天下，并且叫他从死里复活，给万人作可信的凭据。”（《使徒行传》17:31）“照他自己所预定的美意，叫我们知道他旨意的奥秘。”（《以弗所书》1:9）“因为神并非不公义，竟忘记你们所做的工和你们为他名所显的爱心，就是先前伺候圣徒，如今还是伺候。我们愿你们各人都显出这样的殷勤，使你们有满足的指望，一直到底，并且不懈怠，总要效法那些凭信心和忍耐承受应许的人……惟有万灵的父管教我们，是要我们得益处，使我们在他的圣洁上有分。凡管教的事，当时不觉得快乐，反觉得愁苦，后来却为那经炼过的人结出平安的果子，就是义。”（《希伯来书》6:10-12；12:10-11）

三、《旧约》中弥赛亚国度的政治基础是公义，《新约》中天国的道德基础也是公义

作为上帝的代言人，先知强烈谴责社会没有公义："你的官长居心悖逆，与盗贼作伴，各都喜爱贿赂，追求赃私。他们不为孤儿伸冤，寡妇的案情也不得呈到他们面前……那些设立不义之律例的……他指望的是公平，谁知倒有暴虐；指望的是公义，谁知倒有冤声……为要屈枉穷乏人，夺去我民中困苦人的理，以寡妇当作掳物，以孤儿当作掠物。"（《以赛亚书》1:23；5:7；10:2）"他们肥胖光润，作恶过甚，不为人伸冤，就是不为孤儿伸冤，不使他亨通，也不为穷人辨屈。"（《耶利米书》5:28）"因他们为银子卖了义人，为一双鞋卖了穷人……你们这使公平变为茵陈，将公义丢弃于地的……你们却使公平变为苦胆，使公义的果子变为茵陈。"（《阿摩司书》2:6；5:7；6:12）"恶人家中不仍有非义之财和可恶的小升斗吗？我若用不公道的天平和囊中诡诈的法码，岂可算为清洁呢？……地上虔诚人灭尽，世间没有正直人；各人埋伏要杀人流血，都用网络猎取弟兄。他们双手作恶；君王徇情面，审判官要贿赂，位分大的吐出恶意，都彼此结联行恶。"（《弥迦书》6:11；7:2-3）"只是不义的人不知羞耻。"（《西番雅书》3:5）"你们审判不秉公义，徇恶人的情面，要到几时呢？"（《诗篇》82:2）

先知书从体恤弱者、公平交易、公正审判、公平报应等方面呼吁社会公义。"我喜悦在世上施行慈爱、公平和公义，以此夸口……你们要施行公平和公义，拯救被抢夺的脱离欺压人的手；不可亏负寄居的和孤儿寡妇，不可以强暴待他们。"（《耶利米书》9:24；22:3）"只要你行公义，好怜悯，存谦卑的心，与你的上帝同行。"（《弥迦书》6:8）"以色列的王啊，你们应当知足。要除掉强暴和抢夺的事，施行公平和公义，不再勒索我的民。你们要用公道天平、公道伊法、公道罢特。"（《以西结书》45:9-10）上帝必以公义赏罚报应、施行审判。"你们要论义人说，他必享福乐，因为要吃自己行为所结的果子。恶人有祸了，他必遭灾难，因为要照自己手所行的受报应……你们当守公平，行公义，因我的救恩临近，我的公义将要显现……因为我耶和华喜爱公平，恨恶抢夺和罪孽。我要凭诚实施行报应。"（《以赛亚书》3:10-11；56:1；61:8）以"六祸"警示当权者、为富不仁者和伪善者（《以赛亚书》5:8-30）。"惟愿公平如大水滚滚，使公义如江河滔滔。"（《阿摩司书》5:24）希望未来在耶路撒冷建立一座"公义之城"（《以赛亚书》1:26）。

先知书强调，公义不只在于指望神，还在于每个人心灵的自我更新，坚定信仰，树立个人的道德责任感，及时改过自新。不论义人、恶人，只有"将所犯的一切罪过尽行抛弃，自做一个新心和新灵"（《以西结书》18:31），以色列就可得救。公义已成为子民内在的品格要求。"神啊，求你为我造清洁的心，使我里面重新有正直的灵"（《诗篇》51:10）；公义是子民最高的人生目标之一："不义之财毫无益处，惟有公义能救人脱离死亡……追求公义仁慈的，就寻得生命、公义和尊荣。"（《箴言》10:2；21:21）"你们要为自己栽种公义，就能收割慈爱。现今正是寻求耶和华的时候，你们要开垦荒地，等他临到，使公义如雨降在你们身上。"（《何西阿书》10:12）"耶和华

啊，谁能寄居你的帐幕？谁能住在你的圣山？就是行为正直、作事公义、心里说实话的人。”（《诗篇》15:1-2）公义也成为国王的道德诉求和判断标准。“耶和华啊，求你按我的公义和我心中的纯正判断我……愿你竖立义人，因为公义的神察验人的心肠肺腑。”（《诗篇》7:8-9）

以赛亚预言的弥赛亚国度的政治基础是公义。“以公平公义使国坚定稳固，从今直到永远。”（《以赛亚书》9:7）“必有宝座因慈爱坚立，必有一位诚诚实实坐在其上，在大卫帐幕中施行审判，寻求公平，速行公义……耶和华被尊崇，因他居住在高处，他以公平公义充满锡安……你们当守公平，行公义，因我的救恩临近，我的公义将要显现。”（《以赛亚书》16:5；33:5；56:1）耶利米预言上帝“必使大卫公义的苗裔长起来；他必在地上施行公平和公义”（《耶利米书》33:15）。大卫的子孙将要作王，“他的名必称为耶和华我们的义”（《耶利米书》33:16）。“耶和华说：‘日子将到，我要给大卫兴起一个公义的苗裔，他必掌王权，行事有智慧，在地上施行公平和公义。’……公义的居所啊，圣山哪，愿耶和华赐福给你！”（《耶利米书》23:5；31:23）

公义是上帝对人间掌权者的优先要求，以色列各级领袖被赋予的首要功能和应尽的义务、责任，就是尽其所能地维持或恢复公义公平。摩西将权力授予各支派的各级首领，而这些“有智慧、有见识、为众人所认识的”（《申命记》1:13），其主要任务就是以正直无私来施行公平正义[4]。“他们必按公义的审判判断百姓。不可屈枉正直，不可看人的外貌，也不可受贿赂，因为贿赂能叫智慧人的眼变瞎了，又能颠倒义人的话。”（《申命记》16:18-19）大卫祈求上帝“将你的公义赐给王的儿子”（《诗篇》72:1）。示巴女王提醒所罗门“因为他永远爱以色列，所以立你作王，使你秉公行义”（《列王纪上》10:9）。公义的治理和审判能使国家和平，井然有序。“公义使邦国高举……除去王面前的恶人，国位就靠公义坚立。”（《箴言》14:34；25:5）耶西的枝子、未来的弥赛亚“必在大卫的宝座上治理他的国，以公平正义使国坚定稳固，从今直到永远……公义必当他的腰带”（《以赛亚书》9:7；11:5）。基于来自上帝的“公义”原则，世俗的各种权力（包括国王的权力）都受到一定程度的约束。例如大卫王为掩盖与拔示巴的奸情而借刀杀人，害死其夫赫人乌利亚，先知拿单当面斥责他的不义之举（《撒母耳记下》12:7-12）。分国时期北国以色列王亚哈为得到王宫附近拿伯的葡萄园，伙同王后耶洗别害死拿伯，随即遭到先知以利亚的猛烈谴责。而遵守上帝公义的约沙法王（《历代志下》19:4-11）和约西亚王（《耶利米书》22:15-16；《列王纪下》23:25）得到高度评价。

在《新约》中，耶稣强调“那律法上更重的事，就是公义、怜悯、信实，……这更重的是你们当行的，那也是不可不行的”（《马太福音》23:23）。耶稣所说的“义”，是引导人进入“天国”的“义”，是使人成圣的“义”，是走上生命之路的“义”。耶稣基督所强调的是能进天国的义，“你们的义若不胜于文士和法利赛人的义，断不能进天国”（《马太福音》5:20）。

《新约》中天国的道德基础也是公义。主说：“我告诉你们：你们的义若不胜于文士和法利赛人的义，断不能进天国……那时，义人在他们父的国里，要发出光来，像太阳一样。”（《马太福音》5:20；13:43）神是公义的，神的儿女也是公义的。“你们若知道他是公义的，就知道凡行公义之人都是他所生的。”（《约翰一书》2:29）天父对子女从不溺爱，更不纵容，他是仁慈的，也是公正的。“‘吃什么？喝什么？穿什么？’这都是外邦人所求的。你们需用的这一切东西，你们的天父是知道的。你们要先求他的国和他的义，这些东西都要加给你们了。”（《马太福音》6:31-32）“神的国不在乎吃喝，只在乎公义、和平并圣灵中的喜乐。”（《罗马书》14:17）

综上所述，公义从根本上来说是神圣的，神学性的，根植于上帝的属性、性情和能力，是上帝在历史中作为的自然流露；也是社会的、经验的、人性的，就内容而言关乎现世人生，公义是一种神权政治制度，是上帝之国和上帝之民必须达到的道德目标和必须遵行的社会规范。《圣经》公义观的嬗变显示了对上帝公义信念的坚守、公义的道德化趋向和来世价值。

* 本文系国家社科基金项目“从《旧约》向《新约》的文学嬗变研究”【11BWW050】阶段性成果。

注释：

[1]《圣经》(中英对照)，中文和合本新国际版，南京：中国基督教三自爱国运动委员会、中国基督教协会，2007年。本文对《圣经》的引用均出自该译本，以下只在引文后标注卷名和章节，不再一一说明。

[2] 王立新：《希伯来〈圣经〉中的“公义”观念》，《河南大学学报》2009年第3期，第98～100页。

[3] A. Laytner, *Arguing with God: A Jewish Tradition*, Northvale, New Jersey: Jason Aronson Inc., 1990, p. 15.

[4] [英]莱特：《基督教旧约伦理学》，黄龙光译，北京：中央编译出版社，2014年，第302页。

作为“世界文学”的《奥州小路》

——经典互文与再生产

郝岚

（天津师范大学文学院、跨文化与世界文学研究院，天津，300387）

内容摘要：国别文学经典成为“世界文学”，需要的不仅是翻译和“流通”，事实上也需要异域文化中的文化默契与再创造，即文本上的经典互文和再生产。日本俳句诗人松尾芭蕉写于19世纪的纪行文《奥州小路》在世界文学领域影响广泛。它的创作一开始就从中国文化中化用了大量诗文；在2004年美国的《朗文世界文学选集》中编者将该作视为“寻求自我之旅”的文本与西方旅行文学对照阅读凸显多元视角；在澳大利亚小说家弗拉纳根（又译弗兰纳根）的《深入北方的小路》中，芭蕉的这部作品又在书名、题记、文化象征等多方面被使用，该小说最终获得英国布克奖；此外新世纪日本的《搞笑漫画日和》使得《奥州小路》借助网络重新流行。由此可见作为真正的世界文学，这一纪行文在多文化领域实现了它的“声誉转移”、广泛流通、经典互文和各类“再生产”。

关键词：松尾芭蕉；《奥州小路》；中国诗文；《朗文世界文学选集》；《深入北方的小路》；《搞笑漫画日和》

松尾芭蕉被称为日本的“俳圣”，中国一般读者更多了解的是他的俳句创作，但是对于他的旅行纪行文《奥州小路》却不甚了解。殊不知这却是松尾芭蕉在西方世界最负盛名的世界性作品之一。该作仅有短短的五十章，每章一小段散文记录，多数篇章夹杂俳句；诗文中大量运用了中国古典文化的典故。自该作出版之日起，文中的俳句不仅被反复阅读和吟诵，芭蕉的行走路线、访问景点也通过和他有关的俳画等形式广为流传，成为日本独特美学艺术形式的杰出代表，享有很高声誉。值得注意的是，该作品也作为“寻求自我”的旅行作品，全文收录在美国2004年出版的《朗文世界文学选集》中，供北美大学生阅读。十年后，澳大利亚作家弗兰纳根创作的以二战战俘为日本人修建泰缅铁路为主线的小说《深入北方的小路》荣获2014年布克奖。小说书名运用了《奥州小路》的英译本名字，在章节题记和内容等方面多角度与日本文学形成互文。此外在当代通俗文化领域，日本电视台也通过拍摄搞笑漫画等方式，使得松尾芭蕉在江户时代写的这篇纪行文在当代中日青年群体中声名再度鹊起。

一、《奥州小路》与中国

1889年旧历3月27日，46岁的松尾芭蕉带上弟子合和曾良，从江户的深川出发，一路向东北，边走边书写见闻、吟诗作句，历时150天。这时的芭蕉刚经历母亲去世之痛，俳谐艺术也急需突破。1702年，《奥の细道》出版（陈岩中译的译林社本为《奥州小路》，台湾郑清茂译注联经版为《奥之细道》，本文取前者名）。书名既是指芭蕉行脚所经的江户时代陆奥国（奥州）与出羽国（合称“奥羽”，略称为“奥”）之间的小路，“奥”也蕴含着“深远”之意。它通过与中国古典文化的互文性观照，增加了新内容，这不仅成为松尾芭蕉的代表作，也成为日本俳文的经典之作。

这不是芭蕉的第一次出门和书写旅途纪行，在此之前，芭蕉已经多次出游，写下了《野曝纪行》《鹿岛纪行》《笈之小文》《更科纪行》等散韵结合、诗文并茂的典雅游记，但其中最富世界声誉的还是《奥州小路》。“在日本，松尾芭蕉和旅行记以及人们的芭蕉观、旅行观结合在一起，营造了一种热爱自然、崇尚自然的氛围。这种气氛追根溯源，也许和日本传统的自然观、国民性有关，但此后大多数日本人酷爱自然，酷爱旅行，酷爱风流，就形成了一种通过旅行享受风流的习气。也正是出于这种原因，日本人酷爱松尾芭蕉，喜欢他的《奥州小路》。”[1]

芭蕉时代，日本文人对中国诗文烂熟于心，要在日本的文学系统中获得承认，很大意义上还要依靠其作品与中国文学互文性的呼应来建立声誉。《奥州小路》大量使用了汉诗文，该作的中译本多个，其中的一位译者陈岩曾做过统计，这一纪行俳文使用了7位中国诗人的15首汉诗[2]，可惜陈文没有指出芭蕉之作与原作相比如何显示其独特之处。我们不妨在此举例深度开掘一隅。

《奥州小路》开篇起句就有汉诗的来处：“日月如百代过客，去而复返，返而复去。”页下注释本句来自李白《春夜宴桃李园序》：“夫天地者万物之逆旅，光阴者百代之过客，而浮生若梦。”[3]文学最高级的风雅便是隐含其中的部分：李白和中国古人将人生比喻为如同客店的逆旅，正契合了芭蕉在面对人生困厄、中年危机之后想通过旅行重新感悟自然、在历史遗迹中定位个人的心境。在第十七章，师徒在饭塚这地方留宿遭遇种种不顺，忧心忡忡。芭蕉再次使用了“羁旅”的双关比喻：“转念一想羁旅乃云游四方之行脚，何况吾已抛却红尘，彻悟人生无常，纵死道途，亦属天命。”[4]该句与《论语·子罕》“且予纵不得大葬，予死于道路乎？”[5]内在相关，看上去芭蕉似乎是抱定此行凶多吉少，临行前连隅田川芭蕉庵的房子也处理掉了。即使有去无回，他也会认定是天命，不改初衷。因为全书开端就说：“日日羁旅，随处栖身。古人毕生漂游，逝于途次者屡见不鲜。”[6]他说的“逝于途次者”也会让日本诗人想到很多“风雅之人”都是在旅途中“谢幕”：平安末期的歌人西行法师客死于河内弘川寺，连歌诗人饭尾宗祇行旅时逝于箱根汤本；中国诗人更不必说：李白坠于浔阳，杜甫避战乱卒于逃往岳阳舟中……可见松尾芭蕉在古代中日诗人的遭际中，体认了人生如羁旅，在世如行人的匆促。

《奥州小路》对中国诗人作品化用最多的是杜甫，这或者不是偶然。唐肃宗至德二载（757年），“安史之乱”杜甫被俘，那时杜甫46岁，与松尾芭蕉开启陆奥之旅时的年龄相同。《奥州小路》“二十八 平泉”一章，芭蕉描绘了到此地凭吊藤原清衡、藤原基衡、藤原秀衡一家三代将军遗迹的古战场，如今荒草漫漫，芭蕉干脆在纪行中直接引用“国破山河在，城春草木深”的句子。他坐在地上，悲泪长流，接着吟诵“昔日动刀兵/功名荣华皆成梦/夏草萋萋生”[7]。今道友信认为诗人在这一句中将自己托付于自然之中，自我与山川融为一体，但在历史古迹面前，“人事的流行（变化）与自然的不易，显然抓住了他的心”[8]。松尾芭蕉从中国古诗文中的经典名句中化用修改，选取了文人墨客在自然山川、人文景观中体悟的沧桑历史感，人在其中的渺小感，又在李白诗的豁达、杜甫诗作的沉郁中，加入了日本式的无常观，转化成其“风雅”“不易”与“流行”观念的最好注脚。由此，芭蕉的俳文从中国古诗文经典中获得声誉的转移，同时实现了日本俳谐艺术的重要转变。

到了现当代，日本文学又在中国出现回流。后人研究发现，日本俳句在多方面——如感伤情调等——又影响了中国现代“小诗”：“松尾芭蕉在大自然跋涉苦旅中的旅途”开启了这一源头，“《奥州小路》中外化精神孤独和乡愁的色调……都典型地体现了日本式的感伤主义情怀”，郭沫若俳味十足的《静夜》，以及冰心、宗白华等的作品都体现了他的影响[9]。及至21世纪，很多中国和日本的年轻人是通过动漫作品《搞笑漫画日和》认识松尾芭蕉《奥州小路》的。《搞笑漫画日和》（又译：《噱头漫画日和》）作为漫画最初在日本集英社旗下的《月刊少年JUMP》上连载，2005年奇才导演大地丙太郎执导、增田幸助拍成动画，之后连续拍摄了4季。其中一集是《温暖人心的东北之旅》，就是用恶搞和无厘头的方式讲述了芭蕉、曾良师徒二人的奥州小路之旅。在动画中，帅气逼人的学生曾良经常整蛊老师，俳圣则完全是一副为师不尊的样子，恳求着曾良陪他去陆奥旅行。尽管搞笑文化引起了巨大争议，但是却在千禧一代中流传广泛，所以很多年轻人认识俳句和松尾芭蕉，正是伴随着网络视频、当代动漫产业和恶搞文化而辗转至文学领域的。在中国各类知识普及帖和贴吧主题文，有很多关于松尾芭蕉《奥州小路》的知识性介绍，多是因为动漫的走红而为《搞笑漫画日和》做注脚和补充才被广泛浏览的。至此，作为文学经典的《奥州小路》最初从中国古典文化中汲取典雅的艺术营养，标识日本俳文的风流，至新世纪又借助大众文化形式以一种被批评为低俗的方式重新回到中国，实现了一次奇妙的轮回。

二、北美世界文学教材中的《奥州小路》

美国学者约翰·杰洛瑞从法国社会学家布尔迪厄处借用了概念，写了《文化资本：文学经典的建构》一书，他认为“只有理解了学校的社会功能和制度化规范才会明白，经典作品是如何被一代代人保留、复制和传播的”[10]。这也是为什么经典研究者越来越多关注教材、教学法和实际课堂对于文学的重要意义。涉及《奥州小路》的世界化流通方面，我们可以把眼光投注到该作品在英语世界的“世界文学”课堂中的表现，因为丹麦学者汤姆森曾在《图绘世界文学：国际经典化与跨国文学》中认为世界文学教材“作为文学史的独特种类”在教育体系中作用深广[11]。

在北美，21世纪以来大学课程使用的世界文学教材主要有三种，《诺顿世界文学选集》（Martin Puchner et al. *The Norton Anthology of World Literature*, New

York：Norton，2012.）、《贝德福德世界文学选集》（Paul Davis et al.，*The Bedford Anthology of World Literature*，New York：Bedford/St. Martin’s，2003.）和《朗文世界文学选集》（David Damrosch et al.，eds，*Longman Anthology of World Literature*，Vol. D，New York：Person-Longman，2004，以下简称《朗文选》）。其中《朗文选》反响最大[12]，2004年首次出版，2009年进行了修订。作为北美高校世界文学课程重要的教学用书，该书分为六卷，在不同的时间分卷中，以文学交叉（crosscurrents）、共鸣（resonances）、视角（perspective）等新颖的教学方法进行重新编排。文选第四卷“17、18世纪文学”中松尾芭蕉的纪行文《奥州小路》全文选入，由白根春夫（Haruo Shirane）翻译，他同时也是本卷主编之一，负责日本文学的选讲[13]。

英文版《朗文世界文学选集》将日本纪行文《奥州小路》与世界其他民族的旅途纪行并置一起，进行平行对比主题相关式的阅读，凸显了文化多元理解的特色。作为日本著名俳人松尾芭蕉晚年之作，《奥州小路》与土耳其切莱比的《旅行者之书》（Evliya Celebi，*The Book of Travels*）、孟德斯鸠的《波斯人信札》、狄德罗的《布干维尔之旅的补充》（*Supplement to the Voyage of Bougainville*）等五部作品一起编入“视角阅读：寻找自我之旅”（Perspectives：Journey in search of the self）。

在“视角阅读”的开始，编者首先做了一个两页英文的介绍。开端先谈到，开始于前现代时期的全球化和殖民化，到了18世纪日益增强，很多的旅行动机既来自对知识的渴望，也来自对经济利益的争夺。编者指出，芭蕉的作品则不同，这位日本伟大的诗人和行旅作家直接开启了“他追寻自我的精神与诗性之旅”，《奥州小路》这部作品表现了“‘启蒙’这一术语更为古老的含义——佛教徒‘自觉’（self-awareness）与‘克己’（self-renunciation）的理想”，因此编者认为在这个意义上，松尾芭蕉与伏尔泰和狄德罗的自我意识同样“现代”，和他们的作品一样，《奥州小路》“也是在前人的旅行叙述和诗性描绘上的层层叠加。所有这里选的旅行作家都是穿越时空，游走于风景的内与外，试炼他们自己和读者，来对抗已知世界的局限”[14]。

具体到《奥州小路》之前有一个作者和作品简介，编者特别提道：“至少在盎格鲁-欧洲传统中，旅行文学的兴趣，通常在于未知、新世界、新知识、新视角和新体验。但对于日本中世纪的诗人来说，旅行的目的是确认已经存在的东西，巩固文化记忆的根源。诗人希望通过参观著名的诗歌场所，重温文学前辈的经历，在同一风景下被触动而进行诗歌创作，从而加入文化前辈的行列。游记本身就成了诗文传播链条上的一环。”[15]这也就是艾略特在《传统与个人的才能》中所说的对文学传统的继承。通过跨文化领域的经典互文，一个文本具有了成为世界文学的潜能。但是潜能的发挥，还需要传播。

《朗文世界文学选集》作为大学课程的教学用书，具有极大的引导性和影响力，它采用设问式，指引学生在文类相似的情况下，关注民族文学形式和内在的精神表达，深入思考不同民族的文化差异和文学特征。白根春夫告诉北美的大学生：“日本白话文、日本文言文、中国文言文三种语言的融合，以及平行、对比的对偶短语，对日本散文的发展产生了深远影响。”[16]这事实上是建立了日本文学与中国文学在语言、形式上的联系。编者指点说：这本选集中有许多作品，无论是虚构的还是其他形式的，都采用了旅行叙事的形式，因此它们与本视角部分选编的任何作品都可以进行完美的对比，他甚至建议把这部作品和中国的《西游记》等其他作品一起参照思考："我们从与异域文化和风俗的接触中学到了什么不同的经验教训呢?”他接着指出，松尾芭蕉的《奥州小路》、斯威夫特的《格列佛游记》和孟德斯鸠的《波斯人信札》，“都以第一人称叙述者为特色。在这些作品中，叙述者的角色与其他叙述者有何不同或相似之处？这些叙述者的形象，在与这部文集中其他类型作品中，同样是第一人称叙述者的形象相比，又有何不同？在不使用第一人称叙事的作品中，叙述视角的变化如何影响读者对隐含作者所叙述的世界的回应？”[17]

总之，通过《朗文世界文学选集》这样的学校教育选本，《奥州小路》在北美年轻人中受到的关注和引发的思考越来越多。不过，这还不是它在英语世界之旅的终点。

三、布克奖与《奥州小路》

2014年，布克奖颁给了澳大利亚作家理查德·弗兰纳根的小说《深入北方的小路》。小说描写二战期间，澳大利亚军人沦为日军战俘，被迫参与修建人称“死亡铁路”的泰缅铁路线的故事。小说有两条故事线索：一条是军医多里戈的战争经历，另一个线索是多里戈追忆生命中对有夫之妇艾米历经多年思而不得的爱。

该书的书名英文为 *The Narrow Road to the Deep North*，与松尾芭蕉的《奥の细道》最受欢迎的英译本名字完全相同[18]。两本书的共性或许在于，它们都记录了一个人在异地遭受各种磨难之后所经历的精神成长或者个人觉悟。在弗兰纳根的这本书中，叙事被分为五个部分，每个部分的题记都来自一首俳句，或者是松尾芭蕉，或者是小林一茶。小说作者弗兰纳根耗时12年广泛调查历史文献，走访幸存者，也包括多次到日本采访日军当事人，最终的作品题赠给“第三百三十五号俘虏（335）”——他的父亲。

弗兰纳根其实延续了二战后如阿伦特这样的西方知识分子对德国的反思：那些纳粹军官受过高等教育，热爱人文主义的艺术、音乐，懂得欣赏人类的古典高雅艺术，却还是会如此残忍地犯下反人类罪？这两者可能并存吗？《深入北方的小路》的扉页上印着罗马尼亚诗人保罗·策兰的一句话：“妈妈，他们写诗。”策兰是一个会说会写德语的罗马尼亚人，在惨绝人寰的大屠杀中他失去了父母和亲人，大屠杀之后，他坚持使用敌人的语言——德语创作，其中不乏优秀的德语反战诗歌，都是关于德国人的可怕罪行。弗兰纳根要以策兰为榜样书写日本，他希望在战争之后的世界，幸存者不仅要书写敌人的罪恶，也应该认识到，敌人的文化也可能存在着精美与优雅。在战争的特殊时期，艺术经典也可能被罪恶变相转化、政治利用，这是应该引起警觉和反思的。事实上弗兰纳根认为，他在写《深入北方的小路》时最难的在于如何表现战争的残酷，但同时向敌人伟大而美好的文化致敬。

小说出版之后，毁誉参半，批评者认为他的处理方式模糊了人们对战争罪恶的谴责，具有道德相对主义的危险性。在一次对哈瑞托的访谈中，弗兰纳根对评论界给予他的批评辩解说：小说“不是道德的语法，虽然在北美文化中这种想法很是普遍。小说应该超越于善恶之外，要做到这一点只能通过揭开事物中心的混沌神秘状态。但是，小说不会也不能把那种状态转化成秩序”；弗兰纳根还表示喜欢作品中一些道德上模棱两可的可疑人物，因为这样的人“最接近我们的灵魂”，艺术家会刻画这样的人物，是因为在某些特定的环境之下我们也会变得残忍恐怖，“正如我的本性之中有爱和善一样”[19]。按照弗兰纳根的原则，他只是在小说中描绘了一批战争中嗜血的杀人恶魔，同时他们也会热爱纤细精巧的诗歌，来自那个看似柔弱含蓄的日本。

在小说第二部，热带雨林里铁路的修筑越来越困难，战俘们因为缺乏休息、营养和药品，损耗严重。主人公多里戈想劝说日本军官放慢进度，以保证俘虏们不要减员太严重，但是中村少校回答说通过为天皇而死，战俘们“得以恢复荣誉”，这些澳大利亚人把这战争称为残酷、不自由，他们称之为“魂、民族、天皇”，称之为“命运”[20]。什么是大和魂？小说中的日本军官幸田上校说“芭蕉经典俳文的伟大成就——《深入北方的小路》就总结了大和魂的精髓[21]，他感觉他们修的铁路会使得日本在这场战争中更接近胜利，因此‘八纮一宇’这个理想有着芭蕉诗歌的优美”[22]。在弗兰纳根笔下，松尾芭蕉的《奥州小路》被发动太平洋战争的日本军国主义者利用，成了日本帝国的象征符号。在远离本土的太平洋战场，残酷溽热的东南亚丛林，中村和幸田两个日本军官彼此发现对方都如此热爱诗歌，突然有了一种难以表达的认同感，一种愉悦。他们“被自己对诗歌的善感深深打动……更被自己理解诗歌时显示的睿智深深打动”，具体来说，中村觉得“大和魂本身就是铁路，铁路就是大和魂，我们深入北方的小路，帮助把芭蕉诗歌的魅力和智慧带给更多人”[23]。

松尾芭蕉徒步进行的旅行，对自我和“无常”的探寻，成了日本军国主义用铁路延伸、扩大帝国版图，粉饰政治理想和寻求民族认同的工具。正是俳句“这种超凡绝伦的日本资质——如此精确细腻地把生命描绘尽致”，使得两个杀人如麻的日本军人，通过谈论文学和诗歌“对各自生活的匮乏和工作的严酷战斗感觉好了很多”；但是弗兰纳根笔锋一转，在这纤细柔美的诗歌氛围之后，让幸田上校描绘了当年自己在新几内亚因为饥饿屠宰并吃掉美国人的场景：“他记得那些尸体——剥了皮的大腿骨露出来，像被啃过的鸡腿。那些颜色，棕色，绿色，黑色。”上校接着吟诵了一首俳句，中村劝慰他说：“这无法避免。”[24]

弗兰纳根的高妙在于，他把血腥残酷的战争与日本古典文学的美，富有张力地结合在了一起。事实上，这也是美国学者本尼迪克在二战刚刚结束时开始《菊与刀》的写作时的动力：日本这个民族是如何把如此矛盾的东西结合在一起的？在极度野蛮的海外战争中，动物性法则给人以身心戕害，大量军国主义分子通过绝美、精湛的高级语言凝练萃取物——俳句和俳文——平复个人良心的谴责。这如同日本历史上的武士道，在宗教的信仰、艺术的精美之中，生命朝不保夕的武士或者军人最容易体会到个人在巨大历史漩涡中的渺小和无常。于是，罪恶和兽性竟然被赋予了崇高的意义。这一点，在小说后半部再次通过军国主义分子战后对宗教和文学的畸形利用彰显出来。

《奥州小路》作为一本实体的书在《深入北方的小路》后半部再次出现。小说写道，战后几十年过去了，当年的幸田上校竟然在战后摇身一变，成了阐释禅宗教义和武士道精神的大师，他的学说获得了战后民族主义者的追捧，这些人要去为幸田这个

“活菩萨”庆祝105岁的生日，却意外发现，幸田早已死亡，女儿冒领他的退休金已经多年。幸田在衰败的公寓里已经成了一具木乃伊化的尸体，榻榻米上留下一个深颜色的印痕。一个战犯通过对哲学的阐释在当代日本仍有追捧者，令人毛骨悚然：如此看来日本军国主义的余毒并没有肃清，战争的阴影时刻笼罩人类。幸田和他借用精神文化以及高级艺术形式粉饰残酷兽性的思想如同干尸，看上去有着虚假的光环，但其实体早已不配拥有生命。在死了很多年的幸田尸体旁，床头柜放着一本很旧的《奥州小路》，一片甘草叶夹在其中，那一页是全书的开篇：“日月如百代过客，去而复返，返而复去。”[25]在这里，李白对岁月沧桑的感怀，通过日本松尾芭蕉的创作，辗转英译《奥州小路》，又涌现在当代澳大利亚小说家饱含责任感对战争的追问之中。他提醒我们，如果对罪恶的过去不检讨，对军国主义不清算，危险的思想会打着美丽的招牌“借尸还魂”，届时可怕的历史还是会重演。

弗拉纳根在解释以《奥州小路》英文译名作为书名的初衷时表示：“如果芭蕉的《奥州小路》被公认为日本文化的最高点，那么我父亲的经历则代表日本文化的最低点。”[26]格雷林在为弗拉纳根颁奖时指出，这部小说给评委们留下最深印象的是其试图传达这样一个信息，即日本人和澳大利亚人一样，都是战争的受害者，而这种能够看到事物两面性的能力就是伟大文学作品的标志之一[27]。

国别文学经典成为世界文学经典，需要的不仅是翻译，事实上也需要异域文化中的呼应，包括异域文本中的经典互文和再生产。在影响广泛的《什么是世界文学?》中，作者丹穆若什分别从世界、文本、读者三个角度提出了世界文学概念的三重定义：世界文学是民族文学间的椭圆形折射；世界文学是从翻译中获益的文字；世界文学不是一套经典文本，而是一种阅读模式[28]。其中“阅读和研究世界文学本质上是更为超然的参与模式，它与文本进入一种不同的对话……我们不是在源语文化中心与作品相遇，而是在来自迥然不同文化和时代的作品所形成的张力中阅读”[29]。从这一观点看来，作为“世界文学”的《奥州小路》也经历了各种流通与阅读，文本的每一次“旅行”都是一种全方位的多元文化对话。

可以想象，像《奥州小路》这样典型的东亚国家文学，即使它被翻译为所有欧洲主要国家语言单行本出版，大概也读者有限。如今，它不愧称之为“世界文学”是因为自其创作之日起一个多世纪以来，它就与中国文化经典呼应，在日本艺术领域独树一帜，又在北美教学体系中被讨论和思考；之后在澳大利亚小说、英国布克奖、东亚的动漫产业等多领域实现它的“声誉转移”、广泛流通、经典互文和各类“再生产”。尽管很多转化常常在内容和形式上引发巨大争议，但是如果我们听从本雅明的话，把翻译视做原作的来世，那么“世界文学”必须持有一个包容的胸怀，承认源语文本的改编、语言的转换，自有其内在生命，才能最大意义上实现民族文学向世界文学的转变。因为一个过去的经典文本必须在一个更为开放和广阔的文本——文学、影视、动漫、游戏等——“再生产”之下才能不断焕发出生机。

* 本文系国家社科基金后期资助项目“世界文学萌芽体系视域下的中国近代西方文学译介”【15FZW022】阶段性成果。

注释：

[1] 权宇:《试论芭蕉的俳谐之旅与风雅之道》,《延边大学学报》2007年第8期,第50～54页。

[2] 陈岩:《〈奥州小路〉中的汉诗》,《日语知识》2002年第51期,第36～38页。

[3] [日] 松尾芭蕉:《奥州小路》,陈岩译,南京:译林出版社,2011年,第1～2页。

[4] [日] 松尾芭蕉:《奥州小路》,陈岩译,南京:译林出版社,2011年,第36页。

[5] 杨伯峻译注:《论语译注》,北京:中华书局,2015年,第128页。

[6] [日] 松尾芭蕉:《奥州小路》,陈岩译,南京:译林出版社,2011年,第2页。

[7] [日] 松尾芭蕉:《奥州小路》,陈岩译,南京:译林出版社,2011年,第58页。

[8] [日]今道友信:《东方的美学》,蒋寅,等译,北京:生活・读书・新知三联书店,1991年,第234页。

[9] 罗振亚:《日本俳句与中国“小诗”的生成》,《中国社会科学》2010年第5期,第186～199页。

[10] J. Guillory, *Cultural Capital: The Problem of Literary Canon Formation*, Chicago: University Of Chicago Press, 1993, p. Ⅰ.

[11] M. R. Thomsen, *Mapping World Literature International Canonization and Transnational Literatures*, London: Continnuum, 2008, p. 86.

[12] 该书出版后影响巨大,其中一个原因是主编大卫・丹穆若什在出版界的支持下,相继主编出版了系列书,包括朗文的《教学指导》(*Instructor's Manual to Accompany The Longman Anthology of World Literature*, Second Edition, New York: Longman, 2009),美国现代语言协会的《教授世界文学》(*Teaching World Literature*, New York: Modern Language Association of America, 2007)等,借此他成功将《朗文世界文学选集》制度化地作为了推广他的同名专著《什么是世界文学?》的教学实践教材。

[13] 白根春夫是哥伦比亚大学日本文学与日本文化教授,他对东亚文学经典在西方的状况素有研究,曾在《阅读东亚写作:文学理论的限度》(M. Hockx, I. Smits Reading ed. *East Asian Writing: The Limits of Literary Theory*, London: Routledge Curzon, 2003)一书中探索东亚文学经典形成,该书收录13篇重要文献。其中,白根春夫教授从种类、性别、通俗文化和民族主义这四个角度分析了日本“著名的”作品于18世纪末19世纪初经典形成的价值。

[14] D. Damrosch et al., eds, *Longman Anthology of World Literature*, Vol. D, New York: Person-Longman, 2009, pp. 395-396.

[15] D. Damrosch et al., eds, *Longman Anthology of World Literature*, Vol. D, New York: Person-Longman, 2009, p. 412.

[16] D. Damrosch et al., eds, *Longman Anthology of World Literature*, Vol. D, New York: Person-Longman, 2009, p. 409.

[17] D. Damrosch et al., eds, *Longman Anthology of World Literature*, Vol. D, New York: Person-Longman, 2009, pp. 449-450

[18]《奥の细道》的英译名称主要有四个:*The Narrow Road to the Deep North* 是翻译最早、最被广泛接受的,他的英译者是 Nobuyuki Yuasa(汤浅信之)1966年在“企鹅经典”系列中出版,至今畅销不衰。《朗文世界文学选》采用的是白根春夫的同名英文翻译。所以弗兰纳根的小说名称对于英语读者来说,一望既知是与日本文学相呼应。其它译名还有:*The Narrow Road Through the Backcountry* (Trans. Richard Bodner; 在 Davis P, Harrison G, Johnson D, et al. *Bedford Anthology of World Literature*, New York: Bedford/St. Martin's, 2003 中选用的是这个版本); *The Narrow*

Road Through the Provinces（Trans. Earl Miner. Berkeley：UCP，1969）；*The Narrow Road to the Interior*（Trans. Helen Craig McCullough. Stanford：SUP，1990. 也有其它译者采用此名，如 Trans. Sam Hamill. Boston：Shambhala Centaur Editions，1991.）等。

[19] D. Haritou，"An Interview with Richard Flanagan"，*Three Guys One Book* 2，Sept. 2014. http://threeguysonebook.com/an-interview-with-richard-flanagan/，April 20，2018.

[20] [澳]理查德·弗兰纳根：《深入北方的小路》，金莉译，北京：人民文学出版社，2017年，第65页。

[21] 即《奥州细道》英译本的名字，在中译本小说中，这部《奥州细道》被直译为《深入北方的小路》，小说名字与它完全相同。

[22] [澳]理查德·弗兰纳根：《深入北方的小路》，金莉译，北京：人民文学出版社，2017年，第108页。

[23] [澳]理查德·弗兰纳根：《深入北方的小路》，金莉译，北京：人民文学出版社，2017年，第108～109页。

[24] [澳]理查德·弗兰纳根：《深入北方的小路》，金莉译，北京：人民文学出版社，2017年，第109页。

[25] [澳]理查德·弗兰纳根：《深入北方的小路》，金莉译，北京：人民文学出版社，2017年，第310页。小说汉译本写的是"日日月月都是到达永生的行者。逝去的年份也是如此"。它依据英文译出，这句也是《奥州细道》英译本中的原句。本句为了论述一致，采用的是陈岩译本：[日]松尾芭蕉：《奥州小路》，陈岩译，南京：译林出版社，2011年。

[26] R. Flanagan，"In My Father's Footsteps on the Death Railway"，*The Sunday Times*，Oct. 14，2014，p. 2.

[27] S. Romei，"Man Booker Prize Winner Richard Flanagan's Triumph Against Odds"，*The Australian*，10，2014. http://theaustralian.com.au/man-booker-prize-winner-richard-flanagan's-triumph-against-odds/，May 21，2016.

[28] [美]大卫·丹穆若什：《什么是世界文学?》，查明建、宋明炜，等译，北京：北京大学出版社，2014年，第309页。

[29] [美]大卫·丹穆若什：《什么是世界文学?》，查明建、宋明炜，等译，北京：北京大学出版社，2014年，第328页。

索因卡与布莱希特戏剧的现实干预立场

高文惠

（德州学院文学与新闻传播学院，山东德州，253000）

内容摘要： 索因卡的确从布莱希特那里获得了诸多启示，虽然表面上看起来二人对戏剧美学建构的路径有很大差异，但在关于戏剧功能、戏剧表演、剧场实质等一些本质性问题上，二人往往殊途同归。索因卡同布莱希特一样，强调戏剧的社会功能，视戏剧为改变社会的武器，强调剧场是启发观众理性思考的场所，戏剧是大众参与的媒介，而参与的目的是干预社会进程。某种程度上可以说，《文尧西歌剧》是索因卡以创作实践的形式回应布莱希特。虽然在内容和形式上《文尧西歌剧》都做了一些本土化和个性化的改变，但在强调内容的现实干预和戏剧形式的政治责任这个方面，《文尧西歌剧》是对《三角钱歌剧》的直接继承。

关键词： 索因卡；布莱希特；《三角钱歌剧》；《文尧西歌剧》；现实干预立场

尼日利亚戏剧家索因卡的戏剧创作在努力扎根于本民族文化土壤的同时，又深受欧洲戏剧传统的影响。此外，古希腊戏剧、文艺复兴戏剧、古典主义戏剧等都对索因卡产生了重要影响。在现代剧作家中，德国戏剧家布莱希特算得上是对他影响最大的一位。在一次采访中，面对采访者尼考斯（Nkosi）提出的关于哪位作家对他影响最大的问题，索因卡回答道："这是一个很难回答的问题，因为我不知道我有意识地去接受了什么影响。但是，如果你的问题是指某种特别的戏剧的话，我想，我会选择我非常赞赏的布莱希特式的戏剧，布莱希特的戏剧体现了他使用戏剧媒介的充分自由。"[1]仔细辨析，索因卡关于戏剧功能、戏剧手法、剧场艺术的许多观念，的确与布莱希特存在许多精神相通之处，而在强调戏剧的现实干预方面，二人更是立场一致。作为对布莱希特的《三角钱歌剧》的改编之作，索因卡的《文尧西歌剧》更是以艺术实践的形式在向布莱希特致敬。

一、戏剧是革命性的

布莱希特在继承德意志民族以哲学思维见长的民族文化精神和欧洲现代戏剧哲理传统的基础上，深受东方尤其是中国传统戏曲艺术的剧本创作和表演方式的启发，形成了自己的史诗剧理论，对当代欧洲戏剧产生了革命性的影响。

布莱希特的史诗剧重视戏剧的教育作用，他极力强调戏剧要有利于增长观众的知识，应诉诸观众的理性思考。布莱希特还将马克思主义的辩证法思想吸收进了自己的戏剧理念之中，在他看来，戏剧必须展现史诗般广阔的社会生活面貌，呈现历史的矛盾冲突，揭示生活内在的真实与本质，表现出世界是发展的并将继续发展的趋势。很明显，布莱希特把戏剧视作帮助观众认清生活真相、激起改革的热情并进而改造社会的一种媒介。“戏剧只有投身于社会激流之中，跟那些最急于完成巨大变革的人一起，才能采取这样一种自由的立场。”[2]正是在这个意义上，布莱希特在后期将布莱希特式的史诗剧定义为辩证戏剧，他认为史诗剧真正有价值的工作就是把理性和辩证思考带上舞台。

布莱希特式戏剧要实现激发改造现实的热情，就需要有批判性立场的观众，而观众的批判性思考和评判的自由则来自“观看的距离”，这种距离“产生于观看者与被观看者之间的对立，而这种对立是戏剧的必要组成机制”[3]。也就是将观众从表演上面剥离开来，避免移情和共融。距离的拉开使观众得以保持理性审视的空间和自由。以《大胆妈妈和他的孩子们》为例，大胆妈妈将自己在战争中的损失视作一种宿命，而观众则看到了人的异化，得出了这种异化是可以改变的认识。“表演的宿命感与观众的自由——正是这种二重性构建了布莱希特的戏剧革命。”[4]

索因卡也强调戏剧激发社会变革的功能，他的身上有相信个人力量的拜伦的影子，在他看来，个人的行动能够影响社会的改变，“作为动荡社会环境组成部分的个体的工作，能够唤起他所在的社团的意识”[5]。对他来说，艺术家就应以激发社会新思想的倾向和引导社会变革为使命。在《沼泽地居民》《强种》《孔吉的收获》《死亡与国王的侍从》等作品中，索因卡塑造了一系列为了集体利益而勇于反抗甚至牺牲自我的艺术形象；在《失去控制的大米》《重点项目》等 20 世纪七八十年代创作的一系列短枪剧中，索因卡直接向时局发言，通过街头表演发挥着直接的宣传鼓动变革的作用；而《森林舞蹈》《路》《疯子与专家》这些表面晦涩难解的荒诞剧，其实都有明晰的现实指向：《森林舞蹈》以复杂的象征手法传达出了自己对新独立的尼日利亚国家困境的诸多思考；《路》中那条坑坑洼洼、车祸频出、充满凶险的路指向后殖民时代危机四伏的尼日利亚；《疯子与专家》满纸疯言疯语则暗含着平民百姓对比夫拉内战毁坏人性的控诉。索因卡始终在用他的文字和塑造的艺术形象向他的时代发声，以期唤醒民众的意识。他相信一个出类拔萃的精英可以打破大众因袭的历史循环，把大众带到另外一条崭新的道路上去。

索因卡坚信作家是社会良知的化身，文学应是一种启发人的意识和民族意识、促动社会变革的武器。同布莱希特一样，索因卡也强调戏剧的教育作用。他提出：“对大众的政治教育，是优秀知识分子的责任，这种责任不仅仅指向对大众直接的社会权利、经济权利、政治权利的教育，而且包括对大众认识到自己在社会中的潜力的教育。”[6]与通过直接呈现生活的真相、对大众进行权利教育相比，诉诸大众潜力意识的教育要更为复杂艰巨，这种教育必须通过诉诸集体意识而达致，而集体意识的最佳承载体则是体现原始民族历史记忆的神话。索因卡非常重视民族神话及与之相关的仪式。在他看来，“神的仪式崇拜的产生、发展和消亡，不是由个人意识，而是由社会的集体意识决定”[7]。仪式最能够反映集体意识，因此索因卡主张约鲁巴悲剧应该建基于仪式。通过将古老的神话仪式反复搬上现代舞台，唤醒观众的集体意识。

对于有过被奴役的殖民历史、文化被抹去、形象被丑化的南部非洲社会来说，这种集体意识的唤醒尤为重要，有助于民族文化自信的重塑、民族凝聚力的强化。按照索因卡的说法，艺术的首要社会功能是“对过去有想象的重建，目的是使之成为社会的导向”[8]。而“当戏剧唤醒观众（在这里指的是黑人社会）中的个体时……戏剧是革命性的，当戏剧为个体打开创造性地将自己融入更大的集体进程的可能性时，戏剧是革命性的。换句话说，这个被一次次证明没有自我表达天赋、也从不相信拥有自我表达天赋的新人变得具有创造性，这又反过来触发了这个人内在的其他能量。这就是为什么戏剧与社会革命进程紧密相关的原因”[9]。

布莱希特的史诗剧理论具有哲理化色彩，索因卡的戏剧理论呈现出神话思维，虽然表面上看起来，二者对戏剧特质的理解相差极大，但在戏剧的使命和功能的理解上，二人是一致的，即戏剧应以促进社会改变、激发社会正义、唤醒民众潜能为自己的使命。戏剧应该是革命性的，是二人对戏剧功能的共同认识。

二、戏剧是大众参与的媒介

布莱希特与索因卡都强调戏剧的大众教育功能，这种功能不仅仅指向戏剧的内容，而且指向剧院、演员、观众三者之间的关系和与之相关的戏剧艺术表现形式。尽管表面上看来，布莱希特强调戏剧诉诸观众的理性，索因卡的戏剧强调调动观众的感性经验，但在强调戏剧是大众参与的媒介这一点上，两人是一致的。

布莱希特认为，戏剧要完成对大众的教育功能，必须诉诸观众的理性思考。而要实现这个目标，必须采用陌生化或“间离方法”。间离方法，首先是一种辩证唯物认识方法，“意指人在认识客观事物时需要剥去事物为人们司空见惯普遍熟知的表象，深入事物内在未被认识的本质，从而在认识上产生一个飞跃，达到对事物的真正了解和认识”[10]。另一方面，间离方法是指演员的表演方法，这是一种需要演员保持着高于角色的理性观察精神的表演方法，演员在表演时不能让自己变成正在表演的人物，而是要拉开一定的距离进行审视，以理性去驾驭人物，即以陌生化代替感情融合。这种表演方法导致的直接结果就是阻止了观众与角色命运的情感共融而丧失理性思考。观众在看戏的过程中，始终保持着理性的态度，自由评判舞台表演的得失。观众不仅仅是旁观者，而且是思考和判断的主体。在观看戏剧的过程中，观众体会到的是思考的乐趣，而整个戏剧表演也就教会了人们辩证思考，从本质上去认识人生。

索因卡扎根于本民族（约鲁巴族）传统文化资源创建的民族戏剧理论，尤其是民族悲剧理论，与布莱希特的史诗剧理论也存在着潜在的一致性。在他看来，真正意义上的约鲁巴悲剧的实质是仪式悲剧。集约鲁巴的艺术之神、路神、酒神等多种功能于一身的奥冈以自己的肉体痛苦打通连接过去、现在、未来三个世界的中间通道的神话是第一部悲剧，具有原型意义。约鲁巴的戏剧应是通过各种变体把这个原型悲剧搬上戏剧舞台的仪式悲剧。奥冈的神话反映着世界由过去、现在、未来和中间通道（第四空间）这四维时空组成的约鲁巴人的宇宙观念，所以以奥冈神话为原型的悲剧从本质上是一种存在悲剧，在约鲁巴传统文化里，“剧院是一个舞台，我们知道的最早的舞台之一，在那里，人试图和它生存的宇宙现象达成协议”[11]。在索因卡这里，悲剧要观众感受的是透过表象的世界的本质。

索因卡的仪式剧具有集体主义的特质。演员作为集体的代表，呈现的是某种集体的共同经验和共同意识，演出的目的也是试图唤醒观众意识中潜藏的集体灵魂，共同参与到仪式中来。因此，戏剧表演就是一出邀请观众参与的公共仪式，“当表演过程中各种冲突出现时，观众是身处冲突现场的一员，并通过仪式深入到了具有形而上色彩的现场之中。在《神话、文学与非洲人的世界》一书中，索因卡将观众称为‘合唱队’，认为‘他们能在主人公与来自冥界幽灵进行有象征意义的斗争时给予力量’”[12]。在仪式剧院中，观众成了戏剧表演的一个部分。

表面上看来，索因卡式的戏剧目的是诉诸观众内在的情感体验，与布莱希特式戏剧的目的恰恰相反，但深入剖析就会发现，索因卡式的戏剧并不像表面上看起来与布莱希特的主张那么相悖。仪式以集体情感为支撑，为了集体情感的唤醒，全体演员共同表演的仪式趋于一致，但这势必导致个人情感受到约束，在这个意义上，仪式又成为控制个人情感的一种方式。所以，仪式剧里的演员既从自身剥离了出去，融入集体意识，又因个人情感的保留和他表演的角色之间拉开了距离，因此，卡特拉克指出：“演员不只是个体，他更是群体的代表。他身处仪式之中，同时却又游离于其外。他已从自身解离出去，正如同仪式剧的观众们一样——他们既是观看者，又是参与者。以奥冈为原型的约鲁巴悲剧中的仪式剧演员与主人公自发地担任了以社团利益为使命的角色，就像布莱希特的演员们与观众们一起协力解决某一社会问题一样。”[13]其实，布莱希特的间离戏剧理论虽然强调用陌生化代替情感融合，但也并非决然排斥情感元素，在一次和演员的对话中，布莱希特提出：“无论公众还是演员都不能阻止情感化的参与；情感的表达不能被遏制，演员对情感的作用也不该受挫。只有众多情感中的一个可能来源被弃置，或者至少成为附属元素，那就是——共鸣。”[14]这样看来，在演员对情感的既要表达又要有所控制的态度上，布莱希特和索因卡两人殊途同归。

在索因卡的仪式剧场里，观众是仪式的直接参与者，与演员们一起完成仪式。在这个参与的过程中，观众又并非完全移情，索因卡经常通过剧情的设置，让观众跳出剧情，进行批判性的理性思考。如《强种》的情节围绕着除旧岁的仪式展开，为了全村人的福祉和拯救智障儿童伊法达，外乡人埃芒主动承担起了要在除夕夜经历驱逐殴打、象征性地把一年的污秽和罪恶全部带离村庄的替罪羊的角色。而在作品的结尾，埃芒被殴打致死，按照习俗来看的话，村里的罪恶已经清除，村民们该是欢欣喜悦的，但是他们却陷入了集体的静默。这静默传达出的是一种质疑，以这样的静默而终结的戏剧引发的是观众的理性思考：这种集体的经验是否或如何有利于集体利益；《孔吉的收获》的情节围绕甘薯节展开，按照传统仪式，在节庆上，最大的甘薯应该交到部落首领丹劳拉（Danlola）手里。而独裁者孔吉想要以甘薯节为他的五年计划的开端，为了显示孔吉的权威，官方安排甘薯节上最大的甘薯将献给孔吉，为此孔吉拘禁了丹劳拉。在这个剧本里，为了争夺精神上的领导权，虽执念于传统礼仪、但已毫无生机的保守主义者老生常谈式的神的意志论和擅用华丽辞藻掩盖政治阴谋的现代政客们充满欺骗的政治行话之间充满了剧烈冲突。在这两种冲突力量之外，未来的部落首领继承人道杜（Daodu）和酒馆女老板塞吉（Segi）厌倦了总是做猫鼠游戏中的老鼠，不愿意再做独裁者随意摆弄的棋子，为了揭穿独裁者的假面，他们组织了另外一种秘密仪式，最终打乱了官方精心安排的甘薯节仪式，最后传递到孔吉手里的，是他违背诺言而杀死的塞吉的父亲的人头，仪式陷入混乱。戏剧最后的混乱势必会引发观众对于现代政治境况和神话的阐释力量的反思。这样，索因卡的仪式剧间接地起到了教育民众、促动社会变革的作用。

布莱希特在谈到间离方法时强调："真正的、深刻的、干预性的间离方法的应用，它的先决条件是，社会要把它的境况作为历史的可以改进的去看待。真正的间离方法具有战斗的性质。"[15]通过间离方法，诉诸观众的理性思考，引发观众和演员们一起干预社会进程的热情，戏剧也因此成了大众参与社会行动的媒介。而索因卡的仪式悲剧理论，虽然表面上看起来强调台上与台下的感情共融，但实际上却通过演员与观众从自身的剥离，邀请观众同演员一起参与有利于集体利益的行动，并引发观众如何更加有利于集体利益的问题的思考，这样，索因卡的戏剧间接地实现了布莱希特史诗剧"剧院现在把世界展现在观众眼前，目的是让观众干预它"[16]的戏剧目标。

三、《文尧西歌剧》对《三角钱歌剧》的改编与继承

《文尧西歌剧》是索因卡 1977 年搬上戏剧舞台的一部改编剧作，其源头当追溯到 1728 年问世的《乞丐歌剧》，该剧作者是英国剧作家盖伊。但细细辨析，《文尧西歌剧》剧情的基础则是布莱希特对《乞丐歌剧》的改编之作《三角钱歌剧》。从剧情来看，《文尧西歌剧》沿袭了《三角钱歌剧》对《乞丐歌剧》的诸多改变，如：将《乞丐歌剧》突出乞丐头目和强盗头目的双重人格扩大到整个社会的双重人格的揭示；将乞丐头目的形象由告密、销赃者形象改为经营乞丐谋生用品商店、向乞丐征收保护费的形象；增加乞丐头目利用乞丐与官府对抗、国王加冕仪式、国王使者骑马来到等情节。更为关键的是，在艺术形式上，《文尧西歌剧》努力拉开演员与角色、观众与表演之间距离的倾向，与布莱希特强调的演员应从客观角度而非主观角度去认识角色的理论倡导殊途同归。

布莱希特的史诗剧理论强调对观众进行启蒙，认为戏剧应该扬起时代的风帆，引发观众对当下问题的思考，故他的戏剧大部分与时代紧密相关。在改编《乞丐歌剧》这出 200 年前的剧作时，布莱希特把揭示资产阶级唯利是图本性这个时代命题当作剧本的重要主题。《三角钱歌剧》中的乞丐头目皮丘姆经营着一家乞丐用品商店，兜售乞讨用品和乞讨执照，收取提成，其身份实质上是以盘剥方式积累资本的资本家。尖刀麦基的身份也不仅是杀人越货的强盗，其触角已经涉及投资买卖，而行政司法长官布朗则和麦基勾结，为麦基删除作案材料，获得麦基业务的提成。这些人行为背后的基本动力都是赤裸裸的金钱。反映资本主义社会人性的堕落是《三角钱歌剧》的另一个重要主题。在《三角钱歌剧》中，堕落是普泛性的：皮丘姆为了获得赏金和麦基的财产而向官府举报，女儿、《圣经》只不过是他达到目的的工具；麦基预谋出卖他的

同伙，他的同伙也不肯凑出贿赂钱救他出狱；监狱看守向麦基索要贿赂；妓女为了钱出卖麦基，麦基和多名女性同时交往；行政司法长官布朗的生存依靠双重人格，布朗把麦基视作朋友和利益伙伴，但麦基背地里却去勾引他的女儿……到处都是背叛，布莱希特在这部剧里把人性的堕落与蜕变展示得淋漓尽致。

索因卡与布莱希特一样，重视文艺与现实的关系，在《文尧西歌剧》的序言中，他强调："我完全赞同：'艺术能够也应该反映时代的支配性特征，那些生机勃勃的，积极正面的努力，即使在最黑暗的时代里，也不应该缺席。'"[17]艺术家的使命，就应该是打破知识分子把现状视作历史发展的必然结果的思想怠惰的状态，展示"各个层面的罪恶，然后，把剩下的社会重塑工作，交给潜在的社会力量"[18]。为了激发社会思想的活力，促动社会变革，索因卡在引入借鉴《三角钱歌剧》时，努力使其本土化，凸显当下的文化语境，如：强调尼日利亚内战导致的普遍赤贫现象；从宗教和人种等角度显示尼日利亚多元文化并存的现实；引入尼日利亚的独裁政治；甚至将一些现实生活中的事件引入剧本……在基本按照《三角钱歌剧》的情节脉络和人物关系推进戏剧的基础上，索因卡力求把《三角钱歌剧》中的两个重要主题说得更加透彻：如通过乞丐头目妻子之口点明乞丐头目一定要将女婿送上绞刑架的原因：通过女儿占有麦基的财产；帝国的加冕礼移到了非洲，要加冕的皇帝成了黑人，而且从幕后走上了前台，其为人残暴贪婪；观看麦基绞刑的民众陷入了一场狂欢，要么借机促进商品销售，要么试图从即将处死的人身上获取健康年轻的血液，要么为了从观看死刑中获得乐子；牧师们则为了收入，争当死刑犯的忏悔神父……在索因卡的《文尧西歌剧》中，除了身处底层的妓女苏吉（Sukie）拒绝为钱出卖麦基，显现了人性的一抹亮色之外，几乎人人贪利，人性的丑陋充满舞台。在资本逐利和人性普遍堕落这两个主题之外，《文尧西歌剧》还延伸了一层，强调了权力的腐败。索因卡在《文尧西歌剧》的序言中，明确说明这一创作意图："《文尧西歌剧》是用讽刺笔法对实践中的各种权力的阐述。"[19]皇帝试图在全国学校强行推广统一制服来获取暴利，乞丐头目利用民众的不满煽动游行，要挟司法长官逮捕处死麦基达到自己的目的，看守则利用手中的权力索要贿赂，布朗则和麦基官匪勾结，皇帝的情人、行政司法长官、监狱长、大法官等人均享受强盗团伙的盈利分红。整个社会上上下下貌似等级有差，实则因权力的滥用又结合为一个利益共同体。

在创作《三角钱歌剧》时，布莱希特有意识地强调了戏剧革命中形式和技术的责任。他强调："《三角钱歌剧》不仅是一种内容，一种由歌剧所表述的内容，而且是一种方式，一种表述内容的方式。《三角钱歌剧》表明了观众希望剧院怎样反映生活。"[20]为了避免演员和观众的感情融入，《三角钱歌剧》的每一幕前都有剧情内容的介绍，在歌曲演唱前，经常会用幻灯在木牌上投射出场景标题。标题和木牌的使用"促成了演员的一种风格。这种风格就是叙事诗风格。观众读了木牌上的标题之后，就会采取一种安然吸烟、静坐观察的姿态"[21]；作为歌剧，《三角钱歌剧》中有大量歌唱的成分，对于剧中的歌唱，布莱希特强调："演员在唱歌时转换其职能……演员应该不仅唱歌，而且刻画唱歌的人……为了强调这一点，演员可以清楚地表明他对曲调的欣赏。演员最好在歌唱时让音乐家露面，或者在观众面前为唱歌做些准备工作

(如搬椅子，化妆等等)。”[22]这种规定的目的不外乎是要求演员对歌唱的事件保持一种冷静客观态度；《三角钱歌剧》结尾的处理也耐人寻味：麦基登上绞刑台，王室使者骑马来到，宣布女王因为加冕礼的缘故，赦免麦基，并授予麦基世袭贵族称号。这样的转换明显不符合生活的逻辑，对于这种超常行为，布莱希特的解释是：“《三角钱歌剧》描绘资产阶级社会（而不仅是描绘流氓无产者）。资产阶级创造资产阶级的世界秩序，也就是说，一种完全固定的世界观，这个社会不能没有这种世界观。当资产阶级看生活的描述时，骑马使者的出现是必要的。”[23]也就是说，大团圆的结局符合资产阶级建构虚假的但却具有精神抚慰作用的世界秩序的需求，因此王室骑马使者必须出现。如同品行恶劣的乞丐头目皮丘姆最后却为穷人发声一样，正是通过这种不合逻辑导致的讶然令观众从剧情中走出来，促动观众认清大团圆结局不可能实现的条件并进而对资产阶级社会秩序的真实性进行审视。通过这些形式上的革新，布莱希特充分发挥了技术的责任，使舞台自身开始叙述，因而，戏剧操作同戏剧内容一样，也就成了政治介入的一部分。

在《文尧西歌剧》中，索因卡也通过一些戏剧形式，充分实现了布莱希特式的间离意图。当然，在借鉴布莱希特方法的同时，索因卡也进行了一些自己的改变。其中，最大的改变是加入了 Dee-Jay 这个戏剧角色。在《文尧西歌剧》中，Dee-Jay 这个角色的功能是多元的。他是整出剧的主持人和报幕者，出现在每一幕每一场前，向观众介绍剧情和角色，在这方面，他发挥的是《三角钱歌剧》中的木牌提示的剧情介绍功能；他还是戏剧中的角色，可以与剧中其他角色对话，参与剧情，甚至为剧场里的道具问题、音效不佳而向大家道歉；有时他又化身为记者、评论员，采访大众，对事件进行评论；而在戏剧的《附录》中，他又俨然成为作者的代言人，对剧本的性质、目的和意义进行说明：他说，《文尧西歌剧》的性质是出路剧，“我们称它为出路歌剧（Way-Out Opera）……如果你坚持，称它为乞丐歌剧也可以，乞求哪怕是一点点儿行动，正是我们整个国家在做的”[24]。Dee-Jay 特意强调这出剧的目的就是促使人思考并进而产生行动。“在这个探寻出路的国家里，每个人都应该付诸行动。”[25] Dee-Jay 这个角色的多重功能是导致《文尧西歌剧》实现诉诸观众理性思考的关键因素。此外，同《三角钱歌剧》相比，《文尧西歌剧》的歌剧部分没有了下垂的木牌作为歌剧部分开始的提示，但增加了合唱部分的篇幅和应答对唱的形式。《文尧西歌剧》中的合唱大多是群声合唱，有时是特定群体，如强盗们、乞丐们等，有时是不特定的，如合唱女性、大众，这种设置特别像古希腊戏剧中的合唱歌队，这种形式的引入使得舞台变成了集体舞台，召唤观众的参与，有时歌队还会进入观众席兜售商品，和观众打成一片，这种情节处理技术在摧毁了舞台与观众席之间、演员和观众之间的界限的同时，还有效中断了观众对戏剧情节的情感融入。《文尧西歌剧》的结尾，在保留了王室使者骑马来到的情节之外，增加了有序排列的角色们鱼贯而出的场景设置。首先是皇帝坐在四轮马车里驶过，他后面出现的依次为：牧师、穿着制服的侍从、乞丐头目、麦基。然后是其他人：女人们、强盗、妓女，和其他下等人。这种排序明显是按社会等级排序，这样的安排又通过戏剧形式再次凸显了权力的腐败问题这个歌剧核心的主题，结尾归结于叙述行为自身的言说，《文尧西歌剧》的形式自身同《三角钱歌剧》一样，开始介入政治。

由此可见，无论从情节架构、现实指向、主题表达，还是从间离效果的追求上，虽然有一些变化，但明显可见《文尧西歌剧》对《三角钱歌剧》的继承，某种意义上，借助对布莱希特《三角钱歌剧》的创造性翻译，索因卡在向布莱希特致敬。

综上所述，索因卡的确从布莱希特那里获得了诸多启示，虽然表面上看起来二人对戏剧美学建构的路径有很大差异，但在关于戏剧功能、戏剧表演、剧场实质等一些本质性问题上，二人往往殊途同归。索因卡同布莱希特一样，强调戏剧的社会功能，视戏剧为改变社会的武器，强调剧场是启发观众理性思考的场所，戏剧是大众参与的媒介，而参与的目的是干预社会进程。某种程度上，可以说，《文尧西歌剧》是索因卡以创作实践的形式回应布莱希特。虽然在内容和形式上，《文尧西歌剧》都做了一些本土化和个性化的改变，但在强调内容的现实干预和戏剧形式的政治责任诸方面，《文尧西歌剧》无疑是对《三角钱歌剧》的直接继承。

＊本文系教育部人文社会科学研究项目“比较视域中的索因卡戏剧研究”【17YJA752003】阶段性成果。

注释：

[1] D. Duerden, C. Pietese, ed. , *Interview with Levis Nkosi in African Writers Talking*, London: Heinemann Educational Books Ltd. ,1972, p. 172.

[2] 丁扬忠:《论布莱希特的戏剧学派》,贝托尔特·布莱希特:《戏剧小工具篇》,张黎、丁扬忠译,北京:北京师范大学出版社,2015 年,第 21 页。

[3] [德]贝托尔特·布莱希特:《陌生化与中国戏剧》,张黎、丁扬忠译,北京:北京师范大学出版社,2015 年,第 116 页。

[4] [德]贝托尔特·布莱希特:《陌生化与中国戏剧》,张黎、丁扬忠译,北京:北京师范大学出版集团,2015 年,第 116 页。

[5] K. H. Katrak, *Wole Soyinka and Modern Tragedy: A Study of Dramatic Theory and Practice*, New York: Greenwood Press, 1986, p. 52.

[6] W. Soyinka, "Wole Soyinka: in Person", *Conversations with Wole Soyinka*, Biodun Jeyifo ed. , Jackson: University Press of Mississippi, 2001, pp. 1-31.

[7] K. H. Katrak, *Wole Soyinka and Modern Tragedy: A Study of Dramatic Theory and Practice*, New York: Greenwood Press, 1986, p. 53.

[8] O. Maduakor, *Wole Soyinka: An Introduction to His Writing*, New York and London : Garland Publishing , 1986, p. 307.

[9] W. Soyinka, "Wole Soyinka: in Person", *Conversations with Wole Soyinka*, Biodun Jeyifo ed. , Jackson: University Press of Mississippi, 2001, pp. 1-31.

[10] 丁扬忠:《论布莱希特的戏剧学派》,贝托尔特·布莱希特:《戏剧小工具篇》,张黎、丁扬忠译,北京:北京师范大学出版集团,2015 年,第 12 页。

[11] W. Soyinka, *Myth, Literature and the African World*, Cambridge: Cambridge University Press, 1978, p. 40.

[12] 黄坚:《仪式音乐舞蹈——论索因卡戏剧中的身份认同策略》,《戏剧之家》2017 年第 3 期,第

7～9 页。

[13] K. H. Katrak, *Wole Soyinka and Modern Tragedy: A Study of Dramatic Theory and Practice*, New York: Greenwood Press, 1986, p. 55.

[14] [德]贝托尔特·布莱希特:《论史诗剧》,孙萌、李倩,等译,北京:北京师范大学出版社,2015 年,第 108 页。

[15] [德]贝托尔特·布莱希特:《戏剧小工具篇》,张黎、丁扬忠译,北京:北京师范大学出版社,2015 年,第 78 页。

[16] [德]贝托尔特·布莱希特:《戏剧小工具篇》,张黎、丁扬忠译,北京:北京师范大学出版社,2015 年,第 107 页。

[17] W. Soyinka, "Foreword", *Opera Wonyosi*, London: Rex Collings Ltd., 1981.

[18] W. Soyinka, "Foreword", *Opera Wonyosi*, London: Rex Collings Ltd., 1981.

[19] W. Soyinka, "Foreword", *Opera Wonyosi*, London: Rex Collings Ltd., 1981.

[20] [德]布莱希特:《布莱希特戏剧选上》,高士彦译,北京:人民文学出版社,1980 年,第 98 页。

[21] [德]布莱希特:《布莱希特戏剧选上》,高士彦译,北京:人民文学出版社,1980 年,第 99 页。

[22] [德]布莱希特:《布莱希特戏剧选上》,高士彦译,北京:人民文学出版社,1980 年,第 105 页。

[23] [德]布莱希特:《布莱希特戏剧选上》,高士彦译,北京:人民文学出版社,1980 年,第 107 页。

[24] W. Soyinka, *Opera Wonyosi*, London: Rex Collings Ltd., 1981, p. 84.

[25] W. Soyinka, *Opera Wonyosi*, London: Rex Collings Ltd., 1981, p. 84.

从阐释到建构："麦克卢汉媒介理论"在中国的传播历程（1983 年—2015 年）

秦　琼

（江汉大学武汉语言文化研究中心，湖北武汉，430079）

内容摘要：本文详细梳理了麦克卢汉的思想在国内传播的过程，将其分为初识、传播、广为人知三个阶段，分别对应 1983 年—1989 年、1990 年—2002 年、2003 年—2015 年三个时间段。通过梳理传播历史，得出麦克卢汉思想的传播呈现出从引介到译介、从广度到深度、从阐释到建构的三个特点。通过分析不同时期对麦克卢汉理论的介绍和评价，本文认为：麦克卢汉思想中蕴含的辩证的历史唯物主义的内核、对技术的积极期待，都与国内学术界主流价值相契合；其格言警句式的话语方式带来多样解读；文学式的研究方法契合部分学者学养；媒介环境的变化似乎"印证预言"；传播学的学科发展扩大研究群体；麦氏及其学派著作的持续翻译出版，都有力推动了麦克卢汉思想在国内的传播及研究。

关键词：麦克卢汉；传播；建构

20 世纪 60 年代，一个名为麦克卢汉的学者在西方声名鹊起。他大胆、超前的媒介理论，艺术化的论证方式，晦涩艰深的著作《机器新娘》《谷登堡群星璀璨》《理解媒介》掀起了学术界的"麦克卢汉热"。"几乎所有的学生都听说过这个人，有时一半以上的学生曾经读过或者打算阅读他的著作，大学的视听教材处备有关于此人的一个小时的电视纪录片，要借阅的人必须提前一年登记。"[1] 由于麦克卢汉的理论无法从实证上予以确证，到了 80 年代，在格外推崇实证的欧美学界，人们对他的热情逐步冷却下来。正当麦氏理论在西方学术界逐渐遇冷的时候，随着传播学被正式介绍进中国大陆，麦克卢汉及其媒介思想在遥远的东方开始了新一轮的"认知—传播—广为人知"的历程。

一、麦克卢汉的媒介理论传播历史梳理

（一）认知阶段：1983 年—1989 年

1983 年，中国社会科学院新闻研究所世界新闻研究室编著的《传播学（简介）》

由人民日报社出版发行。作为大陆第一本传播学专著，该书系统介绍了传播学在西方的发展历程及主要传播理论，首次介绍了麦克卢汉的"媒介即讯息""媒介是人的延伸""冷热媒介"三个重要理论，并做出如下评价："麦克卢汉关于传播媒介的种种观点和理论，有的是有道理的，如媒介是人体的延伸；有的是值得重视但被过分渲染了的，如媒介就是信息；有的则是毫无意义的，如把媒介分为凉和热。"[2] 1984 年施拉姆的著作《传播学概论》翻译出版。在这本重要的著作中，施拉姆本人并未详细介绍麦克卢汉媒介理论的具体内容，而是着重介绍了其对于"印刷文化"的批判，并以此为基础详细分析"冷""热"媒介。此后，研究者们在介绍麦克卢汉的理论时大都沿用了类似框架和价值立场。1988 年，第一本由大陆学者撰写的传播学专著《传播学应用与原理》（戴元光）出版。该书对麦克卢汉的"媒介即讯息""热媒介、冷媒介"进行了详细的介绍，并评价其"论述缺乏科学性，虽言此即彼，但对一些基本概念缺乏进一步解释和论证，有东拉西扯，界说不清的现象"。同时也注意到麦克卢汉是"把媒介置于广阔的社会、历史、文化背景中去考察"[3]。

1988 年起，在国内学者撰写的 4 篇学术论文中首次出现麦克卢汉的名字——《电视小说：电视剧的非电视化》（申凡：《视听界》1988 年第 1 期）、《电视与现代教育》[田本相：《阜阳师范学院学报》（社会科学版）1988 年第 4 期]、《电视文化随想录》（邓瞳瞳：《社会》1990 年第 7 期）、《为什么开始由"冷变热"而现在又"热变冷"呢？——谈谈电视的收视效果》（布赖恩·艾伦·莱恩、张为公：《当代电视》1988 年第 7 期）。前三篇文章均借由麦克卢汉发挥"引用名人名言"的功效：申凡引用麦克卢汉关于"媒介杂交"的论述来证明其关于"电视小说"音响和画面的组合功能；田本相引用麦克卢汉的只言片语来支撑他关于电视教育功能的研究；邓瞳瞳则仅借由"地球村"一词引出其研究对象——电视文化；布赖恩撰写、张为公翻译的文章则是一篇对麦克卢汉的报刊访谈，但访谈的主题并非麦氏媒介理论，而是请他以专家的身份对当时西方电视节目影响力下降的原因进行探讨。

这一阶段，通过对西方传播学经典著作的译介，大陆学术界首次关注到了麦克卢汉及其理论。但值得注意的是，早期关于麦克卢汉的资料几乎都转引于施拉姆的《传播学概论》一书。囿于第一手资料的缺乏，加上施拉姆本人对麦克卢汉的理论评价不高："有必要指出，虽然麦克卢汉强调媒介本身的作用这一点是有益处的，但是研究人员仍然发现，在所传递的讯息的内部的传播作用的变化同媒介内部的传播作用的变化相比要大得多。讯息是讯息，媒介是媒介。"[4] 因此这一阶段，人们对于麦克卢汉的理论仅仅处于"初识"阶段，无从谈对其理论进行辩证的分析和运用了。

（二）传播阶段：1990 年—2002 年

90 年代，一批由大陆学者编撰的传播学专著出版发行，促进了传播学在大陆的进一步传播，主要有沙莲香《传播学：以人为主体的图像之谜》（人民大学出版社，1990 年）、周晓明《人类交流与传播》（上海文艺出版社，1990 年）、张咏华《大众传播学》（上海外语教育出版社，1992 年）、张隆栋《大众传播学总论》（中国人民大学出版社，1993 年）、李彬《传播学引论》（新华出版社，1993 年）、董天策《传播学导论》（四川大学出版社，1995 年）、张国良《传播学原理》（复旦大学出版社，1995 年）、段京肃《基础传播学》（兰州大学出版社，1996年）、邵培仁《传播学导论》（浙江大学出版社，1997年）、胡正荣《传播学总论》（北京广播学院出版社，1997年）、张国良《现代大众传播学》（四川人民出版社，1998年）、郭庆光《传播学教程》（中国人民大学出版社，1999年）等。在所列举的传播学专著中，除周晓明《人类传播与交流》没有明确谈到麦克卢汉及其理论外，其余专著均已系统涉及麦克卢汉的媒介理论，几乎都对麦氏“三论”进行了详细的解读；有不少论述是直接引用自麦克卢汉的著作，并结合实际情况对麦克卢汉的理论予以评价。

尤为值得注意的是，1992年1月，四川人民出版社出版发行了由何道宽翻译的麦克卢汉的著作《人的延伸——媒介通论》。从此，何道宽的译著成为国内了解麦克卢汉思想的重要来源，与施拉姆的《传播学概论》共同构成早期麦克卢汉思想研究的两个引用渠道。详见表1。

表1

出版时间	书名	引用：何道宽《人的延伸》	引用：施拉姆《传播学概论》	其他
1990	《以人为主体的图像之谜》		√	
1992	《大众传播学》		√	
1993	《大众传播学总论》			√
1993	《传播学引论》	√		
1995	《传播学导论》	√		
1995	《传播学原理》			√
1996	《基础传播学》		√	
1997	《传播学导论》	√		
1997	《传播学总论》	√		
1998	《现代大众传播学》			√
1999	《传播学教程》			√

注：1. 除1992年出版的《大众传播学》直接引自施拉姆《传播学概论》中译本（新华出版社，1984年）外，其余均转引自《传播学（简介）》（人民日报出版社，1983年）。

2. 引用源为“其他”的，分别引自《了解大众媒介：人的延长》（加拿大潘格盎书籍有限公司，1964年）、《传播媒介与美国人的思想》（中国广播电视出版社，1991年）、《传播学应用与原理》（兰州大学出版社，1988年）。

自1993年起，国内核心刊物上陆续出现了关于麦克卢汉及其理论的学术文章。这些文章不再囿于第二手资料的引介，也不再停留在“媒介三论”的初级阶段，而是从麦克卢汉的著作出发详细研究文本，并逐步关注到其理论的基点——媒介与人的感知平衡。"麦克卢汉认为，媒介的发展不仅是历史研究的一个途径，而且是书写西方文明的一个途径：与口头文化相对应的是'听觉空间'，与印刷文化相对应的是'视觉空间'，与电子媒介相对应的则是'触觉空间'；触觉代表着人类所有的感觉总和，也就是部落人长期失落的'感觉总体'。"[5]并逐步运用其媒介理论对现实形成观照，呈现出刊物等级高、文章数量多、研究人员专业化程度高的特点。详见表2、表3。

表2

刊　名	论文数量	刊　名	论文数量
《新闻大学》	4	《深圳大学学报》	3
《现代传播》	5	《当代电影》	1
《新闻与传播研究》	2	《湖南师范大学社会科学学报》	1
《当代传播》	2	《当代电视》	1
《复旦学报（社会科学版）》	1	《中国电视》	1

注：1. 检索途径：中国知网。

2. 检索项目为主题：麦克卢汉，期刊类别：核心，年份：1990年—2002年。

表3

年　份	论文数量	年　份	论文数量
1993年	1	1998年	1
1994年	1	1999年	2
1995年	2	2000年	5
1996年	3	2001年	2
1997年	1	2002年	3

注：未标明年份的，即该年度没有以"麦克卢汉"为主题的发表在核心刊物上的文章。

这一阶段，出现了《麦克卢汉的传播思想》（陈卫星：《新闻与传播研究》1997年第4期）、《传奇式的传播学家——关于麦克卢汉》（高竹梅：《现代传播》1998年第2期）、《麦克卢汉对美国传播学的冲击及其现代文化意义》[殷晓蓉：《复旦学报》（社会科学版）1999年第2期]、《新形势下对麦克卢汉媒介理论的再认识》（张咏华：《现代传播》2000年第1期）、《媒介即文化——麦克卢汉媒介理论批评》（何道宽：《现代传播》2000年第6期）等重要文章。"麦克卢汉把传播当作一种总体意义上的文明现象。这使得他专心致力于从媒介的文化特点来阐述现代传播媒介的心理学和生态学征。"[6]"它不仅促使大众传播理论成为当代文化的核心要素之一，而且包含着激励后人继续其事业的现实精神和批判精神。"[7]这些文章大多出自当时国内知名学者或最早从事传播学研究的学者之手，如张咏华、陈卫星等人。他们不再孤立地看待麦克卢汉的理论，而是从西方传播学的学术传统出发，对其进行抽丝剥茧式的系统分析，不再武断地将之定义为"技术决定论"。

2000 年，国内新闻传播学界的重要刊物《现代传播》《新闻大学》以及《深圳大学学报》陆续刊发了 5 篇关于麦克卢汉思想的文章。从中足见麦克卢汉研究在世纪之交的国内学术界的火热状况。同年 10 月，在 1992 年《人的延伸——媒介通论》的既有基础上，何道宽翻译的《理解媒介——论人的延伸》由商务印书馆出版发行。

（三）广为人知阶段：2002 年—2015 年

2002 年是一个重要的年份。这一年，学术界的基础性、潜在性力量——研究生——首次表现出对麦克卢汉的热情。在中国知网上进行搜索，2002 年以前，没有一篇以麦克卢汉为主题的硕（博）士学位论文。

2002 年是个起点。将检索年份设置为 2002 年—2015 年，检索主题设置为“麦克卢汉”，类别设置为“不限”，共检索到 337 篇硕士学位论文、19 篇博士学位论文。其中，硕士学位论文呈现逐年增多的趋势，仅 2011 年、2012 年就分别有 26 篇、52 篇相关论文。而 2011 年恰好是麦克卢汉 100 周年诞辰。

2002 年以后，大量以“麦克卢汉”为主题的文章发表，仅收录在中国知网中的就有 545 篇，其中发表的刊物级别为 CSSCI、核心期刊的分别有 141 篇、404 篇。麦克卢汉的理论在进入大陆学界以后，经过近 20 年的传播，成为传播学研究中的一个热点并呈现出一些变化——关注群体从以学者为主转向学者为主、学子为辅；传播范围进一步扩大；研究的深度、广度都极大拓展。但总体而言，麦克卢汉思想的特点决定了人们很难沿袭概念、框架、方法论的传统途径，从学理上、逻辑上对其予以廓清，从而形成一个科学的、实证的理论体系。

二、麦克卢汉理论的传播特点

麦克卢汉的理论在国内的传播经历了“认知—传播—广为人知”的三个阶段，呈现出：“引介—译介”“阐释—建构”“广度—深度”的特点；这些特征说明了自 1983 年进入学界视野以来，麦氏理论的传播在大陆经历了研究群体不断扩大，研究成果不断增多，研究程度不断深化的过程。

（一）引介—译介

1983 年，中国社会科学院新闻研究所世界新闻研究室编著的《传播学（简介）》由人民日报社出版发行，该书首次介绍了麦克卢汉及其理论，主要转引自当时尚未翻译出版的施拉姆的著作《传播学概论》以及麦克卢汉的《媒介通论：人体的延伸》（麦格劳—希尔出版社，1964 年）。以该书为代表，随后的一系列由国内学者撰写的传播学专著在涉及麦克卢汉的理论时，几乎都以引介为主，甚少有人通过第一手资料（麦克卢汉英文原著）来了解麦克卢汉及其思想（见表 1）。囿于篇幅和其在当时西方学术界备受争论的现实，即使权威如施拉姆的《传播学概论》，对麦克卢汉理论的介绍也难免失之偏颇。那么，转引自《传播学概论》的大部分专著，在介绍麦克卢汉的理论时，自然会在权威性、完整性和客观性上有所缺失。

1992 年 1 月，四川人民出版社出版发行了由何道宽翻译的麦克卢汉的著作《人的延伸——媒介通论》，自此国内对麦克卢汉的研究由引介走向译介。其著作《机器新娘——工业人的民俗》（中国人民大学出版社，2004年）、《麦克卢汉如是说：理解我》（中国人民大学出版社，2006年）、《谷登堡星汉璀璨：印刷文明的诞生》（北京理工大学出版社，2014年），以及与麦克卢汉有承继关系的英尼斯、莱文森等人的著作相继在国内翻译出版，极大丰富了研究麦克卢汉的第一手资料。人们不再囿于"三论"的传统视域，而是从麦氏文本出发，真正深入研究其理论精髓；不再武断地将其定义为"技术决定论"，而是从人的感知与媒介应用这一理论基点出发研究麦克卢汉的思想。

（二）广度—深度

麦克卢汉的思想在国内的传播沿袭着"精英学者—学者—学子"的扩散过程；从一极评价向多元评价的转变；研究范畴从广度到深度的转向。

在其理论进入国内学界以来，研究主体以国内精英学者为主，当时传播学是非常小众的一门科学，能接触到的材料十分有限。早期学者在研究麦克卢汉思想时，多借助第二手资料停留在"三论"的层面。随着一批传播学专著的出版，推动了"麦克卢汉"向普通学者的传播，其译著的出版又为研究人员提供了较为丰富的第一手资料。因此在研究的深度上有了较大发展，如《传播学通论》（上海交通大学出版社，2000年）用整个小节的篇幅介绍麦氏理论；《传播学基础理论》（新华出版社，2003年）在对"三论"进行详细介绍的同时，还引用了莱文森对麦克卢汉的解读；《传播学总论（第二版）》（清华大学出版社，2008年）专节介绍多伦多学派。1991年起，国内出现第一篇以麦克卢汉思想为研究对象的文章《奇文共欣赏疑义相与析——麦克卢汉媒介观新探》[李彬：《郑州大学学报》（哲学社会科学版）1991年第4期]。2002年以后，有545篇以麦克卢汉为主题的文章发表在核心期刊和CSSCI期刊上；有337篇硕士学位论文、19篇博士学位论文以麦克卢汉为主题。麦克卢汉的理论在进入国内学界以后，经过30余年的传播，成为传播学研究中的一个热点，实现了以学者为主向学者、学子共同构成关切群体的变化。

对麦氏理论的评价，经历了一极向多元的转变。早期，囿于第一手资料和施拉姆式价值预判，人们武断地认为"他的理论也有不少缺乏之处……分析客观性、实证性不足"（胡正荣）、"走向技术决定论的极端"（张咏华）、"由于没有科学的界定而显得似是而非"（董天策）、"他只能算作是一个工艺决定论者"（张隆栋）。随着麦克卢汉著作的翻译出版，在掌握了较为翔实的第一手资料的基础上，人们在介绍麦克卢汉理论时，开始"知其所以然"，在新的形势下重新审视麦克卢汉及其理论价值。有"这些论述可说含有对人类目前正在步入的知识经济时代的轮廓性的勾画。麦克卢汉的深刻洞察力和预言能力，不能不令人赞叹"[8]"对媒介形式的影响做了充分肯定，理论大胆，富于新意且切中要害。观照当今……麦氏理论具有很强前瞻性"[9]等持积极肯定的评价；也有如"如果不是在一个宏观的政治经济脉络和历史情境中去分析，这种技术决定论只能导致似是而非和标新立异的结论"[10]等秉持客观立场的评价。

在研究范畴上，对麦氏理论的研究经历了引介、阐释和应用几个阶段。随着传播范围的扩大、研究人员的增多，人们不再仅仅停留于阐释、解读的层面，出现了诸如

《论麦克卢汉传播观念的“技术乌托邦主义”》（纪莉：《新闻与传播研究》2003 年第 1 期）、《主体间性的人媒交互与共生》（范龙：《国际新闻界》2011 年第 7 期）等从“工具理性”和“人的主体性与媒介的关系”层面来研究麦克卢汉的思想精髓的文章；也有如《传播技术与共同体：文化的视角——从英尼斯到麦克卢汉》（李洁，复旦大学 2007 年博士学位论文）、《媒介的直观——论麦克卢汉传播学研究的现象学方法》（范龙，华中科技大学 2007 年博士学位论文）等从文化学角度和方法论角度，对麦克卢汉予以重新解读的尝试，极大扩展了麦克卢汉理论研究的深度和力度。

（三）阐释—建构

囿于第一手资料的缺乏，早期研究者只能通过西方经典著作中对麦克卢汉原著的有限引用来从事研究。他们的关注点也多集中在“媒介即讯息”“媒介是人的延伸”和“冷热媒介”这三个最为引人瞩目的观点上。有限的文本决定了人们并不能很好地理解“三论”，大多只是就事论事，故而就看不到麦克卢汉是在人的感知平衡与媒介的关系上来立论的。因此在评价其价值时，武断地认为“论述缺乏科学性”（张咏华）、“奇谈怪论”（李彬）、“到底有多少科学价值还值得进一步研究”（董天策）、“工艺论决定者”（张隆栋）。

随着麦克卢汉著作的翻译出版，在掌握了较为翔实的第一手资料的基础上，人们在介绍麦克卢汉理论时，开始“知其所以然”，在新的形势下重新审视麦克卢汉及其理论价值。“这些论述可说含有对人类目前正在步入的知识经济时代的轮廓性的勾画。麦克卢汉的深刻洞察力和预言能力，不能不令人赞叹”[11]，“对媒介形式的影响做了充分肯定，理论大胆，富于新意且切中要害。观照当今……麦氏理论具有很强前瞻性”[12]。自 1983 年，麦克卢汉及其理论首次进入中国大陆新闻传播学界以来，经过第一阶段依靠西方著作“省略式”“借鉴式”的引介，到 1992 年《媒介通论》的出版，再到 2000 年国内权威期刊连续刊发 5 篇麦克卢汉专论文章，经过近四十年的“迟滞”，中国大陆终于在世纪之交时，迎头赶上全球范围内兴起的第二次“麦克卢汉”热潮。

然而，赶上世界性的研究热潮，并不意味达到世界性的研究水平。麦克卢汉天马行空式的论述方式、理论框架和逻辑的缺乏、隐晦的意指方式，在造成传播障碍的同时，又为人们提供了多种解读、阐释的可能。纵观这一时期的麦克卢汉思想研究，“阐释”依然是主流。

这种趋势在 2000 年前后发生了变化，麦克卢汉的文本是有限的，阐释却是无限的。在人们热衷于对文本做出多样化的解读时，何道宽作为国内最主要的翻译者，逐步实现了从翻译麦克卢汉到解读麦克卢汉的转变。十多年间，他紧紧围绕麦克卢汉，先后发表了《麦克卢汉的遗产——超越现代思维定势的后现代思维》[《深圳大学学报》(人文社会科学版)1999 年第 4 期]、《媒介即文化：麦克卢汉媒介理论批评》(《现代传播——北京广播学院学报》2000 年第 6 期)、《媒介革命与学习革命：麦克卢汉媒介理论批评》[《深圳大学学报》(人文社会科学版)2000 年第 5 期]、《加拿大传播学派的双星：伊尼斯与麦克卢汉》[《深圳大学学报》(人文社会科学版)2002 年第 5 期]、《“天书”能读——麦克卢汉的当代诠释》(《四川外国语学报》2003年第1期)、《麦克卢汉的昨天、今天和明天：纪念麦克卢汉百年诞辰》(《国际新闻界》2011年第7期)、《"生命在于运动 意义成于互动"——关于新媒介文化及思想路径的对话》(《文艺研究》2013年第10期)等文章，并持续翻译麦克卢汉及英尼斯、莱文森等人的著作，形成了以译著为中心、以论文为精髓的麦克卢汉推介热潮。何道宽也遵循麦克卢汉的路径，从英美文学研究转向传播学研究，成为国内媒介环境学派的重要学者。

在多重合力的持续作用下，麦克卢汉及其思想传播程度进一步深化，并逐渐形成一个"被建构的麦克卢汉热潮"。麦克卢汉是否是影响西方传播学的时代巨人，尚值得商榷。然而自其理论被引介进国内以来，尽管人们大多认为其理论存在缺陷，但对其学术地位则毫无例外地予以重视。早期介绍麦克卢汉的专著和论文，大多引用《纽约先锋论坛报》的书评来证明其在西方学界的重要影响："《传播工具新论——人的延伸》是10年来争议最多、影响最大的一本书……麦克卢汉则是继牛顿、达尔文、弗洛伊德、爱因斯坦以来的思想家。"[13]延续着这种价值预判，随着何道宽的异军突起，他在一系列文章中称麦克卢汉为"20世纪最富原创性，又最富有争议的媒介理论家"[14]"西方传播学巨匠"[15]"是推不倒的先知和圣人"[16]，赋予麦克卢汉以权威性。自2000年以来，共有309篇以麦克卢汉为主题的学术论文、206篇硕士学位论文、18篇博士学位论文，引用或参考了何道宽的译著、论文[17]，因而在评价麦克卢汉的学术成就时，这些研究也大抵持有类似的立场。

三、麦氏理论在中国大陆的传播动力探因

从严格意义来谈，麦克卢汉的思想缺乏构成理论的要素，它在体系的建构上存在不容否认的缺陷。他研究的对象过于宽泛，逻辑也不够严密，对媒介的考察更多是基于历史而非现实。麦克卢汉及其理论在中国大陆的传播不过30余年，自被介绍至大陆以来，在国内传播学界却始终占有一席之地，并且这种热度在新世纪达到了顶峰。通过对其传播历程的梳理，不难发现多重因素推动了麦氏理论的研究热潮。

上世纪80年代，经济体制改革促进了社会的高速发展。媒介由意识形态斗争宣传工具转向以市场为导向的独立主体，迸发出巨大的活力，日益扮演着重要角色，影响着人们的生活。尽管早在50年代，电视就已进入历史舞台，但直到80年代中后期，电视机才作为生活必需品逐步进入千家万户。相较于报纸，电视观众不需要具备较好的读写水平；相较于广播，电视的音画栩栩如生；人们通过电视了解外部世界，通过观看同一部电视剧、同一场晚会（如春晚）迅速结成最广大的"观众"群体。90年代末，互联网横空出世，短短二十年，就已成为当代社会最重要的构成要素，并深刻影响着人们的思维方式、生活方式乃至情感方式。而这一切似乎印证了麦克卢汉所言："就我们这颗行星而言，时间差异和空间差异已不复存在。我们正在迅速逼近人类延伸的最后一个阶段——从技术上模拟意识的阶段。在这个阶段，创造性的认识过程将会在群体中和在总体上得到延伸，并进入人类社会的一切领域，正像我们的感觉器官和神经系统凭借各种媒介而得以延伸一样。"[18]随着时代发展，媒介日益成为影响社会的重要力量，日益影响着人们的日常生活和认知。麦克卢汉似乎早在50年

前就预言了电视让人们看到世界各地（电视是眼睛的延伸），再遥远的距离都能用航班时长衡量（电力的加速度），中东动乱造成油价波动（地球村）。对于当时国内正处于上升期的媒介大环境而言，西方学者关注的媒介暴力与儿童认知、媒介与意识形态国家机器，似乎显得杞人忧天或是遥不可及。相较之下，麦克卢汉先知式的“准确”预言，则显得更具时代意义。

麦克卢汉文学式的表达，大量运用比喻、暗喻的写作方式，用文学文本解释媒介现象的论证方法，跳跃式的论证逻辑，都成为理解麦克卢汉的难点。同时，也为多样化解读麦克卢汉提供了可能。早期，人们将关注点集中于“三论”，作为概念较为明确且西方已有定论的代表性概念，国内对“三论”的争议不多。随着麦氏著作的翻译出版，对文本的解读、概念的运用成为新世纪以来麦克卢汉研究热潮的显著特征。麦氏理论的天然属性——不重学理、逻辑、实证研究；文学式的表述；大量引用西方经典文学文本的阐释方式，契合了相当一部分学者的学养。1978年，复旦大学新闻系开设传播学课程，随后中国人民大学、暨南大学、复旦大学相继开设此类课程。直到1996年，经教育部批准，原新闻学由二级学科提升为一级学科，并定名为新闻与传播学。1997年，传播学正式成为国家二级学科。此后，作为一门学科，各大高校陆续开设相关专业或课程，以制度化的方式促进了传播学学科及研究在国内的发展。这个历史时期，也正是麦氏思想在国内传播的时期。

长期以来，国内从事传播学研究的学者大多出身于中文或新闻（新闻学在相当长一段时期内是文学的二级学科），因此，麦克卢汉这种文学式的研究方式，天然地吸引着早期学者的注意。相较于需要大量实证样本和理论素养，需要严格的专业训练才能开展研究的经验学派、批判学派，麦克卢汉从古今中外的文学作品出发研究媒介，用字母表文字和象形文字谈印刷文化、口头文化，他联想式的表达、格言式的概念，更适合学者们发挥特长。

麦克卢汉研究的是人的感知平衡与媒介发展的关系，他认为人类历史上任何一种发明和技术都可以视作是人的延伸，都是某种意义上的媒介。这种媒介不是作为载体传递信息，而是作为人的器官或感官的延伸，去感知世界。如车轮是脚的延伸，它通过飞速运转实现了脚的功能，但人的脚无法承受机械式的压力。因此人在使用轮子的过程中，是意识不到脚的存在的，否则他会因为这种超出负荷的压力而崩溃。人为了维系感觉系统的平衡，必须发展出新的感知比例。这就是麦克卢汉在考察媒介发展史时所秉承的核心思想。基于这个思路，他系统地考察了口语词、书面词、道路、服装、住宅、货币、时钟等非传统媒介，和报纸、广播、电视等传统媒介在人类认知史上的地位，以及由媒介形态变化带来的人的感知、生活和社会文化变化。他认为媒介与人的感知的关系是一个不断运动、发展的过程，只有置于宏观的社会、历史视角下才能考察其功能。麦氏思想的内核是辩证的、历史唯物的，基于这种内核，他将媒介视为推动人类历史发展的重要工具，其思想也被部分研究者涵括为“技术决定论”。

80年代以来，得益于经济体制改革以及科技的推动，大陆实现了跨越式发展，科学技术是第一生产力已成为共识[19]。麦克卢汉思想中天然蕴含的辩证的、历史唯物主义的内核，对技术的积极期待，都与国内学术界主流价值相契合；其格言警句式的话语方式为多样解读提供可能；文学式的研究方法契合部分学者学养；上升期的媒介环境似乎"印证预言"；传播学的学科发展扩大研究群体；麦氏及其学派著作的持续翻译出版，都有力推动了麦克卢汉思想在国内的传播及研究。

在经验、实证占主导地位的西方传播学界，麦克卢汉秉承传统，从宏观出发，从"人"这个人文学科的真正研究对象出发，探讨人与媒介的关系。他将人的主体性视为思辨核心，从这个意义上说，他的思想无疑是划时代的。"总体而言，麦克卢汉学说自有其魅力和力量，他对自己所处时代的新媒介态度乐观，他对媒介承载和传递的美感兴趣，他拒绝割裂流行文化、大众文化和精英文化，他为促成大众媒介研究这个独立的文化研究领域发挥了首要作用。"[20]但他的缺陷也正在于此，任何一种理论都要有对象和言说的确定性，跳跃的、灵光乍现式的论述方法，在引人瞩目的同时也蕴含着流于表面的关注。麦克卢汉对传播学的贡献在于提供了观察媒介的新思路，但无论从哪个角度研究麦克卢汉，都需要客观看待他的历史地位和学术价值。

* 本文系国家社科基金青年项目"人类命运共同体视域下的共同体传播研究"的阶段性成果，项目编号19CXW013。

注释：

[1] [美]施拉姆、波特：《传播学概论》，陈亮，等译，北京：新华出版社，1984年，第136页。

[2] 中国社会科学院新闻研究所、世界新闻研究室编：《传播学（简介）》，北京：人民日报出版社，1983年，第16页。

[3] 戴元光：《传播学应用与原理》，兰州：兰州大学出版社，1988年，第240页。

[4] [美]施拉姆、波特：《传播学概论》，陈亮，等译，北京：新华出版社，1984年，第136页。

[5] 殷晓蓉：《麦克卢汉对美国传播学的冲击及其现代文化意义》，《复旦大学学报》（社会科学版）1999年第2期，第84～91页。

[6] 陈卫星：《麦克卢汉的传播思想》，《新闻与传播研究》1997年第4期，第31～37页。

[7] 殷晓蓉：《麦克卢汉对美国传播学的冲击及其现代文化意义》，《复旦大学学报》（社会科学版）1999年第2期，第84～91页。

[8] 张咏华：《新形势下对麦克卢汉媒介理论的再认识》，《现代传播》2000年第1期，第33～39页。

[9] 戴元光：《传播学通论》，上海：上海交通大学出版社，2000年，第45页。

[10] 胡正荣：《传播学总论（第二版）》，北京：清华大学出版社，2008年，第19页。

[11] 张咏华：《新形势下对麦克卢汉理论的再认识》，《现代传播》2000年第1期，第33～39页。

[12] 戴元光：《传播学通论》，上海：上海交通大学出版社，2000年，第46页。

[13] 戴元光、邵培仁、龚炜：《传播学原理与应用》，兰州：兰州大学出版社，1988年；张咏华：《大众传播学》，上海：上海外语教育出版社，1992年；张国良：《传播学原理》，上海：复旦大学出版社，1995年。

[14] 何道宽：《加拿大传播学派的双星：伊尼斯与麦克卢汉》，《深圳大学学报》（人文社会科学版）2002年第5期，第93页。

[15] 何道宽：《跨学科的文化研究——〈人的延伸〉中译本序》，《四川外国语学院学报》1999年第1期，第112页。

[16] 何道宽:《麦克卢汉的遗产——超越现代思维定势的后现代思维》,《深圳大学学报》(人文社会科学版)1999年第4期,第75页。

[17] 检索主题:麦克卢汉,参考文献:何道宽,检索年份:2000年至今,检索类别:博士、硕士学位论文。

[18] [加]马歇尔·麦克卢汉:《理解媒介:论人的延伸》,何道宽译,南京:译林出版社,2011年,第4页。

[19] "马克思说过,科学技术是生产力,事实证明这话讲得很对,依我看,科学技术是第一生产力。"邓小平:《邓小平文选》第3卷,北京:人民出版社,1993年,第279页。

[20] [法]埃里克·麦格雷:《传播理论史:一种社会学视角》,刘芳译,北京:中国传媒大学出版社,2009年,第38页。

“大众化”传播语境下的抗战出版生态研究

宋　泉

（广西艺术学院，广西南宁，530022）

内容摘要： 在抗日战争期间，出版物作为意识形态的载体，服务于战争形势的需求，构建了特殊的舆论场。出版同人以“大众化”作为抗战文化传播的导向，以内容丰富、形式多样、通俗易懂的出版物唤醒民众、激励战士，形成了独特的抗战出版文化生态。

关键词： 文化大众化；传播语境；抗战出版；出版生态

抗日战争时期，硝烟四起、生灵涂炭，但战争并没有阻挡民主和科学精神的传播。相反，由于民族精神的觉醒，中国的文化人主动以人民作为文化传播的主要对象，一场将广大民众作为文化受众群的文化“大众化”运动如火如荼地开展起来。出版机构在文化政策的倡导与市场的召唤下，主动肩负民族救亡的使命，大力配合抗战建国的宣传，以形式多样的读物满足前方战士及后方民众的精神需求。

一、抗战时期出版受众的转型

媒介的传播对象是受众，出版机构的生存有赖于受众对出版物的接受与消费。历史上，不同时期出版物生产的状况既与当时的科技发展、社会热点有关，同时也与出版受众的需求有密不可分的联系。从晚清到民国，从辛亥革命到抗战爆发，受众群体的变化影响了出版物从内容到形态上的变化。

五四运动前夕的出版物市场上，除了大书局竞相出版的大宗教科书和大型工具书外，通俗小说占有很大的市场份额。但无论是教科书还是白话文读本，其主要受众均为城市知识分子群体和处于求学阶段的中小学生。而在相对偏远的地区，文化层次较低的广大农民阶层均未能成为文化普及的对象。

“五四”时期，我国的新文化运动就已显现出“大众化”的旨归，抗日战争的爆发使文化面向大众成为更重要的课题，“这课题的中心是文艺走向大众，文艺首先应该为大众而服务，逐渐为大众所把握，成为大众自己的东西”[1]。美国著名的政治学家拉斯韦尔认为“宣传家为战争而鼓动起来的下级团体越多，人民对国家事业统一投入就越强大”[2]。因此，在战争时期，面向公众的舆论宣传被视为增强士气与社会凝聚力所必需的一种方式。在民族危亡的关头，唤醒民众参与抗战建国的事业，成为社会迫切的文化诉求。出版受众的圈层也由原有的知识阶层、准知识阶层迅速拓展到能最大限度覆盖的大众中。而抗战时期中国四亿五千万人口的“大众”，却呈现出文盲数量众多、构成复杂、民族意识淡漠的特征。

（一）文盲数量众多

民国初期，社会常年动荡，我国经济萧条、教育落后。据抗战前的调查称：“就全国总平均每百万人口中，仅有专科以上学生 93 人，即每 10752 人口中，才有专科以上学生 1 人，每 91658 人口中，才有专科以上女生 1 人。”[3] 即使在经济相对发达的城市，文盲人口比例也相当大。1920 年南京市的文盲人口比例高达 70%，1930 年北平市文盲占总人数的 50%[4]，受过高等教育者更是寥寥无几。战争导致大量民众流离失所，诸多学龄人口无法接受相应的教育。据非常时期救济委员会汉口支会 1938 年的资料显示，在三万余 8 岁以上的人口中“受过中等教育以上的占 5%，受过中等教育的占 15%，受过初等教育的占 2.5%，受过普通识字教育的占 22.5%，未受教育的占 20%。失学的学生占 25%，失业的学生占 10%”[5]。在更为落后的西部地区，方圆几十里找不到一所学校，穷人子弟入学无门，文盲率更是高达 99%，人民在文化上落后到几乎想不到的程度[6]。据统计，“平均起来，全边区识字的人仅占全人数的 1%，小学只有 120 处，社会教育则绝无仅有”[7]。庞大的文盲群体为抗战文化的传播带来了巨大的困难。

（二）大众人口构成复杂

抗战时期随战事迁徙的人口构成呈现多样性的特征。根据浙江省各县对难民的统计，1938 年 1 月至 8 月收容、遣送、过境的难民总计 284020 人，其职业包括农民、工人、手艺人、商贩，以及文化教育界人士等等。其中，农民占 34.57%，家务女红、不能担任工作及无业者占 35.91%，工人占 8.46%，商贩占 14.75%，文化教育界人士占 1.01%[8]。当时中国 90%以上的人口处于中低文化水平，这其中还包括大量的军人。由于战争高压，战斗在一线的部队更需要在精神上的不断刺激，以坚定保家救国的信念，因此士兵群体也成为抗战文化服务的重要对象。大众人口职业构成的复杂性，使传播受众的知识构成、文化需求、观念追求也呈现不同状态，且战时的大众绝大部分都在流亡之中，极大增加了文化传播的困难。

（三）大众民族意识的淡漠

长期处于温饱线上的民众，没有接受过文化的启迪，思想处于蒙昧或半蒙昧状态。民众中间甚至还保存着流俗的文化生活，以及各种空洞无意义的舞蹈的表演[9]。在我国“四亿五千万人中，有三亿以上对于政治完全迷盲无知，而其余的一亿多人中，大多数又对这次抗战和自己的任务没有明确的认识”[10]。民族危亡与民众蒙昧在战争时期成为一组令人揪心的矛盾。沈志远面对麻木不仁的受众，发出沉痛的反问：若任其继续存在，“试问我们民众力量的优势在哪里？我们抗战胜利的把握又在哪里？”[11] 战时大众的麻木与蒙昧，亟须依靠媒介力量的宣教和斗争意识的刺激，依靠先知先觉的“舆论领袖”去唤醒。

受众的层次特征影响着抗战文化传播的效果，如何迅速地普及抗战文化，激发民众的民族意识，以达到参与抗战、支持抗战的目的变得愈发重要。以文化“大众化”

为导向的通俗文艺运动，成为抗战时期一场规模盛大的精神战役。

二、以文化“大众化”为主导的抗战舆论场构建

抗日战争爆发后，国家危亡的社会现实激活了国人的民族意识，形成了以对抗为主旨的传播语境。水深火热之中的民众再难流连于风花雪月与小资情调的文字中，传播革命和民主思想的出版物成为他们在流亡痛苦的逆境中寻求光明和慰藉的期待。这一时期，文化传播的受众与战争现状形成一种合力，强烈要求传播者自觉地以抗战救亡为文化生产的主题。文化生产和出版传播内容的“大众化”形成了中国出版文化在战争年代最重要的特色。鲁迅认为，要进行大规模的通俗文艺运动，“就必须政治之力的帮助”，仅有作家创作出通俗文艺作品是不够的[12]。当时国民政府对通俗文艺的发展和传播也给予了足够的重视和支持，为文协发动和组织全国文艺作家从事通俗文艺运动提供了有利的文化环境，使大量的通俗读物通过行政的手段普及到民众和士兵读者的手中。

在1932年，国民党中央宣传委员会制定了《通俗文艺运动计划书》，要求全国各级党部一致动员，有计划、有步骤地进行通俗文化的推广，“以期造成一个大规模的通俗文艺运动”[13]。抗战的爆发，更强化了国民政府的通俗文艺政策。1938年3月，国民党再次决定把抗战教育与宣传的重点及时转移到乡村民众身上，宣传方式则是注重“文艺作品之供给”，“以收潜移默化之效”[14]。此后，国民党中央宣传部、教育部和后续成立的国民政府军事委员会政治部，都致力于通俗文艺读物的撰写和编制。教育部的“民众文库”和政治部的“士兵文库”中，相当一部分是以宣传教育为宗旨的通俗文艺读物。

在毛泽东看来，大众一直是抗战文化传播的重要对象，他认为：“它（文化）应为全民族中百分之九十以上的工农劳苦民众服务，并逐渐成为他们的文化。”[15]抗日民族统一战线建立后，毛泽东对文艺传播的对象更为明确。他在《在延安文艺座谈会上的讲话》中指出：“人民大众”由四部分人组成，即工人、农民、兵士和城市小资产阶级及其知识分子，“这四种人，就是我们中华民族的最大部分，也是最广大的人民大众”[16]。张闻天也提出了为抗战建国服务的新文化应该是“民族的”“民主的”“科学的”“大众的”，主张“文化走向前线，走向乡村及文化同大众的结合”，“文化为大众所有，文化普及于大众而又提高大众”[17]。从客观上看，战时大量的文化人向城镇和乡村的迁徙，也带动了中小城镇和乡村文化的普及，使文化在空间上与大众紧密交融，并为时代传播诉求所服务，推动了以广大民众为文化传播对象的文化大众化运动在战时的开展。

三、出版同人的“大众化”出版实践

在民族危亡的历史环境和政策的倡导下，诸多文化人和出版家对抗战时期的文化受众群体也有了新的认识。

在对战时出版工作的认识上，沈志远在《文化的抗战与抗战的文化》一文中认为：“文化中最重要的，有决定意义的一环，是唤起民众，启发民众的政治觉悟。”[18]郭沫若在《抗战与文化问题》中也指出：“抗战必需大众动员，因而一切文

化活动必需充分地大众化。”[19]对于出版物在抗战时期的大众化方式，金溟若在《非常时期之出版事业》一书中提出：“出版的大众化也是非常时期出版事业所应该注意的事情。出版的大众化可分为两方面，即作品的大众化和书籍的大众化。前者指内容而言……后者即对书价而言。”[20]出版家意识到，抗战时期，中国人民的文化水平不高，文盲范围广大，出版物不能仅以少数智识阶级为对象，应以多数的民众为目标，使民众从中了解时务和自己所处的地位，从而成为抗战军队的后援。因此，要实现抗战文化传播的最大功效，出版物须以大众化的内容、低廉的售价，普及到民众及军队中。

抗日战争的语境下，由作家、文化人组成的“笔的部队”作为“舆论领袖”，通过制造情感形态的舆论，激发和引导社会组织成员以想象的方式上升到理性形态的舆论层面[21]。在文化“舆论领袖”的引领下，文化人纷纷响应，为争取民族解放而执笔斗争。1938年3月中华全国文艺界抗敌协会成立，以文艺的大众化作为自己的主要任务，设立了全国文艺通讯团、通俗文艺工作委员会等组织，提出了“文章下乡，文章入伍”的口号。《文艺月刊》上刊载的打油诗，饶有趣味地描绘了当时的景象：

文章下乡热腾腾，化解万民怀似冰，由他市上识和捧，作家努力具真诚。

文章入伍莫停止，文章有力能雪耻，战时歌声助杀声，一字能抵一枪子。

救国只有把敌干，文人自应去参战，民间文艺阵地宽，战术灵活是好汉。[22]

为了让文化大众化的效果更为显著，战时文艺协会把通俗小册子作为工作要点，设立了通俗文艺工作委员会，邀请全国作家为士兵撰写各种读物。文化界还创办了大量通俗性刊物，如《大众》《大众文化》《大众生活》《大众读物》《抗到底》《星芒周报》等，以诗歌、小说、戏剧、鼓词、漫画、木刻等形式传播战争常识、讲述抗日故事、激发斗争情绪。基于抗战政治宣教的需要，以及对受众大众化的认识，这一时期的出版文化生产，从以知识阶层为对象的教材和社科书籍生产，转向了以广大民众为对象的通俗读物生产。而战时大后方出版抗战读物，不仅限于一时一地，而是各地各类出版机构，或多或少地有出版部分适应抗战需要的通俗书刊。

战前致力于教材和精英读物出版的大型出版企业如商务印书馆、中华书局、正中书局等在抗战初期，为加强国人的抗战意识，以丛书方式积极编印了诸多战时读物。其中商务印书馆出版了“战时读物”100种、“战时常识丛书”15种、“抗战小丛书”26种，以及“小学生战时常识小丛书”“民众战时常识丛书”[23]等；中华书局出版了《枪的种种》《弹的种种》《手榴弹》《炮的种种》《坦克车》《兵舰的种种》等系统介绍兵器的小册子；正中书局出版了“战时民众训练小丛书”“抗战丛书”“非常时期民众丛书”等，以及由教育部社会教育司编的《民众教育与青年训练》《抗战与生活》等通俗读物。

中共领导的生活书店、读书出版社和新知书店也是战时传播民主进步文化的出版主力军。邹韬奋作为生活书店的负责人，主张出版要从占人口大多数的群众出发，考虑大众的理解力和接受力。他认为文化工作要影响大多数人，要使识字或半通文字的人们都能看得懂，文化“是要不忘却大众，是要切合于大众的真正需要，是要培养大众的伟大的力量，是要能适合于大众的容受性”[24]。在邹韬奋的指导下，生活书店在抗战时期出版了大量通俗化、大众化的丛书和抗战通俗读物。1939年至1941年间，生活书店出版的200种文艺书籍中，通俗文艺读物就有近100种，“将近占文艺出版物总量的一半”[25]。同样地，读书出版社的一项重要任务就是面向具有初等文化程度正在求索前进的青年。它进行通俗化著作的编写和组稿工作，除多次印行《大众哲学》外，也出版了“社会常识读本”“战时戏剧丛书”“政治时事与社会科学”等[26]。新知书店创办的初衷是“宣传马克思列宁主义，专门出版社会科学书籍”[27]。其出版物中既有马克思主义的经典译著，又有联系实际、阐述基本原理的初学入门书，在通俗读物方面有《战时农村宣传资料》、“救中国小丛书”等。

郭沫若主持的国民政府军事委员会政治部第三厅先后在武汉和重庆印制出版多种抗日宣传书刊，从抗战伊始至1940年9月共编印了100种左右的通俗读物[28]。这些小丛书，通常采用短小精悍的通俗的语言，篇幅为5000至6000字，每册64开本左右，一般印数约5万至10万册，主要分发到前线及敌后士兵手中。其他出版机构也都围绕抗战大力编纂通俗读物，如上海杂志公司出版的“大时代丛书”“新军事学丛书”“游击队小丛书”“战地生活丛刊”，华中图书公司的“抗战戏剧丛书”，天马书店的“抗战民众运动的指导书与参考书”等[29]。

四、丰富多元的“大众化”出版生产

在抗战文化传播语境下，出版物作为承载思想意识的载体，其编辑理念也受制于战争形势的需求：以“大众化”为抗战文化传播的导向，服务于抗战。大众化的小说、诗歌、报告文学、戏剧、歌曲、鼓辞和通俗化的政治理论、社会科学常识等共同构成了广阔多元的出版文化生态。

（一）文学艺术类作品的大众化

通俗化的文艺作品是民众的精神食粮，作家们充分认识到，传播内容与传播受众之间若要产生互动、引起共振，还是要依靠受众喜闻乐见的作品形式。郑振铎曾呼吁文艺工作者“刊物文字要浅，插图要多”[30]。当“为抗战服务”成为文学创作的首要表达时，文学作品必需以浓郁的理性意识、爱国情怀和通俗的大众化形式，激起读者的强烈共鸣。民众在接受这样的读物时才能“实现由无生气的意义痕迹向有生气的意义转换”[31]。

文艺作品的大众化包括诗歌、小说、报告文学等作品的大众化，以及戏剧、音乐、木刻、连环画图出版物的大量涌现。

首先，在文学类作品方面，诗歌、小说、报告文学是战时大众文化传播中最常见的文学形态，而诗歌又是最能激发舆论情态的体裁。抗战爆发以后，整个中国都在诗的悲愤和呐喊中行进。由胡风主编的文艺期刊《七月》中，不但有著名诗人艾青、田间的作品，还有孙钿、亦门（阿垅）、鲁藜、蓝、冀涝、绿原、邹荻帆、庄涌、彭燕郊、曾卓、牛汉、艾漠（贺敬之）等不少青年诗人的诗作。爱国将领冯玉祥也写了大量的抗战诗，收集在《抗战诗歌集》《抗战诗歌》《抗战长歌集》等出版物中。

其次，戏剧、歌曲、图画等艺术作品也配合抗战文艺宣传获得大规模出版。抗战初期，戏剧界异常活跃，戏剧作品配合战时宣传，反映抗战现实。1937年上海出版的《抗战独幕剧选》是最早的一本抗战独幕剧选，共收集了20多个独幕剧。至1938年，已有独幕剧和多幕剧的抗战剧本124项[32]，这些剧作大多反映军民英勇抗战、敌人残暴、沦陷区人民的痛苦和反抗等内容，与抗战剧演形成“同期书”的联动效应。同时，歌曲集与图画集也成为广泛撒播抗战文艺的载体。

（二）社科类读物和政治理论读物的大众化

在国统区公开出版发行马克思、恩格斯、列宁、斯大林和毛泽东著作，是抗战时期出版事业的一大特色，具有深远意义。抗战初期，生活书店出版和重版的基本理论启蒙读物有胡绳的《新哲学的人生观》、平心的《社会科学研究法》、柳湜的《怎样研究政治经济学》、章汉夫的《政治常识讲话》、王右铭的《大众资本论》等[33]。读书出版社编印的艾思奇的《大众哲学》是面向大众的哲学类通俗读物。曹伯韩的《通俗社会科学二十讲》和曹伯韩、廖庶谦、陈楚云的《社会常识读本》等通俗社会知识读本都多次重印。新知书店在通俗社科知识的普及上出版了胡绳的《辩证唯物论入门》，翦伯赞的《历史哲学教程》，徐懋庸、何干之等编著的《社会科学基础教程》，华善学的《中华民族解放斗争史》，以及中国现代史研究会所编的《中国现代革命运动史》、杜德的《列宁的生平》等传播进步理论的小册子。如果说文艺类书籍的大众化试图从感性层面激发受众对抗战的认同，那么理论读物则希望受众从更深层的理性认识上明辨抗战的意义。

（三）出版物形态的大众化

在出版物的形态上，小开本的通俗读物为出版主流，丛书出版层出不穷。由于通俗读物在教育和动员民众方面有通俗性和鼓动性的特征，许多出版机构和出版人也在研究与战时传播相适应的出版物形态，提出了文字要浅、插图要多[34]、开本要小、价格要低的通俗化标准：其一，在语言文字上尽量使用短小简略的白话文和歌谣，能朗朗上口，便于民众口头传播；其二，在版式上多插图，增加趣味性，帮助文化层次较低的受众理解意义；其三，在开本上以64开本的小手册为主，便于民众或士兵放于口袋随时阅读；其四，在价格上尽量保持低价以使更多民众消费得起，这其中的一大部分还由出版机构以捐赠的形式送到前线部队或后方学校。在这一标准之下，一时间书籍市场上有关抗战的连环画、挂图、小工具书等，琳琅满目，洋洋大观。

五、小结

纵观抗战时期的出版生态，出版界将大众作为抗战传播最为重要的传播对象，以图书、期刊、报纸为主体的出版媒介发挥了场域效应，大量的通俗读物构建了文化“大众化”的社会情境，形成了以启蒙与救亡为主旨的战时传播语境。受众在这一语境的强烈刺激下，产生为民族独立抗争的文化认同，从而投入新的抗战生活中。抗战文化运动所表现的“文章下乡”“文章入伍”现象也体现了明显的组织传播特性。抗战时期的出版生态无论在传播主体意识还是传播内容转化上都以“大众化”为旨归，服务于非常态社会的舆论需求，以多元化的文化生产和多渠道的传播途径构建了战时特殊的传播视界。

* 本文系2018年度广西高校中青年教师基础能力提升项目“《新道理》与抗战歌谣传播研究”【2018KY0370】及广西艺术学院高层次人才科研项目“桂林文化城抗战歌谣传播研究”【GCRC201710】阶段性成果。

注释：

[1] 梅行:《论部队文艺工作》,《大众文艺》1940年第1卷第4期,第25～29页。

[2] [美]哈罗德·拉斯韦尔:《世界大战中的宣传技巧》,张洁、田青译,展江校,北京:中国人民大学出版社,2003年,第7页。

[3] 黄季陆主编:《革命文献》(第55辑,抗战前教育概况与检讨),1971年,第446页。

[4] 张庆军:《民国时期都市人口结构分析》,《民国档案》1992年第1期,第128～135页。

[5] 叶朔中:《伤兵问题与难民问题》,重庆:独立出版社,1938年,第48页。

[6] 李维汉:《回忆与研究》,北京:中共党史资料出版社,1986年,第566页。

[7] 新中华报社:《为扫除三万文盲而斗争(社论)》,《新中华报》1939年4月9日。

[8] 张根福:《抗战时期迁移人口的结构分析——浙江省个案研究》,《史学月刊》2003年第2期,第115～120页。

[9] 艾思奇:《谈谈边区的文化》,《战地》1938年第2期,第51页。

[10] 沈志远:《文化的抗战与抗战的文化》,吴大琨:《抗战中的文化问题》,汉口:黎明书局,1938年,第51页。

[11] 沈志远:《文化的抗战与抗战的文化》,吴大琨:《抗战中的文化问题》,汉口:黎明书局,1938年,第51页。

[12] 鲁迅:《文艺的大众化》,《鲁迅全集》第7卷,北京:人民文学出版社,1991年,第350页。

[13] 国民党中央宣传委员会制定:《通俗文艺运动计划书》,中国第二历史档案馆编:《中华民国史档案资料汇编》第五辑,南京:江苏古籍出版社,1994年,第322页。

[14] 国民党临时全国代表大会制定:《国民党中央临时全国代表大会通过重要决议案》,中国第二历史档案馆编:《中华民国史档案资料汇编》第五辑,南京:江苏古籍出版社,1994年,第384页。

[15] 毛泽东:《毛泽东选集》第2卷,北京:人民出版社,1991年,第708页。

[16] 毛泽东:《毛泽东选集》第2卷,北京:人民出版社,1991年,第855～856页。

[17] 张闻天(洛甫):《抗战以来中华民族的新文化运动与今后任务》,《中国文化》1940年第1卷第2期,第4页。

[18] 沈志远:《文化的抗战与抗战的文化》,吴大琨:《抗战中的文化问题》,汉口:黎明书局,1938年,第51页。

[19] 郭沫若:《抗战与文化问题》,张静庐辑注:《中国现代出版史料》(丙编),北京:中华书局,1956年,第25～26页。

[20] 金溟若:《非常时期之出版事业》,上海:中华书局,1936年,第86页。

[21] 张育仁:《论抗战文学的大众传播学特征及工具理性样态》,《文学评论》2010年第5期,第165～170页。

[22] 老向:《抗战四年来的民众读物》,《文艺月刊》1941年第11卷第7期,第33～38页。

[23] [法]戴仁:《上海商务印书馆》,李桐实译,北京:商务印书馆,2000年,第82页。

[24] 生活书店史稿编辑委员会:《生活书店史稿》,北京:生活书店出版有限公司,2013年,第44～45页。

[25] 生活书店史稿编辑委员会:《生活书店史稿》,北京:生活·读书·新知三联书店,1995年,第134页。

[26] 熊复:《中共抗日战争时期大后方出版史》,重庆:重庆出版社,1999年,第89页。

[27] 徐雪寒:《新知书店的战斗历程》,北京:生活·读书·新知三联书店,1994年,第4页。

[28] 熊复:《中共抗日战争时期大后方出版史》,重庆:重庆出版社,1999年,第64页。

[29] 熊复:《中共抗日战争时期大后方出版史》,重庆:重庆出版社,1999年,第65页。

[30] 郑振铎:《为士兵们做的文艺工作》,《呐喊》1937年第2期,第22页。

[31] [德]伽达默尔:《真理与方法》,王才勇译,沈阳:辽宁人民出版社,1988年,第215页。

[32] 熊复:《中国抗日战争时期大后方出版史》,重庆:重庆出版社,1999年,第98页。

[33] 熊复:《中国抗日战争时期大后方出版史》,重庆:重庆出版社,1999年,第107页。

[34] 郑振铎:《为士兵们做的文艺工作》,《呐喊》1937年第2期,第22页。

文本的旅行
——《伊索寓言》在中国的译介传播

万滢安

（华中师范大学文学院，湖北武汉，430079）

内容摘要：《伊索寓言》无论是在西方还是被译介到中国，都经历了一个在历史中不断完善、编写定型的过程，它跨文化、跨民族、跨地域的旅程从未停歇。在中国，经过跨时期的多位译者、传播者的创造性改写，《伊索寓言》出现了多个特色不一的版本。译介、流变、互文成了《伊索寓言》在中国旅行的重要关键词。文本借助译介传播的手段实现了动态传播过程。在动态流变之中，文本与历史文化语境形成紧密的互文关系，流变和互文关系的形成有助于优化文本的译介效果。

关键词：《伊索寓言》；译介传播；创造性改写；传播效果

一、前言

《伊索寓言》是古希腊寓言总集的统称，它以伊索命名，但伊索并非唯一作者。伊索与希腊寓言的联系紧密，最早可见于希腊历史学家希罗多德的《历史》一书中。事实上，伊索并非希腊人，他生前仅凭记忆口述寓言故事，并无与寓言相关的书稿[1]。据周作人考证，伊索生活的年代应在公元前570年，而最早的寓言集却成书于公元前300年[2]。如此一来，后期出现的寓言故事集似乎更应该被称为“伊索式寓言”，但“伊索寓言”作为古希腊寓言的汇编，已然是约定俗成。

公元前300年，第一本伊索寓言集——《埃索坡斯故事集成》由雅典哲学家墨特里俄斯编写问世，后在历史上不断充实完善。1610年，瑞士学者耐弗莱特刊印了新版《伊索寓言》，其收录的篇目在当时最为详尽，成为后世流传的初步定型版。《伊索寓言》从在古希腊问世起就开启了其跨文化、跨民族、跨地域的旅程。趣味性与意味性兼备的特点使它能够从最初的口口相传发展到编印再版乃至久盛不衰。无数译者的创造性劳动使《伊索寓言》实现了世界性的传播，呈现了诸多译介版本，包括希腊文版、拉丁文版、英文版、德文版、法文版等。众多译者共同构成了《伊索寓言》源本新的创造者、新的载体和新的传播者。每一次的译介过程都是他们与作者的交流、妥协和融合的过程。这其中既隐含了译者基于自身美学理想对源文本的改写和创造，也隐含了目的语国家和民族的文化需求。

二、《伊索寓言》在中国的译介之旅

《伊索寓言》在中国的翻译史没有佛经久远，但它的译介范围和版次却有后来居上之势。有学者认为，早在公元 6 世纪上半叶的北魏时期就出现了与《伊索寓言》情节相似的文字记录。因无法证实这是真正的翻译实践还是巧合，所以翻译界并没有就此作进一步探讨。从学界认可的“起点”——利玛窦和庞迪我的译介版本[3]开始，到中国第一个完整的白话文中译本——周作人的译本，本节尝试探讨六个特色鲜明的《伊索寓言》中译本。

（一）作为评介手段的零散译本

利玛窦的译著颇多，其翻译活动不仅把中国的文化介绍到西欧，也把西欧的文化介绍到中国。《畸人十篇》通过朋友间的交谈，展开宗教、哲学、文学等问题的探讨和研究，分为上、下两卷，上卷六篇，下卷四篇[4]。出于论述需要，利玛窦的《畸人十篇》中出现了伊索本人的简略介绍，也似有似无地译介了部分伊索寓言或类似的寓言内容，如《肚胀的狐狸》《孔雀丑足》《两猎犬》《狮子和狐狸》《两树木》《马和驴》等。

庞迪我是明末来华的天主教耶稣会传教士，抵华后不久便成为利玛窦的助手，在华期间著有《七克大全》（又名《七克》）、《庞子遗诠》等[5]。《七克》于 1614 年出版，共七卷。其目录已将该书的传教用意表露无遗，指出了天主教宣惩的七种罪宗，同时也给出了克罪之法[6]。庞迪我虽未在《七克》中明确指出伊索其人，但引用的寓言内容却与《伊索寓言》吻合。如在《七克》卷一《伏傲篇》的《戒听誉》一章中，引用了《大鸦和狐狸》的内容[7]；同卷的《戒好贵》一章中也出现了《树木与橄榄树》和《孔雀足丑》的故事[8]。

《畸人十篇》和《七克》中零散译介的十来篇《伊索寓言》故事很符合当时中国将含义丰富的寓言故事作为评介文学创作手段的习惯，有助于增强文章的说服力和表现力，彰显寓意寄托或凭空虚构的文体特征。如果抛开忠实通顺的基本翻译准则，将译介简单理解为翻译介绍，那么利玛窦和庞迪我可算作中国译介《伊索寓言》的先行者。尽管他们的初衷并非翻译实践，而仅是借摘译伊索寓言故事实现论述目的，以符合当时耶稣会士们借寓言故事教诲或训诫教徒的传教习惯。

（二）作为独立文体的启蒙译本

1625 年，由法国耶稣会传教士金尼阁口译，中国文人张赓笔录成书的《况义》是第一本真正意义上译介《伊索寓言》的选译本。这也是《伊索寓言》在中国实现中西寓言文学交流的早期文献。

从藏于巴黎法国国家图书馆，编号为 9269 的《况义》抄本原件来看，38 篇寓言故事基本没有标题，每篇最后一段都有“义曰……”的文字。如第 2 则讲述北风与太阳的寓言中有：“义曰：治人以刑，无如用德。”后附 16 篇末都附有“故曰……”的内容。如第五则“故曰：交游贵择。”无论是“义曰”还是“故曰”都是用作点明寓言的中心思想[9]。《况义》在篇目选择上特色鲜明，大多符合基督教义，传教目的鲜明，体现了安于天命，勿要抗争的宗教思想。《况义》采用文言译介，译文简洁传神，说理意味浓厚，思辨性强。

《畸人十篇》和《七克》援引了部分寓言故事以丰富论述，还不能算作真正意义上的《伊索寓言》译本，《伊索寓言》也仅作为影子般的存在。《况义》则第一次略为成熟地译介了《伊索寓言》，为中国近代“寓言”作为独立文体出现提供了转化契机，也呼应了当时新的文学创作趋势，即“寓言”开始从小说术语和文学评介手段走向正式文体。

（三）作为教材雏形的双语译本

1837 年，教会书局出版了由英国人罗伯特·汤姆口述，其师“蒙昧先生”记录而成的《意拾喻言》（又称《意拾蒙引》）。1838 年，《中国丛报》上一篇书讯介绍了这个译本，题为《意拾秘传》[10]。1840 年，《广州周报》出版了第二个版本《意拾喻言》——这是中国近代第一个较为完整的《伊索寓言》，共收录寓言 81 篇。《意拾喻言》问世迄今全世界仅四个存本，国内上海图书馆存一孤本，为 16 开本大书，正文每页三栏排版，左栏为英文意译或直译的译文，中间为中文，右栏分别有广州话及官话的拼音，排版方式有助于外国人学习汉语。

“意拾”取自“伊索”的音译，译者依据汉语的表达和文化规范，将《伊索寓言》改写成地道流畅、亦庄亦谐的杂录体笔记小说，成为当作外国人学习汉语词章句读的范例[11]。罗伯特希望外国人借此书学习中国文化，采用归化译法，在人物描写和背景描述上都作了“中国化”的处理，在故事结尾的寓意阐释部分使用了不少习语、俗语和俚语，增加了文本的文学性、趣味性和生动性。与《况义》相比，《意拾喻言》使用了更为浅显的文言，虽然在中国文人看来这样的文言表达难登大雅之堂，但确实降低了读者的阅读难度。

《意拾喻言》作为学习材料，一经问世便风行一时，极大助益了《伊索寓言》在中国的传播。在这一过程中，报刊也扮演了重要角色。《遐迩贯珍》最先转载《意拾喻言》，连载 18 期共 18 则。后《万国公报》于 1878 年 7 月 27 日至 1878 年 12 月 7 日期间在“喻言”专栏共刊载了 80 则《意拾喻言》寓言故事。因《遐迩贯珍》读者群广泛、《万国公报》在晚清社会有较强影响力，因此有效深化了《意拾喻言》的影响，使《伊索寓言》传播范围扩大、传播速度提升。

（四）实现白话改写的汇辑译本

《意拾喻言》问世约半个世纪后，1888 年，《伊索寓言》在中国的新版本——《海国妙喻》由天津时代报馆代印刊行。《海国妙喻》是赤山畸士（张焘的别号）将外国传教士译介后刊载于报刊上的寓言进行改写汇编的汇辑本，共收录 70 则寓言故事。这 70 篇寓言均用浅显的文言翻译，大多是劝人向善，启迪智慧的篇章[12]。其中的 36 篇汇辑的是《意拾喻言》上的作品，另外 34 篇大多来自《中西闻见录》《万国公报》《申报》《小说月报》等，需要指出的是，70 篇寓言中既有译得走样或经过改写的《伊索寓言》，也有 10 余篇其他外国寓言，还有几篇国人模仿创作的寓言。

1898 年，裘毓芳（笔名美侣女史）用白话文改写编译了张焘的文言版《海国妙喻》，收录寓言 25 则，连载在《无锡白话报》第 1 至 24 期上，同年商务印书馆将这 25 则连载的白话文寓言故事印成单本发行。裘毓芳是近代白话文的提倡者裘廷梁的侄女，精通英文，渴求新知，国文造诣也颇深。她与伯父共同创办了《无锡白话报》，该报刊载的《伊索寓言》在语言表述上第一次尝试使用白话文，这是《伊索寓言》"中国化"的一大突破[13]。

在我国语内翻译研究中，古籍今译占了很大的比重。《伊索寓言》在 1898 年就实现了白话本的翻译，即使在中外翻译史上也是鲜明突出的个案。张焘的汇辑本《海国妙喻》是收集汇编他人的翻译版本，并非重新译介，因此裘毓芳的白话版积极意义更甚。根据著名的文学批评家雅可布逊在符号学理论框架内提出的翻译类型三分法，裘毓芳白话文版《海国妙喻》是一次具有积极意义的语内翻译实践，在同一语言体系中采取了更为现代和通俗的白话文，打破了过往译介《伊索寓言》时使用文言的习惯。

（五）作为儿童读物的评译版本

林纾与严氏兄弟合译的《伊索寓言》于 1902 年完成，次年 8 月由商务印书馆初版印行，共收录 298 则《伊索寓言》，线装并附插图。晚清林译书籍已经深入人心，林译版《伊索寓言》在 1906—1919 年间连续重印达 15 次之多，在战火纷飞的 1938 年都还有新版刊印[14]。林纾与严氏兄弟选择的源文本是英文版，目的语选择了文言文，书中有精美的铜版插图，每则寓言后都附有阐述故事主旨和教育意义解读的"畏庐曰"[15]。有些"畏庐曰"的字数甚至超过了作为译介主体的寓言故事，有着浓厚的道德启蒙和思想教育意义。林纾流畅的译文风格，加上严氏兄弟对严复"信、达、雅"翻译标准的遵循，使得该版本更接近 1927 年商务印书馆付印的英文版原貌，仅从书名的翻译便可窥知一二。

林纾和严氏兄弟合译的版本是《伊索寓言》第一次以儿童读物的身份正式进入读者视野。首先，林纾在序中明确了开启儿童智慧的意图："……伊索氏之书，阅历有得之书也，言多诡托草木禽兽之相酬答，味之弥有至理。欧人启蒙，类多摭拾其说，以益童慧……"[16]其二，近 190 篇译介寓言后附有"畏庐曰"，译评都是从培养儿童爱国思想、开启童蒙的角度出发，虽没有清晰的儿童文学文体意识，但也折射了在积弱的中国社会文化语境之下为实现成人的文化理想而形成的"成人本位"儿童观[17]。其三，从林纾与严氏兄弟译介的《伊索寓言》问世起，启蒙课本和初等小学教科书将其篇目纳入教材的现象逐步成为常态。例如 1904 年的《绘图蒙学课本》和《启蒙课本初稿》等教科书都将寓言故事纳入其中[18]。1905 年，商务印书馆出版了蒋维乔编写的小学教材《最新国语文教科书》，其中有多篇《伊索寓言》的改写篇目。1908 年，《伊索寓言》作为修身教材出现在上海中国图书公司编印的《初等小学修身课本》中[19]。从此时的译介开始，寓言已经成为儿童读物中常见的一种文体。

（六）独立文学观关照下的全译本

建国前，林严合译版《伊索寓言》因收录近乎完整，且有“信、达、雅”翻译理论的指导和规范，最为大众接受和认可。建国后，《伊索寓言》的译介和传播更加广泛深刻。周作人于1950年译成《全译伊索寓言集》。北京人民文学出版社于1955年2月印制第1版时，改名为《伊索寓言》，署译者为“周启明”。此版平装本印2次，共53000册，精装本印一次，3000册。该书1963年1月再版，收入“外国古典文学名著丛书”，译者仍署名为“周启明”，删去了附录之周作人《关于伊索寓言》一文，增加刘若端作《译本序》，平装本印15000册，精装本印1400册[20]。周译本是建国后第一个《伊索寓言》译本，也是中国第一个完整的中译本，依据Emile Chambry编订的Aesopi Fabulae翻译而成。

周作人的文学生涯是从翻译工作开始的，日军侵华后他的“附逆”选择虽将自己送进了监狱，但客观上为他创造了特殊的译书环境，促发了他人生的第二个翻译高峰。当时中国没有几个人能懂古希腊文，希腊文学素养更无从谈起。1950年，时任出版总署副署长的叶圣陶亲自造访周作人，邀他翻译古希腊作品。同年2月，废名拜访周作人，提供了郑振铎从中法图书馆借来的法国商伯利译介的希腊文法文译本《伊索寓言》，共358则寓言故事。在不足两个月的时间里，周作人便完成了翻译[21]。

周作人的译本是在独立文学观关照下完成的，他强调文学的独立价值，认为不应拿寓言寄托教训，要从继承世界文学遗产的角度来看待《伊索寓言》。周作人指出：“伊索一派的故事不被称作寓言，或是譬喻，这是很有意义的。这本来只是一种故事，说得详细点，是动物故事被用作譬喻来寄托教训乃是后来的事情。”[22]同时，启发童蒙的译介目的也被他否定。“《伊索寓言》向来被认作启蒙用书，以为这里边故事简单有趣，教训切实有用。其实这是不对的。于儿童相宜的自是一般动物故事，并不一定要是寓言，而寓言中的教训反而是累赘，所说的都是奴隶的道德，更不足为训。”[23]周作人独立的文学观支配了他的翻译策略，他实现了内容上最大限度地接近原文，对源文本的故事主题、叙事方式、故事结构等改动较少，实现了客观的意义传达。不过由于对中文语境缺乏适应考量，周译版在艺术效果的传达上自然缺了些许妙趣横生。

三、《伊索寓言》的中国之旅与翻译变异

文本旅行的思考起源于美国当代重要的批评理论家爱德华·赛义德的旅行理论。在思索了理论变异与空间移动的关系后，他如此阐发自己的理论观点：“首先，存在着一个始发点，或者类似于始发点的一组起始环境，思想在那里降生或者进入话语体系。其次，当思想从较早的初始点移至另一组时空环境并将在新的环境中受到瞩目时，有一段需要穿越的空间距离，即一个穿越各种语境压力的通道。第三，存在着一组条件——接受条件或者是接受过程必不可少的抵制条件——正是这些条件与被移植

过来的理论或思想针锋相对，但不管这理论或思想显得多么疏离，也总能被引入或容忍。第四，这种现在完全（或部分）被接纳（或吸融）的思想因其在新时空中的新用途和新位置而受到一定程度的改造。”[24]

虽然赛义德的文章并没有特别关注语言、工具层面的翻译问题，旅行理论的主体似乎也只限于理论的来去自由，但其论述显然又无法否认翻译的工具作用，否则所谓的旅行就变成了一种抽象的思想。所以在赛义德旅行的理论思想中有几个不得不重视的因子，即译介、流变、互文。译介实现了文本在不同语言、不同文化中的旅行，文本因不同的文化语境被改写或改造产生“异化”或“变质”。这一过程中有翻译策略和翻译手段的调适，也蕴含了翻译观的转换。正如汽车行驶在旅途，动态的旅程必然暗含参照物，即“他者”的存在，最终实现了“动态的”“可变的”和“互文的”语境。文本的旅行之中必然蕴含着文本的变异，借助翻译实现的文本旅行也如同理论旅行一样，需要经历从存在起点到接纳终点的种种过程。

（一）归化与异化：开展和实现文本旅行的必要手段及策略

任何文本都是对具体社会和历史情境的回应，变异是由其进入的情境所决定的。从《伊索寓言》的少量故事以文学评介手段和叙述方式出现在利玛窦的《畸人十篇》与庞迪我的《七克》的传教教义中，到林纾和严氏兄弟为启发童蒙而采取的归化翻译策略，再到周作人力求忠实于源文本和保留其间离感受的异化翻译手段，每一次译介都有译者的创造性“误读”。不同的译介活动一步步推动《伊索寓言》在中国合法性身份的取得，并最终使其成为文学体系中的经典文本。

归化因语言的影响而普遍，翻译家尊重自己语言的惯用法，远胜于对外国作品精神的敬仰。译者努力不受外来语言的强烈影响，从而尽力保留本国语言的一种偶然状态。《伊索寓言》在建国前的多个文言版译介恰好体现了译者受语言影响而做出的归化选择。源语的陌生感被淡化，译者的努力被流畅的译文所掩盖，译者的身份因此消隐。韦努蒂认为，归化从挑选译本时就发生了，贯穿着译本的生产、流通和消费全过程。译者选择的通常是符合本土特定利益的文本和文学形式；翻译策略的制定也体现了对本土价值的肯定和未入选价值的排斥；最后在译本的出版、评论、接受环节，不同的制度语境和社会立场会导致不同的文化和政治影响[25]。《伊索寓言》作为甲午战争前唯一被译介到中国的世界名著，离不开传教士的传教企图和对中国文化市场的客观判断。他们借助生动有趣的寓言故事传播西方的宗教意识、人生观和价值观，具有文化侵略的目的。但《伊索寓言》的输入绝不仅有单一功能，它改变了国人对域外文化的闭塞误解，其所反映的西方底层民众的反抗意识和斗争智慧也激起了中国普通受压百姓的共鸣。《伊索寓言》改变了国人对寓言的传统观念，使民众认识到了寓言的美学价值，也承认了它作为文学体裁的独立身份。

异化是保留外国文本与本民族文化语境的差异，打破目的语文化的规范，抑制民族中心主义对原文的篡改，反对流畅的本土化翻译策略，保留源语的异质性。这种“阻抗式翻译”凸显了译者的地位和创造性，客观上使源文本和目的文本都具有陌生化效果，从而实现对异文化的文化身份认同。周作人不认同林纾与严氏兄弟的翻译策略，他采取异化的翻译手段。如在人物翻译的处理上，林纾对寓言中的希腊诸神作中性化处理，而周作人则把具体人名译出并借用注释将人物关系阐释清楚，丰富了目的语的语言和文化。我国的文学翻译在20世纪70年代前的一百年间除了“五四”后十余年里异化翻译短时占了上风，大部分时间还是以归化翻译为主。译者考虑更多的是如何适应当时的文化发展需要，多数人坚持文言表述，因此对源语有大量的删改。直到新文化运动以后，才逐渐有译者意识到从外国文学的译介中汲取养分，实现改造文学和改造社会的目的。

在翻译过程中，归化和异化都不可能绝对化。归化与异化翻译策略的切换不过是换种方式显现异域文本进入目的语语境之后遇到的阻力和抵制。不论是异域文本在新时空中接受创造性改写，还是目的语对异域文本妥协和包容，都需要“他者”和“本土”的碰撞融合。所以归化与异化翻译策略的切换也是构建“他者”并与之互动的起点。

（二）“他者”的参照：文本旅行中的翻译观转换及文本语境构建

长期以来，很少有学者去关注文本在旅行过程中所遭遇的身份变异问题，也很少有人去追问目的语国家在不同时期或不同空间的文化语境和文化体系下是如何规训译者，从而为自己的受众创造出另一个“他者”，又最终如何使这个“他者”获得合法性身份并在本国的文化体系之中站得一席之地。

赛义德的后殖民理论主张从种族、阶级、性别等多重视角来考察自我与他者的关系。在此基础上建立起来的翻译观中，译者和读者成为观察者，共同构成了看待文本的两种角度或方式。法国思想家勒费弗尔在《论中西翻译思想》一文中也强调不同的文化在不同的时代必须要面对一个现实，即翻译中“他者”的存在[26]。西方文化强调主客分离和物我分离的传统从古希腊便开始了，在此基础上建立起来的逻辑分析系统充分体现了二元对立的特点。最早将“他者”概念与翻译研究联系起来的是德国哲学家和翻译理论家施莱尔马赫。他认为读者能够比作者更好地理解作者，因此他旗帜鲜明地赞成翻译应采取异化之法，这样才能更凸显译本作为“文化他者”的存在。只有体现文本差异，异化才能对他者文化进行恢复和重建，而归化则遮蔽了源文本的文化审美、民族认同和意识形态。

尽管20世纪末“他者”概念才得到广泛的关注和探讨，但“他者”却早已在历史长河中为本土文化提供着丰厚养分。《伊索寓言》从17世纪初已有不同的译法和不同的版本，其翻译实践过程便是中华文化应对异域文化“他者”的策略，记录着不同社会时期对待“他者”的态度。每一次的译介都伴随着翻译策略的选择，这种选择便是对“他者”挑战的应对。当目的语文化是世界的中心文化时，外来的“他者”文化不能构成威胁，译者往往采取归化的翻译策略以示对“他者”的冷淡。比如利玛窦的《畸人十篇》与庞迪我的《七克》中就将《伊索寓言》的片段归化成文学论述的一种手段。译者虽是西方传教士，却也不得不利用归化之法在异域文化中找到与中国传统文化的相通和暗合之处。他们对外来文化的“他者”进行中国化改造，以促进中外文化的交流与融合。《意拾喻言》将《伊索寓言》归化为外国人学习汉语词章句读的范例。林纾、严培南和严璩合译版《伊索寓言》在用流畅的文言表述的同时，附以“畏庐曰”的阐释以开启童蒙。译者们醉心于同化“他者”，直到 20 世纪西方的坚船利炮使得中国文化失去了其中心地位，才导致归化同化“他者”之法失去其根基无法延续。

从文化发生学的角度来看，异质的文化“他者”往往都要经历先被本土文化归化的翻译传播过程。本土文化也会不断从“他者”身上吸收养分，强化自身文化建设。“五四”以前，林纾坚持文言翻译，用删改法去归化“他者”。“五四”以后向“他者”学习成为主流，新思想、新观念、新知识的冲击使得国人认识到必须借鉴“他者”文化。对待“他者”的全新态度促使了翻译策略的转型。例如周作人译介《伊索寓言》时保留了西方文化特色，采取异化之法增强异域文化的陌生化效果。这时的译者不再隐匿在作者背后，而逐渐开始凸显自主意识。他们对异域“他者”文化有了多样性的理解和认同，译者的创造性劳动也逐步得以承认。如果将归化与异化的选择理解成方向盘的转向切换，“他者”的显现便是设置在旅途的路标，文本便由此呈流动之态，也更有互文观照之感。

（三）流变与互文：考察文本旅行的必然属性

文本不是机械地从一个国家或民族搬到另一个国家或民族，能够顺利进入异域的文化或社会语境必然包含了两重维度：一是决定其跨疆界传播并促使其发生流变的明显标志性因素，二是接受其传播和流动的目的语语境中的相关因素。要实现文本的旅行，需以“互文的语境”取代“隔绝的语境”。承认文本的流变与互文等于接受了文本开放、动态、多元、兼容的理论特质。因此文本不应安于本民族内的探讨，而要面对和适应其他民族文化的挑战和改造。

法国思想家克里斯蒂娃提出互文性思想有对苏联文艺学家巴赫金对话思想以及复调小说理论的传承，又带有超越结构主义的理论眼光。互文性理论打破了二元对立的思维方式，文本从封闭的结构中解放出来，对外部各互文因素开放，揭示了文本与外部相关因素的动态关系。同时它又没有忽略文本的内在互文联系，受众、历史、社会、文化等因素也被纳入了这个文本交互系统。文本旅行概念的提出使空间性得以凸显，流动性得以施展。文本流变过程中的互文语境必然在文本的移植、流通、抵制、接纳、共融中产生复杂的作用。正如法国思想家罗兰·巴特指出，互文性既是一种历时性的展开，又是一种共时性的展开。文本不仅与它之前的某一文本相关联，也被放置在一个文本的过去、现在和将来中，它们共同参与并不断变换文化空间。互文性中蕴含着文本的流变，流变过程中留下的点点足迹又构成了互文的语境。

翻译活动是实现文本跨文化传播的必要环节。作者对源文本的创作开启了文本流动的过程，文本创作这一互文性隐喻生产过程也汇集了作者的阅读和写作活动。作者创作前的知识储备和阅读积累奠定了他识别文本中互文性隐喻的基础。译者的理解和阐释成了实现文本流动的过渡环节，这是一个调动互文性、产生互文性的过程。读者的接受是翻译活动的终点，只有完成这一过程，译文文本才能实现互文性构建。互文关联越丰富，互文含义就越能被读者理解。

通过考察《伊索寓言》在中国的文本之旅可发现，文化层面的互文性要多于语言层面的互文性。从概念的互文、创作的互文、文体的互文到语言的互文、系统的互文得以逐步建构。早在唐代，“寓言”的概念已在小说领域出现，其主要用于批评笔记小说中的虚构寄寓之作。直到明代，“寓言”仍是界定传奇小说虚构幻设和寄托言志文体的标志。当时传入的《畸人十篇》和《七克》中出现的《伊索寓言》选译内容还没有与中国传统的“寓言”一词联系起来。到第一本专门译介《伊索寓言》的《况义》问世时，笔传者张庚以中国传统文人和天主教徒的双重身份看待“寓言”这一新事物，“寓言”才在两种文化语境中形成互文。《海国妙喻》问世之后，中西文化中的“借物比拟”“言近旨远”等创作方式开始形成互文关联。正如张焘在《序》中的文字：“其（伊索）所著寓言一书，多至千百余篇。借物比拟，叙述如绘，言近旨远，即粗见精，苦口婆心，叮咛曲喻，能发人记性，能生人悟性，读之者赏心快目，触类旁通，所谓道得世情透，便是好文章。”[27]直到林纾与严氏兄弟的《伊索寓言》译本问世，文体意义上的中西“寓言”才真正互文观照起来。彼时对《伊索寓言》有了更为准确的理解，在译名的翻译上也得以统一。林纾在序言中解释了他对中国传统寓言观念的理解，也概括了以动物故事揭示人类弱点的伊索寓言特征，这与fable在西方的文体界定是一致的。从这个版本开始，中国传统“寓言”之名与西方“fable”之实真正结合。两者的互文关联更为丰富，译本也更为读者所接受，这能在某种意义上解释为何该译本推出后不断重印且销路甚好。周作人的《伊索寓言》译本在语言层面将中西“寓言”推向了进一步互文，周作人不仅保留了异质文化特色的概念翻译，如将林纾对希腊诸神的中性化译介改成了译名直译加注释，而且尽量减少对源文本故事主题、叙事方式、故事结构的改动。如此，《伊索寓言》在中国文本之旅的互文性构建逐渐成熟和完善。这种互文性构建的每一步都是动态的，使文本的传播呈现出动态的发展趋势，流变的过程也构成了最终的互文性构建。当然，文本在自身条件不够成熟之前很难突破时空界限并进入陌生语境。它在进入异域文化语境后必然要面对目的语国家的政治、经济、文化、社会等多重因素的抵抗。译者势必也会因其所处的文化背景形成个人翻译意识，从而在译介源文本的过程中打上本土文化的烙印。

四、结语

《伊索寓言》在中国的译介版本众多，每一版都犹如一片深藏若虚的海洋，各有特色又彼此牵连。梳理六个代表性译介版本犹如展开了《伊索寓言》在中国的旅程画卷，但目的并不究其翻译实践方法是跳出了传统语言学派观照下“怎么译”的翻译学研究思路，不再拘于语言文字转换“术”的层面；不究其翻译理论根源是拓展了“何为译”的文学理论研究“学”的框架。随着翻译研究实现文化转向的根本性转变，越来越多的文化研究者、社会学者和传播学者开始关注翻译研究“译为何”的文化层面。本文借助出版学和翻译史的研究方法直观解读六个译介版本，从文本旅行的社会文化视角分析译介、流变、互文之间的动态关系，指出译介是实现文本旅行的必要手段和途径，归化与异化翻译策略的选择体现了源文本在异域遭遇的阻力和抵制，同时又将译者的创造性劳动和文本“他者”的参照意义显形，最终呈现了流变和互文之势。

从利玛窦《畸人十篇》与庞迪我《七克》中对《伊索寓言》的零散译介到周作人全译本《伊索寓言》问世，这部文学经典在中国三百多年间的每一次译介传播都是源文本在译者的翻译策略和文学造诣的共同指导下实现与目的语文化社会语境的动态共融。译者受其自身、时代、民族、文化、社会、历史的局限和制约，但又在每一次的翻译改写中实现了语言的转换，注入了新的意义。文本之旅看似只是文本从一个国家到了另一个国家，从一种语言转化为另一种语言，从一种文化空间转换到了另一异域空间，实则隐匿了传播与接纳、抵制与适应、移植与吸融、保留与改写的过程，也暗含各种语境力量的较量和妥协。

中国文化译介“走出去”既是国家的战略需要，也是时代的需求。中国优秀的文学作品需要被有效地译介到海外，这是中国文化译介“走出去”一个重要的组成部分。从过往中国文学在海外的译介实践来看，中国文化“走出去”的多种努力都遭遇到了重重阻碍。因此，对跨文化、跨民族、跨地域的文化译介成功案例进行分析解读有着重要的参考价值和指导意义。

注释：

[1] 何新：《希腊伪史续考》，北京：中国言实出版社，2015年，第41页。

[2] 钟叔河：《周作人散文全集》第12卷，桂林：广西师范大学出版社，2009年，第525～529页。

[3] 刘树森：《西方传教士与中国近代之英国文学翻译》，《英美文学研究论丛》2001年第7期，第350～366页。

[4] 戈宝权：《谈利玛窦著作中翻译介绍的伊索寓言——明代中译伊索寓言史话之一》，《中国比较文学》1984年第1期，第222～235页。

[5] [法]荣振华，等：《16—20世纪入华天主教传教士列传》，耿昇译，桂林：广西师范大学出版社，2010年，第3页。

[6] 戈宝权：《谈庞迪我著作中翻译介绍的伊索寓言——明代中译伊索寓言史话之二》，《中国比较文学》1985年第1期，第292～305页。

[7] [古希腊]伊索：《伊索寓言》，周启明译，北京：人民文学出版社，1963年，第75页。

[8] [古希腊]伊索：《伊索寓言》，周启明译，北京：人民文学出版社，1963年，第115页。

[9] 杨杨：《〈伊索寓言〉的明代译义抄本——〈况义〉》，《文献》1985年第2期，第266～284页。

[10] 宋莉华：《近代来华传教士与儿童文学的译介》，上海：上海古籍出版社，2015年，第340～354页。

[11] 王辉：《伊索寓言的中国化——论其汉语译本〈意拾喻言〉》，《外语研究》2008年第3期，第77～80页。

[12] 郭延礼:《中国近代伊索寓言的翻译》,《东岳论丛》1996 年第 5 期,第 100～105 页。

[13] 胡丽娜:《西方儿童文学的中国化——以〈伊索寓言〉的考察为例》,《文艺争鸣》2013 年第 11 期,第 46～50 页。

[14] 郭延礼:《中西文化碰撞与近代文学》,济南:山东教育出版社,1999 年,第 221 页。

[15] 郭延礼:《中西文化碰撞与近代文学》,济南:山东教育出版社,1999 年,第 226 页。

[16] [古希腊]伊索:《伊索寓言》,林纾、严培南、严璩译,北京:商务印书馆,光绪二十九年,第 1～2 页。

[17] 滕梅、许宏:《林纾的儿童文学翻译》,《中国海洋大学学报》(社会科学版)2013 年第 1 期,第 114～117 页。

[18] 胡从经:《晚清儿童文学钩沉》,上海:少年儿童出版社,1982 年,第 74～76 页。

[19] 宋莉华:《近代来华传教士与儿童文学的译介》,上海:上海古籍出版社,2015 年,第 355 页。

[20] 止庵:《旦暮帖》,济南:山东画报出版社,2012 年,第 99 页。

[21] 周作人:《周作人文选 · 自传 · 知堂回想录》,北京:群众出版社,1999 年,第 550 页。

[22] [古希腊]伊索:《伊索寓言》,周启明译,北京:人民文学出版社,1955 年,第 194 页。

[23] [古希腊]伊索:《伊索寓言》,周启明译,北京:人民文学出版社,1955 年,第 198 页。

[24] E. Said, *The World, the Text, and the Critic*, Cambridge, Mass: Harvard University Press, 1983, pp. 226～227.

[25] L. Venuti, *The Scandal of Translation: Towards an Ethics of Difference*, London/New York: Routledge, 1998, p. 67.

[26] [英]苏珊 · 巴斯内特、安德烈 · 勒菲弗尔:《文化构建——文学翻译论集》,上海:上海外语教育出版社,2001 年,第 12～24 页。

[27] 张赤山:《海国妙喻》,施蛰存主编:《中国近代文学大系　翻译文学集 3》,上海:上海书店,1991 年,第 246～256 页。

【新诗理论与翻译研究】

地域写作与新世纪诗歌的美学空间

刘 波

（三峡大学文学与传媒学院，湖北宜昌，443002）

内容摘要：新世纪以来，随着对诗歌地理学命题的再发现，很多诗人重新开始进行地域写作的实践，并形成了一股诗歌美学风潮。地域写作在本土性、同一性与差异性的较量中，一方面要避免陷入狭隘的地方性，另一方面也面临着同质化的困境。而如何走出这种危机，需要诗人们克服外在因素，以对话切入内在的创造性，从而建构地域写作的独特风格和主体意识。

关键词：新世纪诗歌；地域写作；本土性；创造性

在古今中外的文学史上，地域写作是一个与空间有关的概念，尤其是从地理学方面来考察文学，它要在从个体到群体的逐渐扩展和放大中来获得自身的参照，而我们也由此可以推断作家和诗人作为个体写作者在时空位移中所处的位置。那些经典作家和诗人的作品之所以流传下来，一方面与他们作品所拥有的永恒之美相关，另一方面，也可能与他们在一个庞大的知识与文人群体中所具有的独特个性相连。这两方面其实都指涉了一个潜在的事实：地域写作在本质上还是依赖于作家和诗人个体创造所带出的生产性，这种个体生产通过可以为多数人接受的话语实践，以达到普适性的审美价值。而个人性最终如何通向公共性，中间也必然要经历更多的转换。从一个小的地域扩展至更大范围，虽要借助于时间的经典化淘洗，但地域本身的逐渐过渡，也和时间变幻一起，对诗人的写作带来潜移默化的影响。那么，在“诗可以群”这一定位中，诗人们的“抱团取暖”似乎成了既定事实。而对这种群体面貌的塑造，最后的选择还是得回到个体诗人那里，依靠纯正的美学和诗歌文本来支撑地域写作的整体气象。

一、空间位移与地域写作风潮

诗歌的空间性与地域性这个主题早已存在，很长时间，我们并没有将其当作专业问题来进行探讨。而新世纪以来，越来越多的诗人开始进行写作实践，不少学者也有意识地从事这方面的研究，由此形成了一股地域文学创作和研究的热潮。之所以提出地域写作的命题，其实指涉了全球化背景下的某种忧思：大量被“现代性”所主导的同质化写作，让诗歌变得越来越简单，而如何体现出其独特性，则显得困难重重。汉语诗歌似已从纵向的时间性发展到了横向的空间性。这一变化也并非近年才发生，而是有个长期的演变历程。在从单一的浪漫主义书写中走出来后，汉语诗歌变得多元化，既有民间的，也有主流的；既有从语言角度切入的，也有从思想意识着手的。这种丰富的诗歌格局，可能是本体的空间性作用的结果。

要谈诗歌的空间，很多时候会涉及诗歌写作的地域性问题。中国幅员辽阔，每一个地方在经过了几千年的传统积累和精神沉淀之后，都会形成自己独特的地域文化；当诗人写作时，可能会自觉不自觉地带上所处地域的鲜明印记。周作人曾感慨：“中国人平常都抱地方主义，这是自明的事实。”[1]对于“地方”的这种美学和精神认同，甚至成了一种传统。在中国古代诗人的作品里，有些就带有鲜明的地域特点，比如江南意识、塞北风格等，因为诗人们的行走和迁徙，随时都可能因地方性“风景的发现”而获得创作的灵感。到了1917年前后白话诗的发生期，诗人们认为地域写作是对自我的局限，而超越地方性成为一种共识；诗人的身份认同，是源于“国家诗人”或“母语诗人”这样一种更宽泛的、抹除了地方色彩的身份定位。到了1980年代，地域书写又重新回到了诗人笔下，尤其是随着中后期“第三代”诗歌运动的兴起（“第三代”诗歌的地域性是非常突出的。相比发起于北京这个中心的朦胧诗，“第三代”诗歌群体分散在全国各地），以及1990年代继海子之后新乡土诗歌写作潮流的到来，涌现出大量地域性诗人。1990年代以来，随着城市化进程的加快，在线性时间观的主导下，“发展”也逐渐渗透于城乡空间的意识。“空间的概念有助于我们打破原来过于僵化的城/乡二元对立的思维模式，尤其是在中国现代历史发生的过程中，城市和农村原本就是同一种现代社会逻辑的生成过程中的一体两面，互相之间有着不可分割的关系。”[2]我们总是习惯于从空间的二元对立关系来理解城乡之别，在很多诗人笔下，城市成了现代性的集束之地，而乡村则变成了落后的象征。然而，异化的城市生活给诗人带来的，不仅有对城市既向往又逃离的矛盾心理，也让他们对乡村怀有某种乌托邦的幻想。与现实境遇并不协调的是，不管是身在家乡还是背井离乡，他们都在不遗余力地书写故乡，而那种乡愁里可能就会有烙着地方性印记的自觉。

新世纪以来，随着网络诗歌的兴起，地域书写又成了一个热门话题，“由于地方性诗歌的兴起，当代诗歌进入了一个群雄逐鹿、相互竞争又相互促进的时代，也有人形容为诗歌的‘春秋战国’时代”[3]。有的诗人甚至提出了“地方主义”的概念，试图以“主义”来强化诗歌写作的地域性特征。而在当下中国，诗人们或多或少在写作中都会面临如何处理地方经验的问题，包括北京也会有它独特的地域性特征，像西川的诗歌中就有着浓郁的京味特色。随着空间的变化，诗人们又如何找到切入“地方”的路径呢？以雷平阳为例，他可能是当下最能体现地域写作风范的汉语诗人之一，其《亲人》与《澜沧江在云南兰坪县境内的三十三条支流》这两首诗，被称为地域写作的典范。诗人通过不断缩小地理空间和罗列河流名称，赋予了“乡愁”某种唯一性。

他将地域性化为了自己的优势，开始不断地封闭它，然后又从另一个方面让其走出封闭，最终给我们出示的是内在的开放性。这种方式其实是一种极致诗意的现代性探索。而雷平阳本人并不认同“地域性”写作这样的说法，他认为这是一个“伪概念”，但很多人恰恰是从他的诗歌中找到印证诗歌地域性的诸多要素。雷平阳之所以反感“地域性”这一说法，并不是他反对诗人们写自己熟悉的地方，而是反感用“地域性”简化写作的精神内涵，让它成了一种标签化的概念。“如果必须说‘地域性’，我觉得处理它与‘现代性’的最佳办法，只要你以‘现代性’的眼光去体认地域文化，你就会发现，地域文化中的诸多元素往往更具‘现代性’，所以这貌似敌对的两个邻居，其实是肢体相连的兄弟。”[4]在雷平阳看来，“地域性”写作，最后还是要以现代性作为衡量标准；缺乏现代性的地域写作，就少了一种特殊的品质，提升不了地域写作的思想和精神旨趣。当年生活在青海的昌耀，作为西部诗人，他将地域经验进行了“沧桑和凝重”的演绎，最后又赋予了它某种知性的超越之感。柏桦和潘维同样如此，他们的江南气质，在其作品中也体现得非常明显。之所以列举这几个诗人，恰恰在于他们独具特色的地域体验，保留了相对完整的风土人情，没有被所谓的现代化所裹挟和侵袭。

其实，诗歌地域性也是一柄双刃剑。地域性如果处理得好，诗人能开辟一个属于自己的艺术表达空间。这就需要他通过更为深邃的写作，将地域经验进行转化，让其获得公共审美的可能。有些诗人写地域，就真的被地方经验所淹没，为地域性而地域性，无法超拔，最后只能是沦为一个彻底的“地方诗人”。对于这种诗人，除了他自己所在的区域，可能没有多少人知晓其作品，这属于走不出去的“业余写作”。雷平阳写他的云南边地，很多人并不了解那个地方的风土人情，因为没有多少人有兴趣来专门关注一个小地方，但他正是融合了边地的神秘元素，包括民俗、宗教和富有未知色彩的生命体验，而神秘感恰恰是这种诗歌能承载和融汇的意蕴，这正是雷平阳书写地域时的策略。“我之所以写云南，乃是因为我不想把我的诗歌中的自己丢开，我想在场，想写自己手边的东西，言可及义、言可及物、言可及心，对我来说，比什么都重要。”[5]地域经验如果运用得好，它既会让诗人形成独创的风格，又能让写作不同于惯常的抒情，这需要诗人有自己独特的人文底蕴和创造精神。如果仅仅写那点地方性的乡愁，很难在浩如烟海的同质化写作中脱颖而出。很多地域性书写，因机械化地照搬地方经验，而流于平庸，千篇一律，在技艺上没有提升，在思想上也无法形成有生命意识的精神力量。

当然，地域性写作也很容易变得理念化或主题先行。只要谈起地域性，有人马上就想到自然地理学意义上的划分，有按行政区域来划分的东北、华北、华中、西南、西北等；有按文化来划分的岭南、巴蜀、荆楚、齐鲁等；还有就是直接按省域来划分，每个省都是地域写作的一支。此时，地域性写作就可能成为一种简单的权宜之计，而丧失了对诗歌本体的独特感知。“诗歌地理学思维，绝不仅仅是行政区划的地域性，甚而，就语言层面来说，可能也不仅仅对应方言。它可能是一种基于空间的诗学，是一种更深层次个体语言的根性。”[6]诗歌中的地域性也会涉及语言和思想层面的探索，一旦落实，就是要对单纯的地理学进行突破。没有超越性的地域写作，最后可能就表现为对地方性知识、各种民俗和苦难的罗列。随着城市化进程的加快，城市建设和景观大同小异，乡村也逐渐失去往日的生机，变成了荒村乃至空村，诗人再以什么资本来书写自己的地域性？地域写作的资源又何在？这都是现实变化和时代发展所带来的一系列问题。我们在提出诗歌地域性写作这一主题时，就必须面对愈来愈多的困惑和疑难。

于坚在一篇诗话中说："诗不再是世界之外的地方性知识（东方神秘、被侮辱与被损害的之类），而是作为一种在世界中的写作和世界诗歌同步。"[7]诗歌的地域性问题，最终还是要还原到诗人对地域文化的清醒认知，且须跟诗人所独有的创作个性结合起来；否则，这种地域性就只能是理念或想象中的地域性，而非现实中真切的日常生活和有层次感的地域风情。既要立足于地域性，又不能局限于地域性，最终获得超越感，这是地域写作所面临的真正挑战。

二、本土性、同一性与差异性

从诗学对话的层面来看，大部分诗人其实都处于一种地域写作之中，特别是在空间概念这一视域下，他们皆立足于对一时一地的身心之描述，也只有在这样一种微小的时空转换的基础之上，我们才能去谈论写作的超越感。在庞大的地理空间分布中，因为迁徙条件的限制，多数诗人无法改变自己的地域身份，他们更多时候只能服从于这种"相对封闭"的写作规范，以想象力来穿越更大的空间。这是地域给诗人写作带来的局限，然而，这种局限已成既定事实，谁也无法完全脱离地域性去构建一个没有任何空间限制的写作格局。

既然无法在现实生活中摆脱地域的影响，那么，诗人们怎样在写作中立足于身处之地而写出更高远和深层的文化体验？这也是我们当下提出"诗歌地理"这一概念背后所要追问的命题。新世纪以来，除了北京、上海和广州这几个大城市在诗歌写作上有着更多的诗歌群体之外，其他城市也都涌现出了不少优秀诗人。有的诗人在影响力上早已越过了地方，而为更多读者所熟知。这是创作主体和接受主体在地域性上所达成的一致，他们或许都意识到，地域写作的难度在于对地方经验的超越，这就要看诗人如何完成这种超越。当然，自己的作品得到更多读者的认可，这种理想状态给诗人所带来的挑战，即是竭力消解地域的符号性，抹除地域经验在写作中所留下的痕迹，从而追求高度统一的美学秩序和终极价值。如果说这一点成立的话，那何以仍有不少诗人就立足于写自己的地域经验，并从中寻求审美革新的空间？这仍然是个如何处理的问题。有些诗人虽然写了地域，但他最终的落脚点并不是地方性，而是对人类命运的思考，以及出示普适性的价值观。

由此观之，这一点还涉及地域写作的本土性问题。写作的本土性也是不少诗人所关注的话题，这种本土性是相对于全球化而言，尤其是在受西方现代文学影响的过程中，不少诗人一味钟情于异域，而往往忽略了本土的价值。这样一种本土和异域文学的博弈，也引起了一些诗人的反思：本土文化和异域影响并非二元对立的两极，它们其实可以统一起来。当越来越多的诗人意识到本土之重要性时，其实是想以个体创造激活本土文化的现代性潜能。在本土写作成为一种常态时，群体写作最终会形成一个美学共同体，以一体化的趋同性能形成强大的辐射力。而在这一共同体内部，个体写作是靠近这一趋向，还是试图摆脱其影响来建构新的美学体系？这同样也在考验着每一个诗人。

在方向趋同的地域写作群体内部，也可能由于诸多原因，而导致个体的撕裂。这是由同一性和个体化之间的反差所致，而且这在地域写作中是一个普遍现象。如果要真正考量地域写作的命题，地方性经验不应是障碍，而是被强化的诗歌地基和重要素材，如此方可让地域写作摆脱区域性影响，为其赋予更多的生长性。新世纪以来，有些地方诗人已经从区域文学的狭小影响中走出来，他们的写作虽然在起点上无法摆脱地域性，也不可能抛弃地域命题而去凭空想象写作的潜在空间，那么地域写作作为文学的一个起源是否成立？“文学进入地理，实际上是文学进入到它的生命现场，进入了它意义的源泉。”[8]在起源的问题上，诗人们遵循的是从自我情感需要出发的逻辑，不去刻意凸显地域性，毕竟，地域只是写作的“意义的源泉”，并非最后的价值归宿。也许只有真正摆脱了陈旧与固化秩序的地域写作，才可在这一基础上获得解放，这也是我们强调地域写作不可沦为孤立的“地方性”的原因。

在地域写作越来越趋于同质化的时候，地方性经验如何凸显其价值？“地方性的核心要素不在唯地方的保守主义，也不在对地域民俗进行复制的写实主义，而在于对地方语言的诗性发明。”[9]无数不同个体的写作，才能构成一个具有群体影响的美学共同体。每一种新的创造，都必须建立在个体写作的基础上，不同的个体最终才能构成地域写作的整体影响。这是地域写作在同一性和差异性、同质化与异质性上所表现出来的诸多层次，甚至从某种意义上来说，一个地域写作的旁观者，可能更能看清这一空间写作背后的真相。而那些亲历并见证过地域写作的诗人，他们的实践中就可能潜藏着不断背离又不断回归地方性的悖论。这一悖论看似有着内心的分裂，但那些真正“走出去”的诗人，也就是在这样的悖论中让自己的写作通向了更丰富的可能性。

一旦我们盲目地将地域写作简化为单纯的“主义”，可能会导致诗歌写作丧失内在的复杂性。这也就是此前何以强调只有个体诗人们的独立创造，才有可能构成地域写作作为一个美学共同体的影响；否则，就是一种无差异的重复写作。在此，我们也无意为地域写作进行辩护，它只是在写作的意义上呈现为相对客观的现实，如同有学者所言：“地理环境的多样性决定了地域文化的多样性，地域文化的多样性又决定了文学的多样性。”[10]这也是地域写作最终的目的：呈现文学的多样性与丰富性。而之所以那么多诗人在践行诗歌地理学，其意义也在于此：以不同地域的写作来打开诗歌更广阔的美学空间，同时，也让创作主体在和接受主体的互动中，以理解和认知多维度的诗歌面向。

三、外在的地域性和内在的创造性

地域写作在新世纪以来不断被重新强调，其原因在于这样一个多民族国家于互联网时代现代化进程的加快，各个地方越来越趋于相似。这也导致了一个现象，那就是城市的大同小异。无论生活在什么样的城市，我们可能面对的都是高楼大厦，而作为个体人，他们在精神追求上并不相同。这种生活环境的趋同和精神视野的相异之间，会出现错位。而如何弥补这一落差，还在于个体诗人以自己的写作去创造新的空间和未来性。

从时间和空间的延续性上来说，地域的演变也是诗人们不得不考虑的问题。一个地方的自然地貌和风土人情，其实也在随着时间的流逝而发生微妙变化，这样的地域变迁自然也会影响到诗人的写作心态和问题意识。比如针对现代化进程中的乡村书写，可能就不同于传统的乡土书写形态。诗人们原来书写乡村时多以赞美诗的方式描绘一种悠然宁静的田园之风，而现在以“现代化的城市人”身份重新审视乡村，要么是写出想象中的乡村乌托邦，要么就是以批判的眼光对待现代化给乡村带来的破败与凋零。因此，从不同的立场出发，对于相同的地域，诗人们的书写也会呈现出不同的角度。这就涉及一个难解的命题：地域诗歌到底应该落脚到地域还是诗歌？我们强调地域特点，也可以说是强调空间意识，但这只是一个文学地理性的前提和外在因素，而诗意本身才是更为内在的目标。

外在的地域性和内在的写作之间，很大程度上是互动关系，是一种可以相互转化的精神存在。“文学与地理环境之间的关系是一种互动的、辩证的关系。”[11]杨义在探讨文学和地理的关系时，也指出了二者之间的内在制约：“探讨文学和地理的关系，它在本质意义就在这个地方，就在于回到时间在空间中运行和展开的现场，关注人在地理空间中是怎么样以生存智慧和审美想象的方式来完成自己的生命的表达，物质的空间是怎么样转化为精神的空间。”[12]我们从之前单纯的线性时间维度中解放出来，重新看待文学所处的地理这样一种空间维度，以更立体的方式切入文学内部，可能就会相对全面地理解文学的外延与内涵。同样，作为一种体系性的文学现象，诗歌美学的拓展与深化，也需要在时间维度上增加空间维度，在时空双重的视野中审视它的位置，才能更透彻地洞察到诗人写作时的背景、心理和文化姿态，同时也可由此梳理作品在时空意义上的来龙去脉。对立体的时空背景的挖掘，会让诗人的写作更富现场感，我们也能更清晰地捕捉到诗歌的当下性。地域文化可以塑造诗人的写作风格，而独特的诗人个体叠加起来，同样也能形塑一个地域的整体诗歌氛围，它们之间构成了内在的张力。这其实也是很多诗人专注于地域写作的缘由，他们在群体的影响下投身写作，传承并挖掘“地方”的活力与新意。这是一个可以无限延展的空间，就看诗人们如何激活自我内在的创造力，重塑一种新的写作的主体形象。因此，在“地域写作”这一概念之下，诗人作为主体，他所承担的还是一种自由的实践。这种自由既是自由的精神，也是打破自我限制的格局，最终激发出创造的能动性。群体的影响能形塑具有独特风格的诗人个体，而在地域写作的版图上，也正是那样一些有着独特风格和精神自觉的个体，才构成了诗歌群落的主体意识。

作为地域写作的主体，有独创性的诗人在群体里其实构成了一种“影响的焦虑”，何以如此？作为同一地域的诗歌群落的一分子，个体写作之间其实也存在着隐秘的较量，虽然他们可能在美学取向上不尽相同，但在写作的荣誉感上同样有着向心力。当诗人们朝向中心聚集，这种群体的强大感召力可以唤醒更多诗人参与进来，他们的相互竞争与超越，从另一个方面显示出了自我革新和影响他人的可能性。这种影响是无形的压力，它恰恰形成了这个群体中另外一种隐性的参照。尤其是那些有着全国影响力的诗人，他们看似地域诗歌写作的“外援”，但对诗群整体形象的塑造也不无作用。

这就是个人性与群体性之间的关系：不同的诗人个体构成了一个大的美学共同体，而这个美学共同体又从不同的侧面形塑个体；也可以说，这是一个相互塑造的过程。每个地域都会有诗歌小圈子，有些不一定是美学的小圈子，而是人际关系的小圈子。不少城镇诗人满足于小名小利，难免陷于狭隘的区域性诉求，因为视野和眼界的局限，很多人写了一辈子，最后可能连诗歌审美的方向都走偏了。但是那些有持续性和开放性的诗群，会注重个体与个体之间的相互影响，包容异质性的美学，这对于打开一个地域的本土诗人的写作空间，也至关重要。他们甚至还可以靠自己的写作来带动地域诗群走向更开阔的境界，真正做到“走出去”，而不是封闭在小圈子里孤芳自赏。

*本文系国家社科基金一般项目“新世纪诗歌对中国古典诗歌传统的再发现”【18BZW173】阶段性成果。

注释：

[1] 周作人:《地方与文艺》,《谈龙集》,石家庄:河北教育出版社,2002 年,第 10 页。

[2] 张屏瑾:《城市文学中的几个问题》,《扬子江评论》2018 年第 5 期,第 71 页。

[3] 李少君:《当代诗歌的“地方性”》,《扬子江评论》2013 年第 4 期,第 58 页。

[4] 雷平阳:《宁静的力量——答罗振亚问》,《温暖的钟声:雷平阳对话录》,北京:中国青年出版社,2017 年,第 47 页。

[5] 雷平阳:《故乡对我写作的影响如土地之于物种——答南方都市报记者田志凌问》,《温暖的钟声:雷平阳对话录》,北京:中国青年出版社,2017 年,第 96 页。

[6] 傅元峰:《新诗地理学:一种诗学启示》,《文艺争鸣》2017 年第 9 期,第 133 页。

[7] 于坚:《真正好的诗就像塔一样》,《人民日报》2015 年 5 月 5 日,第 14 版。

[8] 杨义:《文学地理学的本质、内涵与方法》,《文学地理学会通》,北京:中国社会科学出版社,2013 年,第 8 页。

[9] 赵飞:《地方性写作:作为关系的诗学路径》,《诗刊》2016 年 1 月号上半月刊,第 65 页。

[10] 曾大兴:《文学地理学研究》,北京:商务印书馆,2012 年,第 23 页。

[11] 曾大兴:《文学地理学研究》,北京:商务印书馆,2012 年,第 24 页。

[12] 杨义:《文学地理学的本质、内涵与方法》,《文学地理学会通》,北京:中国社会科学出版社,2013 年,第 6 页。

国家机构赞助下新诗英译的选材与改写

——以《中国文学》（英文版）为例

陈　澜

（江汉大学武汉语言文化研究中心，湖北武汉，430056）

内容摘要：本文借助勒菲弗尔的赞助人理论和改写理论，以《中国文学》（英文版）新诗英译情况为考察对象，梳理不同时期国家机构作为赞助人对新诗译介实践的操控和影响，重点关注其中的主要选材倾向和显著改写行为。研究发现赞助人对新诗译介过程宰制最强烈的时期，其译介效果最差，既背叛原作精神又违反赞助人意志的改写情况较为突出；而当赞助人鼓励市场经济发挥干预作用时，新诗相较其他文学体裁更易受到冲击，甚至逐渐丧失在刊物内的生存空间。国家机构赞助下进行的文学译介项目应充分考虑到新诗文体的特殊质素，在建设高水平翻译队伍、搭建中外合译模式、提升海外阅读市场调查效率的方面，发挥强大的行政管理和资金支持优势，而在具体的选、译操作层面，赋予编译专业人员适当的灵活性和自主性，更有助于新诗的海外传播。

关键词：国家机构；《中国文学》（英文版）；新诗；赞助人；改写

中华人民共和国成立以来，由国家行政力量主导的数次大规模文学对外译介工程，在推动中国文学“走出去”的过程中，发挥了不容忽视的作用。新诗的译介也不例外。以1951年创刊、2001年停刊的《中国文学》（英文版）（下文简称《中国文学》）为例，五十年间刊物共计译介新诗1561首，单从数量上看蔚为可观，但不同时间段内译介水平良莠不齐，译介效果也褒贬不一[1]。文学译介从来都不是简单的语言符号转换，而是长期、复杂的社会活动过程。在这一过程中，比利时学者安德烈·勒菲弗尔（André Lefevere）认为赞助人（Patronage）是主要影响因素之一。他将赞助人定义为可促进或妨碍文本阅读、创作和改写的一种权力，包括个人和机构。赞助人借助包括翻译在内的专业人士（Professionals）对文学文本进行改写（Rewriting），使文本符合赞助人的诗学（Poetic）和意识形态（Ideology）[2]。《中国文学》“行政上隶属外文局”（原名外文出版社，1963年改组为国务院直属单位外文出版发行事业局，简称“外文局”，下同），“同时受外文局的上级单位的管辖”，因此多个负责外宣的国家机构就是它的主要赞助人[3]。

本文借用勒菲弗尔的理论视角，梳理国家机构赞助下新诗的英译情况，并重点考察其中的选材倾向和突出、显著的改写行为，由此反思国家赞助下新诗英译翻译实践的得失经验。由于国家机构赞助下《中国文学》的文学译介活动与时代政治背景结合较为紧密，呈现出清晰的分期特征，故此本文分为1951年—1965年、1966年—1976年和1977年—2000年三个时间段展开历时性论述。

一、1951年—1965年：赞助人强制操控和隐性影响下的选、译实践

1949年，叶君健自海外归国，进入文化部工作。他认为，"国外关于中国的书刊太少"，外国友人对于中国的印象还停留在"贫穷、落后、无奈"的阶段，现有的对外文学读物"不能反映今天的现实，不能反映新的中国，新的人民"[4]。在获得时任文化部副部长的周扬和对外文化事务联络局的副局长洪琛的认同、批准后，叶君健开始筹备《中国文学》期刊，并于1951年发行了第一期[5]。《中国文学》从诞生伊始，就担负了借助文学译介突破文化封锁、宣传新中国形象的政治任务。

要达到这样的目的，首先需要建立一支专业水平过硬，且认同赞助人所代表的主流意识形态的工作队伍。1951年至1952年，《中国文学》"一切具体工作都由叶君健先生一人干"[6]，刊登的译作大多靠叶君健向外约稿，诗歌译作主要来源于翻译名家杨宪益和戴乃迭（Gladys Yang）夫妇，有一些还是旧作。显然，在这种工作模式下，译什么、怎么译，都"较乱，有很大的偶然性"[7]。也正因如此，1953年，在刊物"已经在国外有了影响"[8]后，《中国文学》的行政领导权被划归外文局，包括杨戴夫妇在内的供稿专家陆续被正式调入，享受编制内待遇。同年还成立了编委会，时任作协主席的茅盾亲自担任主编，叶君健为副主编。编委会的成立明确了编辑和翻译的职责分工。编辑负责选、校稿，并且对部分被选的作品，进行底稿的加工。翻译只负责译介，且"译文必须忠实于原文"，只要是涉及中文原稿的问题，都必须先由翻译向编辑部门提出，在中文原稿上做出改动后，翻译再按照中文的稿件变动进行译文的改动。只有某些句子结构、词语顺序、技术性的注解之类的细节问题，才能由翻译自行决定。总编辑、编辑和翻译在改稿这一环节实行的是层层负责制，所有问题相关人员都要严格向自己直属的上一层负责人请示汇报[9]。

勒菲弗尔认为，除了翻译，对文本进行编辑（editing）也是改写文本的主要形式之一[10]。国家赞助下文学译材的选择和改动，实际上是一种文化自我过滤的行为，目的是突出正面的内容，淡化负面的内容，避免不符合当时社会主流意识形态的内容流传出去，影响国家形象。将编辑的权力置于翻译之上，层层管控，是为了确保翻译完全忠实于赞助人，限制翻译自身的主体性。

这一时期新诗的选材情况充分反映出这种编译分离、以编限选的模式在执行赞助人意愿方面的有效性。1953年，中宣部详细为刊物制定了选材方针："以介绍我国优秀的当代文学作品为主，并介绍少数'五四'时期[11]和古典的优秀文学作品。"[12]1958年茅盾从刊物"太左了，他们（读者）不易接受"的角度出发，提出内容多样化的建议[13]，1959年对外文委提议，考虑到"'五四'新文化运动，对于亚、非、拉丁美洲的民族文化发展，将是有帮助和影响的"，因此"拟可适当增

加‘五四’的部分”[14]。从年度统计数据来看，新诗选材一直严格遵守、及时呼应着相关政策：

	1951年	1952年	1953年	1954年	1955年	1956年	1957年	1958年	1959年	1960年	1961年	1962年	1963年	1964年	1965年	共计
现代	1	0	0	0	0	2	0	12	1	8	0	15	25	6	0	70
当代	0	0	0	5	6	17	2	43	19	25	20	11	10	12	25	195
年度共计	1	0	0	5	6	19	2	55	20	33	20	26	35	18	25	265

在这一时期仅有的70首现代新诗译作中，有超过三分之一的诗作来源于已牺牲的左翼烈士或同情左翼文学主张的已故知识分子，如闻一多、殷夫、陈辉、鲁特夫拉·木塔里甫等。主题内容大部分是反映社会黑暗现实、早期共产党人英勇抗日或抗战，表现爱国主义情绪[15]。当代新诗中被选译得最多的类别是民歌，且绝大部分是1958年“新民歌运动”中的成果。这既是对当时国内新诗主要创作潮流的及时反映，也是对官方倡导的文艺创作趋势的一种响应。纵观这一时期新诗选材情况，诗歌艺术价值并不是主要衡量标准，诗人身份、诗歌流派及主题内容是否符合意识形态规范才是评估的首要原则。通过有倾向的选择、明显的取舍，突出了现代新诗中反映旧中国动荡、黑暗的社会现实的内容，又舍弃了当代诗歌中无助于展现新中国正面形象的内容，集中展现了新中国的蓬勃、光明的社会建设情况，成功塑造了新旧对比的两个中国形象。站在国家形象塑造的战略高度讲，这种选诗策略无可厚非。但对大量现代新诗名家和名作的屏蔽，对现代新诗流派变化的无视，以及对当代新诗创作艺术水准要求的放松，无益于向世界展示中国新诗创作的真正水平，更破坏了新诗发展的内在脉络和逻辑，难以呈现新诗发展的源流面貌。

这一时期新诗的主要译者有三位：杨戴夫妇和新西兰籍国际友人、作家路易·艾黎（Rewi Alley）。265首新诗译作中，杨戴夫妇合译的有95首，占比35.8%[16]；戴乃迭独译56首，占比21.2%；杨宪益独译28首，占比10.6%；艾黎译了44首，占比16.6%。其他人员，如袁可嘉、彭阜民等，共计译诗42首，占比15.8%。值得注意的是，承担了绝大部分新诗译介工作的杨戴夫妇和艾黎，本身都更偏好中国古诗，杨戴夫妇也并不欣赏编辑所提供的文本内容和艺术水平，认为“我们翻译的很多这类作品并不值得我们为它浪费时间”[17]，但是出于爱国之情和将中国文学传播出去的个人愿望，译者和赞助人还是能在为刊物“争取更多读者”的目标方面达成共鸣。这一点在1951年杨戴夫妇译介的叙事长诗《王贵与李香香》(*Wang Kuei and Li Hsiang-Hsiang*)中得到了充分的体现。当时编委会还没有成立，杨戴夫妇在翻译过程中享有较高的自主权，改写情况反映了其主动意志。以下面三处改写为例[18]：

例1　原文：坟堆里挖骨磨面面，娘煮儿肉当好饭！
译文：无此句

这是全诗开头的部分，描述荒年里农民生活的惨状。由于天灾粮食歉收，穷苦农民把树皮草根全吃完了之后，被迫去坟里挖尸骨充饥，有些地方甚至于还出现了人食人的惨剧。此句突出了旧社会农民生活的悲惨，但译介出去，却有可能引起读者在阅读中的不适感受，更存在损害民族形象的可能，因此译者就将这两句诗删去了。

例2 原文：山丹丹花来洼洼开，有那些心思慢慢来。

译文：Wild lilies bloom in the meadows here,

What you have in your heart, say without fear!

这是王贵向李香香表白后，李香香回应王贵的话语。译文将李香香从羞涩的大姑娘形象，改写成一个积极勇敢、大胆热情的女性形象。从20世纪40年代的解放区开始，以农村为题材创作的诗歌中，婚恋自由和妇女解放一直是重要命题。建国后，妇女的解放被放到了更突出的位置上，解放叙事成为塑造诗歌中乡村女性形象的重要手段，并且诗歌中的女性从个性到自我意识，都较40年代更加强烈，更富有现代色彩。杨戴夫妇对李香香形象的改写，向读者展示了建国后女性的主流审美倾向，这种倾向无疑也是能获得英语世界读者认可的。

例3 原文：羊群走路靠头羊，陕西起了共产党。

译文：The party and people well get along,

Shensi's Communists began to grow strong.

原文以头羊和羊群形容共产党和贫苦农民之间的领导和被领导关系，译文却只强调共产党和当地农民相处融洽，因此农民纷纷加入党，壮大了党的力量。淡化原文对党的领导的讴歌赞颂，避免过度政治宣传引发英语世界读者的警觉和抵触。

总体来说，1951年到1966年间《中国文学》新诗英译过程中的改写行为，一方面是翻译主体受到作为赞助人的国家机构强制操控的结果，主要方式有吸收翻译主体进入体制，设置编委会限制翻译主体权力，以及制定详细方针政策规范翻译操作行为等；另一方面是翻译主体受到代表国家主体利益的赞助人隐性影响的结果，主要方式是通过社会政治环境熏陶、主流意识形态宣传，促进翻译主体对赞助人设定的预期译介效果和终极目的的认同。在两方面的共同作用下，此期间新诗的英译在塑造新中国形象方面是有效的，但在对外介绍新诗创作成就和呈现新诗诗坛全貌的方面，却并不成功。

二、1966年—1976年：对赞助人意志和原作精神的双重背叛

1966年5月，“文化大革命”掀开序幕。12月，叶君健被停止工作，接受审查。1968年3月，外文局内成立的造反派组织“革命大联合委员会”开始“清理阶级队伍”[19]，《中国文学》的很多业务骨干被审查、批判和专政，杨戴夫妇被捕入狱。1970年，艾黎也受政治氛围影响停止了翻译工作[20]。1971年，外文局又开始对“清队”进行定案、复查工作，杨戴夫妇于1972年被释放。

专业翻译人员受到政治运动冲击，翻译工作却没有停止。1964 年，外文局提出“迅速培养一支又红又专的干部队伍，是外文书刊宣传基本建设中的一个根本性问题”[21]。据《中国文学》原英文部主任熊振儒先生回忆，由于 1964 年以前杂志社内工作的业务主力大多是外籍或具有海外学习背景，外文局内部分领导觉得应往工作队伍里“掺沙子”，即增加工农兵出身的成员数量。1965 年，外文局成立了香山外语培训班，分两批招收了 480 名新学员，主要来源是复员军人和高考落榜学生，杨宪益等业务骨干都被要求每周给这些学员上几堂课。原定学制为两年，“文化大革命”开始后，训练班被迫提前中止，四百多名学员被直接分配到外文局所属各单位工作。据杨宪益回忆，这两批学员“谁都没有外语基础”，“想在一两年时间内把这种年轻人变成翻译工作者是完全没有希望的”[22]。但在赞助人看来，新成立的工作队伍无疑比“旧社会来的、满脑袋资产阶级思想的知识分子”[23]更加可靠。从刊物此一时期的新诗选译情况看，这支“又红又专”的翻译队伍确实严格贯彻了赞助人的方针政策。1966 年开始，外文局要求“全部刊登当代作品”[24]，现代新诗也就在此一时期绝迹：

	1966 年	1967 年	1968 年	1969 年	1970 年	1971 年	1972 年	1973 年	1974 年	1975 年	1976 年	共计
现代	0	0	0	0	0	0	0	0	0	0	0	0
当代	38	55	65	51	49	46	58	58	61	73	48	602
年度共计	38	55	65	51	49	46	58	58	61	73	48	602

在大量当代专业作家受到冲击、国内文学刊物相继停刊、新诗选择面被政策性限于当代的情况下，此一时期新诗译介的总量却不降反升。其主要原因，在于整个 50 年代末期到 60 年代，在毛泽东的号召下出现了全民写诗的创作热潮，为新诗的译介提供了丰富的稿源。然而新诗产量虽大，质量却整体偏低。客观而论，虽然此时诗坛树立着极端严格、排他的诗歌美学规范，也不可能有完全不受主流意识形态影响的诗歌创作，但从创作实践来看，也还是有少数诗人在寻求突破“文革”诗学体系的可能性，并未放弃在政治性和艺术性之间寻找平衡。可惜《中国文学》对此并没有反映，此时刊物所选译的，基本都是“文革”诗坛主流代表人物所创造的最能代表“文革”诗歌美学规范的作品，即工农兵创作的新民歌。题材内容基本都是讴歌毛泽东或党的领导、表现无产阶级生活、塑造工农兵英雄形象，或反映阶级斗争；艺术技巧基本上是“革命现实主义和革命浪漫主义”两结合的简单图解，修辞方式和意象运用高度雷同；语言直白空洞，充斥着大量政治口号。

不仅如此，从 1966 年年中开始，越来越多的译文不再进行译者的署名，译作被视为集体参与、集体负责的结果。在狂热的时代政治热潮中，翻译群体彻底放弃了个人主体风格和面貌，变为高度忠实主流意识形态的宣传符号。值得注意的是，这种表面上的高度忠实，却因为翻译主体专业水平的问题，在实际的翻译效果方面形成了对赞助人的背叛。比如，1966 年，外文局反思《中国文学》在前一时期执行方针中的问题，抨击了“照顾国外读者的具体情况和理解能力”“照顾、迎合、迁就资产阶级读者”的现象，要求接下去要“为无产阶级服务”“理直气壮地宣传毛泽东思想”和“我国社会主义革命和社会主义建设成就”[25]。翻译队伍片面、机械地理解这一指示，造成大量的死译。以1976年9月刊选译的“小靳庄诗歌”之一《拖拉机手唱新歌》（*The Song of the Tractor Driver*）中的一句为例：

原文：数九寒天北风吼，赤脚医生坐上这铁牛。

译文：In winter when the cold north wind is blowing,
I drive a barefoot doctor on her rounds sometimes.

“赤脚医生”是1968年才在全国范围内流行开的名词，一般指未经正式医疗训练、仍持农业户口、一些情况下“半农半医”的农村医疗人员，是特殊年代、特殊政治、特定医疗条件下的产物。对于“赤脚医生”的译介，不能仅仅通过字面翻译，还应该通过加注的方式补充说明。完全拘泥于字面意思的死译，让读者不明所以。又如，1968年11月刊的译诗 *Delicious Peaches of Loyalty* 的第一小节：

See/Gay people, smiling faces, Crystal tears/Hark/Chairman Mao's words, spreading everywhere/One person telling the next.

据编者所附注释，这首诗是北京某印刷厂毛泽东思想宣传队集体创作的成果。虽然未能考证出原文，但是联系上下文推测“gay people”所对应的原诗原意应该是“快乐的人们”。其中英文单词“gay”，本意指“快乐的”“使人愉快的”或“自由自在的”，后来在实际使用中，延伸出“自由自在的性行为”的含义。基于语料库分析统计，从20世纪开始，该词表达“快乐的”“使人愉快的”的词义用法“开始逐渐减少，尤其是到60年代末和70年代初的时候，这两种词义的用法降到了最低”[26]，“gay”开始越来越广泛地被作为“同性恋”的语义而接受和使用。此诗的译者却依然按照旧有语义使用“gay”，造成了“看，同性恋们，脸上荡漾着笑容，带着晶莹的眼泪”的歧义，颠覆了原诗赞颂毛泽东思想的庄严语境，也违背了赞助人借原诗“理直气壮宣传毛泽东思想”的初衷。

将此一时期新诗英译情况和前一时期对比，可发现前一时期的新诗改写是编译人员有意为之的结果，尽管有些改写行为是译者被动进行的。此一时期的新诗改写则出现了译者因专业水平有限而造成的无心之失。虽然此时编译主力群体高度认同、积极呼应赞助人的译介要求，但最终译介结果却出现了对赞助人和原作的双重背叛。新诗选材以政治性为唯一标准，翻译产出量高质低，损害了中国新诗在世界文坛的形象和传播效果。

三、1977年—1999年：从“为政治”到“为读者”的重心转移

随着“四人帮”被打倒，中国社会发展进入新时期。在改革开放的时代大势下，1979年5月，外文局提出业务改革方案，针对“文革”时期存在的分工不明、责任

不清、编译人员专业水平较低、译介效果较差等问题，要求各个对外刊物的编辑部要“有制度，岗位责任要明确”[27]，同时要“发挥外国专家以及翻译人员在编辑工作中的作用并成立社外顾问委员会”[28]，从政策上给予翻译在选材环节发挥作用的机会；“搞对外宣传的编辑、记者，政治、业务、外文三个方面都要提高”，并且在宣传工作中，要“实事求是”“缺点和错误是可以讲而且应当讲的”[29]。这些改革意见的提出，反映出进入新时期后，赞助人对于刊物在“文革”期间所存在的问题有较准确的把握，且有清晰的后续发展规划。在选材方面，1979 年外文局重申刊物“主要是宣传报道新中国”“适当扩大选题品种”[30]；1986 年 8 月，要求刊物“加强中国文坛动态的报道和对新作品的介绍。对于那些探索性的作品，可以采取客观介绍的方式适当刊登，以贯彻和体现‘双百’方针”[31]。总体来看，此一时期选材强调以当代作品为主，并不断鼓励编译群体解放思想，放开手脚。

“文革”后，新诗的发展也进入了繁荣期。一大批此前被错划为“右派”的专业诗人“归来”，重新占据新诗场域中心。与此同时，以北岛、顾城、舒婷等为代表的朦胧派诗人群体，以雷抒雁、张学梦、叶延滨等为代表的现实主义诗歌创作群体，以及韩东、于坚、欧阳江河、翟永明等新生代诗人接连涌现。曾经由于思想意识形态问题被长期边缘化的部分现代新诗史上的诗人，如新月派诗人、九叶派诗人等，也重新回到读者视线内。但由于选材政策的影响，此一时期新诗选译明显倾向当代：

	1977年	1978年	1979年	1980年	1981年	1982年	1983年	1984年	1985年	1986年	1987年	1988年	1989年	1990年	1991年	1992年	1993年	1994年	1995年	1996年	1997年	1998年	1999年	2000年	共计
现代	0	1	8	10	15	0	7	6	0	0	15	1	8	1	6	5	0	2	0	0	1	0	0	0	86
当代	27	14	38	12	34	58	42	24	22	26	26	26	17	15	21	30	23	22	22	40	29	23	17	0	608
年度共计	27	15	46	22	49	58	49	30	22	26	41	27	25	16	27	35	23	24	22	40	30	23	17	0	694

从具体篇目来看，诗坛格局的变化、诗人的更迭和其他各类动向，都在《中国文学》中得到较全面的反映。其总体趋势是走向多元化，尽管有一个渐进的过程。例如，同样是此前被遮蔽的现代新诗名家，戴望舒的多首诗歌早在 1981 年 3 月刊就被译介，而徐志摩的诗直到 1989 年春季刊才被推荐到世界读者的面前；同样是朦胧诗，舒婷的诗歌从 1980 年开始就多次被选译，而杜运燮的《秋》却迟至 1989 年冬才登上刊物。《秋》发表于 1980 年《诗刊》第 1 期。同年 8 月，《诗刊》刊载章明的《令人气闷的“朦胧”》，文中章明批评《秋》晦涩难懂，并将之称为“朦胧体”，随后杜运燮写了《我心目中的一个秋天》一文为自己辩护。这场著名的诗歌论争，正是“朦胧诗”派被归类和定名的起源，在当代新诗发展史上具有不可忽视的意义。然而直到这场论争过去九年，《中国文学》才将《秋》选译出去。仔细分析可以发现，戴望舒和舒婷的诗歌尽管选译时间较早，但偏重于《我用残缺的手掌》《祖国啊我亲爱的祖国》这类爱国主题的诗歌。可以推测，尽管外文局早在 70 年代末就开始鼓励编译群体充分发挥主动性，但刚刚过去的十年政治高压生态，依然对编译群体形成了惯性捆绑。

再加上《中国文学》作为文学外宣方面最权威的国家级刊物之一，其独特的政治地位与工作使命，无形中迫使刊物工作人员形成了谨慎、求稳的工作作风。1986年赞助人再次强调“双百”方针后，编译群体才敢将曾被批评“脱离生活、脱离群众”[32]的《秋》和在70年代末仍然被评价为“宣扬资产阶级的艺术美、形式美”[33]的徐志摩的诗歌选入刊物。这也意味着，至此，以政治功用和阶级立场作为首要评判因素的选材标准基本被打破。

伴随着改革开放大潮而来的，还有市场经济的冲击。从1980年代中后期开始，外文局下属各刊物就被鼓励自负盈亏，上级单位减少了资金支持力度。1994年，外文局进一步在局内八种对外期刊中，划定三种为重点支持对象，其中不包括《中国文学》[34]。此后争取读者，提升销量，成了刊物面临的首要的问题。诗歌相较其他文体，与市场和消费的距离更加微妙，始终保持着一种小众的精英文学姿态，无法迎合大众市场，于是诗歌的选译量开始减少。新诗相较于古诗，又有着更加特殊的质素：发源于20世纪初的新诗，得益于吸收西方现代诗歌元素，且在此后的百年间一直处于不断摸索、拓展和革新的状态中。对于一部分英语世界读者来说，完全有别于西方现代诗歌的古诗，更能代表古老神秘东方的异域质素，在相当长时间内，都更有阅读吸引力。因此，到了2000年刊物再次进行改版时，每期依然选译一首古诗，新诗则被彻底排除在选稿范围之外了。

同样，市场经济带来了外文局人事体制的改革，对翻译人才队伍建设也带来不利影响。早在1981年，随着刊物原有翻译专家年龄的增长，加之“文革”造成的十年教育断层，外文局就已经开始面临人才短缺的问题[35]。1993年，外文局内工作人员开始执行国家公务员工资制度[36]，薪资待遇对稀缺外语人才缺乏足够的吸引力。刊物开始自负盈亏后，编译人员的工资待遇越来越差，人才流失越来越严重[37]。勒菲弗尔认为，意识形态、经济收入和社会地位是赞助人用以操控翻译行为中的专业人士的有效因素[38]。意识形态管控的放松和经济收入的下降，致使赞助人对编译群体的影响力也开始相对变弱。表现在翻译实践中，就是“对于过于中国化的地方仍有改写”[39]，但主要的改写行为还是“由于考虑到西方国家读者的阅读习惯以及英语的表达方式与中文的不同”[40]，即为迎接市场化冲击、争取读者而产生的。此一时期杂志社内翻译流动较大，人员更迭频繁，新诗翻译数量相对较多的有胡世光（223首）、英籍专家张西蒙（Simon Johnstone）（75首）和王池英（31首）。现以张西蒙翻译的《秋》（*Autumn*）中第一节为例：

原文：连鸽哨都发出成熟的音调/过去了，那阵雨喧闹的夏季/不再想那严峻的闷热的考验/危险游泳中的细节回忆。

译文：Even the pigeon whistles make a ripe sound/Gone is the summer, noisy with rain/And of the severe and sultry test, of detailed memories/In dangerous swimming, we shall not think again.

汉语诗歌和英语诗歌的一大重要区别，在于汉语诗歌常常省略主语人称代词，而英语诗歌则强调句子主语要明确。因此，对汉语诗歌中没有人称代词的诗句的翻译处理，直接影响着诗歌的译介效果。尤其是《秋》这样一首以“朦胧”著称的诗歌，省略人称是作者有意模糊语义，扩大读者阐释空间的技巧方式。张西蒙用“we”补足了原诗中省略掉的主体，使全诗表意更清晰，更符合英语读者的语言习惯，却也改变了原诗的创作特色，不能突出其异域质素。另外，外籍专家的译文虽然在语言的地道和流畅方面有明显的优势，但也存在少数对原诗理解偏差而造成的改写。如1987年秋季刊中张西蒙译介的舒婷诗作《“我爱你”》(“*I Love You*”)中的一句：

> 原文：谁又怀着温柔的希望/用贝壳嵌成一行七彩的题词
>
> 译文：Who still holding to tender hope/ Studded the line with seven-coloured shells

“用贝壳嵌成一行七彩的题词”，被翻译成了“用七彩的贝壳镶嵌成了题词”，虽然对于原诗整体意义没有影响，但也属于细节错译。

综上所述，由于意识形态管控的放松和财政支持力度的下降，此一时期赞助人对《中国文学》翻译行为的影响相较变弱，刊物所受到的来自赞助人的保护力度也随之降低，开始受到市场经济和消费主义的强烈冲击。从新诗译介的具体情况来讲，此时刊物对新诗诗坛反映较为全面，也越来越及时，但译介数量越来越少；新诗英译中的改写发生了从为政治到为读者的转向。至2000年，新诗由于自身质素的特殊，被《中国文学》彻底放弃，不再选译。

四、结语：国家机构赞助下新诗英译的思与变

2001年《中国文学》正式停刊。虽然刊物的市场化改革探索未能成功，但长达五十年的翻译实践，为此后国家机构赞助下的文学译介行为提供了丰富的经验样本。单就新诗体类而言，《中国文学》至少提供了三方面的启示：

首先，新诗在国家机构赞助的文学译介项目中有着先天的弱势，原因在于国家赞助下发生的文学翻译行为，最主要的目的是宣传国家形象、发展成就和社会现状，在选材时往往偏向反映时代主流的现实主义作品。新诗在发生期受到西方现代诗歌的显著影响，此后保持了一种向内探索的审美特质，大量新诗作品致力于个人化的诉求和表达。同样的，这种向内的特质也决定了新诗与市场经济主导下的消费市场有着更加微妙的关系，保持了更远的距离。新诗一方面在国家赞助的外译项目中不占优势，另一方面在面对市场时又不耐竞争。因此，在中国文学“走出去”的大框架下，应充分考虑到新诗自身的特殊质素，给予足够的重视和政策偏斜。

其次，从《中国文学》不同时期的新诗改写情况来看，赞助人对编译人员的宰制程度越高，越容易造成新诗选译效果的单一化、刻板化和去诗意化。新诗的白话/方言运用、复杂句式、模糊表意和字词重复特性，增了其翻译的难度[41]，需要国家机构发挥强大的赞助优势，营造尽可能宽松的翻译环境，打造高水平的翻译队伍，搭建更为合理的翻译模式。纵观五十年间刊物的新诗翻译效果，杨宪益和戴乃迭夫妇的中

外专家合译模式是受到海外评价最高的[42]。杨、戴二位专家的成就不可复制，但杨译戴改的工作模式可以模仿。建立健全翻译工作机制，鼓励中外译者形成较为稳定的合作关系，中方译者在原义理解方面的优势和外方译者在母语运用方面的优势相结合，有助于在迎合读者阅读期待的同时，保留原诗精神和异域质素。

最后，尽管八九十年代《中国文学》对新诗创作全貌的反映越来越全面，越来越及时，但与同期海外新诗译介情况作对比，仍能发现其译介重心略有偏移。以现代新诗诗人为例，学者王天红曾选取五部成书于20世纪中后期、在英语世界富有影响力的新诗选[43]，统计发现海外汉学关注频次最高的现代诗人是艾青、戴望舒、冯至、李金发、闻一多和徐志摩[44]。而《中国文学》五十年间只译介艾青诗歌5次，冯至3次，戴望舒、闻一多和徐志摩分别1次，李金发0次。刊物最关注的现代诗人是郭沫若，选译10次。进入90年代以后，刊物为提升销量，做过多方面的努力，但在前期市场调查和后期传播反馈追踪方面较为薄弱，新诗译出内容未能迎合目标读者群的关注热点。过去受条件所限制，《中国文学》与读者之间的沟通基本限于每期发放的读者反馈调查表，渠道较为单一。在海内外交流、沟通方式越来越多元、迅捷的当下，充分重视市场反应，及时进行有效、有度的选材调整，也是新诗外译工作中不容忽视的一环。

* 本文系湖北省教育厅人文社会科学研究指导性项目“1950年代《中国文学》（英译版）外译诗歌论”【16G075】阶段性成果。

注释：

[1] 郑晔：《从读者反应看中国文学的译介效果：以英文版〈中国文学〉为例》，《中国比较文学》2017年第1期，第72～79页。

[2] [美]安德烈·勒菲弗尔：《翻译、重写与文学名声的操纵》，上海：上海外语教育出版社，2004年，第14～15页。

[3] 郑晔：《国家机构赞助下中国文学的对外译介——以英文版〈中国文学〉(1951—2000)为个案》，上海外国语大学博士学位论文，第27页。

[4] 《〈中国文学〉的诞生》，《中国外文局五十年回忆录》，北京：新星出版社，1999年，第489页。

[5] 《中国文学》出刊频次：1951年—1952年年刊，1953年—1957年半年刊，1958年双月刊，1959年—1983年月刊，1984年—1999年季刊，2000年双月刊。

[6] 《〈中国文学〉的诞生》，《中国外文局五十年回忆录》，北京：新星出版社，1999年，第491页。

[7] 杨宪益：《杨宪益自传》，薛鸿时译，北京：人民日报出版社，2010年，第219页。

[8] 吴旸：《〈中国文学〉的诞生》，周东元主编：《中国外文局五十年回忆录》，北京：新星出版社，1999年，第491页。

[9] 周东元、亓文公：《中国外文局五十年史料选编1》，北京：新星出版社，1999年，第367～371页。

[10] [美]安德烈·勒菲弗尔：《翻译、重写与文学名声的操纵》，上海：上海外语教育出版社，2004年，第4页。

[11] 从刊物的实际选材情况来看，此处所指的“五四”时期的文学作品，实际上指向的是整个现代三十年期间的文学作品。

[12]《对外文委〈关于外文出版社出版的四种外文刊物编辑方针的请示报告〉(【59】联46致字第606号1959年4月7日)》,周东元、亓文公主编:《中国外文局五十年史料选编1》,北京:新星出版社,1999年,第159页。

[13]《茅盾同志对〈中国文学〉编辑方针的意见(1958年)》,周东元、亓文公主编:《中国外文局五十年史料选编1》,北京:新星出版社,1999年,第150页。

[14]《对外文委〈关于外文出版社出版的四种外文刊物编辑方针的请示报告〉(【59】联46致字第606号1959年4月7日)》,周东元、亓文公主编:《中国外文局五十年史料选编1》,北京:新星出版社,1999年,第159页。

[15] 方长安、陈澜:《1951—1965〈中国文学〉诗歌选材论》,《文艺争鸣》2015年第2期,第17页。

[16] 此处统计以四舍五入的方法取大概值,保留小数点后一位。后同。

[17] 杨宪益:《漏船载酒忆当年》,薛鸿时译,北京:北京十月文艺出版社,2001年,第190页。

[18] 在1951年《中国文学》译介《王贵与李香香》以前,《王贵与李香香》的中文原诗主要有7个版本,其中1949年由新华书店出版的"中国人民文艺丛书"版本是距离1951年时间最近、流传最广且内容最接近译文的版本。因此本文以1949年新华版为中文原诗参考版本。

[19] 戴延年、陈日浓主编:《中国外文局五十年大事记1》,北京:新星出版社,1999年,第240页。

[20] [新西兰]路易·艾黎:《艾黎自传》,兰州:甘肃人民出版社,1987年,第245~246页。

[21]《外文出版发行事业局工作条例(试行草案)》(摘录)(〔64〕外业罗字第713号1964年9月),周东元、亓文公主编:《中国外文局五十年史料选编1》,北京:新星出版社,1999年,第355页。

[22] 杨宪益:《杨宪益自传》,薛鸿时译,北京:人民日报出版社,2010年,第237~238页。

[23] 杨宪益著:《杨宪益自传》,薛鸿时译,北京:人民日报出版社,2010年,第237页。

[24]《关于外文书刊发展情况和原定编辑方针上的一些问题(摘录)》,周东元、亓文公主编:《中国外文局五十年史料选编1》,北京:新星出版社,1999年,第402页。

[25]《关于外文书刊发展情况和原定编辑方针上的一些问题(摘录)》,周东元、亓文公主编:《中国外文局五十年史料选编1》,北京:新星出版社,1999年,第404~405页。

[26] 黄艳军:《基于语料库的英语词义历时演变研究——以单词"gay"为例》,《宜春学院学报》2012年第6期,第113~114页。

[27]《中宣部负责同志在听取外文局部分单位汇报改革方案时的插话(摘录)(1979年5月)》,周东元、亓文公主编:《中国外文局五十年史料选编1》,北京:新星出版社,1999年,第454页。

[28]《外文局领导小组〈关于三个月的工作情况和改革意见的报告〉(〔79〕外文办字第215号1979年6月26日)》,周东元、亓文公主编:《中国外文局五十年史料选编1》,北京:新星出版社,1999年,第482页。

[29]《中宣部负责同志在几次对外宣传工作汇报会上的讲话(1979年5月)》,周东元、亓文公主编:《中国外文局五十年史料选编1》,北京:新星出版社,1999年,第467页。

[31]《外文局落实中央17号文件的计划与措施》,周东元、亓文公主编:《中国外文局五十年史料选编2》,北京:新星出版社,1999年,第25页。

[32]《编者按》,《诗刊》1980年第8期,第58页。

[33] 林志浩:《中国现代文学史》,北京:中国人民大学出版社,1979年,第199页。

[34]《〈赵常谦同志在全国对外宣传工作会议上的发言〉(1994年1月29日)》,周东元、亓文公主编:《中国外文局五十年史料选编2》,北京:新星出版社,1999年,第175页。

[35]《外文局党组〈关于加强外文书刊出版发行工作的报告〉》(摘录)(〔81〕外文出字第485号1981年12月30日),周东元、亓文公主编:《中国外文局五十年史料选编1》,北京:新星出版社,1999年,第537页。

[36]《中组部对外文局拟参照试行〈国家公务员暂行条例〉的请示的批复》(中组函字〔1994〕1 号 1994 年 1 月 5 日)，周东元、亓文公主编:《中国外文局五十年史料选编 2》，北京:新星出版社，1999 年，第 170～171 页。

[37] 何琳、赵新宇:《〈中国文学〉(*Chinese Literature*) 当事人采访笔录》，《文史杂志》2017 年第 1 期，第 95 页。

[38] [美]安德烈·勒菲弗尔:《翻译、重写与文学名声的操纵》，上海:上海外语教育出版社，2004 年，第 17 页。

[39] 何琳、赵新宇:《〈中国文学〉(*Chinese Literature*) 当事人采访笔录》，《文史杂志》2017 年第 1 期，第 95 页。

[40]《中国文学》编辑部:《编读往来》，*Chinese Literature* 2000 年第 3 期，第 126 页。

[41] M. Yeh, *On English Translation of Modern Chinese Poetry*, E. Eoyang, Lin Yao-fu: *Translationg Chinese Literature*, Bloomington: Indiana University Press, 1995, p. 10.

[42] 耿强:《文学译介与中国文学走向世界》，上海外国语大学 2010 届博士学位论文，第 214 页。

[43] 分别是 1963 年许芥昱的《二十世纪中国诗》，1972 年张明晖的《现代中国诗介绍》，1989 年汉乐逸的《1900 到 1949 年间中国文学指南第三卷诗歌》，1992 年奚密的《现代中国诗选》，1995 年刘绍铭、葛浩文的《哥伦比亚中国现代文选》。

[44] 王天红:《中国现代新诗英译本辑录(1929—2016)》，《文艺争鸣》2018 年第 8 期，第 108 页。

影响研究视域中的俄苏诗歌对中国新时期诗歌的影响

李祈越

（西藏民族大学文学院，陕西咸阳，712082）

内容摘要：中国新诗百年的发展历程中，俄苏诗歌的影响不容小觑。中国诗人与俄苏诗歌的接触最早可以追溯至“五四”时期，当时以大量译介俄苏诗歌为主。新时期中国的诗歌创作中有了更多的俄苏因素，表现为在主题意旨与艺术手法方面借鉴俄苏诗歌的精华。在与俄苏诗人进行跨越时空的精神对话的过程中，中国新时期诗歌保持了自身对当下社会生活、人性本真与宇宙秩序的独立思考。

关键词：俄苏诗歌；中国新时期诗歌；影响研究

作为一个诗歌大国，俄国的诗歌精神与艺术风格影响了很多国家诗人的创作。作为俄国的近邻，中国文学也直接或间接受到俄苏文学的深刻影响，俄苏诗歌更是影响了几代中国诗人，不仅对中国新诗的发生发展起到了推动作用，更是对中国新时期诗人产生了广泛而深远的影响，促进了中国现代诗歌的成熟。

一、追寻放送者的脚步——俄苏诗人

在影响研究中，作为“影响”（influence）的放送者，并不是随意存在的，必须满足特定的条件。放送者要有释放强大影响力的能量以及爆发力，并且要拥有一个接受者，即接受国或者民族。在此基础上，放送者的文化在“影响”的过程中方可产生意义。放送者自身的社会文化、民族心理、艺术传统等都必须具有普世性，能够实现对人类共同命运的关照，与不同国家或民族的人们达到情感的共鸣。

在广袤的俄罗斯土地上，诗歌与伏尔加为俄罗斯民族提供了诗意栖居的可能，其诗意的魂灵、崇高的美学精神为人类的精神世界做出伟大的贡献。从古罗斯人的英雄史诗《伊戈尔远征记》开始，俄罗斯诗歌就有着崇高、雄浑的基因。在西欧的文艺复兴至启蒙时代的光辉下，俄罗斯也出现了罗蒙诺索夫、杰儿查文等杰出的诗人。法国大革命之后，浪漫主义运动盛行于西欧各国，英国的拜伦、华兹华斯，法国的雨果、夏多布里昂、斯达尔夫人等杰出浪漫主义诗人涌现，浪漫主义之风也进入了俄罗斯。19 世纪俄罗斯出现了伟大的世界性的诗人、被称为“俄罗斯文学之父”的普希金。普希金早年的文学创作有着浓郁的浪漫主义风格，他的诗句震撼了世界，感动了一代又一代的人。正是从普希金开始，俄罗斯诗歌进入了黄金时代，涌现了莱蒙托夫、茹科夫斯基、丘特切夫等伟大的诗人。19 世纪 60 年代开始，俄罗斯文学继承了西欧的现实主义文学的特征，出现了批判现实主义文学运动。在此时期，成就卓著的是长篇小说，但是诗意的灵魂从未中断，出现了许多伟大诗人，一些伟大的小说家也创作诗歌，例如涅克拉索斯、屠格涅夫、陀思妥耶夫斯基、托尔斯泰等人。19 世纪末，西方社会步入现代文明，各资本主义国家在经济、科技飞速发展的同时，也出现了诸多社会问题。20 世纪的两次世界大战与经济危机，让西方人备感生活的荒诞与人性的异化。现代派文学家陷入了对人生终极价值与意义的困惑之中，有的诗人用诗句做武器进行反抗；也有诗人想回到宗法制的田园牧歌生活，在平静中寻求人生的意义；还有的诗人抒发了自己的苦闷与怀疑世界的态度，陷入虚无的境界。俄罗斯诗人的诗歌也体现着相似的主题，他们带着这样的思考开启了俄罗斯诗歌的白银时代，直至十月革命、解冻时期，出现了一批杰出的诗人，如蒲宁、布洛克、别雷、伊娃诺夫、曼德尔施塔姆、古米廖夫、马雅可夫斯基、叶赛宁、索洛维约夫、艾伦堡、阿赫马托娃、茨维塔耶娃等。这一时期的诗歌产生了世界性的影响，与黄金时代的诗歌遥相呼应。

二、中国诗人与俄苏诗歌的最初接触

在影响研究的研究范畴中，放送者与接受者的“接触”（contact）决定着两者之间“影响”（influence）的方式、角度、价值、意义。中国现代诗歌在与俄苏诗歌的亲密接触之后，迅速壮大并形成独有的意蕴与风格。中国新时期的文学对俄苏诗歌的影响“接受”，也是建立在之前一百年的接受史的基础之上的，并不是凭空出现的。

中国诗人与俄苏诗歌的接触是从翻译开始的。毛志文认为：“在中国翻译出版的第一本俄国的诗文集是 1933 年温佩筠编著并出版的《零露集》，其中收有普希金的 13 首抒情诗，还有莱蒙托夫的两首诗等。这是第一部俄国的诗文集在中国得到译介……”[1]但是平保兴持有不同的观点，他认为俄罗斯诗歌翻译成中文的历史要早于 1933 年。1914 年《欧洲战纪》第一期刊登了阿腊氏原著的诗歌《野心家之诗》，但没有标明译者[2]。五四新文化运动开启了中国新诗的盛大局面，而正是俄苏诗歌的进入，让中国的诗歌有了“新旧”之分。20 世纪 20 年代起，一批优秀的俄苏诗人的作品被翻译成中文，普希金、莱蒙托夫、马雅可夫斯基、布洛克苏里科夫、普列谢耶夫等诗人进入中国，引起了文坛的轰动。尤其是普希金诗歌的译介，某种意义上，可以视作中国文学与俄苏文学的第一次，也是真正意义上的亲密接触。汪剑钊指出：“在中国新文学的历史上，我们可以随处感受普希金的影子，在新诗发展的每一个阶段，我们也都能发现普希金的中国传人。可以说，在很多中国人的心目中，普希金这个名字早已经与俄罗斯的民族想象紧密地联系在一起，只要提及那一片广袤的土地就会极其自然地想到普希金。”[3]

在接下来的一百年里，中国诗人在对黄金时代的俄罗斯诗人的认知基础上，继续深入了解了更多的俄苏诗人及其作品，俄苏诗歌对中国诗歌的影响自“五四”以来，经历了“革命文学”、40 年代的延安文学、“十七年文学”“地下文学”直到十一届三中全会后的新时期文学，俄苏诗歌的影响渗透在中国现代诗发展的每一个阶段。

三、新时期中国诗人对俄苏诗歌的接受

歌德曾说："各门艺术都有一种源流关系，每逢看到一位大师，你总可以看出他吸收了前人的精华，就是这种精华培育出他的伟大。"[4]正是各国各民族文学文化之间的相互影响，才导致了不同文化之间的碰撞、融汇与发展，让人类精神文明拥有了更多的精彩篇章。

20 世纪 50 年代，中苏关系开始转冷。受其影响，中国与俄苏的文化与文学的交流也陷入停滞状态。"文革"结束后，俄苏文学再次进入中国。1978 年 12 月 23 日，由北岛、芒克主编的《今天》在北京创刊，吸引了很多文学爱好者。他们多是青年学生、年轻的工厂工人等，爱好诗歌且思想开放。他们广泛地接触了英美法诗歌，尤其是俄苏诗歌后，在诗歌写作中开始从传统诗风中剥离，对古典诗歌进行了大胆的反叛[5]。20 世纪 80 年代俄苏诗歌的回归，对中国诗歌产生了文艺复兴式的影响，俄国白银时代诗人诗作的翻译与公开出版，对中国诗人产生了极为深刻的影响，如芒克、北岛、海子、多多、林莽、江河、柏桦、西川、张枣、伊蕾、王小妮等。从 90 年代至今，中国诗坛上活跃着的一批实力派诗人，比如汪剑钊、黑大春、周触、翟永明、梁晓明、王家新、孙文波等，其中大多数间接或直接地受到了俄苏诗歌的启蒙与影响。

新时期的中国诗人在成长之初便受到了俄苏诗歌的启蒙，他们的诗作中都有着普希金的影子。汪剑钊在《俄苏诗歌与中国现代诗的成熟》一文中提道："'白洋淀诗群'是'文革'以后较早开始现代诗探索的诗歌群落，据当事人林莽称，它的时间应定位在 1969—1976 年，是一个以北京为'根'的知青诗歌群落。此前，人们常常将他们描述成完全与国际诗歌潮流绝缘，纯粹凭借自己的灵感和体验进行写作的一群，这并不符合事实。以'白洋淀诗群'为基础发散而成的'今天派'诗歌，实际上是有他们的诗歌渊源的，这就是俄苏诗歌的影响。"[6]普希金诗歌影响着芒克的早期创作。芒克曾在白洋淀插队，后去内蒙古独自流浪。在广阔的北方土地上，诗人创作了一系列浪漫主义诗作，《致渔家兄弟》《天空》《秋天》等作品都有普希金的诗歌风格。在他的《天空》一诗中，我们能够读出一种不愿妥协但又无能为力的意蕴。他的诗句诉说了自己对未来的肯定，但很快转入对未来迷惘的情绪中，充满忧伤的味道。他在诗中如此感叹道："谁不想把生活编织成花篮？/可是，美好被打扫得干干净净。/我们这样年轻，/你能否愉悦着我们的眼睛？""希望，/请你不要去得太远，/你在我身边/就足以把我欺骗！"芒克在创作后期又有着对叶赛宁的影响接受，在他的诗作中可以看出诗人对大自然的崇敬之情，在大自然的启迪下获得诗歌的灵感，用大自然来对抗人性中的异化与扭曲，"月亮出来了，月亮靠着一棵摇动的树"，"雪地上的夜，是一只长着黑白毛色的狗，月亮是它时而伸出的舌头，星星是它时而露出来的牙齿"。叶赛宁对海子的诗歌创作也产生了很大的影响。现代诗人对于现代文明中人性的异化问题非常关注，他们在现代生活的重压之下寻求着回归自然之路，借助诗歌在喧嚣的社会里找寻到了精神乌托邦。叶赛宁的诗歌抒发了对人性自然的渴望，希望能够回到人性的"本真"，如同歌德笔下的少年维特那样，诗人在城市生活的重压之下用自己的

生命向不合理的社会进行了最大的反抗。海子在生活经历、思想观念上与叶赛宁都有着很多相似性。海子和叶赛宁都出生于乡村，他们无法很好地融入社会现代化的大潮中，用诗歌打造自己的精神家园。海子非常喜欢叶赛宁及其诗歌，组诗《诗人叶赛宁》就表达了他的热爱与赞美之情：

> 星月朗朗/野花的村庄/湖水荡漾/野花！/生下诗人
> 湖水在怀孕/在怀孕/一对蓓蕾/野花的小手在怀孕/生下诗人叶赛宁[7]

叶赛宁诗歌中找寻不到自我的痛苦与迷惘的主题，在海子身上得到了共鸣，海子将自己的痛苦与徘徊写进了诗句中：

> 我本是农家子弟/我本应该成为/迷雾退去的河岸上/年轻的乡村教师/从都会师院毕业后/和一个纯朴的农家少年/一起陷入情网/但为什么/我来到了酒馆/和城市[8]

海子诸多诗作中都体现着叶赛宁式“自然诗人”的风格，企图从大自然的“清明”中寻求一丝灵魂的平和，正如他所说：“从明天起，做个幸福的人，/喂马，劈柴，周游世界，/从明天起，关心粮食和蔬菜。”[9]最终，海子与叶赛宁一样，用年轻的生命对抗了喧嚣的社会。

诗人多多也非常喜爱俄罗斯诗歌，在他的手抄本上有不少俄苏诗歌，这些手抄诗给多多的诗歌创作提供了很大的助力。在多多的诗歌中可以看到明显的异域情调，而这异域情调更多的是俄罗斯风情，尤其是茨维塔耶娃对多多的诗歌创作影响最大。茨维塔耶娃诗歌的基调虽然是悲伤忧郁的，但透过这种淡淡的忧伤，我们可以察觉到诗人面对人生迷惘与苦难的乐观精神与坚毅品格。由于多多和茨维塔耶娃有着相似的生活经历，他在后者的诗歌中得到了很大的精神共鸣，在创作上吸收借鉴了后者的风格。多多在追求自由生活过程中的迷惘与痛苦，通过诗句得到了解脱：

> 能够有大口喝醉烧酒的日子/能够壮烈、酩酊/能够在中午/在钟表滴答的窗幔后面/ 想一些琐碎的心事/能够认真地久久地难为情
>
> 能够一个人散步/坐到漆绿的椅子上/合一会儿眼睛/能够舒舒服服地叹息/回忆并不愉快的往事/忘记烟灰/弹落在什么地方[10]

多多第二部诗集的集名《手艺》正是来自茨维塔耶娃的组诗《尘世的特征》：“我知道，维纳斯是手的作品。我，一个匠人，懂得手艺。”多多的诗《手艺》与茨维塔耶娃的作品遥相呼应：“我写青春沦落的诗/写不贞的诗/写在窄长的房间中、我那冷漠的/被世人奸污/被咖啡馆辞退的诗/我那冷漠的/再无怨恨的诗/我那没有人读的诗/正如一个没有故事的历史/我那失去骄傲/失去爱情的/她，终会被农民娶走/她，就是我荒废的时日……”这些诗句在主题意蕴与艺术风格上都受到了茨维塔耶娃的影响。

同时期，受到茨维塔耶娃影响的诗人还有张枣。张枣的诗《与茨维塔耶娃的对话》受到茨维塔耶娃诗歌主题的影响。诗人与茨维塔耶娃在不同的时空中进行着精神对话，他们探讨着在追寻人生意义过程中的孤独与迷惘。张枣指出茨维塔耶娃是一个精神的流亡者，是一个寻求精神国度的流浪者，而这种精神危机正是张枣自己所面对的，他与后者的对话实则是在与自己心灵的对话：

> 我天天梦见万古愁，白云悠悠，/玛琳娜，你煮沸一壶私人咖啡，/方糖迢递地在蓝色近视外愧疚/如一个僮仆。他向往大是大非。/诗，干着活儿，如手艺，其结果/是一件件静物，对称于人之境，/或许可用？但分寸不会超过/……/红与白因“不”字决斗；人，迷惘，/……

在北岛早期的诗作中同样可以发现异国情调，尤其是俄罗斯情调。北岛对普希金、莱蒙托夫、叶普图申科等人的诗歌非常熟悉，他的诗歌拥有着俄苏诗歌中的重要主题：人道主义思想。朦胧派诗人在艺术手法上也受到俄苏诗歌的影响。汪剑钊指出：“朦胧派诗人有相当一部分是吸吮着俄罗斯浪漫主义诗人普希金、莱蒙托夫的诗歌乳汁成长起来的，如同普希金抨击沙皇专制统治、歌颂十二月党人的精神一样，北岛们的诗歌也渗透着强烈的公民意识和道德热情，面对‘文革’期间的文化专制主义——‘以太阳的名义/黑暗在公开地掠夺’，勇敢地说出‘我不相信’，他们希望在没有英雄的年代里，做一个普普通通的人，而在人性遭到蹂躏的时代，这普普通通的人正是‘当代英雄’，也正是在此意义上，可以说，北岛和他的诗友们的作品构成了中国当代诗歌史上政治抒情诗的高峰之一。”[11]

80 年代开始，爱伦堡的回忆录《人·岁月·生活》在中国的出版，让一批年轻人大开眼界。90 年代开始，俄罗斯白银时代的诗人被广大的中国青年诗人所热爱。这一时期，许多诗人都是大学生出身，他们敏锐地感受到商品经济刺激下现代人的精神愈发空虚，人性愈发异化，而俄罗斯诗歌中的崇高精神与人道主义思想带给他们希望与光亮。少数通晓俄语的文学青年也将注意力放在了俄国的现代派诗人身上，翻译了大量的俄苏白银时代的诗歌。其中，汪剑钊是一位非常纯粹的抒情诗人，他的诗歌最初受到了普希金的影响。他曾这样说：“在中国新文学历史上，我们可以随处感受到普希金的影子；在新诗发展的每一个阶段，我们也都能发现普希金的中国传人。可以说，在很多中国人的心目中，普希金这个名字已经与关于俄罗斯的民族想象紧密地联系在一起，只要提及那一片广袤的土地就会自然地想到普希金。”[12]普希金认为诗人要肩负审美的人类使命，要在琐碎的日常生活中为人们提取艺术的典型，但同时不能违背生活模仿艺术的诗学理念。在普希金的浪漫主义诗歌的滋养下，汪剑钊的诗作中对日常生活中美的敏感度很强烈，他的诗有着浓郁的浪漫主义色彩。比如《比永远多一秒》：

> 一片啼啭的云飘过，/遮住摩天大楼的避雷针，/而我，把你肉感的短消息握在掌心，/仿佛怀抱一个盛大的节日。/……/生活，赶在终点消失之前，/我无可

救药地爱你，/那是情感专列对于时间钢轨的迷恋，/永远爱你，永远……/哦，不，比永远还要多出一秒！

在他的诗作中同样感受得到浓郁的俄罗斯情调，比如《苹果》："雨点，像铜锈一样滴落/枝头垂挂的苹果是映照世界的最后一盏灯/在遗中挥发孤独的芬芳/俄罗斯，富饶的俄罗斯/奢侈的俄罗斯，/连金子都会腐烂的俄罗斯……/……/暮色沿着来路奔跑/没有路灯，苹果在闪烁。"叶赛宁对自然的追求、勃洛克"纯粹美"的诗歌理念，在汪剑钊的诗中亦有体现。与此同时，他的诗还深刻地展现了当代人的生存困惑这一主题。例如他的短诗《盐水沟》，正是对当代人精神荒原状态的一种反思：

毁灭，另一种形式的拯救，/清风拂过废墟，/给虚假的历史补上说出真相的注释；/一群人喧闹地穿越海的风暴，/这段体内的白帆；/一个人独自回到自身，/在低处寻找高山的根须。

盐水沟白光闪烁，/亮的令人心痛，/风、云、雾的混合/构成咸涩的地貌。/沙漠烘烤过的心脏/碎裂、坠进无泪可流的沟壑，/血液给予最后的滋润……

汪剑钊作为茨维塔耶娃、阿赫马托娃诗歌的重要翻译者，或多或少地受到了她们的创作意蕴与艺术风格的影响，比如对现代人生存困惑的思考，如何在荒诞的生存环境中保持平和与坚忍的灵魂，"客观对应物"的艺术手法的运用，在日常生活中提取经典的艺术形象，用朴素的意象揭示出深刻而能引起人们共鸣的思想感情等。汪剑钊在创作中的另一个主题是在重压的生活下保持一颗平和与忍耐的心。在他很多的诗作中，都体现了对"生命与自然"的思考，他用诗歌的语言回答我们，当代人应该保持理性与平和才能走出生存的精神困境："汉语被囚禁的日子/浓雾，弥漫在北京的上空/而声音是不会沉默的……而一滴热泪，被北风吹散/最终，将在冰雪中苏醒。"诗人在这首《我的睡眠》中提出了通过克制、节制从而达到生命的平和的理念，诗中充满了对于"生命与自然"的辨析与思考，表达了对死亡的尊重，对向死而生的美之凝望。

新时期以来，少数诗人同时也是专业的翻译家，在创作诗歌的同时，也为读者带来大量的优秀译作。汪剑钊正是这支队伍中的中坚力量，他的诗歌与他的俄语诗歌翻译都深刻地影响了当代汉语诗歌的书写。在影响研究中，译介者起着传播影响的作用，但反过来译介者本身的创作也会受到放送者的影响。汪剑钊翻译的《俄罗斯黄金时代诗选》《俄罗斯白银时代诗歌选》《普希金诗精编》《茨维塔耶娃诗集》等，将俄苏经典诗歌带给了今天更多的年轻读者，令更多的年轻人爱上俄苏诗歌，感受来自经典的力量。

在新时期，黑大春同样是一位非常浪漫而又纯粹的诗人。他热爱普希金，熟读普希金的诗歌，普希金的诗歌被他比作人生的"第一口酒和第一场恋情"。叶赛宁的诗歌对黑大春也有着影响，他们都渴求着极致的浪漫。黑大春在叶赛宁那里得到的是一种伤感的浪漫主义。他的《秋日咏叹》一诗，体现了诗人对当今快速发展的商品社会的无可奈何，抒发了精神"流浪"与向往回归自然的主题：

> 我醉意朦胧游荡在秋日的荒原/带着一种恍若隔世的惆怅和慵倦/仿佛最后一次聆听漫山遍野的金菊的号声了/丝绸般静止的午后，米酿的乡愁/到了饮尽菊花酒上路的时候了/那棵梧桐像位知心好友远远站在夕阳一边/再次回过头，疏黄的林子已渐渐暗闇下来/风，正轻抚着我遗忘在树枝上的黑色绸衫

此外，黑大春在勃洛克诗歌中获得歌颂女性主题的灵感。勃洛克在《丽人吟》中对女性的敬意，在黑大春的诗作中也有着接受的痕迹。他在《东方美妇人》中以“东方丽人”的形象为媒介，这一形象与勃洛克的“丽人”遥相呼应：“啊！东方美妇人/啊！统治睡狮和夜色的温顺之王/在你枫叶般燃烧的年龄中，圆明园，秋高气爽……/啊！东方美妇人/啊！体现丝绸与翡翠的华贵之王/在你白蜡般燃烧的肉体上，圆明园，迷人荒凉。”

诗人周触同黑大春一样，深受俄苏诗歌的影响。1987 年，他曾在《诗刊》第 8 期上发表《什么在锯着灵魂——与阿赫玛托娃交谈》一诗。诗中，诗人在得知阿赫玛托娃坎坷的人生经历后，与之进行了一场灵魂之交谈，似乎是诗人在诉说自身的经历，向阿赫玛托娃分享自己的心灵感悟。诗的序言这样写道：

> 她递给我的手/竟是两把变形的古琴/竟被羞涩打磨得/如此柔和而细润/触摸着它我感知/另一个世界的语汇/没有琴弦我却弹响了/海和峭涯的奏鸣

诗人认为自己与阿赫玛托娃有着心灵的契合，虽语言不同但可以在诗歌的世界里融汇，而大海与自然是后者所热衷的创作题材。诗人西川同样受到阿赫玛托娃的影响，他的《远方——给阿赫玛托娃》也表达了对她的热爱：“有一片梦中的雪野/有一株雪野中的白桦/有一间小屋就要发出洪亮的祈祷/有一块瓦片就要从北极星落下”。在诗中可以感受到强烈的俄罗斯风情，雪野与白桦都代表了俄罗斯，阿赫玛托娃身上的坚忍、隐忍与对宗教的敬仰在西川的诗句中都有所体现，如“有一间小屋就要发出洪亮的祈祷”；“北极星”也象征了阿赫玛托娃在人类精神世界的高度，犹如一颗璀璨的星。

在影响研究的范畴中，影响分为直接影响和间接影响。在伊蕾、梁晓明、宋逖等诗人的诗作中，读者似乎难以捕捉到明显的俄苏诗歌的文字风格，但能够感知到来自俄苏诗歌的精神。伊蕾的组诗《一个单身女人的卧室》震撼了当时的文坛，一句“你不来与我同居”引发很多争议。她的诗歌中强烈的反叛精神、对生活的悲观情绪、对纯粹人性的呼吁，都与她在俄罗斯的生活经历有重要的关系。从文学的外部研究方法出发，我们可以看出伊蕾广泛地吸吮了来自普希金、莱蒙托夫、茨维塔耶娃等人的诗歌乳汁。在诗人梁晓明的作品中，虽然没有对俄苏诗歌影响之接受明显的痕迹，但他的诗中体现出的精神探险、追求真与正义、敏感的现代性焦虑感等特征，可以在俄苏诗人那里找到根源。他坚持诗歌的“纯美”与“诗性正义”相结合的创作理念，他的诗作中体现的对乡村的热爱，对回归自然的渴望，与叶赛宁的诗歌有着很大的相似

性。如他在《天空的眼睛》一诗中写道："用天空的眼睛看我们正在规划的城市/计划对农民怎样施肥/让河流从山腰直奔家庭/把农村缩小/缩小到一封信里……/我们用烫金光芒写下：/我们的饥饿是最高宗教/从饥饿出发，我们公正/而且锐利"。诗人宋逖喜爱曼杰施塔姆的诗，尽管我们在他的诗中很难捕捉到被影响的痕迹，但后者诗中那种对现代性危机的绝望、焦虑与恐惧的主题，喜欢使用难以理解的诗歌意象等，在宋逖的诗中存在着："保险公司的煤气灯正被丝绸所刺激/见习生跟着我的石楠往上走/映照暴风雪中的呼吸/对梦实行灯火管制吧/你的眼睛正暗淡下来/燕子在睡觉/我的肉体颤抖着摸向你的泪光"。

20世纪七十年代和八十年代之交，中国诗人在改革开放、解放思想的时代潮流中接触到了大批俄苏诗人诗作。俄苏诗歌触动了一代中国诗人，继普希金这位源头性诗人之后，更多的俄苏诗人持续地为中国新时期的诗人提供精神养料。俄苏诗人的人生经历和精神爆发力都深刻地影响了新时期中国诗人的诗歌创作。20世纪90年代后，俄罗斯文坛自身的动荡逐渐趋于平稳，中国诗坛对俄苏诗歌的研究更深一层。尽管存在着"影响的焦虑"，但相信中国诗人能够在自身理性的指引下，以更开放、更健康的态度去面对俄苏诗歌。

注释：

[1] 毛志文：《俄苏诗歌在中国的译介和发展》，《中国俄语教学》2014年第3期，第40页。

[2] 兴保平：《20世纪30年代前俄苏诗歌在中国的翻译》，《寻根》2015年第6期，第35页。

[3] 汪剑钊：《在诗歌里，美能得到最好体现》，《解放日报》2019年5月25日，第8版。

[4] [德]爱克曼：《歌德对话录》，朱光潜译，北京：人民文学出版社，1978年，第105页。

[5] 李永才：《新诗百年：贡献、问题及展望》，《诗歌评论》2017年第1辑，第123页。

[6] 汪剑钊：《俄苏诗歌与中国现代诗的成熟》，《社会科学辑刊》2002年第2期，第161页。

[7] 西川编：《海子诗全编》，上海：上海三联书店，1997年，第325页。

[8] 西川编：《海子诗全编》，上海：上海三联书店，1997年，第330页。

[9] 西川编：《海子诗全编》，上海：上海三联书店，1997年，第436页。

[10] 多多：《多多诗选》，广州：花城出版社，2005年，第56页。

[11] 汪剑钊：《俄苏诗歌与中国现代诗的成熟》，《社会科学辑刊》2002年第2期，第162页。

[12] 汪剑钊：《在诗歌里，美能得到最好体现》，《解放日报》2019年5月25日，第8版。

《华中学术》来稿注意事项

《华中学术》为华中师范大学文学院发表学术论文的园地以及开展学科建设和学术交流的平台，由文学研究所主持，欢迎学界同仁赐稿。有关事项说明如下：

一、所有来稿请遵守学术规范和学术道德，请勿一稿两投。因编辑人员全为兼职，人手有限，所有来稿均不退稿，请自留底稿。来稿若两个月内未接到用稿通知，可自行处理。

二、一般稿件篇幅以一万五千字以内为宜，特别约稿可在两万字左右。所有稿件一式两份，一份为纸质文本，一份为电子文本。如果有特殊字符（古文字、国际音标等），请同时附上 PDF 格式文件。

纸质文本请寄：

430079 武汉市洪山区华中师范大学文学院《华中学术》编辑部

余祖坤　收

电子文本请寄：

huazhongxueshu@163. com

三、稿件首页包括题目、作者、作者单位、论文摘要、关键词；结尾处写明作者通讯处（包括邮编、作者地址、电话号码、电子邮箱等）。

四、来稿采用尾注。具体引文注释格式举例如下：

甲、中文非连续出版物

（一）普通图书

（1）专著

标注顺序：责任者/书名/出版地/出版者/出版年/页码（连续页码之间用波浪线连接）。注意：注释中的中文字体一般使用宋体，下同。例如：

[1] 张舜徽：《中国古代史籍校读法》，武汉：华中师范大学出版社，2004 年，第 52 页。

[2] 张三夕主编：《中国古典文献学》，武汉：华中师范大学出版社，2003 年，第 25～26 页。

外国人的中译本著作标注顺序：［国籍］/责任者/书名/译者/出版地/出版者/出版年/页码。例如：

[3]［德］黑格尔：《逻辑学》上卷，杨一之译，北京：商务印书馆，1976 年，第 30～35 页。

[4] 参见［德］恩格斯：《自然辩证法》，北京：人民出版社，1971 年，第 21 页。

（2）专著中析出文献

标注顺序：析出责任者/析出文献题名（或篇名）/原文献责任者（与析出责任者

同为一人的，可不写）/原文献题名/出版地/出版者/出版年/页码。例如：

[1][荷] 杜威·佛克马：《走向新世界主义》，王宁、薛晓源编：《全球化与后殖民批评》，北京：中央编译出版社，1998年，第247～266页。

[2] 范文澜：《论中国封建社会长期延续的原因》，《范文澜历史论文选集》，北京：中国社会科学出版社，1979年，第41页。

[3] 章太炎：《俱分进化论》，《章太炎全集》四，上海：上海人民出版社，1985年，第391页。

（二）古籍

(1) 古代出版的古籍一般应标注朝代名/责任者/书名/卷次/版本，或责任者/篇名/书名/卷次/版本。例如：

[1]（晋）慧远：《沙门不敬王者论》，《弘明集》卷五，碛砂藏本。

[2]（宋）杨时：《陆少卿墓志铭》，《龟山集》卷三十四，《四库全书》本。

[3]（宋）王应麟：《考史》，《困学纪闻》卷十一，清嘉庆十八年扫叶山房刊本。

(2) 现代出版的标点本或校注本古籍应标注责任者/篇名/书名/全集名/卷次/出版地/出版者/出版年/页码。例如：

[1]（清）钱大昕：《汉书王子侯误字》，《十驾斋养新余录》卷中，《钱大昕全集》第7册，南京：江苏古籍出版社，1997年，第574页。

[2]（清）张廷玉，等：《明史·艺文志序》，《明史》卷九十六，北京：中华书局，1974年，第2344页。

(3) 地方志前一般应标明编修或刊刻年代。例如：

[1]（明）正德《建昌府志》卷十五，上海：上海古籍书店，据天一阁明正德刻本影印，1964年。

乙、中文连续出版物

（一）期刊

标注顺序：责任者/篇名/期刊名/年期/页码。例如：

[1] 李炳海：《〈离骚〉抒情主人公的配饰意象》，《华中师范大学学报》2008年第5期，第94～99页。

（二）报纸

标注顺序：责任者/篇名/报纸名/出版年月日/版面数。例如：

[1] 邢宇浩：《文津阁〈四库全书〉刊行》，《光明日报》2005年12月23日，第1版。

[2] 孙钦善：《魏建功先生与古典文献学专业》，《中华读书报》2001年6月20日，第11版。

丙、外文文献

（一）专著

标注顺序：责任者/书名（斜体，实词首字母大写）/出版地/出版者/出版年/页码（单页码标注如：p. 6；连续页码标注如：pp. 123-126）。注意：注释中的外文一般使用 Times New Roman 字体，下同。例如：

[1] J. J. Phillips，*Handbook of Training Evaluation and Measurement*

Methods，Houston，TX：Gulf Publishing，1991，p. 10.

[2] R. J. Montgomery，*Examinations：An Account of Their Evolution as Administrative Devices in England*，London：Longmans Press，1965，pp. 17-43.

（二）期刊

标注顺序：责任者/篇名（加引号，正体，实词首字母大写）/期刊名（斜体，实词首字母大写）/年期（期在前，年在后）。例如：

[1] J. H. Greehaus，“Sources of Conflict between Work and Family Roles”，*Academy of Management Review*，10，1985.

（三）专著中析出文献

标注顺序：析出责任者/析出文献题名（或篇名，加引号，正体，实词首字母大写）/In/原文献责任者/原文献题名（斜体，实词首字母大写）/出版地/出版者/出版年/页码。例如：

[1] L. Weinstein，M. N. Swertz，“Pathogenic Properties of Invading Microorgnism”，In W. A. Sodeman，Jr. W. A. Sodeman，*Pathologic Physiology：Mechanisms of Disease*，Philadelphia：Saunders，1974，pp. 745-772.

丁、参考文献及带有说明意思的注释体例

例如：

[1] 参见《上海总商会概况》，上海总商会1928年编印本。

[2] 参见陈晋：《文人毛泽东》，上海：上海人民出版社，2005年。这些“读报诗”主要是有感而发的政论，如：“遍找全球侵略者，仅余此地一孤家。”“人人尽说西方好，独惜神州出蠢虫。”“新闻多多寻常出，独有今年出得殊。”主题与同时期写作且公开发表的《七律·和郭沫若同志》《卜算子·咏梅》《七律·冬云》等一致，但情露意粗，毛本人不愿正式公开发表。

戊、电子文献

除注明上述要求的各项内容外，还应加引用日期、获取和访问路径。例如：

[1] 王建辉：《出版业的文化诉求：呼唤编辑大师》，《编辑之友》2007年第4期。[2008年9月29日] http://www. pubhistory. com/img/text/2/2272. htm.

[2] 聂震宁：《文化软实力与文化硬实力》。[2008年10月14日] http://www. sinobook. com. cn/press/newsdetail. cfm?iCntno=6967.

己、专利文献

有通过纸质文本获取和通过其他路径获取两种。应写明专利申请者或所有者、专利题名、专利号、公告日期或公开日期、引用日期、获取和访问路径。例如：

[1] 姜锡洲：《一种温热外敷药制备方案》，中国，88105607.3，1989年7月26日。

[2] 西安电子科技大学：《光折变自适应光外差探测方法》，中国，01128777.2，2002年3月6日。[2002年5月28日] http://211.152.9.47/sipoasp/zljs/hyjs-ys-new. asp? recid=01128777.2&leixin=0.

庚、转引文献及其他注意事项

凡引文不是出自原文献，或找不到原文献而是通过他人论著转引，均须注明转引出处，不能把转引文献当作原始文献来引用，例如：

[1]《中国古籍善本书总目》收录善本标准，转引自程千帆、徐有富：《校雠广义》（版本编）第 2 版，济南：齐鲁书社，1998 年，第 289～290 页。

凡只通过中文译文来引用的外文文献，须注明中文译文的出处，不得直接注明引自外文文献。

[2] 丁韪良：《古代中国的外交》，转引自汪晖：《现代中国思想的兴起》上卷第二部《帝国与国家》，北京：生活·读书·新知三联书店，2015 年，第 711～712 页。

凡同一文献在一篇文章中不同地方引用，不采用合注，例如：

[1]、[5] 张舜徽：《中国古代史籍校读法》，武汉：华中师范大学出版社，2004 年，第 52 页；第 43 页；

应采用分注，以便校对，例如：

[1] 张舜徽：《中国古代史籍校读法》，武汉：华中师范大学出版社，2004 年，第 52 页；

…… ……

[5] 张舜徽：《中国古代史籍校读法》，武汉：华中师范大学出版社，2004 年，第 43 页。

《华中学术》编辑部

2019 年 1 月